21世纪高等教育工程管理系列规划教材

新编建设法规教程与案例

主　编　金国辉
副主编　臧炜彤
参　编　崔　琦　王建声
主　审　赵根田

机械工业出版社

本书结合工程案例，介绍了我国现行的工程建设法律、法规的主要内容。全书共分十四章，主要内容包括建设法规概论、工程建设程序法规、工程建设执业资格法规、城乡规划法规、工程发包与承包法规、建设工程勘察设计法规、工程建设监理法规、建设工程安全法律制度、建设工程质量管理法律制度、城市房地产管理法规、国外建设法律制度、建设工程合同法律制度、建设工程环境保护法律制度、案例分析。

本书适合作为土木工程专业和工程管理专业及相近专业“建设法规”课程的本科教材，也可供从事工程建设和工程管理的专业人员和管理人员学习、参考。

图书在版编目（CIP）数据

新编建设法规教程与案例/金国辉主编. —北京：机械工业出版社，2009.3（2017.1重印）

（21世纪高等教育工程管理系列规划教材）

ISBN 978-7-111-26594-8

Ⅰ.新… Ⅱ.金… Ⅲ.建筑法—中国—高等学校—教材 Ⅳ.D922.297

中国版本图书馆CIP数据核字（2009）第038042号

机械工业出版社（北京市百万庄大街22号 邮政编码100037）
责任编辑：冷 彬 版式设计：张世琴 责任校对：张玉琴
封面设计：鞠 杨 责任印制：李 昂
北京中兴印刷有限公司印刷
2017年1月第1版第6次印刷
169mm×239mm · 19.75印张 · 380千字
标准书号：ISBN 978-7-111-26594-8
定价：30.00元

凡购本书，如有缺页、倒页、脱页，由本社发行部调换

电话服务	网络服务
服务咨询热线：010-88379833	机 工 官 网：www.cmpbook.com
读者购书热线：010-88379649	机 工 官 博：weibo.com/cmp1952
	教育服务网：www.cmpedu.com
封面无防伪标均为盗版	金 书 网：www.golden-book.com

序

随着21世纪我国建设进程的加快，特别是经济的全球化大发展和我国加入WTO以来，国家工程建设领域对从事项目决策和全过程管理的复合型高级管理人才的需求逐渐扩大，而这种扩大又主要体现在对应用型人才的需求上，这使得高校工程管理专业人才的教育培养面临新的挑战与机遇。

工程管理专业是教育部将原本科专业目录中的建筑管理工程、国际工程管理、投资与工程造价管理、房地产经营管理（部分）等专业进行整合后，设置的一个具有较强综合性和较大专业覆盖面的新专业。应该说，该专业的建设与发展还需要不断的改革与完善。

为了能更有利于推动工程管理专业教育的发展及专业人才的培养，机械工业出版社组织编写了一套该专业的系列教材。鉴于该学科的综合性、交叉性以及近年来工程管理理论与实践知识的快速发展，本套教材本着“概念准确、基础扎实、突出应用、淡化过程”的编写原则，力求做到既能够符合现阶段该专业教学大纲、专业方向设置及课程结构体系改革的基本要求，又可满足目前我国工程管理专业培养应用型人才目标的需要。

本套教材是在总结以往教学经验的基础上编写的，主要注重突出以下几个特点：

(1) 专业的融合性　工程管理专业是个多学科的复合型专业，根据国家提出的“宽口径、厚基础”的高等教育办学思想，本套教材按照该专业指导委员会制定的四个平台课程的结构体系方案，即土木工程技术平台课程及管理学、经济学和法律专业平台课程来规划配套，编写时注意不同的平台课程之间的交叉、融合，不仅有利于形成全面

完整的教学体系，同时可以满足不同类型、不同专业背景的院校开办工程管理专业的教学需要。

（2）知识的系统性、完整性　因为工程管理专业人才是在国内外工程建设、房地产、投资与金融等领域从事相关管理工作，同时可能是在政府、教学和科研单位从事教学、科研和管理工作的复合型高级工程管理人才，所以本套教材所包含的知识点较全面地覆盖了不同行业工作实践中需要掌握的各方面知识，同时在组织和设计上也考虑了与相邻学科有关课程的关联与衔接。

（3）内容的实用性　教材编写遵循教学规律，避免大量理论问题的分析和讨论，提高可操作性和工程实践性，特别是紧密结合了工程建设领域实行的工程项目管理注册制的内容，与执业人员注册资格培训的要求相吻合，并通过具体的案例分析和独立的案例练习，使学生能够在建筑施工管理、工程项目评价、项目招投标、工程监理、工程建设法规等专业领域获得系统深入的专业知识和基本训练。

（4）教材的创新性与时效性　本套教材及时地反映工程管理理论与实践知识的更新，将本学科最新的技术、标准和规范纳入教学内容，同时在法规、相关政策等方面与最新的国家法律法规保持一致。

我们相信，本套系列教材的出版将对工程管理专业教育的发展及高素质的复合型工程管理人才的培养起到积极的作用，同时也为高等院校专业的教育资源和机械工业出版社专业的教材出版平台的深入结合，实现相互促进、共同发展的良性循环而奠定基础。

刘惠侠

前　言

随着我国经济的发展和建筑业参与国际建筑市场竞争的需要，工程建设行为逐渐纳入法制化的轨道，作为工程管理、土木工程、建筑学、城市规划等专业的学生，不仅要掌握自然科学知识和专业知识，而且要掌握与建设工程相关的法律知识，因此建设法规成为工程管理及其相关专业的专业基础课程。为了培养符合新时代要求的工程管理专业人员，我们按照工程管理系列教材编委会的要求，组织编写了《新编建设法规教程与案例》一书。

近两年来，我国对有关建设工程相关的部分法律、法规进行了修订，为了及时、准确、高效地把这些修订的内容介绍给广大读者，以便广大读者能够及时地掌握我国建设工程领域相关的最新法律、法规知识，把我国建设工程领域相关的最新法律、法规编入了教材，突出了教材的新颖性、及时性。

本书以工程管理及其相关专业学生的建设法律知识为出发点，把建设行政法、建设经济法、建筑技术法规作为本书编写的脉络体系，体现了“体系的科学性”的特色；本书借鉴了大量生动翔实的工程建设案例，并根据国家最新的法律法规对这些案例进行了深入分析，通过这些案例可以清楚地了解到我国的立法轨迹和现状，因此具有较强的指导性和实用性。

为满足学生学习和社会需要，《新编建设法规教程与案例》一书将工程建设基本法律制度与典型案例有机结合起来，系统全面介绍我国最新的工程建设法律与法规，以案说法，突出了应用性和实践性。

本书在内容上涵盖了高等学校工程管理专业必备的工程法律知识的内容，可作为高等院校工程建设类学生的教材及工程建设管理人员的培训用书。

本书由内蒙古科技大学金国辉教授主编，吉林建筑工程学院臧炜彤担任副主编。金国辉编写第一章、第二章、第三章、第四章、第七章、第八章、第九章、第十四章，臧炜彤编写第五章、第六章，长春工程学院崔琦编写第十章、第十一章，河南工业大学王建声编写第十二章、第十三章，全书由金国辉教授统稿，由内蒙古科技大学赵根田教授主审。

在本书编写过程中，得到了内蒙古科技大学李斌教授、赵根田教授、刘香教授的大力帮助和热心指导，在此，对几位老师表示诚挚的谢意！

由于本书编写的时间仓促，加上本人学识水平有限，书中难免有错漏之处，欢迎广大读者批评指正。

编　者

目　　录

序
前言
第一章　建设法规概论 …… 1
　第一节　概述 …… 1
　第二节　建设法规立法 …… 7
　第三节　建设法规体系 …… 9
　第四节　建设法规的实施 …… 11
　思考题 …… 12
第二章　工程建设程序法规 …… 13
　第一节　概述 …… 13
　第二节　工程建设程序阶段的划分 …… 14
　第三节　工程建设前期阶段及准备阶段的内容 …… 15
　第四节　工程建设实施阶段及保修阶段的内容 …… 18
　思考题 …… 20
第三章　工程建设执业资格法规 …… 21
　第一节　概述 …… 21
　第二节　工程建设从业单位资质管理 …… 22
　第三节　工程建设从业人员执业资格管理 …… 34
　第四节　工程施工现场人员执业资格管理 …… 46
　思考题 …… 49
第四章　城乡规划法规 …… 50
　第一节　概述 …… 50
　第二节　城乡规划的制定和实施 …… 52
　第三节　城市新区开发和旧区改建 …… 55
　第四节　城市规划实施的步骤与法律责任 …… 58
　第五节　风景名胜区、历史文化名城及村镇规划管理 …… 63
　思考题 …… 65
第五章　工程发包与承包法规 …… 66
　第一节　概述 …… 66
　第二节　建设工程招标 …… 72
　第三节　建设工程投标 …… 76
　第四节　开标、评标与中标 …… 80

第五节 建设工程招投标的管理与监督 …… 83
思考题 …… 84
第六章 建设工程勘察设计法规 …… 85
第一节 概述 …… 85
第二节 工程勘察设计标准 …… 86
第三节 建设工程设计文件的编制要求 …… 88
第四节 中外合作设计 …… 91
思考题 …… 92
第七章 工程建设监理法规 …… 93
第一节 概述 …… 93
第二节 工程建设监理工作的程序及工作内容 …… 97
第三节 工程建设监理各方的关系 …… 99
第四节 建设工程监理制度 …… 101
第五节 业主的权利、义务与责任 …… 104
第六节 监理单位的权利、义务与责任 …… 107
第七节 承包商的权利、义务与责任 …… 112
思考题 …… 115
第八章 建设工程安全法律制度 …… 116
第一节 建设工程安全管理概述 …… 116
第二节 建设工程安全责任 …… 120
第三节 建设工程安全生产的行政监督管理 …… 127
第四节 建设工程重大安全事故的处理 …… 131
思考题 …… 134
第九章 建设工程质量管理法律制度 …… 135
第一节 建设工程质量法概述 …… 135
第二节 建设工程质量管理法律法规 …… 138
第三节 建设工程质量的标准化制度 …… 144
第四节 建设工程的质量责任制度 …… 155
第五节 建设工程的质量监督管理制度 …… 159
第六节 建设工程质量体系认证制度 …… 163
第七节 建筑工程竣工验收制度 …… 167
第八节 建筑工程质量保修制度 …… 168
思考题 …… 170
第十章 城市房地产管理法规 …… 171
第一节 概述 …… 171
第二节 房地产开发 …… 172
第三节 房地产交易 …… 179
第四节 房屋拆迁 …… 187

第五节　房地产权属登记 …… 189
第六节　物业管理 …… 193
思考题 …… 197
第十一章　国外建设法律制度 …… 198
第一节　法系的基本概念 …… 198
第二节　国外建设法律制度简介 …… 200
思考题 …… 216
第十二章　建设工程合同法律制度 …… 217
第一节　概述 …… 217
第二节　建设工程合同的主要内容 …… 225
第三节　建设工程合同的订立与履行 …… 230
第四节　建设工程合同的效力 …… 236
第五节　建设工程合同的违约责任 …… 242
思考题 …… 248
第十三章　建设工程环境保护法律制度 …… 249
第一节　概述 …… 249
第二节　环境保护基本法及污染防治专项法 …… 254
第三节　建设项目环境保护的其他法规制度 …… 261
思考题 …… 273
第十四章　案例分析 …… 274
案例一 …… 274
案例二 …… 277
案例三 …… 278
案例四 …… 282
案例五 …… 284
案例六 …… 285
案例七 …… 287
案例八 …… 289
案例九 …… 290
案例十 …… 291
案例十一 …… 293
案例十二 …… 295
案例十三 …… 297
案例十四 …… 299
案例十五 …… 300
案例十六 …… 302
案例十七 …… 303
参考文献 …… 305

1

第一章 建设法规概论

第一节 概 述

一、建设法规的概念与调整对象

（一）建设法规的概念

建设法规是指国家立法机关或其授权的行政机关制定的旨在调整国家及其有关机构、企事业单位、社会团体、公民之间在建设活动中或建设行政管理活动中发生的各种社会关系的法律、法规的统称。

（二）建设法规的调整对象

建设法规的调整对象是在建设活动中所发生的各种社会关系。它包括建设活动中所发生的行政管理关系、经济协作关系及其相关的民事关系。

1. 建设活动中的行政管理关系

建设活动与国家经济发展、人们的生命财产安全、社会的文明进步息息相关，国家对之必须进行全面的严格管理。当国家及其建设行政主管部门在对建设活动进行管理时，就会与建设单位（业主）、设计单位、施工单位、建筑材料和设备的生产供应单位及建设监理等中介服务单位产生管理与被管理的关系。在法制社会里，这种关系当然要由相应的建设法规来规范、调整。

2. 建设活动中的经济协作关系

工程建设是非常复杂的活动，要有许多单位和人员参与，共同协作完成。因此，在建设活动中存在着大量的寻求合作伙伴和相互协作的问题，在这些协作过程中所产生的权利、义务关系，也应由建设法规来加以规范、调整。

3. 建设活动中的民事关系

在建设活动中，会涉及土地征用、房屋拆迁、从业人员及相关人员的人身与财产的伤害、财产及相关权利的转让等涉及公民个人权利的问题。由此而产生的

国家、单位和公民之间的民事权利与义务关系，应由建设法规中有关法律规定及民法等相关法律来予以规范、调整。

二、建设法规的基本原则

工程建设活动通常具有周期长、涉及面广、人员流动性大、技术要求高等特点，因此在建设活动的整个过程中，必须贯彻以下基本原则，才能保证建设活动的顺利进行。工程建设法规有以下基本原则：

1. 工程建设活动应确保工程建设质量与安全原则

工程建设质量与安全是整个工程建设活动的核心，是关系到人民生命、财产安全的重大问题。工程建设质量是指国家规定和合同约定的对工程建设的适用、安全、经济、美观等一系列指标的要求。工程建设活动确保工程建设质量就是确保工程建设符合有关适用、安全、经济、美观等各项指标的要求。工程建设的安全是指工程建设对人身的安全和财产的安全。确保工程建设的安全就是确保工程建设不能引起人身伤亡和财产损失。

2. 工程建设活动应当符合国家的工程建设安全标准原则

国家的建设安全标准是指国家标准和行业标准。国家标准是指由国务院行政主管部门制定的在全国范围内适用的统一的技术要求。行业标准是指由国务院有关行政主管部门制定并报国务院标准化行政主管部门备案的，没有国家标准而又需要在全国范围内适用的统一技术要求。工程建设安全标准是对工程建设的设计、施工方法和安全所作的统一要求。工程建设活动符合工程建设安全标准对保证技术进步，提高工程建设质量与安全，发挥社会效益与经济效益，维护国家利益和人民利益具有重要作用。

3. 从事工程建设活动应当遵守法律、法规原则

社会主义市场经济是法制经济，工程建设活动应当依法行事。法律是全国人大及其常委会审议通过并发布，在全国有效的规范性文件；行政法规是由国务院制定与发布，在全国有效的规范性文件；地方法规是由地方人大及其常委会制定与发布，在本区域有效的规范性文件。作为工程建设活动的参与者，从事工程建设勘察、设计的单位、个人，从事工程建设监理的单位、个人，从事工程建设施工的单位、个人，从事建设活动监督和管理的单位、个人，以及建设单位等，都必须遵守法律、法规的强制性规定。

4. 不得损害社会公共利益和他人的合法权益原则

社会公共利益是全体社会成员的整体利益，保护社会公共利益是法律的基本出发点，从事工程建设活动不得损害社会公共利益也是维护建设市场秩序的保障。

5. 合法权利受法律保护原则

宪法和法律保护每一个市场主体的合法权益不受侵犯，任何单位和个人都不得妨碍和阻挠依法进行的建设活动，这也是维护建设市场秩序的必然要求。

三、建设法规的特征与作用

（一）工程建设法的特征

工程建设法作为调整工程建设管理和协作所发生的社会关系的法律规范，除具备一般法律基本特征外，还具有不同于其他法律的特征。

1. 行政隶属性

这是工程建设法的主要特征，也是区别于其他法律的主要特征。这一特征决定了工程建设法必然要采用直接体现行政命令的调整方法，即以行政指令为主的方法调整工程建设法律关系。调整方式包括：

（1）授权　国家通过工程建设法律规范，授予国家工程建设管理机关某种管理权限，或具体的权力，对工程建设进行监督管理。如规定设计文件的审批权限、工程建设质量监督、工程建设合同的签证等。

（2）命令　国家通过工程建设法律规范赋予工程建设法律关系主体某种作为的义务。如限期拆迁房屋、进行企业资质认定、领取开工许可证等。

（3）禁止　国家通过工程建设法律规范赋予工程建设法律关系主体某种不作为的义务，即禁止主体的某种行为。如严禁利用工程建设承发包索贿受贿，严禁无证设计、无证施工，严禁工程建设转包、肢解发包、挂靠等行为。

（4）许可　国家通过工程建设法律规范，允许特别的主体在法律允许范围内有某种作为的权利。如房屋建筑工程施工总承包企业资质等级，特级企业可承担各类房屋建筑工程的施工；一级企业可承担 40 层以下、各类跨度的房屋建筑工程的施工；二级企业可承担 30 层以下、单跨跨度 36m 以下的房屋建筑工程的施工；三级企业可承担 14 层以下、单跨跨度 24m 以下的房屋建筑工程的施工。

（5）免除　国家通过工程建设法律规范，对主体依法应履行的义务在特定情况下予以免除。如用炉渣、粉煤灰等废渣作为主要原料生产建筑材料的可享有减、免税的优惠等。

（6）确认　国家通过工程建设法律规范，授权工程建设管理机关依法对争议的法律事实和法律关系进行认定，并确定其是否存在，是否有效。如各级工程建设质量监督站检查受监工程的勘察、设计、施工单位和建筑构件厂的资质等级和营业范围，监督勘察、设计、施工单位和建筑构件厂是否严格执行技术标准，并检查其工程（产品）质量等。

（7）计划　国家通过工程建设法律规范，对工程建设进行计划调节。计划可分为两种：一种是指令性计划，一种是指导性计划。指令性计划具有法律约束

力，具有强制性。当事人必须严格执行，违反指令性计划的行为要承担法律责任。指令性计划本身就是行政管理。指导性计划一般不具有约束力，是可以变动的，但是在条件可能的情况下也是应该遵守的。工程建设必须执行国家的固定资产投资计划。

（8）撤销　国家通过工程建设法律规范，授予工程建设行政管理机关，运用行政权力对某些权利能力或法律资格予以撤销。如没有落实工程建设投资计划的项目必须停建、缓建。对无证设计、无证施工、转包和挂靠予以坚决取缔等。

2. 经济性

工程建设法是经济法的重要组成部分。经济性是工程建设法的又一重要特征。工程建设活动直接为社会创造财富，为国家增加积累。工程建设法的经济性既包括财产性，也包括其与生产、分配、交换、消费的联系性。如工程建设勘察设计、施工安装等都直接为社会创造财富，随着工程建设的发展，其在国民经济中的地位日益突出。邓小平同志早在 1980 年 4 月曾明确指出：建筑业是可以为国家增加积累的一个重要产业部门。许多国家把建筑业看成是国民经济的强大支柱之一，不是没有道理的。可见，作为调整建筑等行业的工程建设法的经济性是非常明显的。

3. 政策性

工程建设法律规范体现着国家的工程建设政策。它一方面是实现国家工程建设政策的工具，另一方面也把国家工程建设政策规范化。国家工程建设形势总是处于不断发展变化之中，工程建设法要随着工程建设政策的变化而变化，灵活而机敏地适应变化了的工程建设形势的客观需要。如国家人力、财力、物力紧张时，基建投资就要压缩，通过法律规范加以限制。国力储备充足时，就可以适当增加基建投资，同时，以法律规范予以扶植、鼓励。可见工程建设法的政策性比较强，相对比较灵活。

4. 技术性

技术性是工程建设法律规范一个十分重要的特征。工程建设的发展与人类的生存、进步息息相关。工程建设产品的质量与人民的生命财产紧紧连在一起。为保证工程建设产品的质量和人民生命财产的安全，大量的工程建设法规是以技术规范形式出现的，直接、具体、严密、系统，便于广大工程技术人员及管理机构遵守和执行。如各种设计规范、施工规范、验收规范、产品质量监测规范等。有些非技术规范的工程建设法律规范中也带有技术性的规定。如城市规划法就含有计量、质量、规划技术、规划编制内容等技术性规范。

（二）工程建设法的作用

工程建设业是与社会进步、国家强盛、民族兴衰紧密相连的一个行业。它所从事的生产活动，不仅为人类自身的生存发展提供一个最基本的物质环境，而且反映各个历史时期的社会面貌，反映各个地区、各个民族科学技术、社会经济和文化艺术的综合发展水平。工程建设产品是人类精神文明发展史的一个重要标志。工程建设管理是自然科学与社会科学交叉的一个独立学科，它由工程技术、经济、管理、法律四部分支撑。工程建设法律、法规是工程建设管理的依据。

在国民经济中，工程建设业是一个重要的物质生产部门，工程建设法的作用就是保护、巩固和发展社会主义的经济基础，最大限度地满足人们日益增长的物质和文化生活的需要，保障工程建设业健康有序发展。国家要发展，人类要生存，国家建设必不可少。工程建设业要最大限度地满足各行各业最基本的需求，为人们创造良好的工作环境、生活环境、教学研究环境和生产环境。为此，工程建设法通过各种法律规范规定工程建设业的基本任务、基本原则、基本方针，加强工程建设业的管理，充分发挥其效能，为国民经济各部门提供必需的物质基础，为国家增加积累，为社会创造财富，推动社会主义各项事业的发展，促进社会主义现代化建设。

四、建设法律关系

1. 建设法律关系的概念

法律关系是指由法律规范调整一定社会关系而形成的权利与义务关系。建设法律关系是指由建设法律规范所确认和调整的，在建设管理和建设协作过程中所产生的权利、义务关系。建设法律关系是由建设法律关系主体、建设法律关系客体、建设法律关系内容三要素构成。建设活动面广、内容繁杂，建设法律关系具有综合性、复杂性等特点。

2. 建设法律关系的三要素

建设法律关系是由建设法律关系主体、建设法律关系客体、建设法律关系内容三要素构成。

建设法律关系主体是指建设法律关系中一定权利的享有者和义务的承担者，主要有国家机关、社会组织、自然人。全国人民代表大会及其常务委员会是建设法律的制定机关；地方人民代表大会及其常务委员会是地方建设法规的制定机关；国务院是建设法规的制定机关；建设部是建设规章的制定机关和建设活动的执法机关；水利部、交通运输部、铁道部等是相关建设活动规章的制定机关和相关建设活动的执法机关；财政部、中国人民银行、国家统计局、国家审计署是建设活动的监督机关。社会组织主要是工程建设的投资者和工程建设的承担者，工程建设的投资者就是建设单位，工程建设的承担者包括城市规划编制单位、建设工程勘察设计企业、建筑业企业、房地产开发企业、工程监理企业、工程造价咨询单位等。自然人也是建设法律关系的主体之一。

建设法律关系客体是指建设法律关系主体享有的权利和义务所共同指向的事

物，一般是行为、财、物、智力成果。行为是法律关系主体为达到一定的目的所进行的活动，建设法律关系客体的行为包括建设执法、勘察设计、建筑安装、工程监理等活动；财包括货币和有价证券，建设法律关系客体的财主要是建设资金；物是指可以被人们控制和支配的以物质形态表现出来具有一定价值的物体，建设法律关系客体的物是建设材料、建设设备、建设产品等；智力成果是人们脑力劳动产生的成果，建设法律关系客体的智力成果如设计图等。建设法律关系的内容，即建设法律主体之间的权利和义务。

建设法律关系的内容是建设法律关系主体的具体要求，决定着建设法律关系的性质。建设权利是指建设法律关系主体根据建设法律要求和自身业务活动的需要有权进行各种建设活动的资格。权利主体可要求其他主体作出一定行为或抑制一定行为，以实现自己的权利。建设义务是指建设法律关系主体必须按法律规定或约定承担应负的责任，义务主体如果不履行或不适当履行就要受到制裁。

3. 建设法律关系的产生、变更和消灭

建设法律关系的产生是指建设法律关系的主体之间形成了一定的权利和义务关系。

建设法律关系的变更是指建设法律关系的三个要素发生变化。主体变更可以是建设法律关系主体数目增多或减少，也可以是主体本身的改变。客体变更是指建设法律关系中权利义务所指向的事物发生变化，包括法律关系范围和性质的变更。建设法律关系主体与客体的变更，必然导致相应权利和义务的变更，即内容的变更。

建设法律关系的消灭是指建设法律关系主体之间的权利义务不复存在，彼此丧失了约束力，包括自然消灭、协议消灭、违约消灭。建设法律关系的产生、变更和消灭是由法律事实引起的。法律事实是指能够引起建设法律关系产生、变更和消灭的客观现象和事实。建设法律事实按是否包含当事人的意志分为两类，即事件和行为。事件是指不以当事人意志为转移而产生的自然现象，如地震、台风、水灾、火灾等自然现象和战争、暴乱、政府禁令等社会现象，都可成为建设法律关系产生、变更或消灭的原因。行为是指人有意识的活动，包括积极的作为或消极的作为，都会引起建设法律关系的产生、变更或消灭，行为有合法行为和违法行为。建设活动中的民事法律行为、行政行为、立法行为、司法行为以及违法行为都可成为建设法律关系产生、变更或消灭的原因。

五、建设法规的法律地位

这里所指的法律地位是指建设法规在整个法律体系中所处的位置，建设法规应界于哪一个部门及其所处的层次。

建设法规调整的三种社会关系中，对于建设活动中的行政管理关系，主要用行政手段加以调整；对于建设活动中的经济协作关系，则采用行政、经济、民事各种手段相结合的方式加以调整；对于建设活动中的民事关系，则主要采用民事手段来加以调整。这表明，建设法规调整的社会关系是多方面的，而其运用的调整手段也是综合的，很难将其明确划归某一法律部门。但就其主要法律规范的性质来看，它主要还是属于行政法和经济法的范畴。

需要指出的是，建设活动还会涉及许多事物与相关的社会关系，如：工程建设与环境保护、文物保护、自然风景保护的关系；工程建设与土地、水源、矿产、森林等自然资源的关系；工程建设与地震、洪涝等自然灾害的关系；工程建设与招投标活动、标准化设计的关系等。在我国，已颁布了大量有关环境和自然资源保护、自然灾害的防御等方面的法律、法规。它们所调整的范围很广，当然不属于建设法规，但它们又都与工程建设有关，人们在从事工程建设活动时都必须严格遵守它们的相关规定，所以，称之为与工程建设相关的法律。这些相关的法律所属的法律部门则更是多种多样的。

第二节 建设法规立法

一、建设法规立法的主体

立法有广义、狭义两种理解。广义上的立法概念与法律制定的含义是相同的，泛指一切有权的国家机关依法制定各种规范性法律文件的活动，它既包括国家最高权力机关及其常设机关制定宪法和法律的活动，也包括地方权力机关制定其他规范性法律文件的活动，还包括国务院和地方行政机关制定行政法规和其他规范性法律文件的活动。狭义上的立法是国家立法权意义上的概念，仅指享有国家立法权的国家机关的立法活动，即国家的最高权力机关及其常设机关依法制定、修改和废止宪法和法律的活动。根据 1999 年 3 月 15 日第九届全国人民代表大会第二次会议修订的《宪法》和 2000 年 3 月 15 日第九届全国人民代表大会第三次会议通过的《立法法》的规定，建设法按立法权限可分五个层次：全国人民代表大会和全国人民代表大会常务委员会制定的建设法律；国务院制定的建设法规；建设部或国务院有关部门制定的建设规章；省、自治区、直辖市人大及其常委会制定的地方建设法规；省、自治区、直辖市和较大的市的人民政府制定的地方建设规章。

二、建设法规立法的基本原则

建设法规立法的基本原则是指建设立法时所必须遵循的基本准则及要求。现阶段，我国建设法规立法时必须遵循以下基本原则：

1. 遵循市场经济规律原则

市场经济是指市场对资源配置起基础性作用的经济体制。社会主义市场经济是指与社会主义基本制度相结合的，市场在国家宏观调控下对资源配置起基础性作用的经济体制。第八届全国人大第一次会议通过的《中华人民共和国宪法修正案》规定“国家实行社会主义市场经济”。这不仅是宪法的基本原则，也是建设法的立法原则。

1）遵循市场经济规律，反映在建设法立法中，就是要建立健全以市场为主体的法律体系。建设法要规定各种建设市场主体的法律地位，对其在建设活动中的权利和义务作出明确的规定。这些主体包括建设行政主管部门、勘察规划设计单位、建设监理单位、建设施工单位、房地产开发经营部门、土地管理部门、标准化部门、城市市政公用事业单位、环境保护部门、建设材料供应部门及其他从事建设活动的相关人员等。

2）遵循市场经济规律，要求建设法的立法确立建设市场体系具有统一性和开放性。建设立法应当确立规划与设计市场、建设监理市场、工程承包的招投标市场、建设资金市场等多元化的建设活动大市场。同时，建设工程管理、房地产管理、市政公用事业管理等应当能够保障建设市场健康、有序、协调、统一地发展。

3）遵循市场经济规律，要求建设法的立法确立以间接手段为主的宏观调控体系。建设法主要运用行政手段实现对建设行为的调整，这种调整不应当是直接干预性的。建设主体在具体的建设行为中都享有独立性和自主性，国家对其行为实施的调控只是间接性的。

4）遵循市场经济规律，要求建设法立法本身具有完备性。要把建设行为纳入法制轨道，必须要先使建设法自身完备。唯有如此，才能有效地规范建设市场主体行为，维护建设市场活动秩序。

2. 法制统一原则

所有法律存在内在统一的联系，并在此基础上构成一个国家的法律体系。建设法规体系是我国法律体系中的一个组成部分。组成本体系的法律都必须符合宪法的精神与要求。该法律体系与其他体系也不应冲突。对于基本法的有关规定，建设行政法规和部门规章以及地方性建设法规、规章都必须遵循，而且，与地位同等的法律、法规所确立的有关内容应相互协调。建设法规系统内部高层次的法律、法规对低层次的法规、规章具有制约性和指导性。地位相等的建设法规和规章在内容规定上不应相互矛盾。这就是建设法规的立法所必须遵循的法制统一原则。

建设法规的立法坚持法制统一原则的基本要求，不仅是对立法本身所应提出的规范化、科学化的要求，更主要的是便于实际操作，不至因法律制度自相矛盾而导致建设法规的无所适用。

3. 责权利相一致的原则

责权利相一致是对建设行为主体的权利和义务或责任在建设立法上提出的一项基本要求。具体表现为：

1）建设法规主体享有的权利和履行的义务是统一的。任何一个主体享有建设法规规定的权利，同时必须履行法规所规定的义务。

2）建设行政主管部门行使行政管理权既是其权利，也是其责任或义务。权利和义务彼此结合。

4. 遵循科学技术规律，确保建设工程安全与质量的原则

建设法规的立法应大力推动建设领域的科学技术研究，提倡采用先进技术、先进设备、先进工艺、新型建筑材料和现代管理方式，努力提高建设活动的精细度和劳动生产率，鼓励节约能源和环境保护，走可持续发展的建设之路。

5. 民主立法原则

民主立法原则是指行政机关依照法律规定进行建设立法时，应通过各种方式听取各方面的意见，保证民众广泛地参与行政立法。民主立法原则要求：立法草案应提前公布，以便于广泛征求广大民众对特定行政立法事项的意见，并将听取意见作为立法的必经环节和法定程序；要及时向人民群众公布对立法意见的处理结果；应设置专门的立法咨询机关和咨询程序，对特别重要的行政立法进行专门咨询并作为必经程序；对违反民主立法原则的立法应视为无效。如 2003 年 6 月 8 日国务院颁布的《物业管理条例》，在出台前就向全社会征求意见，体现民意，体现立法的民主。

第三节　建设法规体系

一、建设法规体系的概念

建设法规体系是指把已经制定和需要制定的建设法律、建设行政法规和建设部门规章衔接起来，形成一个相互联系、相互补充、相互协调的完整统一的框架结构。

就广义的建设法规体系而言，体系中还包括地方性建设法规和建设规章。

二、建设法规体系的构成

所谓法规体系的构成，就是指法规体系采取的结构形式。建设法规体系是由很多不同层次的法规组成的，它的结构形式一般有宝塔型和梯型两种。我国建设法规体系采用的是梯型结构。目前，根据《中华人民共和国立法法》有关立法权

限的规定，我国建设法规体系由五个层次组成。

1. 建设法律

建设法律是指由全国人民代表大会及其常委会制定颁行的属于国务院建设行政主管部门主管业务范围的各项法律。其主要内容是建设领域的基本方针、政策，涉及建设领域的根本性、长远性和重大的问题，是建设领域法律体系的最高层次，它们是建设法规体系的核心和基础。例如，《中华人民共和国建筑法》、《中华人民共和国招标投标法》、《中华人民共和国合同法》、《中华人民共和国城市规划法》、《中华人民共和国房地产管理法》。

2. 建设行政法规

建设行政法规是指国务院依法制定并颁布的建设领域行政法规的总称。建设行政法规是建设法律制度中的第二层次，一般是对建设法律条款的进一步细化，以便于法律的实施。例如，2003 年 11 月 24 日国务院颁布了《建设工程安全生产管理条例》；2003 年 6 月 8 日国务院颁布了《物业管理条例》；2002 年 3 月 24 日国务院修改了《住房公积金管理条例》；2001 年 6 月 13 日国务院颁布了《城市房屋拆迁管理条例》；2000 年 9 月 25 日国务院颁布了《建设工程勘察设计管理条例》；2000 年 1 月 30 日国务院颁布了《建设工程质量管理条例》等。

3. 建设部门规章

建设部门规章是指建设部或国务院有关部门根据国务院规定的职责范围，依法制定并颁布的建设领域的各项规章。规章一方面将法律、行政法规的规定进一步具体化，以便其更好地贯彻执行；另一方面规章作为法律、法规的补充，为有关政府部门的行为提供依据。部门规章对全国有关行政管理部门具有约束力，但其效力低于行政法规。2003 年 3 月 8 日七部委联合发布了《工程建设项目施工招标投标办法》；2003 年 2 月 13 日建设部和对外贸易经济合作部联合颁布了《外商投资城市规划服务企业管理规定》；2002 年 12 月 4 日建设部颁布了《建设工程勘察质量管理办法》等。

4. 地方性建设法规

地方性建设法规是指由省、自治区、直辖市人民代表大会及其常委会制定颁行的或经其批准颁行的由下级人大或常委会制定的建设方面的法规。地方性法规在其所管辖的行政区内具有法律效力，如《山东省实施（中华人民共和国土地管理法）办法》、《山东省水污染防治条例》、《泰山风景名胜区保护管理条例》、《山东省城市房地产交易管理条例》、《山东省城市房地产开发经营管理条例》、《山东省城市房屋拆迁管理条例》、《山东省建设工程招标投标管理条例》等。

5. 地方建设规章

地方建设规章是指由省、自治区、直辖市人民政府制定颁行的或经其批准颁行的由其所辖城市人民政府制定的建设方面的规章。如《山东省关于提高建筑工程质量的若干规定》、《山东省建设工程设计招标投标暂行规定》、《山东省建设工程施工招标投标暂行规定》、《山东省关于外国建筑企业承包建设工程施工管理的暂行规定》。

其中，建设法律的法律效力最高，层次越低，法规的法律效力越低。法律效力低的建设法规不得与比其法律效力高的建设法规相抵触，否则，其相应的规定将被视为无效。

三、我国建设法规体系的现状与规划

新中国成立初期，建设立法基本上是个空白，为了适应经济建设和发展的需要，国务院（初期为政务院）及其相关行政主管部门制定颁行了许多有关建设程序、设计、施工及成本管理等方面的有关规定，但未形成完整的体系，更没有一部建设法律。改革开放以来，尤其是中央确立经济体制由计划经济向市场经济转变的发展战略以后，随着国家法制建设的加强，建设法规逐步成为国家整个法律体系的重要组成部分，其立法的系统性、迫切性也成为国家法制建设中必须解决的重大问题。1989 年，建设部组织了建设法规体系的研究、论证工作，并于 1991 年制定出《建设法律体系规划方案》，使我国建设立法走上了系统化、科学化的健康发展之路。我国建设法规体系采用了梯型结构形式，所以，在我国将没有一部“中华人民共和国建设法”这样的基本法律，而由城市规划法、市政公用事业法、村镇建设法、风景名胜区法、工程勘察设计法、建筑法、城市房地产管理法、住宅法等 8 部关于专项业务的法律构成我国建设法规体系的顶层，并由城市规划法实施条例等 38 部行政法规对这些法律加以细化和补充。

需要指出的是，与建设活动关系密切的相关法律、行政法规和部门规章，虽不属于建设法规体系，但其有些规定对调整相关的建设活动有着十分重要的作用，对此须予以密切关注。

第四节　建设法规的实施

建设法规的实施是指国家机关及其公务员、社会团体、公民实践建设法律规范的活动，包括建设法规的执法、司法和守法三个方面。建设法规的司法又包括行政司法和专门机关司法两方面。

1. 建设行政执法

建设行政执法是指建设行政主管部门和被授权或被委托的单位，依法对各项建设活动和建设行为进行检查监督，并对违法行为执行行政处罚的行为。具体如下：

（1）建设行政决定　建设行政决定是指执法者依法对相对人的权利和义务作

出单方面的处理，包括行政许可、行政命令和行政奖励。

（2）建设行政检查　建设行政检查是指建设行政执法者依法对相对人是否守法的事实进行单方面的强制性了解，主要包括实地检查和书面检查两种。

（3）建设行政处罚　建设行政处罚是指建设行政主管部门或其他权力机关对相对人实行惩戒或制裁的行为，主要包括财产处罚、行为处罚和告诫处罚三种。

（4）建设行政强制执行　建设行政强制执行是指在相对人不履行行政机关所规定的义务时，特定的行政机关依法对其采取强制手段，迫使其履行义务。

2. 建设行政司法

建设行政司法是指建设行政机关依据法定的权限和法定的程序进行行政调解、行政复议和行政仲裁，以解决相应争议的行政行为。具体如下：

（1）行政调解　行政调解是指在行政机关的主持下，以法律为依据，以自愿为原则，通过说服、教育等方法，促使双方当事人通过协商互谅达成协议。

（2）行政复议　行政复议是指在相对人不服行政执法决定时，依法向指定的部门提出重新处理申请。

（3）行政仲裁　行政仲裁是指国家行政机关以第三者身份对特定的民事、经济的劳动争议居中调解并作出判断和裁决。

3. 专门机关司法

专门机关司法是指国家司法机关，主要指人民法院依照诉讼程序对建设活动中的争议与违法建设行为作出的审理判决活动。

4. 建设法规的遵守

建设法规的遵守是指从事建设活动的所有单位和个人，必须按照建设法规的要求实施建设行为，不得违反。

思　考　题

1. 什么是建设法规？建设法规调整的社会关系有哪些？
2. 建设法律关系的三要素是什么？
3. 何谓建设法规体系？我国建设法规体系是如何构成的？
4. 什么是与工程建设相关的法律？当前，我国与工程建设相关的法律都有哪些？
5. 现阶段，我国建设立法的基本原则有哪些？
6. 建设法规的实施包括哪几个方面？
7. 谈谈你对建设法律法规体系的认识。

2

第二章 工程建设程序法规

第一节　概　　述

一、工程建设的概念

工程建设是指土木建筑工程、线路管道和设备安装工程、建筑装饰装修工程等工程项目的新建、扩建和改建，是形成固定资产的基本生产过程及与之相关的其他建设工作的总称。

土木建筑工程包括矿山、铁路、公路、道路、隧道、桥梁、堤坝、电站、码头、飞机场、运动场、房屋（如厂房、剧院、旅馆、商店、学校和住宅）等工程。

线路管道和设备安装工程包括电力、通信线路、石油、燃气、给水、排水、供热等管道系统和各类机械设备、装置的安装工程。

其他工程建设工作包括建设单位及其主管部门的投资决策活动以及征用土地、工程勘察设计、工程监理等。这些工作是工程建设必不可少的内容。

建筑活动是指从事土木建筑工程、线路管道和设备安装工程的新建、扩建、改建及建筑装饰装修活动。

工程建设为国民经济的发展和人民生活的改善提供重要的物质技术基础，并对众多产业的振兴起着促进作用，因此它在国民经济中占有相当重要的地位，国家也十分重视运用法律手段，通过制定和实施工程建设管理法规，加强对工程建设的管理。

二、工程建设程序的概念

工程建设程序是在认识工程建设客观规律基础上总结提出的，工程建设全过程中各项工作都必须遵守的先后次序。它也是工程建设各个环节相互衔接的顺序。

工程建设是社会化生产，它有着产品体积庞大、建造场所固定、建设周期长、占用资源多的特点。在建设过程中，工作量极大，牵涉面很广，内外协作关系复杂，且存在着活动空间有限和后续工作无法提前进行的矛盾。因此，工程建设就必然存在着一个分阶段、按步骤，各项工作按序进行的客观规律。这种规律是不可违反的，如人为将工程建设的顺序颠倒，就会造成严重的资源浪费和经济损失。所以，世界各国对此规律都十分重视，都对之进行了认真探索研究，不少国家还将研究成果以法律的形式固定下来，强迫人们在从事工程建设活动时遵守，我国也制定颁行了不少有关工程建设程序方面的法规。当然，随着社会的发展和对工程建设认识的不断加深，我国也会总结出更加科学、合理的工程建设程序。

三、我国工程建设程序的立法现状

当前，我国工程建设程序方面的法规多是部门规章和规范性文件，主要有：1978 年国家计划委员会、建设委员会、财政部联合颁发的《关于基本建设程序的若干规定》，以及随着经济体制的改革和决策科学化、管理规范化要求的提出，由各主管部门先后发布的《关于简化基本建设项目审批手续的通知》（1982 年）、《关于颁发建设项目进行可行性研究的试行管理办法的通知》（1983 年）、《关于编制建设前期工作计划的通知》（1984 年）、《关于建设项目经济评价工作的暂行规定》（1987 年）、《关于大型和限额以上固定资产投资项目建议书审批问题的通知》（1988 年）、《工程建设项目实施阶段程序管理暂行规定》（1994 年）、《工程建设项目报建管理办法》（1994 年）等规范性文件。

另外，《中华人民共和国土地法》、《中华人民共和国城市规划法》、《中华人民共和国建筑法》等法律中，也有关于工程建设程序的一些规定。

第二节 工程建设程序阶段的划分

根据我国现行工程建设程序法规的规定，我国工程建设程序如表 2-1 所示。

表 2-1 我国工程建设程序

工程建设程序的阶段划分	各阶段的环节划分
(1) 工程建设前期阶段 (决策分析阶段)	① 投资意向
	② 投资机会分析
	③ 项目建议书
	④ 可行性研究
	⑤ 审批立项

（续）

工程建设程序的阶段划分	各阶段的环节划分
（2）工程建设准备阶段	① 规划
	② 获取土地使用权
	③ 拆迁
	④ 报建
	⑤ 工程发包与承包
（3）工程建设实施阶段	① 工程勘察设计
	② 设计文件审批
	③ 施工准备
	④ 工程施工
	⑤ 生产准备
（4）工程竣工验收与保修阶段	① 竣工验收
	② 工程保修
（5）终结阶段	① 生产运营
	② 投资后评价

从表2-1中可知，我国工程建设程序共分五个阶段，每个阶段又各包含若干环节。各阶段、各环节的工作应按规定顺序进行。当然，工程项目的性质不同，规模不一，同一阶段内各环节的工作会有一些交叉，有些环节还可省略，在具体执行时，可根据本行业、本项目的特点，在遵守工程建设程序的大前提下，灵活地开展各项工作。

第三节　工程建设前期阶段及准备阶段的内容

一、工程建设前期阶段的内容

工程建设前期阶段即决策分析阶段，这一阶段主要是对工程项目投资的合理性进行考察和对工程项目进行选择。对投资者来讲，这是进行战略决策，它将从根本上决定其投资效益，因此是十分重要的。这个阶段包含投资意向、投资机会分析、项目建议书、可行性研究、审批立项几个环节。

1. 投资意向

投资意向是投资主体发现社会存在合适的投资机会所产生的投资愿望。它是工程建设活动的起点，也是工程建设得以进行的必备条件。

2. 投资机会分析

投资机会分析是投资主体对投资机会所进行的初步考察和分析，在认为机会合适、有良好的预后效益时，则可进行下一步的行动。

3. 项目建议书

项目建议书是投资机会分析结果文字化后所形成的书面文件，以方便投资决策者分析、抉择。项目建议书应对拟建工程的必要性、客观可行性和获利的可能性逐一进行论述。

大中型和限额以上项目的投资项目建议书，由行业归口主管部门初审后，再由国家发放委（原为国家计委）审批。小型项目的项目建议书，按隶属关系由主管部门或地方计委审批。

4. 可行性研究

可行性研究是指项目建议书被批准后，对拟建项目在技术上是否可行、经济上是否合理等内容所进行的分析论证。广义的可行性研究还包括投资机会分析。

可行性研究应对项目所涉及的社会、经济、技术问题进行深入的调查研究，对各种各样的建设方案和技术方案进行发掘并加以比较、优化，对项目建成后的经济效益、社会效益进行科学的预测及评价，提出该项目建设是否可行的结论性意见。对可行性研究的具体内容和所应达到的深度，有关法规都有明确的规定。

可行性研究报告必须经有资格的咨询机构评估确认后，才能作为投资决策的依据。

5. 审批立项

审批立项是有关部门对可行性研究报告的审查批准程序，审查通过后即予以立项，正式进入工程项目的建设准备阶段。

《关于建设项目进行可行性研究的试行管理办法》对审批权项作了具体规定。

大中型建设项目的可行性研究报告由各主管部，各省、市、自治区或全国性工业公司负责预审，报国务院审批。

小型项目的可行性研究报告，按隶属关系由各主管部，各省、市、自治区或全国性专业公司审批。

二、工程建设准备阶段的内容

工程建设准备是为勘察、设计、施工创造条件所做的建设现场、建设队伍、建设设备等方面的准备工作。

这一阶段包括规划、获取土地使用权、拆迁、报建、工程承发包等主要环节。

1. 规划

在规划区内建设的工程，必须符合城市规划或村庄、乡镇规划的要求。其工程选址和布局，必须取得城市规划行政主管部门或村、镇规划主管部门的同意、批准；在城市规划区内进行工程建设的，要依法先后领取城市规划行政主管部门核发的“选址意见书”、“建设用地规划许可证”、“建设工程规划许可证”，方能进行获取土地使用权、设计、施工等相关建设活动。

2. 获取土地使用权

我国的《土地管理法》规定：农村和城市郊区的土地（除法律规定属国家所有者外）属于农民集体所有，其余的土地都归国家所有。工程建设用地都必须通过国家对土地使用权的出让或划拨而取得，需在农民集体所有的土地上进行工程建设的，也必须先由国家征用农民土地，然后再将土地使用权出让或划拨给建设单位或个人。

通过国家出让而取得土地使用权的，应向国家支付出让金，并与市、县人民政府土地管理部门签订书面出让合同，然后按合同规定的年限与要求进行工程建设。

由国家划拨取得土地使用权的，虽不向国家支付出让金，但在城市要承担拆迁费用，在农村和郊区要承担土地原使用者的补偿费和安置补助费，其标准由各省、直辖市、自治区规定。

3. 拆迁

在城市进行工程建设，一般都要对建设用地上的原有房屋和附属物进行拆迁。国务院颁发的《城市房屋拆迁管理条例》规定，任何单位和个人需要拆迁房屋的，都必须持国家规定的批准文件、拆迁计划和拆迁方案，向县级以上人民政府房屋拆迁主管部门提出申请，经批准并取得房屋拆迁许可证后，方可拆迁。拆迁人和被拆迁人应签订书面协议，被拆迁人必须服从城市建设的需要，在规定的搬迁期限内完成搬迁，拆迁人对被拆迁人（被拆房屋及附属物的所有人、代管人及国家授权的管理人）依法给予补偿，并对被拆迁房屋的使用人进行安置。对违章建筑、超过批准期限的临时建筑的被拆迁人和使用人，则不予补偿和安置。

4. 报建

建设项目被批准立项后，建设单位或其代理机构必须持工程项目立项批准文件、银行出具的资信证明、建设用地的批准文件等资料，向当地建设行政主管部门或其授权机构进行报建。凡未报建的工程项目，不得办理招标手续和发放施工许可证，设计、施工单位不得承接该项目的设计、施工任务。

5. 工程发包与承包

建设单位或其代理机构在上述准备工作完成后，须对拟建工程进行发包，以择优选定工程勘察设计单位、施工单位或总承包单位。工程发包与承包有招标投标和直接发包两种方式，为鼓励公平竞争，建立公正的竞争秩序，国家提倡招标投标方式，并对许多工程强制进行招标投标。

第四节 工程建设实施阶段及保修阶段的内容

一、工程建设实施阶段的内容

1. 工程勘察设计

设计是工程项目建设的重要环节，设计文件是制定建设计划、组织工程施工和控制建设投资的依据。它对实现投资者的意愿起关键作用。设计与勘察是密不可分的，设计必须在进行工程勘察，取得足够的地质、水文等基础资料之后才能进行。

另外，勘察工作也服务于工程建设的全过程，在工程选址、可行性研究、工程施工等各阶段，也必须进行必要的勘察。

工程设计包括的阶段及各阶段的内容和要求，有关法规都有具体的规定，详细内容请看第六章。

2. 施工准备

施工准备包括施工单位在技术、物资方面的准备和建设单位取得开工许可两方面内容。

（1）施工单位技术、物资方面的准备　工程施工涉及的因素很多，过程也十分复杂，所以，施工单位在接到施工图后，必须做好细致的施工准备工作，以确保工程顺利建成。它包括熟悉、审查设计施工图，编制施工组织设计，向下属单位进行计划、技术、质量、安全、经济责任的交底，下达施工任务书，准备工程施工所需的设备、材料等活动。

（2）取得开工许可　建设单位具备以下条件：①已经办好该工程用地批准手续；②在城市规划区的工程，已取得规划许可证；③需要拆迁的，拆迁进度满足施工要求；④施工企业已确定；⑤有满足施工需要的施工图和技术资料；⑥有保证工程质量和安全的具体措施；⑦建设资金已落实并满足有关法律、法规规定的其他条件，方可按国家有关规定向工程所在地县级以上人民政府建设行政主管部门申领施工许可证。未取得施工许可证的建设单位不得擅自组织开工。已取得施工许可证的，应自批准之日起三个月内组织开工，因故不能按期开工的，可向发证机关申请延期，延期以两次为限，每次不超过三个月。既不按期开工，又不申请延期或超过延期时限的，已批准的施工许可证自行作废。

3. 工程施工

工程施工是施工队伍具体地配置各种施工要素，将工程设计物化为建筑产品的过程，也是投入劳动量最大，所费时间较长的工作。其管理水平的高低、工作质量的好坏对建设项目的质量和所产生的效益起着十分重要的作用。

工程施工管理具体包括施工调度、施工安全、文明施工、环境保护等几方面的内容。

施工调度是进行施工管理，掌握施工情况，及时处理施工中存在的问题，严格控制工程的施工质量、进度和成本的重要环节。施工单位的各级管理机构均应配备专职调度人员，建立和健全各级调度机构。

施工安全是指施工活动中，对职工身体健康与安全、机械设备使用的安全及物资的安全等应有保障制度和所采取的措施。根据有关规定，施工单位必须执行国家有关安全生产和劳动保护的法规，建立安全生产责任制，加强规范化管理，进行安全交底、安全教育和安全宣传，严格执行安全技术方案，定期检修、维修各种安全设施，做好施工现场的安全保卫工作，建立和执行防火管理制度，切实保障工程施工的安全。

文明施工是指施工单位应推行现代管理方法，科学组织施工，保证施工活动整洁、有序、合理地进行。具体内容包括：按施工总平面布置图设置各项临时设施，施工现场设置明显标牌，主要管理人员要佩戴身份标志。机械操作人员要持证上岗，施工现场的用电线路、用电设施的安装使用和现场水源、道路的设置要符合规范要求等。

环境保护是指施工单位必须遵守国家有关环境保护的法律、法规，采取措施控制各种粉尘、废气、噪声等对环境的污染和危害。如不能控制在规定的范围内，则应事先报请有关部门批准。

4. 生产准备

生产准备是指工程施工临近结束时，为保证建设项目能及时投产使用所进行的准备活动。如招收和培训必要的生产人员，组织人员参加设备安装调试和工程验收，组建生产管理机构，制定规章制度，收集生产技术资料和样品，落实原材料、外协产品、燃料、水、电的来源及其他配合条件等。建设单位要根据建设项目或主要单项工程的生产技术特点，及时组成专门班子或机构，有计划地做好这一工作。

二、工程竣工验收与保修阶段的内容

1. 工程竣工验收

工程项目按设计文件规定的内容和标准全部建成，并按规定将工程内外全部清理完毕后称为竣工。国家计委颁发的《建设项目（工程）竣工验收办法》规定，凡新建、扩建、改建的基本建设项目（工程）和技术改造项目，按批准的设计文件所规定的内容建成，符合验收标准的必须及时组织验收，办理固定资产移交手续。根据《建筑法》及国务院《建设工程质量管理条例》等相关法规规定，交付竣工验收的工程，必须具备下列条件：①完成建设工程设计和合同约定的各

项内容；②有完整的技术档案和施工管理资料；③有工程使用的主要建筑材料、建筑构配件和设备的进场试验报告；④有勘察、设计、施工、工程监理等单位分别签署的质量合格文件；⑤有施工单位签署的工程保证书。

竣工验收的依据是已批准的可行性研究报告、初步设计或扩大初步设计、施工图和设备技术说明书以及现行施工技术验收的规范和主管部门（公司）有关审批、修改、调整的文件等。

工程验收合格后，方可交付使用。此时承发包双方应尽快办理固定资产移交手续和工程结算，将所有工程款项结算清楚。

2. 工程保修

根据《建筑法》及《建设工程质量管理条例》等相关法规的规定，工程竣工验收交付使用后，在保修期限内，承包单位要对工程中出现的质量缺陷承担保修与赔偿责任。保修范围和保修期限详见第五章。

3. 投资后评价

建设项目投资后评价是工程竣工投产、生产运营一段时间后，对项目的立项决策、设计施工、竣工投产、生产运营等全过程进行系统评价的一种技术经济活动。它是工程建设管理的一项重要内容，也是工程建设程序的最后一个环节。它可使投资主体达到总结经验、吸取教训、改进工作、不断提高项目决策水平和投资效益的目的。目前我国的投资后评价一般分建设单位的自我评价、项目所属行业（地区）主管部门的评价及各级计划部门（或主要投资主体）的评价三个层次进行。

思 考 题

1. 何谓工程建设程序？我国工程建设程序分为哪几个阶段？
2. 工程建设前期阶段包含哪几个环节？各环节的工作内容是什么？
3. 我国关于土地所有权和土地使用权是如何规定的？
4. 工程建设准备阶段分为哪几个环节？
5. 工程建设实施阶段的主要环节及内容是什么？
6. 什么是工程的竣工验收？其条件有哪些？

3

第三章

工程建设执业资格法规

第一节 概 述

一、工程建设执业资格制度的概念

工程建设执业资格制度是指事先依法取得相应资质或资格的单位和个人，才允许其在法律所规定的范围内从事一定建筑活动的制度。

工程建设对社会生活和经济建设的重要性是不言而喻的，而随着技术的进步和生活质量的提高，社会对建设工程的技术水准和质量要求越来越高，使得工程建设过程日趋复杂，已远非一般人员所能胜任，而只能由掌握一定的工程建设专业知识和具有一定工程建设实践经验的技术人员及其所组建成的单位来承担。正因为如此，世界上绝大多数国家都对从事建设活动主体的资格作了严格的限定。我国也不例外，很早就实行了严格的单位执业资格认证制度。对各种建筑企事业单位的资质等级标准和允许执业范围作出了明确的规定。这对提高我国工程建设水平、保障公民的生命财产安全起到了重要的作用。但随着改革开放的深入和市场经济的建立，单纯实行执业单位资质管理的不足也日益显现出来：①只注重管理单位资质，而对具体执业人员没有执业要求，就会出现高资质单位承接任务，而由低素质、低水平的人员来完成的问题，使工程建设的质量和水平难以保证；②一些高水平的专业人员，由于其所在单位资质较低的限制，使其聪明才智和业务能力难以发挥；③工程建设的相应责任只能落实到单位，对具体执业人员的责任都难以追究，出现问题就是集体负责，表面上是集体共同负责，实际上却是人人都不负责。另外，大多数发达国家和地区都实行了工程建设执业人员资格注册制度，这已形成建筑行业管理的国际惯例，如我国不实行这一制度，就会影响我国与国际建筑界的交流与合作，同时，也会成为我国进入国际市场的障碍。因此，我国目前正在加速工程建设个人执业资格制度的建立。对此，《建筑法》明

确规定："从事建筑活动的专业技术人员，应当依法取得相应的执业资格证书，并在执业资格证书许可的范围内从事建筑活动。"在现阶段，我国工程建设执业资格制度是单位执业资质和个人执业资格并存的模式。

二、工程建设执业资格法规的立法现状

1998 年 3 月 1 日正式施行的《中华人民共和国建筑法》中明确规定了我国工程建设实行执业单位资质管理和执业人员资格管理制度。除此之外，还颁发了大量行政法规、部门规章及规范性文件，对相关管理办法作出具体规定，现行的主要有国务院颁行的《中华人民共和国注册建筑师条例》(1995 年)、《中华人民共和国注册建筑师条例实施细则》(1996 年)、《建筑企事业单位关键岗位持证上岗管理规定》(1991 年)、《监理工程师资格考试和注册试行办法》(1992 年)、《建筑装饰设计资格分级标准》(1992 年)、《工程咨询单位资格认定暂行办法》(1994 年)、《建筑施工企业项目经理资质管理办法》(1995 年)、《注册房地产估价师管理办法》(2006 年)、《注册结构工程师执业资格制度暂行规定》(1997 年)、《造价工程师注册管理办法》(2006 年)、《工程造价咨询单位管理办法》(2000 年)、《房地产开发企业资质管理规定》(2000 年)、《城市规划编制单位资质管理规定》(2001 年)、《建筑业企业资质管理规定》(2006 年)、《建设工程勘察设计企业资质管理规定》(2001 年)、《工程监理企业资质管理规定》(2006 年)、《建筑业企业资质等级标准》(2007 年)、《工程勘察资质分级标准》(2001 年)、《工程设计资质分级标准》(2001 年) 等。

第二节　工程建设从业单位资质管理

一、工程建设从业单位的划分

根据我国现行法规，我国从事工程建设活动的单位分为房地产开发企业、工程总承包企业、工程勘察设计企业、工程监理企业和建筑业企业。

1. 房地产开发企业

房地产开发企业是指在城市及村镇从事土地开发、房屋及基础设施和配套设备开发经营业务，具有企业法人资格的经济实体。房地产开发企业有专营和兼营两类。专营企业是指以房地产开发经营为主的企业；兼营企业是指以其他经营项目为主，兼有房地产开发经营业务的企业。

2. 工程总承包企业

工程总承包企业是指对工程从立项到交付使用的全过程进行承包的企业。工程总承包企业可以实行工程建设全过程的总承包，也可进行分阶段的承包，它可

独立进行总承包，也可与其他单位联合总承包。工程总承包是国际上非常重视和推崇的工程承包模式，目前我国工程总承包还在研究推广过程中，其相应的法律法规也正在制定和完善之中。

3. 工程勘察设计企业

工程勘察设计企业是指依法取得资格，从事工程勘察、工程设计活动的企业。建国以来，我国勘察设计单位一直属于事业单位，每年的勘察设计任务和单位的开支都由国家下达和拨付。从 1984 年起，国家决定勘察设计单位要逐步实现企业化后，至今绝大部分勘察设计单位已转制为企业，但在 2001 年以前的法规中，仍称之为工程勘查设计单位。

工程勘察分为岩土工程、水文地质勘察和工程测量共 3 个专业。其中岩土工程包括岩土工程勘测、岩土工程设计、岩土工程测试和检测、岩土工程咨询和监理、岩土工程治理。

工程设计按专业分为煤炭、化工石化医药、石油天然气、电力、冶金、军工、机械、商物粮（即原商业、物资、粮食）、核工业、电子通信、广电、轻纺、建材、铁道、公路、水运、民航、市政公用、海洋、水利、农林、建筑等 21 个行业。

4. 工程监理企业

工程监理企业是指取得监理资质证书，具有法人资格的企业。它必须与所有政府机构及事业单位脱钩，进行自主经营、自负盈亏、自担责任。按照工程性质和技术特点，工程监理企业又划分为房屋建筑工程、冶炼工程、矿山工程、化工及石油工程、水利水电工程、林业及生态工程、铁路工程、公路工程、港口与航道工程、航天航空工程、通信工程、市政公用工程、机电安装工程等 14 类。每一个工程监理企业可以同时申请一类或多类工程监理资质。

5. 建筑业企业

建筑业企业是指从事土木工程，建筑工程，线路、管道及设备安装工程，装修工程等新建、扩建、改建活动的企业。它又分为施工总承包企业、专业承包企业和劳务分包企业三类。

施工总承包企业是指从事工程施工阶段总承包活动的企业。它可对工程实行施工总承包或者对主体工程实行施工承包。对其所承包的工程，它可全部自行施工，也可将主体工程以外的其他工程及劳务作业分包给具有相应专业承包资质或劳务分包资质的其他建筑业企业。根据专业范围，施工总承包企业又分为房屋建筑工程、公路工程、铁路工程、电力工程、矿山工程、冶炼工程、化工石油工程、市政公用工程、通信工程、机电安装工程等 12 类。一个施工总承包企业在获得一类工程施工资质作为本企业的主项资质的同时，还可再申请其他工程种类的施工总承包资质或专业承包资质，但其他工程种类的资质级别不得高于主项资

质的级别。

专业承包企业是指从事工程施工中的专业分包活动的企业。对其承接的专业工程，它可全部自行施工，也可将劳务作业分包给具有相应劳务分包资质的劳务分包企业，但不得进行工程施工总承包活动，根据专业范围，专业承包企业又分为地基与基础工程、土石方工程、建筑装修装饰工程、建筑幕墙工程、预拌商品混凝土、混凝土预制构件、园林古建筑工程、钢结构工程、高耸构筑物工程、电梯安装工程、消防设施工程、建筑防水工程、防腐保温工程、附着升降脚手架工程、金属门窗工程、预应力工程、起重设备安装工程、机电设备安装工程、爆破与拆除工程、建筑智能化工程、环保工程、电信工程、电子工程、桥梁工程、隧道工程、公路路面工程、公路路基工程、公路交通工程、铁路电务工程、铁路铺轨架梁工程、铁路电气化工程、机场场道工程、机场空管工程及航站楼弱电系统工程、机场目视助航工程、港口与海岸工程、港口装卸设备安装工程、航道工程、通航建筑工程、通航设备安装工程、水上交通管制工程、水工建筑物基础处理工程、水工金属结构制作与安装工程、水利水电机电设备安装工程、河湖治理工程、堤防工程、水工大坝工程、水工隧道工程、火电设备安装工程、送变电工程、核工程、炉窑工程、冶炼机电设备安装工程、化工石油设备管道安装工程、管道工程、无损检测工程、海洋石油工程、城市轨道交通工程、城市及道路照明工程、体育场地设施工程、特种专业工程等共 60 类。其中，特种专业工程是指没有列入各类专业工程的其他工程，如建筑物纠偏和平移、结构补强、特殊设备的起重吊装、特种防雷技术等。

劳务分包企业是指从事工程施工活动中劳务作业的企业。它只能进行劳务分包，不得从事工程施工总承包及专业分包活动。根据其作业范围，劳务分包企业又分为木工作业、砌筑作业、混凝土作业、脚手架作业、模板作业、焊接作业、水暖电安装作业、钣金作业、架线作业等 13 类。

专业承包企业、劳务分包企业在获得一类主项资质的同时，还可在各自资质序列内申请类别相近的其他资质。

二、工程建设从业单位的资质等级及其标准

（一）工程建设从业单位的资质等级

根据现行法规，我国各类工程建设从业单位资质等级的划分情况如下。

（1）房地产开发企业　房地产开发企业分为一、二、三、四共 4 级。

（2）工程总承包企业　工程总承包企业分为一、二、三共 3 级。

（3）工程勘察企业　工程勘察企业的资质等级按综合类、专业类、劳务类分别设置。其综合类资质只设甲级一个级别；专业类资质原则上只设甲、乙两个级别，确有必要并在报建设部批准后方可设置丙级；劳务类资质不分级别。

（4）工程设计企业　工程设计企业的资质等级按综合类资质、行业类资质及专项资质分别设置。其综合资质只设甲级。行业资质设甲、乙、丙3个级别，其中除建筑工程、市政公用、水利和公路行业所设工程设计丙级资质可独立进入工程设计市场外，其他行业工程设计丙级资质的对象仅为企业内部所属的非独立法人设计单位，不得进入工程设计市场。工程设计专项资质则根据专业发展的需要，由相关行业部门或授权的行业协会提出，并经由建设部批准，一般都设为甲、乙两级。

（5）工程施工总承包企业　各类施工总承包企业资质等级的划分不尽相同，其中大多数划分为特、一、二、三共4级；港口与航道工程、冶炼工程、化工石油工程只划分为特、一、二共3级；而通信工程分为一、二、三共3级；机电安装工程则只分为一、二共2级。

（6）专业承包企业　60类专业承包企业在资质等级设置上共有四种类型：分为一、二、三共3级；分为一、二两级；分为二、三两级及不分等级。其中分为一、二、三级的为多，共有38类。分为一、二两级的有：电梯安装工程、附着升降脚手架工程、桥梁工程、隧道工程、铁路铺轨工程、机场场道工程、机场空管工程及航站楼弱电系统工程、机场目视助航工程、港口装卸设备安装工程、通航设备安装工程、核工程、炉窑工程、冶炼机电设备安装工程、海洋石油工程等14类。分为二、三两级的有：预拌商品混凝土、混凝土预制构件、建筑防水工程、预应力工程等4类。不分资质等级的有公路交通工程、水上交通管制工程、城市轨道交通工程、特种专业工程等4类。

（7）劳务分包企业　劳务分包企业资质等级的划分较简单。除木工作业、砌筑作业、钢筋作业、脚手架作业、模板作业、焊接作业部分分为一、二两级外，其他抹灰作业、石制作业、油漆作业、混凝土作业水暖电安装作业、钣金作业、架线作业都不分等级。

（8）工程监理企业　每类工程监理企业都分为甲、乙、丙共3级。

（二）工程建设从业单位资质等级划分标准

工程建设从业单位的资质等级划分标准，是从其拥有的注册资本、专业技术人员数量和等级、技术装备和已完成的建筑工程的业绩等方面来加以规定的。每一类从业单位的资质等级标准，都由相应的法规作出了具体规定。如《建筑业企业资质等级标准》中规定，各级房屋建筑工程施工总承包企业的标准如下。

1. 特级企业的标准

申请特级资质必须具备以下条件：

1）企业资信能力：①企业注册资本金3亿元以上；②企业净资产3.6亿元以上；③企业近三年上缴建筑业营业税均在5000万元以上；④企业银行授信额度近三年均在5亿元以上。

2）企业主要管理人员和专业技术人员要求：①企业经理具有10年以上从事工程管理工作经历；②技术负责人具有15年以上从事工程技术管理工作经历，且具有工程序列高级职称及一级注册建造师或注册工程师执业资格；主持完成过两项及以上施工总承包一级资质要求的代表工程的技术工作或甲级设计资质要求的代表工程或合同额2亿元以上的工程总承包项目；③财务负责人具有高级会计师职称及注册会计师资格；④企业具有注册一级建造师（一级项目经理）50人以上；⑤企业具有本类别相关的行业工程设计甲级资质标准要求的专业技术人员。

3）科技进步水平：①企业具有省部级（或相当于省部级水平）及以上的企业技术中心；②企业近三年科技活动经费支出平均达到营业额的0.5%以上；③企业具有国家级工法3项以上；近五年具有与工程建设相关的，能够推动企业技术进步的专利3项以上，累计有效专利8项以上，其中至少有一项发明专利；④企业近十年获得过国家级科技进步奖项或主编过工程建设国家或行业标准；⑤企业已建立内部局域网或管理信息平台，实现了内部办公、信息发布、数据交换的网络化；已建立并开通了企业外部网站；使用了综合项目管理信息系统和人事管理系统、工程设计相关软件，实现了档案管理和设计文档管理。

4）代表工程业绩，以房屋建筑工程为例，房屋建筑工程施工总承包企业特级资质标准的代表工程业绩为，近5年承担过下列5项工程总承包或施工总承包项目中的3项，工程质量合格：①高度100m以上的建筑物；②28层以上的房屋建筑工程；③单体建筑面积5万m^2以上房屋建筑工程；④钢筋混凝土结构单跨30m以上的建筑工程或钢结构单跨36m以上房屋建筑工程；⑤单项建安合同额2亿元以上的房屋建筑工程。

2. 一级企业的标准

1）企业近5年承担过下列6项中的4项以上工程的施工总承包或主体工程承包，工程质量合格：①25层以上的房屋建筑工程；②高度100m以上的构筑物或建筑物；③单体建筑面积3万m^2以上的房屋建筑工程；④单跨跨度30m以上的房屋建筑工程；⑤建筑面积10万m^2以上的住宅小区或建筑群体；⑥单项建安合同额1亿元以上的房屋建筑工程。

2）企业经理具有10年以上从事工程管理工作的经历或具有高级职称；总工程师具有10年以上从事建筑施工技术管理工作经历并具有本专业高级职称：总会计师具有高级会计职称；总经济师具有高级职称。

企业有职称的工程技术和经济管理人员不少于300人，其中工程技术人员不少于200人；工程技术人员中，具有高级职称的人员不少于10人，具有中级职称的人员不少于60人。

企业具有一级资质项目经理不少于12人。

3）企业注册资本金5000万元以上，企业净资产6000万元以上。

4）企业近3年最高年工程结算收入2亿元以上。

5）企业具有与承包工程范围相适应的施工机械和质量检测设备。

3. 二级企业的标准

1）企业近5年承担过下列6项中的4项以上工程的施工总承包或主体工程承包，工程质量合格：①12层以上的房屋建筑工程；②高度50m以上的构筑物或建筑物；③单体建筑面积1万m^2以上的房屋建筑工程；④单跨跨度21m以上的房屋建筑工程；⑤建筑面积5万m^2以上的住宅小区或建筑群体；⑥单项建安合同额3000万元以上的房屋建筑工程。

2）企业项目经理具有8年以上从事工程管理工作经历或具有中级以上职称；技术负责人具有8年以上从事建筑施工技术管理工作经历并具有本专业高级职称；财务负责人具有中级以上会计师职称。

企业有职称的工程技术和经济管理人员不少于150人，其中工程技术人员不少于100人；工程技术人员中，具有高级职称的人员不少于2人，具有中级职称的人员不少于20人。

企业具有二级资质以上项目经理不少于12人。

3）企业注册资本金2000万元以上，企业净资产2500万元以上。

4）企业近3年最高年工程结算收入8000万元以上。

5）企业具有与承包工程范围相适应的施工机械和质量检测设备。

4. 三级企业的标准

1）企业近5年承担过下列5项中的3项以上工程的施工总承包或主体工程承包，工程质量合格：①6层以上的房屋建筑工程；②高度25m以上的构筑物或建筑物；③单体建筑面积5000m^2以上的房屋建筑工程；④单跨跨度15m以上的房屋建筑工程；⑤单项建安合同额500万元以上的房屋建筑工程。

2）企业经理具有5年以上从事工程管理工作经历；技术负责人具有5年以上从事建筑施工技术管理工作经历并具有本专业中级以上职称；财务负责人具有初级以上会计职称。

企业有职称的工程技术和经济管理人员不少于50人，其中工程技术和经济管理人员不少于30人；工程技术人员中，具有中级以上职称的人员不少于10人。

企业具有三级资质以上的项目经理不少于10人。

3）企业注册资本金600万元以上，企业净资产700万元以上。

4）企业近3年最高年工程结算收入2400万元以上。

5）企业具有与承包工程范围相适应的施工机械设备和质量检测设备。

三、工程建设从业单位资质管理办法

1. 工程建设从业单位资质的审批

工程建设从业单位需提交规定的证明文件，向资质主管部门提出申请，经审查合格后，可获相应资质，并核发资质等级证书。各类工程建设从业单位资质审批办法是：

（1）房地产开发企业　房地产开发企业的资质等级实行分级审批。一级房地产开发企业由各省、自治区、直辖市人民政府建设行政主管部门初审，报建设部审批；二级以下企业的审批办法由各省、自治区、直辖市人民政府建设行政主管部门制定。新开办的房地产开发企业，应在领取营业执照30日内，到房地产开发主管部门备案，并领取《暂定资质证书》，其有效期为1年，期满前一个月内向房地产开发主管部门申请核定正式资质等级。企业发生分立、合并，应当在上级主管部门批准后30日内，向原资质审批部门办理资质等级注销手续，并重新申请资质等级。

（2）工程总承包企业　一级工程总承包企业由建设部审批。二、三级工程总承包企业，属于国务院有关部门的，由国务院有关部门审批，并向企业所在地的省、自治区、直辖市人民政府建设行政主管部门备案；属于地方的，由省、自治区、直辖市人民政府建设行政主管部门审批。新开办的工程总承包企业先暂定资质等级，两年后由该企业提出申请，原资质审批部门再核定其正式等级。

（3）工程勘察设计单位　申请工程勘察甲级资质、建筑工程设计甲级资质及其他工程设计甲、乙级资质，应先向企业工商注册所在地省级人民政府建设行政主管部门提出申请，在省级人民政府建设行政主管部门对其申请资料和相关条件进行审查核实后，再报国务院建设行政主管部门审批。国务院建设行政主管部门审批前，应委托有关行业组织或专家委员会初审，申请铁路、交通、水利、信息产业、民航等行业的相关资质的则由国务院相关部门初审。

申请工程勘查乙级资质或劳务资质、建筑工程设计乙级资质和其他建设工程勘查、设计丙级及丙级以下资质的应先向企业工商注册所在地县级以上地方人民政府建设行政主管部门提出申请，由省级人民政府建设行政主管部门审批，并报国务院建设行政主管部门备案。具体程序由各省级人民政府建设行政主管部门规定。

新设立的建设工程勘察、设计企业，应在进行工商注册登记后，方可提出资质申请。其资质等级为暂定级，最高不超过乙级，暂定期为2年，期满前两个月内，可申请正式资质等级。企业因改制、分立或合并而组建成新的工程勘察企业时，其资质等级将根据其实际条件核定。

（4）建筑业企业　申请建筑业企业资质的，都应先向企业工商注册所在地县

级以上人民政府建设行政主管部门提出申请，中央管理的企业则直接向国务院建设行政主管部门提出申请。其中申请施工总承包特级、一级和专业承包一级企业资质的，在经省级人民政府建设行政主管部门审核同意后，报国务院建设行政主管部门审批。申请铁道、交通、水利、信息产业、民航等行业相关资质的，省级人民政府建设行政主管部门应会同相应行业省级主管行政部门一起审核，同意后报国务院相关行业主管部门进行初审，再由国务院建设行政主管部门审批。

申请施工总承包和专业承包二级及二级以下企业资质的，由企业工商注册所在地省级人民政府建设行政主管部门负责审批。其中，申请交通、水利、信息产业等行业相关资质的，由省级人民政府建设行政主管部门在征得同级相关行业主管部门初审同意后进行审批。

劳务分包企业资质由企业工商注册所在地省级人民政府建设行政主管部门审批。

新设立的建筑业企业，其资质等级按最低等级核定，并设一年的暂定期。因改制、分立、合并而新组建的建筑业企业，其资质等级按实际条件核定。

（5）工程监理企业　申请工程监理企业资质的，应先向企业工商注册所在地的省、自治区、直辖市人民政府建设行政主管部门提出申请，中央管理的企业则直接向国务院建设行政主管部门提出申请。

申请甲级工程监理资质的，先由省级人民政府建设行政主管部门审核，再由国务院建设行政主管部门组织专家评审，最后由国务院建设行政主管部门审批。其中申请铁道、交通、水利、信息产业、民航等行业相关资质的，由省级人民政府建设行政主管部门会同同级相关行业主管部门进行审核，同意后报国务院建设行政主管部门，由其送国务院相关行业主管部门初审后，再进行审批。

申请乙级或丙级工程监理资质的，由企业工商注册所在地省级人民政府建设行政主管部门审批。其中，申请交通、水利、通信等行业相关资质的，省级人民政府建设行政主管部门在审批前应征得同级相关行业主管部门的初审同意。新设立的工程监理企业，其资质等级按最低等级核定，并设一年的暂定期。

因改制、分立、合并而新组建的企业，则按其所具备的实际条件核定相应资质等级。

上述各类工程建设从业单位在取得相应资质后，资质管理部门要定期或不定期地对其进行检查，并按有关规定对其资质进行升、降级的动态管理。

2. 各级工程建设从业单位的业务范围

根据各级工程建设从业单位所具备的能力和水平，有关法规对各类从业单位所允许从事的业务范围都作出了具体规定，并严格禁止越级承包业务和无资质等级资格的单位从事建筑活动。

（1）房地产开发企业　一级房地产开发企业承担房地产项目的建设规模不受

限制，并可以在全国范围内承揽房地产开发项目。

二级及二级以下的房地产开发企业只可承担建筑面积 25 万 m^2 以下的开发建设项目，承担业务的具体范围由省、自治区、直辖市人民政府建设行政主管部门确定。

(2) 工程总承包企业　一级工程总承包企业可以承担本专业及与其资质相适应的其他专业的大型建设项目的总承包。

二级工程总承包企业可以承担本专业及与其资质相适应的其他专业的中型建设项目的总承包。

三级工程总承包企业可以承担普通中、小型工业与民用建设项目的总承包。

一、二级工程总承包企业还可跨省、自治区、直辖市独立承包工程。大、中、小建设项目的标准有关法规另有规定。

(3) 工程勘察企业　综合类企业可承担工程勘察所有专业的业务，范围和地区不受限制。专业类甲级企业可在本专业范围内承担工程勘察业务，其范围和地区不受限制。专业类乙级企业可承担本专业范围内中、小型工程项目的工程勘察业务，其地区不受限制。专业类丙级企业只可在本省（自治区、直辖市）所辖行政区域内承担本专业范围内小型工程项目的工程勘察业务。

劳务类企业只可承担岩土工程治理、工程钻探、凿井等工程勘察劳务工程，但地区不受限制。

工程项目大、中、小型的划分标准在建设部颁发的《工程勘察资质分级标准》中都有详细规定。

(4) 工程设计企业　取得工程设计综合资质的企业，其承担工程设计业务范围不受限制。

取得某行业工程设计甲级资质的企业在相应行业内承担工程设计任务的范围和地区都不受限制；而乙级企业只可承担相应行业的中、小型建设项目的工程设计任务，但不受地区限制；丙级企业则只可在本省和本自治区、直辖市所辖行政区域内承担相应行业小型建设项目的工程设计任务。具有甲、乙级资质的企业，还可承担相应咨询业务和除特殊规定外的相应专项工程设计任务。

取得工程设计专项甲级资质的企业可承担大、中、小型专项工程设计项目且不受地区限制；专项设计乙级企业则只可承担中、小型专项工程设计项目，其地区也不受限制。专项甲、乙级企业都可承担相应的咨询业务。

各行业建设项目大、中、小型的划分标准及专业设置在建设部颁发的《工程设计资质标准》中都有详细规定。

(5) 施工总承包企业　各类施工总承包企业的专业范围差别很大，《建筑业企业资质等级标准》中对其业务范围都作了非常具体的规定，本书只举例介绍房屋建设工程施工总承包企业的承包工程范围。（下面的专业承包企业及劳务分包

企业的业务范围也只举例说明）

1）特级企业可承担各类房屋建筑工程的施工。

2）一级企业可承担单项建安合同额不超过企业注册资本金 5 倍的下列房屋建筑工程的施工：①40 层及以下、各类跨度的房屋建筑工程；②高度 240m 及以下的构筑物；③建筑面积 20 万 m^2 及以下的住宅小区或建筑群体。

3）二级企业可承担单项建安合同额不超过企业注册资本金 5 倍的下列房屋建筑工程的施工：①28 层及以下、单跨跨度 36m 及以下的房屋建筑工程；②高度 120m 及以下的构筑物；③建筑面积 12 万 m^2 及以下的住宅小区或建筑群体。

4）三级企业可承担单项建安合同额不超过企业注册资本金 5 倍的下列房屋建筑工程的施工：①14 层及以下、单跨跨度 24m 及以下的房屋建筑工程；②高度 70m 及以下的构筑物；③建筑面积 6 万 m^2 及以下的住宅小区或建筑群体。

上面所说的房屋建筑工程是指工业、民用与公共建筑（建筑物、构筑物）工程。工程内容包括地基与基础工程，土石方工程，结构工程，屋面工程，内、外部的装修装饰工程，上下水、供暖、电器、卫生洁具、通风、照明、消防、防雷等安装工程。

（6）专业承包企业　在各类专业承包企业中，地基与基础工程专业承包企业承包工程的范围如下：

1）一级企业可承担各类地基与基础工程的施工。

2）二级企业可承担工程造价 1000 万元及以下各类地基与基础工程的施工。

3）三级企业可承担工程造价 300 万元及以下各类地基与基础工程的施工。

（7）劳务分包企业　劳务分包企业的业务范围主要与其注册资本有关，如脚手架作业分包企业的作业范围如下：

1）一级劳务分包企业可承担各类工程的脚手架（不含附着升降脚手架）搭设作业分包业务，但单项业务合同额不超过企业注册资本金的 5 倍。

2）二级劳务分包企业可承担 20 层或高度 60m 以下各类工程的脚手架（不含附着升降脚手架）作业分包业务，但单项业务合同额不超过企业注册资本金的 5 倍。

（8）工程监理企业　甲级工程监理企业可以监理一、二、三等工程；乙级工程监理企业可以监理二、三等工程；丙级监理企业只可监理三等工程。各类工程的等级标准在建设部颁发的《工程监理企业资质管理规定》中都有明确规定。

（9）工程造价咨询单位　2000 年 1 月 25 日建设部颁布的《工程造价咨询单位管理办法》，对工程造价咨询单位的资质等级与标准、申请与审批、业务范围等作出了明确规定。

1）工程造价咨询单位的资质和承担任务范围。工程造价咨询单位资质等级分为甲级、乙级。

工程造价咨询单位资质甲级的条件为：①专职技术负责人具有高级专业技术职称，从事工程造价专业工作10年以上，并取得造价工程师注册证书；②具有专业技术职称、从事工程造价专业工作的专职人员不少于20人，其中具有高级专业技术职称的人员不少于6人，中级专业技术职称的人员不少于10人，取得造价工程师注册证书的人员不少于8人；③注册资金不少于100万元；④具有固定的办公场所、健全的组织机构、完善的技术经济档案管理制度和严格的质量保证体系；⑤近3年已完成5个大型或者8个中型以上建设项目工程造价的咨询工作；⑥有良好的社会信誉。

甲级工程造价咨询单位在全国范围内承接各类建设项目的工程造价咨询业务。乙级工程造价咨询单位在本省、自治区、直辖市范围内承接中、小型建设项目的工程造价咨询业务。

2）工程造价咨询单位资质的申请。申请甲级工程造价咨询单位资质的，由国务院建设行政主管部门认可的特殊行业主管部门或者省、自治区、直辖市人民政府建设行政主管部门进行资质初审，初审合格后报国务院建设行政主管部门审批。申请乙级工程造价咨询单位资质的，由省、自治区、直辖市人民政府建设行政主管部门会同同级有关专业部门审批。

新开办的工程造价咨询单位只能申请乙级工程造价咨询单位资质等级。申请工程造价咨询单位资质等级应当提交下列材料：①工程造价咨询单位资质等级申请书；②技术负责人专业技术职称证书和造价工程师注册证书；③专业人员技术职称证书和造价工程师注册证书；④主要工程造价咨询合同和委托方证明材料；⑤营业执照复印件；⑥单位章程。

工程造价咨询单位取得乙级资质证书3年后，达到甲级资质标准的，可以申请晋级。

3）工程造价咨询单位资质的动态管理。资质管理部门对工程造价咨询单位实行资质年检。资质年检的内容包括工程造价咨询单位资质条件、工作业绩、服务质量、社会资信等。

工程造价咨询单位未按照规定进行资质年检或者资质年检不合格的，资质管理部门可以责令其限期办理或者限期整改，逾期不办理或者逾期整改不合格的，资质管理部门可以注销其资质证书。

我国台湾省及香港、澳门地区的投资者在内地投资设立建设工程设计企业的，也参照外商投资的规定执行。

四、外国建筑企业在我国从事建设活动的资质管理

为加强对外国建筑企业进入我国建筑市场的管理，依据WTO国民待遇及透明度原则，我国建设部与对外贸易经济合作部联合颁发了《外商投资建设工程设

计企业管理规定》及《外商投资建筑业企业管理规定》，对外商投资的工程设计企业及建筑业企业的资质管理作出了明确规定。至于外国建筑企业到我国来直接承接工程设计或工程承包的资质管理规定，由于1994年建设部颁发的《在中国境内承包工程的外国企业资质管理暂行办法》已废止，而新的法规尚未颁行，所以暂无明确的法律规定。

1. 外商投资建设工程设计企业的资质管理

（1）一般规定　外商投资建设工程设计企业（以下简称外商投资设计企业），是指根据我国法律、法规的规定，在我国境内投资设立的外资建设工程设计企业、中外合资经营建设工程设计企业以及中外合作经营建设工程设计企业，其均为中国的法人。

外商投资设计企业的资质管理由国务院建设行政主管部门负责进行。外商投资设计企业设立时，除应取得对外贸易经济行政主管部门的批准证书，并在国家工商行政管理总局或其授权的地方工商行政管理局注册登记外，还必须取得建设行政主管部门颁发的建设工程设计企业资质证书，申请建设工程设计甲级及其他建设工程设计甲、乙级资质的，由国务院建设行政主管部门审批；申请建筑工程设计乙级和其他建设工程设计丙级及丙级以下的资质的，由省级建设行政主管部门审批，并报国务院建设行政主管部门备案。

（2）特殊规定　外商投资设计企业的申请程序、资质标准、业务范围除应满足前述国内工程设计企业的相关规定外，还应满足一些特殊要求。

1）资质申请文件。外商投资设计企业在申请设计资质时，除申报表、外商投资企业批准证书、企业法人营业执照外，还必须提供外方投资者所在国和地区的从事建设工程设计的企业注册登记证明、银行资质证明和外国服务提供者所在国或地区的个人执业资格证明及相关机构出具的业绩、信誉证明。其提交的文件资料必须使用中文，如证明文件是外文的，应提供相应的中文译本。

2）取得资质的条件。外商投资设计企业的外方投资者及外国服务提供者应当是在其本国或地区从事建设工程设计的企业或注册建造师、注册工程师。

外商投资设计企业中，取得中国注册建筑师或注册工程师的人数还必须满足一定的要求。具体规定是：

外资设计企业中，取得中国注册建筑师、注册工程师资格的外国服务提供者人数应各不少于资质等级标准中所规定的注册执业人员总数的1/4；具有相关专业设计经历的外国服务提供者人数应不少于资质等级标准中规定的技术骨干总人数的1/4，并且这些人员每年在我国境内累计居住的时间不得少于6个月。在中外合资经营、中外合作经营设计企业中，上述人数比例的需求则各为1/8，其他要求则完全一样。

此外还规定，中外合资经营、中外合作经营设计企业中，中方合营者的出资

总额不得低于注册资本金的25%。

2. 外商投资建筑业企业的资质管理

（1）一般规定　外商投资建筑业企业是指根据我国法律、法规的规定，在我国境内投资设立的外资建筑业企业、中外合资经营建筑业企业以及中外合作经营建筑业企业。其均为中国的法人。我国港澳台地区的投资者在内地投资设立建筑业企业的，也参照外商投资的规定执行。

外商投资建筑业企业的资质管理由国务院建设行政主管部门负责进行。外商投资的建筑业企业设立时，除应取得对外贸易经济行政主管部门的批准证书，并在国家工商行政管理总局或其授权的地方工商行政管理局注册登记外，还必须取得建设行政主管部门颁发的建筑业企业资质证书，申请施工总承包特级、一级和专业承包一级的，由国务院建设行政主管部门审批；申请施工总承包及专业承包二级和二级以下及劳务分包资质的，由省级建设行政主管部门审批，并报国务院建设行政主管部门备案。

（2）特殊规定　具体如下：

1）资质申请文件。外商投资设计企业在申请设计资质时，除申报表、外商投资企业批准证书、企业法人营业执照外，还必须提供银行资信证明和经注册会计师或会计师事务所审计的投资方最近三年的资产负债表和损益表以及投资方拟派出的董事长、董事会成员、企业财务负责人、经营负责人、工程技术负责人等任职证明和任职文件等资料。投资方所提交的文件资料必须使用中文，如证明文件是外文的，应提供相应的中文译本。

2）承包工程的范围。外商投资建筑业企业的资质管理，除应满足我国有关法律、法规的规定外，在其承包工程的范围方面还有特别限制。我国只允许其承包下列范围内的工程：①全部由外国投资或赠款的工程；②由国际金融机构资助并根据贷款协议条款规定进行国际招标的工程；③外方投资达到或超过50%的中外联合建设项目工程；④外方投资未达50%，因技术困难，我国建筑业企业不能独立完成，经省级人民政府建设行政主管部门批准可由外商投资建筑业企业承包的中外联合建设项目工程；⑤中方投资的，因技术困难，我国建筑业企业不能独立完成，经省级人民政府建设行政主管部门批准，可由中外建筑业企业联合承包。此时，外商投资建筑业企业必须联合具有相应资质的我国建筑业企业来共同承包此工程，而不得独立进行工程承包。

第三节　工程建设从业人员执业资格管理

在技术要求较高的行业实行专业技术人员执业资格制度，在发达国家已有100多年的历史，现已成为国际惯例。所谓执业资格制度，就是对具有一定专业学历的

技术人员，要求其参加相关考试以获取执业资格，在按规定进行注册后方可实行执业的管理制度的统称。在针对某一具体执业资格时，一般就称为“注册××师”制度。自20世纪80年代中期开始，我国也先后在律师、会计、教师、建筑、医生、资产评估等行业开始实行执业资格制度。其中建筑行业是从1992年实行注册监理工程师制度的。按计划将实行注册建筑师、注册结构工程师、注册监理工程师、注册造价师、注册房地产估价师、注册规划师、注册建造师、注册风景园林师制度。前七种制度的相应法规已制定颁行，并已正式实施，后者的法规正在制定之中，与工程建设有关的还有注册咨询工程师、注册土木工程师（岩土）、注册土木工程师（港口与航道工程）等注册工程师制度。其中，与结构工程专业学生执业有关的主要是注册结构工程师、注册监理工程师和注册建造师制度。

一、注册结构工程师制度

1. 注册结构工程师的概念

注册结构工程师是指取得注册结构工程师执业资格证书和注册证书，从事房屋结构、桥梁结构及塔架结构等工程设计及相关业务的专业技术人员。

世界各国对注册结构工程师设置的级别不一样，根据我国《注册结构工程师执业资格制度暂行规定》，注册结构工程师分为一、二两级。一级注册结构工程师执业的范围不受工程规模及工程复杂程度的限制，而二级注册结构工程师则要受一定限制，具体限制范围由建设部另行规定。

2. 注册结构工程师执业资格管理机构

注册结构工程师的考试与注册，由全国和省、自治区、直辖市的注册结构工程师管理委员会负责进行，并由建设部、人事部和省、自治区、直辖市人民政府建设行政主管部门、人事行政主管部门进行指导、监督和管理。

3. 注册结构工程师执业资格考试

注册结构工程师的考试分为基础考试和专业考试两部分。基础考试的目的是测试考生是否基本掌握进入结构工程设计实践所必须具备的基础及专业理论知识，参加考试的人员必须是大学本科毕业并达到规定年限。通过基础考试后，从事结构工程设计或相关业务满一定年限的人员，方可申请参加专业考试，其目的是测试考生是否已具备按国家法律和设计规范进行结构工程设计，以保证工程安全可靠和经济合理的能力。考试采取全国统一大纲、统一命题、统一组织的方法，原则上每年举行一次。参考人员资格、具体考试内容和考试方法由建设部与人事部规定。目前，基础部分考试的科目有数学、数值方法、化学、物理、理论力学、结构力学、流体力学、土力学、工程测量、建筑材料、电工学、计算机基础、结构设计、结构试验、建筑施工与管理、工程经济、职业法规等18门。专业考试为钢筋混凝土结构，钢结构，砌体结构与木结构，桥梁结构，地基与基

础，高层建筑、高耸结构与横向作用（以上 6 科中任选 4 科）及设计概念，建筑经济与设计业务管理共 6 科。二级注册结构工程师专业考试内容较一级注册结构工程师要简单一些。

4. 注册结构工程师的注册

取得注册结构工程师执业资格者，要从事结构工程设计业务的，必须先行注册。有下列情形之一的，将不能获准注册：

1）不具备完全民事行为能力的。

2）因受刑事处罚，自处罚完毕之日起至申请之日止不满 5 年的。

3）因在结构工程设计或相关业务中犯有错误受到行政处罚或撤职以上处分，自处罚决定之日起至申请注册之日止不满 2 年的。

4）受吊销注册结构工程师证书处罚，自处罚决定之日起至申请之日止不满 5 年的。

5）建设部和国务院有关部门规定不予注册的其他情形的。

目前，结构工程师的注册申请只能由其所在单位代为进行，我国尚不能接受个人申请。注册后其有效期为 2 年，届时需要继续注册的，应在期满前 30 日内办理注册手续。

注册结构工程师注册后，发生下列情形之一，注册结构工程师管理委员会将撤销其注册，并收回注册证书：

1）完全丧失民事行为能力的。

2）受刑事处罚的。

3）因在工程设计或相关业务中造成工程事故，受到行政处罚或撤职以上行政处分的。

4）自行停止注册结构工程师业务满 2 年的。

注册被撤销后，可按规定要求重新申请注册。

5. 注册结构工程师的执业

（1）执业范围　注册结构工程师可从事结构工程设计；结构工程设计技术咨询；建筑物、构筑物、工程设施等调查和鉴定；对本人主持设计的项目进行施工指导和监督及建设部和国务院有关部门规定的其他业务。

（2）执业要求及责任　目前，我国尚不允许注册结构工程师个人单独执业，所以，注册结构工程师必须加入一个勘察设计单位后才能执业，并由单位统一接受设计业务和统一收费。注册结构工程师因结构设计质量造成经济损失时，其赔偿责任先由勘察设计单位承担，然后再向注册结构工程师追偿。建设部正在制定具体的执业管理和处罚办法。

6. 注册结构工程师的权利与义务

（1）权利　《注册结构工程师执业资格制度暂行规定》中规定，国家规定的

一定跨度、高度等以上的结构工程设计，应由注册结构工程师主持设计；只有注册结构工程师才有权以注册结构工程师的名义执行注册结构工程师的业务；任何单位和个人修改注册结构工程师的设计图，应当征得该注册结构工程师的同意，但因本人丧失民事行为能力、本人下落不明等特殊情况不能征得该注册结构工程师同意的除外。

（2）义务　注册结构工程师必须遵守法律、法规和职业道德，维护社会公共利益；保证工程设计的质量，并在其负责的设计图上签字盖章；保守在执业中知悉的单位和个人的秘密；不得同时受聘于两个以上勘察设计单位执行业务，也不得准许他人以本人名义执行业务；还要按规定接受必要的继续教育，定期进行业务和法规的培训，并作为重新注册的依据。

二、注册监理工程师制度

1. 注册监理工程师的概念

注册监理工程师是指经全国统一考试合格并经注册的工程建设监理人员。世界上大多数国家并未设立单独的注册监理工程师制度，其工程监理资格是与其他执业资格联系在一起的，如日本《建筑师法》中就规定，取得建筑师资格的可同时执行工程监理的业务。美国建筑师的业务中也包括工程监理。我国根据国情的需要，于1992年开始建立注册监理工程师制度，规定监理工程师为岗位职务，并按专业设置相应岗位。

2. 注册监理工程师执业资格管理机构

注册监理工程师的资格考试，由全国及各省、自治区、直辖市和国务院有关部门的监理工程师资格考试委员会负责制定考试大纲，确定考试与合格标准，监督和指导各地、各部门资格考试委员会负责考试报名和参考资格审查、组织考试及评卷等工作。各级资格考试委员会为非常设机构，于每次考试前6个月组成并开始工作。

监理工程师的注册管理工作由国务院建设行政主管部门统一管理。各省、自治区、直辖市及国务院有关部门具体管理并承办本行政区域或本部门内监理工程师的注册工作。

3. 注册监理工程师执业资格考试

（1）报名条件　报名参加注册监理工程师执业资格考试的人员必须具有工程技术或工程经济专业大专或大专以上学历，并具有高级专业技术职务或取得中级专业技术职务后从事工程设计、施工管理或工程监理等工程实践满3年，还要获得所在单位的推荐。

（2）考试科目　《工程建设监理基本理论和相关法规》、《工程建设合同管理》、《工程建设质量、投资、进度控制》、《工程建设监理案例分析》。具有工程

技术或工程经济专业高级专业技术职称，毕业年限及从事工程设计、施工管理和工程监理工作满足规定要求的，可免试《工程建设合同管理》和《工程建设质量、投资、进度控制》两科。

（3）考试方式　采取全国统一大纲、统一命题、统一组织的办法。每年举行一次。考场一般设在省会城市，经人事部、建设部批准也可在其他城市设置。

4. 注册监理工程师的注册

（1）一般规定　注册监理工程师实行注册执业管理制度。取得资格证书的人员，经过注册方能以注册监理工程师的名义执业。注册监理工程师依据其所学专业、工作经历、工程业绩，按照《工程监理企业资质管理规定》划分的工程类别，按专业注册。每人最多可以申请两个专业注册。取得资格证书的人员申请注册，由省、自治区、直辖市人民政府建设主管部门初审，国务院建设主管部门审批。注册证书和执业印章是注册监理工程师的执业凭证，由注册监理工程师本人保管、使用。注册证书和执业印章的有效期为3年。

（2）注册管理　初始注册者，可自资格证书签发之日起3年内提出申请。逾期未申请者，须符合继续教育的要求后方可申请初始注册。

申请初始注册，应当具备以下条件：①经全国注册监理工程师执业资格统一考试合格，取得资格证书；②受聘于一个相关单位；③达到继续教育要求；④没有本规定第十三条所列情形。

初始注册需要提交下列材料：①申请人的注册申请表；②申请人的资格证书和身份证复印件；③申请人与聘用单位签订的聘用劳动合同复印件；④所学专业、工作经历、工程业绩、工程类中级及中级以上职称证书等有关证明材料；⑤逾期初始注册的，应当提供达到继续教育要求的证明材料。

注册监理工程师每一注册有效期为3年，注册有效期满需继续执业的，应当在注册有效期满30日前，按照本规定第七条规定的程序申请延续注册。延续注册有效期3年。延续注册需要提交下列材料：①申请人延续注册申请表；②申请人与聘用单位签订的聘用劳动合同复印件；③申请人注册有效期内达到继续教育要求的证明材料。

申请人有下列情形之一的，不予初始注册、延续注册或者变更注册：①不具有完全民事行为能力的；②刑事处罚尚未执行完毕或者因从事工程监理或者相关业务受到刑事处罚，自刑事处罚执行完毕之日起至申请注册之日止不满2年的；③未达到监理工程师继续教育要求的；④在两个或者两个以上单位申请注册的；⑤以虚假的职称证书参加考试并取得资格证书的；⑥年龄超过65周岁的；⑦法律、法规规定不予注册的其他情形。

注册监理工程师有下列情形之一的，其注册证书和执业印章失效：①聘用单位破产的；②聘用单位被吊销营业执照的；③聘用单位被吊销相应资质证书的；

④已与聘用单位解除劳动关系的；⑤注册有效期满且未延续注册的；⑥年龄超过65周岁的；⑦死亡或者丧失行为能力的；⑧其他导致注册失效的情形。

5. 注册监理工程师的执业

取得资格证书的人员，应当受聘于一个具有建设工程勘察、设计、施工、监理、招标代理、造价咨询等一项或者多项资质的单位，经注册后方可从事相应的执业活动。从事工程监理执业活动的，应当受聘并注册于一个具有工程监理资质的单位。

注册监理工程师可以从事工程监理、工程经济与技术咨询、工程招标与采购咨询、工程项目管理服务以及国务院有关部门规定的其他业务。工程监理活动中形成的监理文件由注册监理工程师按照规定签字盖章后方可生效。修改经注册监理工程师签字盖章的工程监理文件，应当由该注册监理工程师进行；因特殊情况，该注册监理工程师不能进行修改的，应当由其他注册监理工程师修改，并签字、加盖执业印章，对修改部分承担责任。

6. 注册监理工程师的权利和义务

注册监理工程师享有下列权利：①使用注册监理工程师称谓；②在规定范围内从事执业活动；③依据本人能力从事相应的执业活动；④保管和使用本人的注册证书和执业印章；⑤对本人执业活动进行解释和辩护；⑥接受继续教育；⑦获得相应的劳动报酬；⑧对侵犯本人权利的行为进行申诉。

注册监理工程师应当履行下列义务：①遵守法律、法规和有关管理规定；②履行管理职责，执行技术标准、规范和规程；③保证执业活动成果的质量，并承担相应责任；④接受继续教育，努力提高执业水准；⑤在本人执业活动所形成的工程监理文件上签字、加盖执业印章；⑥保守在执业中知悉的国家秘密和他人的商业、技术秘密；⑦不得涂改、倒卖、出租、出借或者以其他形式非法转让注册证书或者执业印章；⑧不得同时在两个或者两个以上单位受聘或者执业；⑨在规定的执业范围和聘用单位业务范围内从事执业活动；⑩协助注册管理机构完成相关工作。

三、注册建造师制度

1. 注册建造师的概念

注册建造师是指经全国统一考试合格并核准注册的从事建设工程项目总承包及施工管理的专业技术人员。注册建造师分为一、二两级，英文分别译为Constructor和Associate-Constructor。由于各行业的工程都具有各自的特点，对从事建造活动的专业技术人员的专业知识和技能有着各自的特殊要求，因此，建造师将按专业进行划分。目前，确定的专业有：房屋建筑工程、公路工程、铁路工程、港口与航道工程、水利水电工程、电力工程、矿山工程、冶炼工程、石油化

工工程、市政公用工程、通信工程、机电安装工程、建筑装饰装修工程、机场航站楼工程等 14 个。只有通过某个专业特定科目的考试后，才能取得相应专业的建造师资格。

2. 注册建造师管理机构

注册建造师制度的实施由人事部及建设部共同负责。

建设部负责一级建造师执业资格考试大纲和命题、培训工作，人事部则负责考试科目设置、考试大纲和考试试题的审定工作及资格考试的考务工作。一级建造师的执业注册，则由建设部或其授权机构负责，人事部则负有检查、监督的责任。

二级建造师的全国统一考试大纲由建设部拟订，人事部负责审定后，再由各省、自治区、直辖市的建设行政主管部门及人事主管部门负责命题并组织考试。二级建造师的执业注册办法，则由各省、自治区、直辖市的建设行政主管部门自行制定。

3. 建造师执业资格考试

(1) 参考人员条件　参加一级建造师执业资格考试的人员，应遵守法律、法规，同时还必须具有工程类或工程经济类大学专科以上学历，其参加工作及施工管理工作还必须满一定年限，具体是：大专工作满 6 年，其中施工管理满 4 年；本科工作满 4 年，其中施工管理满 3 年；双学士学位或研究生班毕业工作满 3 年，其中施工管理满 2 年；取得硕士学位的工作满 2 年，其中施工管理满 1 年；取得博士学位的只要求从事施工管理工作满 1 年。

凡遵纪守法且具有工程类或工程经济类中专以上学历，从事施工管理工作满 2 年，都可报名参加二级建造师执业资格考试。

(2) 考试内容　一级建造师执业资格考试，分综合知识与能力和专业知识与能力两部分。按现行考试大纲，综合知识与能力部分包括建设工程技术与经济、建设工程项目管理、建设工程法规及相关知识等内容，而专业知识与能力部分则因专业不同而不同，如房屋建筑工程专业就有专业相关的法律和技术标准、建筑工程技术、建筑工程项目管理等内容。

(3) 考试时间与地点　一级建造师执业资格考试原则上每年统一举行一次，由各省、自治区、直辖市人事行政主管部门及建设行政主管部门在本地区组织进行。

二级建造师执业资格考试时间、地点由各省人事及建设行政主管部门决定。

4. 建造师的注册与执业

参加建造师执业资格考试合格并取得建造师执业资格证书的人员可申请注册，对于无犯罪记录，身体健康，能坚持建造师岗位工作，经其所在单位考核合格者，可准予注册登记，有效期为 3 年。

经核准注册登记的人员，方可以建造师的名义执业，一级建造师可担任特级、一级建筑业企业业务范围内建设工程项目施工的项目经理，二级建造师则只许担任二级及二级以下建筑业企业业务范围内建设工程项目施工的项目经理。一、二级建造师还可以从事其他施工活动的管理工作及法律、法规规定的其他业务工作。

四、注册建筑师

注册建筑师是指依法取得注册建筑师证书，并从事房屋建筑设计及相关业务的人员。1995 年 9 月 23 日国务院颁布了《中华人民共和国注册建筑师条例》，1996 年 7 月 1 日建设部颁布了《中华人民共和国注册建筑师条例实施细则》，对注册建筑师的考试、注册管理、权利义务等作出了具体规定。国家实行注册建筑师全国统一考试制度，一般每年进行一次。我国注册建筑师分为两级，即一级注册建筑师和二级注册建筑师。

1. 注册建筑师执业资格的取得

（1）报考的条件　一级注册建筑师考试的条件，符合下列条件之一者，可申请参加一级注册建筑师考试：①已取得建筑学硕士以上学位或者相近专业工学博士学位，并从事建筑设计或者相关业务 2 年以上的；②取得建筑学学士学位或者相近专业工学硕士学位，并从事建筑设计或者相关业务 3 年以上的；③具有建筑学专业大学本科毕业学历并从事建筑设计或者相关业务 5 年以上的，或者具有建筑学相近专业大学本科毕业学历并从事建筑设计或者相关业务 7 年以上的；④取得高级工程师技术职称并从事建筑设计或者相关业务 3 年以上的，或者取得工程师技术职称并从事建筑设计或者相关业务 5 年以上的；⑤不具有前四项规定的条件，但设计成绩突出，经全国注册建筑师管理委员会认定达到前四项的专业水平的。

二级注册建筑师考试的条件，符合下列条件之一的，可以申请参加二级注册建筑师考试：①具有建筑学或者相近专业大学本科毕业以上学历，从事建筑设计或者相关业务 2 年以上的；②具有建筑设计技术专业或者相近专业大学毕业以上学历，并从事建筑设计或者相关业务 3 年以上的；③具有建筑设计技术专业 4 年制中专毕业学历，并从事建筑设计或者相关业务 5 年以上的；④具有建筑设计技术相近专业中专毕业学历，并从事建筑设计或者相关业务 7 年以上的；⑤取得助理工程师以上技术职称，并从事建筑设计或者相关业务 3 年以上的。

（2）建筑师的初始注册　一级注册建筑师考试合格者，由全国注册建筑师管理委员会核发《一级注册建筑师考试合格证书》。二级注册建筑师考试合格者，由省、自治区、直辖市注册建筑师管理委员会核发《二级注册建筑师考试合格证书》。经注册建筑师考试合格，取得注册建筑师资格。下列情形不予注册：①不

具有完全民事行为能力的；②因受刑事处罚，自刑罚执行完毕之日起至申请注册之日止不满5年的；③因在建筑设计或者相关业务中犯有错误受行政处罚或者撤职以上行政处分，自处罚、处分决定之日起至申请注册之日止不满2年的；④受吊销注册建筑师证书的行政处罚，自处罚决定之日起至申请注册之日止不满5年的；⑤有国务院规定不予注册的其他情形的。

（3）建筑师的继续注册　继续注册每2年注册一次。已经注册的注册建筑师需继续注册时，应在注册有效期终止日前30日内向注册建筑师管理委员会提出注册申请。已取得注册建筑师证书的人员，注册后有下列情形之一的，由准予注册的全国注册建筑师管理委员会或者省、自治区、直辖市注册建筑师管理委员会撤销注册，收回注册建筑师证书：①完全丧失民事行为能力的；②受刑事处罚的；③因在建筑设计或者相关业务中犯有错误，受到行政处罚或者撤职以上行政处分的；④自行停止注册建筑师业务满2年的。

2. 注册建筑师的执业

（1）注册建筑师的执业范围　注册建筑师的执业范围包括：①建筑设计；②建筑设计技术咨询；③建筑物调查与鉴定；④对本人主持设计的项目进行施工指导和监督；⑤国务院建设行政主管部门规定的其他业务。一级注册建筑师的业务范围与二级注册建筑师的业务范围有所不同，一级注册建筑师业务范围不受建筑规模和工程复杂程度的限制，二级注册建筑师的业务范围限定在国家规定的建筑规模和工程复杂程度范围内。

（2）注册建筑师的权利和义务　注册建筑师的权利包括：①注册建筑师有权以注册建筑师的名义执行注册建筑师业务。非注册建筑师不得以注册建筑师的名义执行注册建筑师业务。二级注册建筑师不得以一级注册建筑师的名义执行业务，也不得超越国家规定的二级注册建筑师的执业范围执行业务；②国家规定的一定跨度、跨径和高度以上的房屋建筑，应当由注册建筑师主持设计并在设计文件上签字；③任何单位和个人修改注册建筑师的设计图，应当征得该注册建筑师同意，但是因特殊情况不能征得该注册建筑师同意的除外。

注册建筑师的义务包括：①遵守法律、法规和职业道德，维护社会公共利益；②保证建筑设计的质量，并在其负责的设计图上签字；③保守在执业中知悉的单位和个人的秘密；④不得同时受聘于两个以上建筑设计单位执行业务；⑤不能准许他人以本人名义执行业务。

（3）注册建筑师的责任　设计质量造成的经济损失，首先由设计单位承担赔偿责任，再由设计单位对签字的注册建筑师根据其责任大小，进行追偿。

五、注册土木工程师（岩土）

注册土木工程师（岩土）是指取得《中华人民共和国注册土木工程师（岩

土）执业资格证书》和《中华人民共和国注册土木工程师（岩土）执业资格注册证书》，从事岩土工程工作的专业技术人员。2002年4月8日人事部、建设部颁布了《注册土木工程师（岩土）执业资格制度暂行规定》、《注册土木工程师（岩土）执业资格考试实施办法》和《注册土木工程师（岩土）执业资格考核认定办法》，对注册土木工程师（岩土）的考试、注册管理、权利义务等作出了具体规定。

1. 注册土木工程师（岩土）执业资格的取得

（1）报考的条件　注册土木工程师（岩土）执业资格考试实行全国统一大纲、统一命题、统一组织的办法，原则上每年举行一次。注册土木工程师（岩土）执业资格考试由基础考试和专业考试组成。凡中华人民共和国公民，遵守国家法律、法规，恪守职业道德，并具备相应专业教育和职业实践条件者，均可申请参加注册土木工程师（岩土）执业资格考试。

符合《注册土木工程师（岩土）执业资格制度暂行规定》的要求，并具备以下条件之一者，可申请参加基础考试：①取得勘查技术与工程、土木工程、水利水电工程、港口航道与海岸工程专业或地质勘探、环境工程、工程力学专业等相近专业大学本科及以上学历或学位；②取得本专业或相近专业大学专科学历，从事岩土工程专业工作满1年；③取得其他工科专业大学本科及以上学历或学位，从事岩土工程专业工作满1年。

基础考试合格，并具备以下条件之一者，可申请参加专业考试：①取得本专业博士学位，累计从事岩土工程专业工作满2年；或取得相近专业博士学位，累计从事岩土工程专业工作满3年；②取得本专业硕士学位，累计从事岩土工程专业工作满3年；或取得相近专业硕士学位，累计从事岩土工程专业工作满4年；③取得本专业双学士学位或研究生班毕业，累计从事岩土工程专业工作满4年；或取得相近专业双学士学位或研究生班毕业，累计从事岩土工程专业工作满5年；④取得本专业大学本科学历，累计从事岩土工程专业工作满5年；或取得相近专业大学本科学历，累计从事岩土工程专业工作满6年；⑤取得本专业大学专科学历，累计从事岩土工程专业工作满6年；或取得相近专业大学专科学历，累计从事岩土工程专业工作满7年；⑥取得其他工科专业大学本科及以上学历或学位，累计从事岩土工程专业工作满8年。

（2）注册土木工程师（岩土）的初始注册　注册土木工程师（岩土）执业资格考试合格者，由省、自治区、直辖市人事行政部门颁布《中华人民共和国注册土木工程师（岩土）执业资格证书》。取得《中华人民共和国注册土木工程师（岩土）执业资格证书》者，应向所在省、自治区、直辖市勘察设计注册工程师管理委员会提出申请，由该委员会向岩土工程专业委员会报送办理注册的有关材料。由岩土工程专业委员会向准予注册的申请人核发由全国勘察设计注册工程师

管理委员会统一制作的《中华人民共和国注册土木工程师（岩土）执业资格注册证书》和执业印章，经注册后，方可在规定的业务范围内执业。

（3）注册土木工程师（岩土）的继续注册　注册土木工程师（岩土）执业资格注册有效期为2年。有效期满需继续执业的，应在期满前30日内办理再次注册手续。有下列情形之一的，不予注册：①不具备完全民事行为能力的；②在从事岩土工程或相关业务中犯有错误，受到行政处罚或者撤职以上行政处分，自处罚、处分决定之日起至申请注册之日不满2年的；③因受刑事处罚，自处罚完毕之日起至申请注册之日不满5年的；④国务院各有关部门规定的不予注册的其他情形。

注册土木工程师（岩土）注册后，有下列情形之一的，由岩土工程专业委员会撤销其注册：①完全丧失民事行为能力的；②受刑事处罚的；③因在岩土工程业务中造成工程事故，受到行政处罚或者撤职以上行政处分的；④经查实有与注册规定不符的；⑤严重违反职业道德规范的。

2. 注册土木工程师（岩土）的执业

（1）注册土木工程师（岩土）的执业范围　注册土木工程师（岩土）必须加入一个具有工程勘察或工程设计资质的单位方能执业。注册土木工程师（岩土）的执业范围包括：①岩土工程勘察；②岩土工程设计；③岩土工程咨询与监理；④岩土工程治理、检测与监测；⑤环境岩土工程和与岩土工程有关的水文地质工程业务；⑥国务院有关部门规定的其他业务。

（2）注册土木工程师（岩土）的权利和义务　注册土木工程师（岩土）的权利包括：①注册土木工程师（岩土）有权以注册土木工程师（岩土）的名义从事规定的专业活动；②在岩土工程勘察、设计、咨询及相关专业工作中形成的主要技术文件，应当由注册土木工程师（岩土）签字盖章后生效；③任何单位和个人修改注册土木工程师（岩土）签字盖章的技术文件，须征得该注册土木工程师（岩土）同意，因特殊情况不能征得签字盖章的注册土木工程师（岩土）同意的，可由其他注册土木工程师（岩土）签字盖章并承担责任。

注册土木工程师（岩土）的义务包括：①遵守法律、法规和职业道德，维护社会公众利益；②保证执业工作的质量，并在其负责的技术文件上签字盖章；③保守在执业中知悉的商业技术秘密；④不得同时受聘于两个及以上单位执业；⑤不得准许他人以本人名义执业；⑥注册土木工程师（岩土）应按规定接受继续教育，并作为再次注册的依据。

（3）注册土木工程师（岩土）的责任　因岩土工程技术质量事故造成的经济损失，接受委托单位应承担赔偿责任，并可向签字的注册土木工程师（岩土）追偿。

六、注册造价工程师

造价工程师是指经全国造价工程师执业资格统一考试合格，并取得造价工程师注册证，从事建设工程造价活动的人员。1996 年 8 月 26 日人事部与建设部联合颁布了《造价工程师执行资格制度暂行规定》，对注册造价师的考试、注册管理、权利义务关系作出了具体规定。2006 年 11 月 12 日建设部以第 150 号令颁布了《注册造价工程师管理办法》。

1. 注册造价工程师执业资格的取得

（1）报考的条件　造价工程师执业资格考试实行全国统一大纲、统一命题、统一组织的办法，原则上每年举行一次。凡中华人民共和国公民，遵纪守法并具备以下条件之一者，均可申请参加造价工程师执业资格考试：①工程造价专业大专毕业后，从事工程造价业务工作满 5 年。工程或工程经济类大专毕业后，从事工程造价业务工作满 6 年；②工程造价专业本科毕业后，从事工程造价业务工作满 4 年。工程或工程经济类本科毕业后，从事工程造价业务工作满 5 年；③获上述专业第二学士学位或研究生班毕业和获硕士学位后，从事工程造价业务工作满 3 年；④获上述专业博士学位后，从事工程造价业务工作满 2 年。通过造价工程师执业资格考试的合格者，由省、自治区、直辖市人事（职改）部门颁布人事部统一印制、人事部和建设部共同用印的造价工程师执业资格证书，该证书全国范围有效。

（2）考试内容　造价工程师执业资格考试科目包括：《工程造价管理相关知识》、《工程造价的确定与控制》、《建设工程技术与计量》、《案例》等内容。

（3）考试时间与地点　造价工程师执业资格考试原则上每年统一举行一次，由各省、自治区、直辖市人事行政主管部门及建设行政主管部门在本地区组织进行。

（4）造价工程师的初始注册　经全国造价工程师执业资格统一考试合格取得资格证书的人员，可自资格证书签发之日起 1 年内申请初始注册。逾期未申请者，须符合继续教育的要求后方可申请初始注册。初始注册的有效期为 4 年。申请造价工程师初始注册应当提交下列材料：①初始注册申请表；②执业资格证件和身份证件复印件；③与聘用单位签订的劳动合同复印件；④与聘用单位签订的劳动合同复印件；⑤工程造价岗位工作证明；⑥取得资格证书的人员，自资格证书签发之日起 1 年后申请初始注册的，应当提供继续教育合格证明；⑦受聘于具有工程造价咨询资质的中介机构的，应当提供聘用单位为其交纳的社会基本养老保险凭证、人事代理合同复印件，或者劳动、人事部门颁发的离退休证复印件；⑧外国人、台港澳人员应当提供外国人就业许可证书、台港澳人员就业证书复印件。

（5）注册造价工程师的继续注册 注册造价工程师注册有效期满需继续执业的，应当在注册有效期满30日前，按照本办法第八条规定的程序申请延续注册。延续注册的有效期为4年。造价工程师申请续期注册，应当提交下列材料：①延续注册申请表；②注册证书；③与聘用单位签订的劳动合同复印件；④前一个注册期内的工作业绩证明；⑤继续教育合格证明。

有下列情形之一的，不予注册：①不具有完全民事行为能力的；②申请在两个或者两个以上单位注册的；③未达到造价工程师继续教育合格标准的；④前一个注册期内工作业绩达不到规定标准或未办理暂停执业手续而脱离工程造价业务岗位的；⑤受刑事处罚，刑事处罚尚未执行完毕的；⑥因工程造价业务活动受刑事处罚，自刑事处罚执行完毕之日起至申请注册之日止不满5年的；⑦因前项规定以外原因受刑事处罚，自处罚决定之日起至申请注册之日止不满3年的；⑧被吊销注册证书，自被处罚决定之日起至申请注册之日止不满3年的；⑨以欺骗、贿赂等不正当手段获准注册被撤销，自被撤销注册之日起至申请注册之日止不满3年的；⑩法律、法规规定不予注册的其他情形。

2. 注册造价工程师的执业

（1）注册造价工程师的执业范围 造价工程师的执业范围造价工程师执业范围包括：①建设项目建议书、可行性研究投资估算的编制和审核，项目经济评价，工程概、预、结算、竣工结（决）算的编制和审核；②工程量清单、标底（或者控制价）、投标报价的编制和审核，工程合同价款的签订及变更、调整、工程款支付与工程索赔费用的计算；③建设项目管理过程中设计方案的优化、限额设计等工程造价分析与控制，工程保险理赔的核查；④工程经济纠纷的鉴定。

（2）注册造价工程师的权利和义务 造价工程师享有的权利包括：①使用注册造价工程师名称；②依法独立执行工程造价业务；③在本人执业活动中形成的工程造价成果文件上签字并加盖执业印章；④发起设立工程造价咨询企业；⑤保管和使用本人的注册证书和执业印章；⑥参加继续教育。

造价工程师履行的义务包括：①遵守法律、法规有关管理规定，恪守职业道德；②保证执业活动成果的质量；③接受继续教育，提高执业水平；④执行工程造价计价标准和计价方法；⑤与当事人有利害关系的，应当主动回避；⑥保守在执业中知悉的国家秘密和他人的商业、技术秘密。

第四节 工程施工现场人员执业资格管理

为使工程施工管理达到较高水平，高质量、高效益、按规定工期全面完成施工任务，就必须有一支懂技术、善经营、会管理的高素质的管理队伍及一批具有一定专业知识和熟练操作技能的技术工人。为此，我国目前实行了项目经理责任制和关键岗位持证上岗制度，并已实行注册建造师制度，对相关人员的资质进行严格管理。

一、项目经理的资质管理

1. 项目经理的概念

项目经理是指受企业法定代表人委托，对工程项目施工过程进行全面管理的项目负责人，也是建筑施工企业法定代表人在工程项目上的代表人。建设部颁发的《建筑施工企业项目经理资质管理办法》规定，二级以上的工程施工总承包企业和四级以上的工程施工承包企业都必须实行项目经理持证上岗制。应该说，项目经理只是一个工作岗位而不是专业技术资格，他应由具有一定专业技术执业资格的人员来担任，但由于我国施工技术人员的执业资格制度迟迟未能设立，所以，才参照专业技术人员资质要求设定了项目经理资质管理。现在我国注册建造师制度正在建立，一旦其得到全面实施推行，项目经理资质管理办法也将进行彻底修改。

2. 项目经理的资质等级及其承担工程范围

按其施工管理资历和所具有的专业技术职称，项目经理的资质等级分为一、二、三、四级共4级，具体资质标准建设部已作规定。

一级项目经理可承担一级资质建筑施工企业营业范围内所有的工程项目管理；二级项目经理只可承担二级及二级以下建筑施工企业营业范围内的工程项目管理；三级项目经理只可承担三级及三级以下建筑施工企业营业范围内的工程项目管理；四级项目经理只可承担四级资质建筑施工企业营业范围内的工程项目管理。

3. 项目经理资质管理机构

（1）资质考核　项目经理资质的考核由“项目经理资质考核委员会”负责。它为非常设机构，由各省、自治区、直辖市建设行政主管部门和国务院有关部门负责设立。

（2）资质管理　各省、自治区、直辖市建设行政主管部门负责本辖区内建筑施工企业项目经理资质管理工作；国务院各有关部门及具有行政职能的总公司负责其直属建筑施工企业项目经理资质管理工作；中国人民解放军总后勤部负责军队建筑施工企业项目经理资质管理工作。国务院建设行政主管部门负责指导全国建筑施工企业项目经理资质管理工作。

4. 项目经理资质的考核与注册

（1）培训　从事工程项目施工管理的项目经理，必须参加经建设部确认的由各省、自治区、直辖市建设行政主管部门或国务院有关部门组织的培训，通过考试后可获得《全国建筑施工企业项目经理培训合格证》。

（2）考核　取得上述合格证，并具有项目经理岗位工作实践经历，达到项目经理资质条件的，由本人提出申请，经企业法定代表人签署意见，报企业主管部门初审，再报本地区或本部门的项目经理资质考核委员会，由该委员会对其职称、培训、经历、业绩等条件进行全面考核。

（3）注册　考核通过的，由其所属的省、自治区、直辖市建设行政主管部门或国务院有关部门认定注册（一级项目经理要报建设部核准），发给相应的《建筑施工企业项目经理资质证书》，该证书全国通用。取得培训合格证后3年内未经注册的，其培训合格证失效，并不得在工程项目施工管理工作中担任项目经理职务。项目经理资质每两年复查一次，连续两次复查不合格的，降低资质等级一级，连续两次复查不在岗的，取消注册，需重新注册方可上岗。

二、关键岗位从业资格管理

1. 关键岗位持证上岗制

所谓关键岗位，是指建筑业、房地产业、市政公用事业等企事业单位中关系着工程质量、产品质量、服务质量、经济效益、生产安全和人民财产安全的重要岗位。如施工项目经理、施工机械操作人员、房地产估价员、房地产经纪人等，这些岗位对工程质量、效益及生产安全都有十分密切的联系，所以必须保证这些岗位上工作人员必须具有较高的素质和相应的技能。为此，我国实行了建设企事业单位关键岗位持证上岗的制度。规定凡需在关键岗位上工作的人员，必须经过有关部门或机构的培训和考试，并通过业绩考核后，才能领取相应的岗位合格证书。未取得岗位合格证的人员，一律不得在关键岗位上工作。同时，在各建设企事业的资质等级评定标准中，对持证上岗方面的要求也作出了明确规定，凡达不到规定要求的，将被降低资质等级并不得参加企业升级和先进企事业单位评选。这一制度的建立，对确保工程建设质量和人民生命财产安全，起到了重要作用。

2. 关键岗位持证上岗制管理机构

（1）主管部门　国务院建设行政主管部门主管全国建设企事业单位关键岗位持证上岗工作。省、自治区、直辖市建设行政主管部门负责本行政区域内建设企事业单位关键岗位持证上岗工作。国务院有关部门负责本部门建设企事业单位关键岗位持证上岗工作。

（2）发证机关　省、自治区、直辖市建设行政主管部门为本地区岗位合格证的发证机关。国务院各有关部门可以为本部门所属的建设企事业单位颁发岗位合格证，也可委托建设企事业单位所在地的发证机关代其审查和颁发岗位合格证。上述发证机关应设立资格考核机构，负责组织岗位资格培训、考试及资格考核。

3. 岗位合格证的申请与复检

（1）岗位合格证的申请　由申请人向本单位提出申请，再由其单位将有关材料统一报送所对应的发证机关审查，在考核机构对申请人的文化程度、工作能力、岗位实习、工作经历及培训考试和职业道德等情况进行审查合格后，核发岗位合格证书。该证书在全国同行业、同专业、同类型的建设企事业单位中有效。

（2）岗位合格证的复检　持证人员岗位合格证的复检，由发证机关随企业资质晋升、审查定期进行。持证人调离本岗位工作的，原单位应在其岗位合格证上注明，当其新任职岗位与原岗位性质相同时，岗位合格证继续有效。当脱离原岗位并改变任职性质5年以上的，岗位合格证失效；在5年以下3年以上的，要由原单位进行适应性培训后方可重新上岗。

思　考　题

1. 什么是执业资格制度？我国执业资格制度包括哪几方面？
2. 我国对从事工程建设活动的单位是如何划分的？它们的资质等级又是怎么划分的？
3. 各级勘察设计机构的业务范围是如何规定的？
4. 外商投资建筑业企业在我国承包工程的范围有哪些特殊限制？
5. 我国在建筑行业将实行哪几种执业人员的执业资格制度？现已实行的有哪些？
6. 什么是注册结构工程师？它分为几级？
7. 一级注册结构工程师的资格如何取得？
8. 注册结构工程师的注册条件有哪些？
9. 什么是项目经理？它的资质分为几级？项目经理的资质是如何认定的？

4

第四章

城乡规划法规

第一节　概　　述

一、城乡规划法的概念

城乡规划法是指国家权力机关或其授权的行政机关制定的，调整城乡规划活动中发生的各种社会关系的法律规范的总称。

1956 年，原国家建委颁发了我国第一个城市规划方面的管理法规《城市规划编制办法》，使城市规划工作开始走上了法制的轨道。为了指导城市规划的编制工作，保证城市规划的质量，1980 年 12 月，原国家建委颁发了《城市规划编制审批暂行办法》和《城市规划定额指标暂行规定》，对城市规划的编制和审批程序、编制城市规划的具体要求、城市规划的定额指标等作了详细的规定。1984 年 1 月 5 日国务院颁发了城市规划方面的第一个行政法规《城市规划条例》，为我国的城市规划和管理工作提供了法律依据和保障。1986 年 9 月，城乡建设环境保护部在《城市规划条例》的基础上，开始起草《中华人民共和国城市规划法》(以下简称《城市规划法》)，经过多次论证，1987 年 9 月上报国务院审查，于 1989 年 12 月 26 日，经第七届全国人民代表大会常务委员会第十一次会议通过，成为我国城市建设领域的第一部法律。《城市规划法》的颁布、实施，标志着我国城市规划工作进入了法制化的新阶段。

为了更好地贯彻和实施《城市规划法》，原建设部先后发布了一系列城市规划方面的部门规章，主要有：1991 年 8 月 23 日原建设部与国家计委联合颁布的《建设项目选址规划管理办法》，1992 年 12 月 4 日原建设部以部令第 22 号颁布的《城市国有土地使用权出让和转让规划管理办法》，2001 年 1 月 23 日原建设部颁布的《城市规划编制单位资质管理规定》，2002 年 8 月 30 日原建设部颁布的《城市规划强制性内容暂行规定》，2005 年 12 月 31 日原建设部以部令第 146

号颁布的《城市规划编制办法》。为了适应经济建设的需要，我国对原有的《城市规划法》进行了修订，更名为《中华人民共和国城乡规划法》，《中华人民共和国城乡规划法》已由中华人民共和国第十届全国人民代表大会常务委员会第三十次会议于 2007 年 10 月 28 日通过，自 2008 年 1 月 1 日起施行。

二、城乡规划法规的立法概况及适用范围

我国现行的城乡规划法规包括第十届全国人民代表大会常务委员会第三十次会议于 2007 年 10 月 28 日通过的《中华人民共和国城乡规划法》（以下简称《城乡规划法》）及与之配套的《建设项目选址规划管理办法》、《城市规划编制办法》、《开发区规划管理办法》、《城市国有土地使用权出让和转让规划管理办法》、《城镇体系规划编制审批办法》等建设部门规章及各地的地方性建设法规等。

城乡规划法的适用范围包括地域适用范围和人的适用范围两方面。

1. 地域适用范围

城乡规划法的地域适用范围是规划区，在规划区内进行建设活动，必须遵守本法。本法所称规划区，是指城市、镇和村庄的建成区以及因城乡建设和发展需要，必须实行规划控制的区域。规划区的具体范围由有关人民政府在组织编制的城市总体规划、镇总体规划、乡规划和村庄规划中，根据城乡经济社会发展水平和统筹城乡发展的需要划定。

2. 人的适用范围

城乡规划法对人的适用范围是，凡与城乡规划的编制、审批、管理活动有关的单位和个人，都适用于该法。具体包括：①负责城乡规划的编制、审批和管理的各级人民政府、城乡规划行政主管部门和其他相关部门及其有关人员；②具体从事城乡规划编制工作的生产、科研、教学、设计单位及其有关人员；③凡在城乡规划区内进行建设活动的建设单位、设计单位、施工单位、其他相关单位及其上述单位的有关人员。

三、城乡规划

1. 城乡规划

城乡规划是指人民政府为了实现一定时期内本地区的经济和社会发展目标，事先依法制定的用以确定城乡的性质、规模和发展方向，城乡土地的合理利用，城乡的空间布局和城乡设施的科学配置的综合部署和统一规划。

随着社会的进步和经济的发展，城乡在国民经济和社会发展中的作用越来越大。而城乡的建设与发展是一项庞大的系统工程，它涉及城乡的政治、经济、文化、社会各个领域，并与人民大众的日常工作、生活息息相关。因此，对城乡的发展与建设必须事先进行充分的研究和论证，作出科学、合理的预测及切实可行

的规划。国内外的实践经验证明，要把城乡建设好、管理好，首先就必须规划好。可以说，城乡规划是城市建设和管理的基本依据。制定一个好的城乡规划并切实保证它的实施是综合发挥城乡经济效益、社会效益和环境效益，实现城乡经济和社会发展目标的重要保证之一。

2. 历史文化名城保护规划

历史文化名城是指历史上的政治、经济文化中心或发生重大历史事件的重要城市。

历史文化名城是人类悠久历史和灿烂文化的结晶，对学习和借鉴历史、陶冶情操、增加一个国家的民族自豪感和发展旅游事业都有着重要历史意义和现实意义。世界各国都十分注重对历史文化名城的保护。如意大利的威尼斯完全保存了历史风貌；法国巴黎旧城区基本保存了原有的布局；美国按独立战争前的样子，恢复和保护了威廉斯堡18世纪风光的古城镇。日本在1971年专门发布了《关于古都历史风土保存的特别措施法》，前苏联在1949年公布了历史名城的名单，对它们进行特殊的监督和保护。

我国是一个历史悠久的文明古国，先人们留下了许多历史文化名城，这是中华民族极其宝贵的物质财富和精神财富。把历史文化名城保护好、规划好、建设好，使它们延续下去，造福于民族、造福于后代，是城乡规划工作中十分重要的任务。所以，对于历史文化名城要制定特殊的历史文化名城保护规划，并将其纳入城乡总体规划之中。

第二节　城乡规划的制定和实施

一、城乡规划的种类

根据城乡规划法的规定，城乡规划包括城镇体系规划、城市规划、镇规划、乡规划和村庄规划。城市规划、镇规划分为总体规划和详细规划。详细规划分为控制性详细规划和修建性详细规划。

（一）总体规划

1. 总体规划的内容

总体规划是从宏观上控制城乡土地利用和空间布局，引导城乡合理发展的总体部署。

城市总体规划、镇总体规划的内容应当包括：城市、镇的发展布局，功能分区，用地布局，综合交通体系，禁止、限制和适宜建设的地域范围，各类专项规划等。

规划区范围、规划区内建设用地规模、基础设施和公共服务设施用地、水源

地和水系、基本农田和绿化用地、环境保护、自然与历史文化遗产保护以及防灾减灾等内容，应当作为城市总体规划、镇总体规划的强制性内容。

乡规划、村庄规划的内容应当包括：规划区范围，住宅、道路、供水、排水、供电、垃圾收集、畜禽养殖场所等农村生产、生活服务设施、公益事业等各项建设的用地布局、建设要求，以及对耕地等自然资源和历史文化遗产保护、防灾减灾等的具体安排。乡规划还应当包括本行政区域内的村庄发展布局。

2. 总体规划考虑的期限

城市总体规划、镇总体规划的规划期限一般为 20 年。城市总体规划还应当对城市更长远的发展作出预测性安排。

（二）详细规划

详细规划是以城乡总体规划为依据，对城乡近期建设区域内各项建设作出的具体规划。它包括规划地段各项建设的具体用地范围，建筑密度和高度等控制指标，总平面布置、工程管线综合规划和竖向规划。

详细规划可根据需要编制成控制性详细规划和修建性详细规划两种。

二、制定和实施城乡规划时所应遵循的原则

（一）制定和实施城乡规划的原则

《城乡规划法》规定，在制定和实施城乡规划时，必须遵循以下原则：

1. 遵循城乡统筹、先规划后建设的原则

制定和实施城乡规划，应当遵循城乡统筹、合理布局、节约土地、集约发展和先规划后建设的原则。

2. 防止污染和其他公害的原则

《城乡规划法》第四条规定："制定和实施城乡规划，应当遵循城乡统筹、合理布局、节约土地、集约发展和先规划后建设的原则，改善生态环境，促进资源、能源节约和综合利用，保护耕地等自然资源和历史文化遗产，保持地方特色、民族特色和传统风貌，防止污染和其他公害，并符合区域人口发展、国防建设、防灾减灾和公共卫生、公共安全的需要。"这条原则要求各级人民政府在制定和实施城乡规划时，禁止在城乡主导风向的上风向和水源地的上游地区安排产生有毒、有害废弃物的项目，或者在市区居民稠密的地区安排易燃、易爆等可能产生公害的项目。

3. 保护生态环境、历史文化遗产和地方、民族特色的原则

制定和实施城乡规划时，应注意保护和改善城乡生态环境、加强城乡绿化和市容环境卫生的建设，同时还应注意保护历史文化遗产、城乡传统风貌、地方特色和自然景观。民族自治地区的城乡规划，还应保护民族传统和地方特色，以促进社会主义物质文明和精神文明建设的共同发展。

4. 符合区域人口发展、国防建设、防灾减灾的原则

制定和实施城乡规划时，既要有利于生产，又要符合区域人口发展，还要考虑促进商品、人员的流通，繁荣经济，促进科学技术、文化教育事业的发展和国防建设的需要。同时，制定和实施城乡规划还应满足城市防火、防爆、治安、交通管理和人防建设的要求，在可能发生自然灾害的城市，还应满足抗震、防洪、防泥石流等灾害的要求。对于可能发生强烈地震和严重洪水灾害的地区，还必须在规划中采取相应的抗震、防洪措施，以保护社会和人们的生命、财产安全。

5. 合理布局、节约用地、集约发展的原则

《城乡规划法》第四条规定："制定和实施城乡规划，应当遵循城乡统筹、合理布局、节约土地、集约发展和先规划后建设的原则。"社会要进步，城乡要发展，而土地资源十分有限，也很难增长。这对矛盾是始终存在的，在我国则尤为尖锐。因此，在制定和实施城乡规划时，必须珍惜每一寸土地，应当尽量利用荒地、劣地，少占菜地良田，尽量节约土地资源，使城市的每一寸土地都得到合理利用，这也是保证我国的经济及社会可持续发展的重要措施。

（二）历史文化名城保护规划编制的原则

历史文化名城保护规划是城市总体规划的一部分，其编制时除应满足上述城市规划的原则外，还应遵循以下原则：

1. 全面分析、因地制宜的原则

历史文化名城应保护城市的文物古迹和历史地段，保护和延续古城风貌特点，继承和发扬城市的传统文化。编制保护规划时应分析城市历史演变及性质、规模、现状特点，并根据历史文化遗存的性质、形态、分布等具体情况，发掘与继承城市传统文化内涵，因地制宜地确定保护原则和工作重点。

2. 保护与建设相协调的原则

编制保护规划既要采取规划措施，对城市历史文化遗存进行保护，又要注意满足城市经济、社会发展，改善人民生活和工作环境的需要，使保护和建设协调发展。

3. 突出保护重点的原则

编制保护规划应突出保护重点，即保护文物古迹、风景名胜及其环境；对于具有传统风貌的商业、手工业、居住以及其他性质的街区，需要保护整体环境的文物古迹、革命纪念建筑集中的地区，或在城市发展史上有历史、科学、艺术价值的近代建筑群等，要划定为"历史文化保护区"予以重点保护。特别要注意对濒临破坏的历史实物遗存的抢救和保护，不使其继续遭破坏；对已不存在的"文物古迹"一般不提倡重建。

三、城乡规划编制的审批权限

1. 城镇体系规划的编制权限

《城乡规划法》第十二条规定："国务院城乡规划主管部门会同国务院有关部门组织编制全国城镇体系规划，用于指导省域城镇体系规划、城市总体规划的编制。全国城镇体系规划由国务院城乡规划主管部门报国务院审批。"

《城乡规划法》第十三条规定："省、自治区人民政府组织编制省域城镇体系规划，报国务院审批。"即建设部负责组织编制全国城镇体系规划；省、自治区、直辖市负责组织编制省、自治区、直辖市的城镇体系规划。

2. 城乡总体规划的编制权限

《城乡规划法》第十四条规定："城市人民政府组织编制城市总体规划。直辖市的城市总体规划由直辖市人民政府报国务院审批。省、自治区人民政府所在地的城市以及国务院确定的城市的总体规划，由省、自治区人民政府审查同意后，报国务院审批。其他城市的总体规划，由城市人民政府报省、自治区人民政府审批。"

《城乡规划法》第十五条规定："县人民政府组织编制县人民政府所在地镇的总体规划，报上一级人民政府审批。其他镇的总体规划由镇人民政府组织编制，报上一级人民政府审批。"

第三节　城市新区开发和旧区改建

一、城市新区开发

（一）城市新区开发的概念

城市新区开发是指按照城市总体规划的部署，在城市建成区以外的一定区域，进行集中成片、综合配套的开发建设活动。新区开发的主要类型有新市区的开发建设、经济技术开发区的建设、卫星城镇的开发建设和新工矿区的开发建设。

城市新区的开发建设主要是为了解决城市建成区由于人口密度和建筑密度过高，基础设施负载过重造成的种种弊端或为了完整保存古城的传统风貌，在建成区外围进行集中成片的开发建设，以达到疏解旧区人口，调整旧区用地结构，完善旧区环境的目的。经济技术开发区的建设是随着我国经济体制改革和对外开放形式的发展而出现的一种开发建设形式，其目的是为了创造良好的投资环境，以吸引外资，引进先进技术和进行横向经济联合。经济技术开发区的建设主要集中在沿海城市及一些对外开放条件较好的城市。卫星城镇的开发建设主要是为了有

效地控制大城市市区的人口和用地规模，按照总体规划要求，将市区需要搬迁的项目或新建的大、中型项目安排到周围的小城镇去，有计划、有重点地开发建设这些小城镇，以逐步形成以大城市为中心的、比较完善的城镇体系。新工矿区的开发建设是指国家或地方政府根据矿产资源开发和加工的需要，在城市郊区或矿产资源区等建设大、中型工矿企业，并逐步形成相对独立的工矿区，在统一规划的指导下，进行配套建设。1995 年 6 月 1 日建设部发布了第 43 号令《开发区规划管理办法》，这是新区开发的主要法律依据。

（二）城市新区开发的原则

1. 量力而行的原则

城市新区开发是一项浩大的系统工程，城市人民政府应当根据本地区经济发展水平和经济实力，确定适当的开发规模；并应尽量依托现有市区，合理利用现有设施，达到投资少、效益高的目的。

2. 统一规划、统一组织的原则

城市新区开发涉及城市的各个方面。城市人民政府应当统一组织制定新区开发规划，统一部署建设项目，合理配置城市的基础设施、公共设施；并应当按照合理的程序和社会化的要求进行建设，不应自成体系、各行其是，以避免重复建设、相互干扰，影响城市功能的协调。

3. 方便宜行的原则

城市新区无论是经济技术开发区，还是卫星城镇，必须根据当地的自然条件，选择在方便宜行的地方，既要保证与所依托的城市市区有方便的通信和交通联系，又要注意其相对独立性，以保证达到旧区带动新区、新区缓解老区的目的。

（三）新区开发的主要内容

城市新区的开发必须预先编制城市规划，在统一规划的指导下，按照合理的程序和社会化原则，由城市建设行政主管部门统一组织基础设施和公共服务设施的建设。任何建设单位需要配套的外部市政、公共设施，都必须纳入城市的系统，不得自成体系，各行其道，以免重复建设，相互干扰，影响城市功能的协调和造成浪费。

城市新区开发和各项建设的选址、定点是合理布局关键，必须不妨碍城市的发展，不危害城市的安全，不污染和破坏城市环境，不影响城市各项功能的协调。这就要求，首先，应当保证有可靠的水源、能源、交通、防灾等建设条件，并避开有开采价值的地下矿藏、有保护价值的地下文物古迹以及工程地质条件不宜修建的地段；其次，居住区应当优先安排在自然环境良好的地段，其相邻地段的土地利用不得妨碍居住区的安全、卫生与安宁；第三，工业项目应当考虑专业化和协作的要求，合理、统筹安排，防止产生有毒、有害废弃物的工业和其他建

设项目对城市大气和水体的污染，并避开文物古迹和风景名胜保护区；第四，生产和储存易燃、易爆、剧毒物的工厂和仓库，产生放射危害的设施以及严重影响环境卫生的建设项目，应当避开居民密集的地区，以免损害居民健康，影响城市安全；第五，城市对外交通货运设施，供电高压走廊及重要军事设施等，应避开居民密集地区，以妨碍城市的发展，造成城市有关功能的相互干扰。

经济技术开发区应当尽量依托现有市区，充分考虑利用城市现有设施的可能性，从实际出发确定适度开发规模和程序，有计划、分期分批进行建设，形成良好的投资环境，提高开发效益。

大城市的规模应当得到必要的控制，要防止市区人口和用地的过度膨胀，要有计划、有重点地开发建设卫星城镇，并适当提高卫星城镇的建设标准和设施水平，吸引市区的工业和人口向外疏散。

国家和地方应当尽量依托现有中、小城市安排建设大、中型工业项目，由城市人民政府统一组织制定城市规划，协调发展目标，统一建设部署，兼顾生产和生活的需求，使城市建设和工业生产的发展相适应。

独立开发建设的新工矿区，应当按照逐步形成工矿城镇的要求制定城市规划，注意产业结构的合理配置，力求人口性别平衡，形成比较完善的经济结构和社会结构。

二、城市旧区改建

（一）城市旧区改建的概念

城市旧区改建是指按照统一规划，对现有城区进行有计划、有步骤的改造，使之适应城市经济、社会发展整体需要的建设活动。城市旧区是城市在长期发展的演变过程中逐步形成的居民集聚区。城市旧区的形成显示了各个不同历史阶段发展的轨迹，也积累了历史遗留下来的种种矛盾和弊端。我国不少城市的旧区也都或多或少地存在布局混乱、房屋破旧、居住拥挤、交通阻塞、环境污染、市政和公用设施短缺等问题，不能适应城市经济、社会发展和改革开放的需要。这就要求按照统一的规划，保护好历史文化遗产和传统风貌，充分考虑现有城市的实际情况和存在的主要矛盾，有计划、有步骤、有重点地进行改建。

（二）城市旧区改建的原则

1. 加强维护、逐步改善的原则

城市旧区改建应当遵循加强维护、合理利用、调整布局、逐步改善的原则，统一规划，分期实施。城市旧区改建的重点是对危房、棚户区，市政公用设施简陋、交通阻塞、环境污染严重的地区进行综合整治，有条件的地方应当集中成片改建。

2. 旧区改建与城市产业结构调整和工业企业技术改造相结合的原则

城市旧区的改造应当同产业结构的调整及工业企业的技术改造相结合，调整用地结构，改善、优化城市布局，按规划迁出严重危害、污染环境的项目，利用调整出来的用地扩展公用服务设施，增加居住用地、城市绿化和文化体育活动场地，改善市容环境。

3. 旧区改建与保护历史文物、名胜古迹相结合的原则

旧区改造要充分注意保持和体现传统风貌、民族特点和地方特色，保护具有重要历史意义、革命纪念意义、文化艺术价值和科学价值的文物古迹和风景名胜，有选择地保持一定数量代表城市传统风貌的街区、建筑物和构筑物，划出保护区和建设控制区。城市人民政府要采取有效措施，对这些区域进行严格管理。

第四节 城市规划实施的步骤与法律责任

一、城市规划

城市规划是指城市人民政府为了实现一定时期内本市的经济和社会发展目标，事先依法制定的用以确定城市的性质、规模和发展方向，城市土地的合理利用，城市的空间布局和城市设施科学配置的综合部署和统一规划。

城市规划经法定程序批准生效后，即具有了法律效力，城市规划区内的任何土地利用及各项建设活动，都必须符合城市规划设计，满足城市规划的要求，使生效的城市规划得以实现，这就是城市规划的实施。

为保证城市规划的实施，城市规划一经批准，就应向全社会公布，以便广大人民群众了解城市规划的具体内容，并以之作为各项建设活动的准则，自觉按照城市规划的要求进行建设活动，并对各类违背城市规划的违法行为及时举报，进行监督。

此外，相关法规还规定了在工程建设的不同阶段，建设单位必须向城市规划管理部门申领选址意见书、建设用地规划许可证、建设工程规划许可证等文件后，方可进行有关建设活动的制度，从制度上保证了每项建设工程都必须接受城市规划管理部门的审核检查，从而保证城市规划的全面实施。

二、选址意见书制度

1. 选址意见书的概念

选址意见书是指建设工程（主要是新建的大、中型工业与民用项目）在立项过程中，由城市规划行政主管部门出具的该建设项目是否符合城市规划要求的意见书。依据《城乡规划法》的规定，按照国家规定需要有关部门批准或者核准的建设项目，以划拨方式提供国有土地使用权的，建设单位在报送有关部门批准或者核准前，应当向城乡规划主管部门申请核发选址意见书；其他建设项目不需要申请选址意见书。

2. 选址意见书的内容

选址意见书一般包括项目基本情况和对项目选址的意见两部分。

（1）建设项目基本情况　建设项目基本情况包括建设项目的名称、性质、用地与建设规模；供水、能源的需求量、运输方式与运输量；废水、废气、废渣的排放方式和排放量等。

（2）建设项目选址意见　建设项目选址意见包括建设项目拟建地址与城市规划布局是否协调；与城市交通、通信、能源、市政、防灾规划是否衔接与协调；该建设项目对城市环境可能造成的污染，与城市生活居住及公共设施规划、城市环境保护规划和风景名胜、文物古迹保护规划是否协调等。

3. 选址意见书的核发权限

选址意见书按建设项目审批部门的不同，分别由各级规划行政主管部门核发。

（1）国家审批的大中型和限额以上的建设项目　国家审批的大中型和限额以上的建设项目由项目所在地县、市人民政府城市规划行政主管部门提出审查意见，报省、自治区、直辖市、计划单列市人民政府城市规划行政主管部门核发选址意见书，并报国务院城市规划行政主管部门备案。

（2）中央各部门、公司审批的小型和限额以下的建设项目　中央各部门、公司审批的小型和限额以下的建设项目的选址意见书由项目所在地县、市人民政府城市规划行政主管部门核发。

（3）省、自治区建设项目　省、自治区建设项目由项目所在地县、市人民政府城市规划行政主管部门提出审查意见，报省、自治区人民政府城市规划行政主管部门核发。

（4）其他建设项目　其他建设项目须经哪级人民政府规划行政主管部门审批的，其选址意见书就由该人民政府城市规划行政主管部门核发。

三、建设用地规划许可证制度

1. 建设用地规划许可证的概念

建设用地规划许可证是城乡规划行政主管部门依据城市规划的要求和建设项目用地的实际需要，向提出用地申请的建设单位或个人核发的确定建设用地的位置、面积、界限的证件。

《城乡规划法》规定："建设单位在取得建设用地规划许可证后，方可向县级以上地方人民政府土地主管部门申请用地，经县级以上人民政府审批后，由土地

主管部门划拨土地。”

2. 建设用地规划许可证的核发程序

建设用地规划许可证的核发程序如下：

（1）用地申请 用地申请由建设单位或个人持国家批准建设项目的有关文件，向城市规划行政主管部门提出用地申请。

（2）现场踏勘、征求意见 城市规划行政主管部门在受理申请后，应会同有关部门与建设单位一起到选址现场进行调查、踏勘；同时，还应征求环境保护、消防安全、文物保护、土地管理等部门的意见。

（3）提供设计条件 在用地申请初审通过后，城市规划行政主管部门将向建设单位或个人提供建设用地地址与范围的红线图，并提出规划设计条件和要求。

（4）审查总平面图、核定用地面积 建设单位根据城市规划行政主管部门提供的设计条件完成总平面图设计后，应将总平面图及其相关文件报送城市规划行政主管部门以审查其用地性质、规模和布局方式、运输方式等是否符合城市规划的要求及合理用地、节约用地的原则，并根据城市规划设计用地定额指标和该地块具体情况，核审用地面积。

（5）核发建设用地规划许可证 经审查合格后，城市规划行政主管部门即向建设单位或个人核发建设用地规划许可证。

3. 临时建设用地许可证

临时建设用地许可证是指由于建设工程施工、堆料或其他原因，需临时使用的土地。建设单位须持上级主管部门批准的申请临时用地文件，向城市规划行政主管部门提出临时用地申请，经审核批准后，可取得临时建设用地许可证，其有效期限一般不超过 2 年。

四、建设工程规划许可证制度

1. 建设工程规划许可证

建设工程规划许可证是城乡规划行政主管部门向建设单位或个人核发的确认其建设工程符合城市规划要求的证件，也是申请工程开工的必备证件。《城乡规划法》规定：“在城市、镇规划区内以划拨方式提供国有土地使用权的建设项目，经有关部门批准、核准、备案后，建设单位应当向城市、县人民政府城乡规划主管部门提出建设用地规划许可申请，由城市、县人民政府城乡规划主管部门依据控制性详细规划核定建设用地的位置、面积、允许建设的范围，核发建设用地规划许可证。”

2. 建设工程规划许可证的核发程序

建设工程规划许可证的核发程序如下：

（1）领证申请 建设单位或个人应持设计任务书、建设用地规划许可证、土地使用权证等有关批准文件向城市规划行政主管部门提出核发建设工程规划许可证申请。

（2）初步审查　城市规划行政主管部门受理申请后，应对建设工程的性质、规模、布局等是否符合城市规划要求进行审查，并应征求环境保护、环境卫生、交通、通信等部门及相关行政主管部门的意见。

（3）核发规划设计要点通知书　城市规划行政主管部门根据审查结果和工程所在地段详细规划的要求，向建设单位或个人核发规划设计要点通知书、提出规划设计要求。

（4）核发设计方案通知书　建设单位或个人根据规划设计要点通知书完成方案设计后，应将设计方案（应不少于2个）有关设计图、文件报送城市规划行政主管部门。城市规划行政主管部门在对各个方案的总平面布置、交通组织情况、工程周围环境关系和个体设计体量、层次、造型等进行审查比较，确定设计方案后，将核发设计方案通知书，并提出规划修改意见。

（5）核发建设工程规划许可证　建设单位或个人根据设计方案通知书的要求完成施工图设计后，应将注明勘察设计证号的总平面图，个体建筑设计的平面图、立面图、剖面图、基础图、地下室平面图、剖面图等施工图，送城市规划行政主管部门审查。经审查批准后，将核发建设工程规划许可证。

3. 建设工程审批后的管理

建设工程审核批准后，城市规划行政主管部门要加强监督检查工作，主要包括验线、现场检查。

（1）验线　建筑单位应当按照建设工程规划许可证的要求放线，并经城市规划行政主管部门验线后方可施工。

（2）现场检查　现场检查是指城市规划管理工作人员进入有关单位或施工现场，了解建设工程的位置、施工等情况是否符合规划设计条件。在检查中，任何单位和个人都不得阻挠城市规划管理人员进入现场或者拒绝提供与规划管理有关的情况。城市规划行政管理人员有为被检查者保守技术秘密或者业务秘密的义务。

县级以上地方人民政府城乡规划主管部门按照国务院规定对建设工程是否符合规划条件予以核实。未经核实或者经核实不符合规划条件的，建设单位不得组织竣工验收。

建设单位应当在竣工验收后6个月内向城乡规划主管部门报送有关竣工验收资料。

4. 临时建设的管理

临时建设是指企事业单位或者个人因生产、生活的需要临时搭建的结构简易并在规定期限内必须拆除的建设工程或者设施。临时建设应当办理临时建设工程

许可证。临时建设期限由各地规划行政主管部门根据实际情况确定，一般不得超过2年。《城乡规划法》明确规定："在城市、镇规划区内进行临时建设的，应当经城市、县人民政府城乡规划主管部门批准。临时建设影响近期建设规划或者控制性详细规划的实施以及交通、市容、安全等的，不得批准。临时建设应当在批准的使用期限内自行拆除。临时建设和临时用地规划管理的具体办法，由省、自治区、直辖市人民政府制定。"

五、违法责任

《城乡规划法》明确规定了违反城乡规划法所应承担的法律责任。

1）对依法应当编制城乡规划而未组织编制，或者未按法定程序编制、审批、修改城乡规划的，由上级人民政府责令改正，通报批评；对有关人民政府负责人和其他直接责任人员依法给予处分。

2）城乡规划组织编制机关委托不具有相应资质等级的单位编制城乡规划的，由上级人民政府责令改正，通报批评；对有关人民政府负责人和其他直接责任人员依法给予处分。

3）镇人民政府或者县级以上人民政府城乡规划主管部门有下列行为之一的，由本级人民政府、上级人民政府城乡规划主管部门或者监察机关依据职权责令改正，通报批评；对直接负责的主管人员和其他直接责任人员依法给予处分：①未依法组织编制城市的控制性详细规划、县人民政府所在地镇的控制性详细规划的；②超越职权或者对不符合法定条件的申请人核发选址意见书、建设用地规划许可证、建设工程规划许可证、乡村建设规划许可证的；③对符合法定条件的申请人未在法定期限内核发选址意见书、建设用地规划许可证、建设工程规划许可证、乡村建设规划许可证的；④未依法对经审定的修建性详细规划、建设工程设计方案的总平面图予以公布的；⑤同意修改修建性详细规划、建设工程设计方案的总平面图前未采取听证会等形式听取利害关系人的意见的；⑥发现未依法取得规划许可或者违反规划许可的规定在规划区内进行建设的行为，而不予查处或者接到举报后不依法处理的。

4）县级以上人民政府有关部门有下列行为之一的，由本级人民政府或者上级人民政府有关部门责令改正，通报批评；对直接负责的主管人员和其他直接责任人员依法给予处分：①对未依法取得选址意见书的建设项目核发建设项目批准文件的；②未依法在国有土地使用权出让合同中确定规划条件或者改变国有土地使用权出让合同中依法确定的规划条件的；③对未依法取得建设用地规划许可证的建设单位划拨国有土地使用权的。

5）城乡规划编制单位有下列行为之一的，由所在地城市、县人民政府城乡规划主管部门责令限期改正，处合同约定的规划编制费一倍以上两倍以下的罚

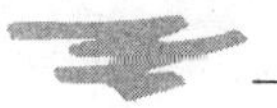

款；情节严重的，责令停业整顿，由原发证机关降低资质等级或者吊销资质证书；造成损失的，依法承担赔偿责任：①超越资质等级许可的范围承揽城乡规划编制工作的；②违反国家有关标准编制城乡规划的。

未依法取得资质证书承揽城乡规划编制工作的，由县级以上地方人民政府城乡规划主管部门责令停止违法行为，依照前款规定处以罚款；造成损失的，依法承担赔偿责任。

以欺骗手段取得资质证书承揽城乡规划编制工作的，由原发证机关吊销资质证书，依照本条第一款规定处以罚款；造成损失的，依法承担赔偿责任。

6）城乡规划编制单位取得资质证书后，不再符合相应的资质条件的，由原发证机关责令限期改正；逾期不改正的，降低资质等级或者吊销资质证书。

7）未取得建设工程规划许可证或者未按照建设工程规划许可证的规定进行建设的，由县级以上地方人民政府城乡规划主管部门责令停止建设；尚可采取改正措施消除对规划实施的影响的，限期改正，处建设工程造价5%以上10%以下的罚款；无法采取改正措施消除影响的，限期拆除，不能拆除的，没收实物或者违法收入，可以并处建设工程造价10%以下的罚款。

8）在乡、村庄规划区内未依法取得乡村建设规划许可证或者未按照乡村建设规划许可证的规定进行建设的，由乡、镇人民政府责令停止建设、限期改正；逾期不改正的，可以拆除。

9）建设单位或者个人有下列行为之一的，由所在地城市、县人民政府城乡规划主管部门责令限期拆除，可以并处临时建设工程造价一倍以下的罚款：①未经批准进行临时建设的；②未按照批准内容进行临时建设的；③临时建筑物、构筑物超过批准期限不拆除的。

10）建设单位未在建设工程竣工验收后6个月内向城乡规划主管部门报送有关竣工验收资料的，由所在地城市、县人民政府城乡规划主管部门责令限期补报；逾期不补报的，处1万元以上5万元以下的罚款。

11）城乡规划主管部门作出责令停止建设或者限期拆除的决定后，当事人不停止建设或者逾期不拆除的，建设工程所在地县级以上地方人民政府可以责成有关部门采取查封施工现场、强制拆除等措施。

12）违反本法规定，构成犯罪的，依法追究刑事责任。

第五节　风景名胜区、历史文化名城及村镇规划管理

除城市建设由《城乡规划法》规划调整以外，我国还颁行了《风景名胜区条例》和《村庄和集镇规划建设管理条例》两部行政法规及相应的部门规章和地方性法规，对风景名胜区和历史文化名城的规划与保护及村镇建设行为进行严格

管理。

一、风景名胜区的规划管理

1. 风景名胜区的概念

风景名胜区是指依法审定的具有观赏、文化或科学价值，自然景物、人文景物比较集中，环境优美，具有一定规模和范围，可供人们游览、休息或进行科学、文化活动的地区。我国的风景名胜区分为国家重点、省、市（县）三级，分别由同级人民政府审定公布。

2. 风景名胜区规划的管理

风景名胜区的规划是在所属人民政府的领导下，由主管部门负责组织编制。风景名胜区内的一切景物和自然环境，必须严格保护，不得破坏和随意改变。在风景名胜区及其外围保护地带内的各项建设，都应当与景物相协调，不得建设破坏景观、污染环境、妨碍游览的设施。在游人集中的游览区内，不得建设宾馆、招待所以及休养、疗养机构。风景名胜区及其外围保护地带内的林木，不分权属都应按照规划进行抚育管理，不得砍伐。确需进行更新、抚育性砍伐的，须经地方主管部门批准。

二、历史文化名城的规划管理

1. 历史文化名城和文物的概念

历史文化名城是指我国古代政治、经济、文化的中心或者近代革命运动和重大历史事件发生的重要城市。

文物是指遗存在社会上或埋藏在地下的历史文化遗物。它包括的内容很多，从建设规划角度理解，文物主要是指革命遗址、纪念建筑物、古文化遗址、古墓葬、古建筑、古窟寺、石刻等。

2. 历史文化名城的规划内容

历史文化名城反映了城市的特定性质，应当在城市规划中体现出来，使历史文化名城和文物的价值进一步得到开发和利用。历史文化名城和文物保护应当突出保护重点，即：保护文物古迹、风景名胜及其环境；对于具有传统风貌的商业、手工业、居住以及其他性质的街区，需要保护整体环境的文物古迹、革命纪念建筑集中连片的地区，或在城市发展史上有历史、科学、艺术价值的近代建筑群等，要划定为“历史文化保护区”予以重点保护。特别要注意对面临破坏的历史实物遗存的抢救和保护，使其不再继续遭到破坏。

编制历史文化名城保护规划应包括下列内容：

1）城市历史演变、建制沿革、城址兴废变迁。

2）城市现存地上和地下文物古迹、历史街区、风景名胜、古树名木、革命纪念地、近代代表性建筑，以及有历史价值的水系、地貌遗迹等。

3）城市特有的传统文化、手工艺、传统产业及民族精华等。

4）现存历史文化遗产及其环境遭受破坏威胁的状况。

5）历史文化名城保护规划的审批。①单独编制的国家级历史文化名城保护规划，其中的总体规划是由国务院审批的，先由国务院城市规划行政主管部门审查通过后，再报国务院审批；其他的则由其所在地的省、自治区人民政府审批，并报国务院城市规划行政主管部门和文化保护行政主管部门备案。②省级历史文化名城的保护规划，由其所在地的省、自治区、直辖市人民政府审批。

三、村庄与集镇建设的规划管理

1. 村庄、集镇的概念

村庄是指农村村民居住和从事各种生产的聚居点。集镇是指乡、民族乡人民政府所在地和经县级人民政府确认由集市发展而成的作为农村一定区域经济、文化和生活服务中心的非建制镇。

村庄、集镇的建成区和因村庄、集镇建设及发展需要实行规划控制的区域，即为村庄、集镇的规划区。

2. 村庄、集镇规划的管理

村庄、集镇规划分为村庄、集镇总体规划和村庄、集镇建设规划两类，皆由乡级人民政府负责组织编制，报县级人民政府批准。报批前，村庄建设规划须经村民会议讨论同意，而村庄总体规划和两类集镇规划，都须经乡级人民代表大会审查同意。

村庄、集镇规划期限由省、自治区、直辖市人民政府根据本地区实际情况规定。

思　考　题

1. 简述城乡规划的概念。
2. 简述城乡规划法的概念。
3. 在我国，制定和实施城乡规划的原则有哪些？
4. 城乡规划分哪几类？它们的编制权限和审批权限是如何规定的？
5. 什么是选址意见书？选址意见书的核发权限是怎样规定的？
6. 什么是建设用地规划许可证？取得建设用地规划许可证要经过哪些程序？
7. 什么是建设工程规划许可证？取得建设工程规划许可证要经过哪些程序？
8. 违反城乡规划法将承担哪些具体责任？
9. 什么是风景名胜区及村庄、集镇？它们的规划都是由谁负责组织编制的？
10. 历史文化名城保护规划应包括哪些内容？

5

第五章

工程发包与承包法规

第一节　概　　述

一、工程发包与承包概述

（一）工程发包与承包的含义

工程发包与承包是指发包方通过合同委托承包方为其完成某一工程的全部或其中一部分工程的交易行为。工程发包方一般为建设单位或工程总承包单位；工程承包方一般为工程勘察设计单位、施工单位、工程设备供应及设备安装制造单位等。发包方与承包方的权利、义务都由双方签订的承包合同来加以规定。

目前，我国的经济体制向市场经济转轨，计划经济条件下的工程任务分配方式已经不适应市场经济的竞争机制。自1982年起，我国建设领域开始改变工程建设任务由行政主管部门分配的方式，逐步确立了建设工程发包与承包制度，把工程设计与施工推入市场，由相关企业竞争承包。实践证明，建设工程发包与承包制度，对鼓励竞争、防止垄断、提高工程质量、控制工程造价和工期的市场经济建设具有良好的促进作用。

（二）建设工程发包与承包

1. 发包

依据《中华人民共和国建筑法》（以下简称《建筑法》）的规定，建设工程发包与承包有两种方式，即招标发包和直接发包。

（1）建设工程招标发包　建设工程招标发包是指发包方根据招标法的规定事先制定招标文件，明确其承包工程的性质、内容、工期、质量等情况和要求，由愿意承包的单位递送标书，再由发包方从中择优选择工程承包方的交易方式。建筑工程实行公开招标的，发包单位应当依照法定程序和方式，发布招标公告，提供载有招标工程的主要技术要求、主要的合同条款、评标的标准和方法以及开标、评标、定标的程序等内容的招标文件。建筑工程实行招标发包的，发包单位应当将建筑工程发包给依法中标的承包单位。建筑工程实行直接发包的，发包单位应当将建筑工程发包给具有相应资质条件的承包单位。

（2）建设工程直接发包　建设工程直接发包是指发包方与承包方直接进行协商，以约定工程建设的价格、工期和其他条件的交易方式。建设工程招标发包比直接发包更有利于公平竞争，更符合市场经济规律的要求。因此，我国相关法规都提倡招标发包方式，对直接发包则会加以限制。《中华人民共和国招标投标法》（以下简称《招标投标法》）规定：只有涉及国家安全、国家秘密、抢险救灾或者属于利用扶贫资金实行以工代赈、需要使用农民工等特殊情况及规模太小的工程，才可不进行招投标而采用直接发包的方式。而对使用国际组织或者外国政府贷款、援助资金的项目，全部或部分使用国有资金投资或国家融资的项目，以及所有大型基础设施、公用事业等关系社会公共利益、公众安全的项目，则实行强制招投标制。这些项目必须采用招标投标方式来发包工程，否则将不批准其开工建设；违反上述规定的有关单位和直接责任人还将受到法律的惩罚。

2. 承包

《建筑法》规定的承包方式有总承包、专项承包、联合承包与分包。承包建筑工程的单位应当持有依法取得的资质证书，并在其资质等级许可的业务范围内承揽工程。禁止建筑施工企业超越本企业资质等级许可的业务范围或者以任何形式用其他建筑施工企业的名义承揽工程。禁止建筑施工企业以任何形式允许其他单位或者个人使用本企业的资质证书、营业执照、以本企业的名义承揽工程。

大型建筑工程或者结构复杂的建筑工程，可以由两个以上的承包单位联合共同承包。共同承包的各方对承包合同的履行承担连带责任。两个以上不同资质等级的单位实行联合共同承包的，应当按照资质等级低的单位的业务许可范围承揽工程。

禁止承包单位将其承包的全部建筑工程转包给他人，禁止承包单位将其承包的全部建筑工程肢解以后以分包的名义分别转包给他人。

建筑工程总承包单位可以将承包工程中的部分工程发包给具有相应资质条件的分包单位；但是，除总承包合同中约定的分包外，必须经建设单位认可。施工总承包的，建筑工程主体结构的施工必须由总承包单位自行完成。建筑工程总承包单位按照总承包合同的约定对建设单位负责；分包单位按照分包合同的约定对总承包单位负责。总承包单位和分包单位就分包工程对建设单位承担连带责任。禁止总承包单位将工程分包给不具备相应资质条件的单位。禁止分包单位将其承包的工程再分包。

（三）建设工程发包与承包的一般规定

1）建筑工程的发包单位与承包单位应当依法订立书面合同，明确双方的权

利和义务。

发包单位和承包单位应当全面履行合同约定的义务；不按照合同约定履行义务的，依法承担违约责任。

2）建筑工程发包与承包的招标投标活动，应当遵循公开、公正、平等竞争的原则，择优选择承包单位。

3）发包单位及其工作人员在建筑工程发包中不得收受贿赂、回扣或者索取其他好处。

承包单位及其工作人员不得利用向发包单位及其工作人员行贿、提供回扣或者给予其他好处等不正当手段承揽工程。

4）建筑工程造价应当按照国家有关规定，由发包单位与承包单位在合同中约定。

公开招标发包的，其造价的约定，须遵守招标投标法律的规定。发包单位应当按照合同的约定，及时拨付工程款项。

二、建设工程招标与投标法规概述

招标投标是在市场经济条件下进行大宗货物的买卖、工程建设项目的发包与承包以及服务项目的采购与提供时，所采用的一种交易方式。招标投标的交易方式是市场经济的产物。采用这种交易方式，须具备两个基本条件：一是要有能够开展公平竞争的市场经济运行机制；二是必须存在招标采购项目的买方市场，对采购项目能够形成卖方多家竞争的局面，买方才能够居于主导地位，有条件以招标方式从多家竞争者中择优选择中标者。

1. 推行建设工程招投标制的意义

（1）规范招标投标活动　招标投标活动有着严密、科学、规范的程序，它是规范招标人投标人行为的准则。招标人应按招标办法的规定组织招标活动；投标人必须在招标法规的约束下，进行投标竞争。投标人只要符合投标人资格条件，在招标活动中一律平等。招标投标法不但使市场竞争规范化，而且为其规范化的实施提供了经济和法律的保护手段，从机制上抑制了不正当竞争。

（2）保护国家和当事人的合法权益　推行招标投标制是管理体制的一项重大改革。这一改革要求建筑业的计划管理体制、价格体制、物资供应体制、分配体制和金融管理体制等进行相应的改革，才能适应招标投标发展的需要。推行招投标制从管理体制上，就是要打破过去那种集中过多、统得过死的管理方式，开放建筑市场，提高建筑产品的商品化程度，发展社会主义市场经济。

（3）提高工程投资效益　推行招标投标制，首先给企业带来外部和内部压力，使企业具有前所未有的紧迫感投入到企业内部的经营管理和技术进步方面，使企业努力降低成本，从而提高经济效益；其次，从重要设备、材料等的采购方面说，采用招标投标办法进行工程和设备采购，可以节约大量资金。招标投标有严格的程序、严密的组织，可保证充分的平等竞争和提高采购过程的透明度。招标由专业招标机构组织，由有经验有权威的专家把关，可保证采购决策的科学性和正确性。招标全过程有国家公证机关的监督见证，可确保招标活动的合法和公正。因此通过招标可以选择出投资采购的最佳方案并杜绝舞弊行为，保证资金的合理使用。

（4）保证工程质量　我国的工程项目多年来存在建设程序混乱、工程质量得不到保障的问题。建设项目实行招标投标制，能够促使建设项目按程序办事，克服混乱现象。这是因为建设工程无论是全过程招标，还是勘察设计、材料设备、工程施工招标，都要依据有关招标投标法规的规定，具备各自的基本条件才能进行。实行工程施工招标，必须有经过批准的工程建设计划、设计文件和所需资金。实行招标投标制，一定程序上保证了建设项目按程序办事，使建设工程循序渐进、稳妥顺利地进行。

2. 招标投标法的适用范围和调整对象

招标投标法第二条对适用范围和调整对象作了规定。

（1）法律的适用范围　法律的适用范围也称法律的效力范围，包括法律的时间效力、空间效力以及对人效力。

《招标投标法》第二条规定的招投标法适用的地域范围（空间效力范围），是中华人民共和国境内，即中华人民共和国主权所及的全部领域内。对人效力，即对自然人、法人和其他组织；时间效力，即法律生效和失效的时间。

（2）招标投标法以招标投标活动中的关系为调整对象　凡我国境内进行的招标投标活动，无论是属于《招标投标法》第三条规定“强制招标项目”，还是属于第二条“由当事人自愿采用招标方式进行采购的项目”，其招标投标活动均适用招投标法。有关招标投标的规则和程序的强制性规定及法律责任中有关行政处罚的规定，主要适用于法定强制招标的项目。

3. 强制性招投标的工程范围

（1）强制性招投标的国际趋势　招标投标作为现代市场经济条件下一种较为成熟的、高级的、规范化的交易方式，其所反映的公平、公正、透明性和科学的组织性、决策的民主性、竞争的充分性、行为的规范性是经实践证明科学有效的。为此，对一些特定项目实行强制性招标，早已成为国际惯例。西方发达国家利用招标投标方式进行政府采购，约束政府和国有企业行为已经有百余年的历史，所形成的一系列规范程序和做法，无不建立在强制性招标制度之上。国际经验表明，强制性招标是发展国民经济和振兴国有企业的一项重要制度保证。

世界贸易组织《政府采购协议》，在原来的《政府采购协议》的基础上，已经将地方政府以及某些特定的公共部门和企业与中央政府部门一起纳入招标采购

的主体范围之内。世界贸易组织要求各成员国必须遵守《政府采购协议》，各成员国无条件地签字接受该协议后，都将本国的招标投标法规进行了相应的修改，即政府采购金额在13万美元以上特别提款权的采购合同，必须进行国际竞争性招标。此外，国际金融组织均对贷款项目有明确的招标规定。世界银行及其附属机构国际开发协会规定，一般项目采购均须进行国际招标；情况特殊时，须经其同意批准。国际农业发展基金组织要求贷款项目均使用国际招标形式采购。亚洲开发银行规定，使用贷款采购设备、材料和货物，金额在30万美元以上的，土建工程在50万美元以上的，均须采用国际招标方式进行。一般来说，外国政府贷款的借贷程序也都要求，借款国应采用国际竞争性招标，在合格资源国的厂商中采购。

（2）强制性招投标的工程范围

1）《招标投标法》第三条第一款明确规定，在中华人民共和国境内进行下列工程建设项目以及与工程建设有关的重要设备、材料等的采购，必须进行招标：①大型基础设施、公用事业等关系社会公共利益、公众安全的项目；②全部或者部分使用国有资金投资或者国家融资的项目；③使用国际组织或者外国政府贷款、援助资金的项目。

2）上列项目并非不分具体情况均必须进行招标，而是有着具体范围和规模标准的限制。一般来说，限制招标适用范围的因素主要包括：①采购金额的限制。当采购物资的金额比较小时，由于招标本身也需要人力、物力、时间等方面的消耗成本，采用招标方式就不一定适宜。②采购品种的限制。有些货物不适宜用公开招标的方式采购。如买方所需的物资品种、型号或有关条件比较特殊或者采购的物资属于保密和军用项目，采用招标对买主显然不利，因此，这类商品一般也不采用招标的方式。③采购时间的限制。组织招标必须通过一系列的筹划、安排，按严格的程序分阶段进行，往往需要较长的时间。最简单的货物采购招标活动一般也需20天以上，工程承包的招标时间则更长。然而，有些急需的货物、工程，如抢险救灾等紧急工程也就不适合进行招标。

3）由于我国还没有制定统一的对招标项目的具体范围和规模等级标准，各地在实施时没有统一标准。目前，我国各地通行掌握的必须进行招标的限制：①合同总价50万元人民币以上的货物和服务；②建筑面积在1000m^2以上或者投资额100万元人民币以上的工程；③法律法规规定的必须实行招标的货物、工程和服务。

这些招标限额仅指项目合同的金额，而且应当随着经济发展情况由政府作出适当调整。

（3）不得规避招标 《招标投标法》明确规定国家实行强制性招标的项目范围，凡是在该范围以内的项目均必须进行招标采购，并在第四条明确规定，任何

单位和个人不得将必须招标的项目化整为零或者以其他任何方式规避招标。规避招标的表现形式如下：

1）将工程化整为零规避招标。由于国际、国内关于强制性招标的项目范围大多有如项目投资规模、建筑面积等方面的限制，在现实经济生活中。有一些单位和个人出于种种原因，千方百计地将工程项目进行肢解、化整为零。如将一个建筑工程分成土方工程、基础工程、地上结构、设备安装、装饰工程等发包给不同的施工单位，分别签订承包合同，使其规模低于强制性招标项目的标准，从而规避招标。

2）利用其他方式规避招标。规避招标的其他方式，如采用虚假招标的方式，即有些单位和个人迫于法律规定，不得不做出招标采购的假象，实际上仍是为了规避招标。例如，利用种种不合理、不必要的标准或条件排斥潜在的投标人；对中标者不签订项目合同；邀请招标时被邀请的投标人实质是特邀来的陪衬，并非真心投标；不按招标公告的内容与中标者签订合同，而是在其外另行订立背离招标文书内容的其他协议等。

对于规避招标的行为，明确规定了惩罚办法。对违反《招标投标法》的规定，将必须进行招标的项目不招标的，将必须进行招标的项目化整为零的，或者以其他任何方式规避招标的，责令限期改正，可以处项目合同额5%以上10%以下的罚款；对全部或者部分使用国有资金的项目，可以暂停项目执行或者暂停资金拨付；对单位负直接责任的主管人员和其他直接责任人员依法给予行政处分或者法律处分。

4. 建设工程招投标的原则

建设工程招标的原则也就是工程招投标活动所应遵循的原则：公开、公平、公正和诚实信用。

5. 建设工程招标的种类

当前，我国实施的建设工程招标种类主要有以下几种。

（1）全过程招标　全过程招标是指对建设工程从项目建议书开始，直到竣工验收、交付使用为止的建设全过程实行招标。

（2）勘察设计招标　勘察设计招标是指对工程的勘察设计进行招标。

（3）材料、设备供应招标　材料、设备供应招标是指对工程建设中所需的材料、构配件和设备进行招标。

（4）工程施工招标　工程施工招标是指对工程施工全过程进行招标，它是我国目前最主要的招标方式。

第二节 建设工程招标

一、招标人的概念及招标工作组织

（一）招标人的概念

招标人就是依照《招标投标法》的有关规定，提出要进行招标的项目，公布招标内容，并面向社会进行招标的法人或者其他组织。法人或者其他组织是对招标人组织特征的限定。根据这一规定，招标人既可以是依法已取得法人资格的组织（如具备法人资格的国有公司、企业、股份公司、有限责任公司等）；也可以是未取得法人资格的公司、企业、事业单位、机关、团体等。虽然是否具备法人资格不是认定招标人资格的必备条件，但任何想进行工程建设的个人不得进行招标。

（二）招标工作组织

在整个投标招标制度中，招标方始终处于主导地位，其掌握着选择投标方与投资决策的大权。因此，招标方不仅需要做好前期有关招标项目的具体规划、落实资金、勘察设计等系列准备工作，对工程的具体招投标组织工作也应充分重视。

招标人在进行招标工作中负责有关招标的全部工作，需要建立具体负责招标事务的组织，如招标领导小组。这种组织一般应包括如下人员。

1）任命的决策人或单位负责人的授权代表。

2）工程师、建筑师、估算师等专业技术人员。

3）负责档案、材料、计算等助理人员。

具体负责招标事务的组织，如招标领导小组成员，应该能够通晓国家招标投标法规，熟悉招投标工作程序，有能力决定招标工作中的重大事项：

1）工程项目的发包范围，即是全过程统包还是分阶段发包，或单项工程发包、专业工程发包。

2）承包方式与承包内容，采用单价合同或总价合同，全部或部分内容。

3）招标方式，即决定采用公开招标、选择性招标，两段招标还是方案竞赛或比价方式。

4）招标文件、标底实行自行编制或委托编制。

5）招标工作的组织，即开标、评标、报批等相关组织工作。

6）决标并签订合同或协议。

这种具体的招标领导机构是招标人角色与职权的体现与细化，反映了招投标工作过程中招标人的主导地位。

（三）建设单位自行招标所应具备的条件

1）具有法人资格或是依法成立的其他组织。

2）有与招标工程相适应的经济、技术管理人员。

3）有组织编制招标文件的能力。

4）有审查投标单位资质的能力。

5）有组织开标、评标、定标的能力。

具备上述条件的建设单位，可组织相应的招标机构负责招标事宜，《招标投标法》还规定："任何单位和个人不得强制其委托招标代理机构办理招标事宜。"不具备上述条件的建设单位和个人，就必须委托招标代理机构来进行招标。

（四）招标代理机构

建设工程的招标代理是指对土木工程、建筑工程、管线工程、安装工程、装修工程项目的勘察设计、施工、监理以及工程项目有关的重要设备、材料采购招标的代理。招标代理机构是指依法设立，从事招标代理业务并提供相关服务的社会中介组织。招标代理是招标人对招标代理机构的授权行为，因此，招标人委托招标代理机构进行招标必须办理授权委托手续。工程招标代理机构的资格分为甲、乙两级，甲级由国务院建设行政主管部门认定，乙级由省级人民政府建设行政主管部门认定。甲、乙两级都可跨省、区和直辖市承担业务，任何单位、个人不得限制或排斥其依法开展业务活动。

申请工程招标代理机构资格的单位应当具备的条件：

1）是依法设定的中介组织。

2）与行政机关和其他国家机关没有行政隶属关系或其他利益关系。

3）有固定的营业场所和开展工程招标代理业务所需设施及办公条件。

4）有健全的组织机构和内部管理的规章制度。

5）具备编制招标文件和组织评标的相应专业力量。

6）具有可以作为评标委员会成员人选的技术、经济等方面的专家库。

从招标投标过程本身来看，招标代理机构应当纳入国家严格管理的范围之内。如果因为招标代理机构自身的素质问题，造成假招标、串标、泄露标底、评标混乱等不公正、不公平的现象，这样不仅会使招标活动起不到应有的效果，也会损害招标投标方的利益。

招标代理机构必须具备下列条件：

1）有从事招标代理业务的营业场所和相应资金。营业场所是提供代理服务的固定地点。根据我国现行公司法的规定，招标代理机构属于咨询服务性公司，其注册资金不得少于 10 万元。

2）有编制招标文件和组织评标的专业力量。招标文件是联系沟通招、投标双方的桥梁，招标文件是否完整、严谨将直接影响招标质量，也是招标成败的关

键。组织评标水平的高低，将直接影响招标的效果，也将决定招标是否公正。

3）有符合法律规定，可以作为评标委员会成员人选的技术、经济等方面的专家库。为保证评标的公正性和权威性，《招标投标法》规定，评标委员会必须有技术、经济、法律等方面的专家参加，且其人数不少于评标委员会总人数的2/3，参加评标的专家采取随机抽取的方式从专家库中产生。

4）招标代理机构的从业资格。为保证招标代理机构的业务素质和专业水平，《招标投标法》规定，招标代理机构还必须具备相应的从业资格，对其实行设立条件和从业资格双重限定。从事建设工程招标代理业务的从业资格由国务院或省、自治区、直辖市人民政府的建设行政主管部门认定。

为保证招标活动的客观公正，招标代理机构必须独立于政府和有关当事人之外，《招标投标法》明确规定："招标代理机构与行政机关和其他国家机关不得存在隶属关系或者其他利益关系。""招标人有权自行选择招标代理机构委托其办理招标事宜。任何单位和个人不得以任何方式为招标人指定招标代理机构。"

二、招标方式

（一）招标的两种方式

《招标投标法》明确规定招标分为公开招标和邀请招标两种方式。

（1）公开招标　招标人以招标公告的方式邀请不特定的法人或者其他组织投标。

（2）邀请招标　招标人以投标邀请书的方式邀请特定的法人或者其他组织投标。

（二）公开招标和邀请招标的主要区别

1. 发布信息的方式不同

公开招标是面向社会发布公告，邀请招标是向某一特定条件范围中的承包人发送投标邀请书。

2. 选择承包人的范围不同

公开招标是面向全社会的，一切潜在的对招标项目感兴趣的承包人都可参加投标竞争，事先不能掌握投标人的数量，投标人是不特定的，其竞争性体现得最为充分，招标人拥有最大的选择余地。邀请招标所针对的对象是事先已了解的承包人，投标人的数目有限，其竞争性是不完全不充分的，招标人的选择范围相对较小，有可能选择不到在技术上或报价上更有竞争力的承包单位或供应商，投标人是相对特定的。

3. 公开的程度不同

公开招标中，所有的活动都必须严格按照预先指定并为大家所知的程序及标准公开进行，其作弊的可能性大大减小；而邀请招标的公开程度较低，相应会存在一些弊端。

4. 时间和费用不同

由于公开招标程序复杂，投标人的数量较多，所花费的时间和费用都相对较多。而邀请招标只在有限的投标人中进行，其花费的时间和费用也必然有所减少。

（三）建设工程招标的要求

为保证招标的公正、公平，《招标投标法》对招标活动规定了一些限制性要求。

1. 招标方式上的限制

为加强重点建设项目的管理，保证重点建设项目的工程质量、竣工日期和投资效益，《招标投标法》规定，国家重点建设项目和地方重点建设项目都必须进行公开招标。只有在某些特定情况下，如项目技术复杂或有特殊要求；涉及专利权保护；受自然资源或环境条件所限等原因，使可供选择的具备资格的投标单位数量有限，实行公开招标不适宜或不可行时，方可采用邀请招标方式，但事先须经国务院发展计划部门或省、自治区、直辖市人民政府批准。

2. 信息发布的要求

为保证招标信息发布的准确和竞争的公平、公正，《招标投标法》规定，采用公开招标方式的应当发布招标公告，其内容应包括招标人的名称和地址，招标项目的性质、数量、实施地点和时间以及获取招标文件的办法等事项。依法必须招标的项目，其招标公告必须通过国家指定的报刊、信息网络或其他媒介发布；其他项目招标公告的发布渠道，则由招标人自由选择。采用邀请招标方式的，应当发出投标邀请书，其内容与上述招标公告的要求一样。受到邀请的投标人不得少于三个，且都应具备承担招标项目的能力，资信良好。

3. 禁止实行歧视待遇的要求

为防止招标人非法左右招标活动，保证竞争的公平与公正，《招标投标法》规定，招标人不得以不合理的条件限制或排斥潜在投标人，不得对潜在投标人实行歧视待遇。招标文件不得要求或者标明特定的生产供应者以及含有倾向或者排斥潜在投标人的其他内容。

4. 保证合理时间的要求

为保证投标人编制标底的合理时间，《招标投标法》规定，招标人规定的投标截止日期距招标文件开始发出之日，不得少于 20 日。而招标人要对已发出的招标文件进行必要的修改与澄清最晚也必须在投标截止时间 15 日前，以书面形式通知所有投标文件的收受人。

三、招标文件的内容

根据《招标投标法》第十九条的规定，招标文件应当包括下列内容：

1）投标须知。

2）招标项目的性质、数量。

3）招标工程的技术要求和设计文件。

4）招标的价格要求及其计算方式。

5）评标的标准和方法。

6）交货、竣工或提供服务的时间。

7）投标人应当提供的有关资料和资信证明文件。

8）投标保证金的数额或其他形式的担保。

9）投标文件的编制要求、投标文件的格式及附录。

10）提供投标文件的方式、地点和截止时间。

11）开标、评标的日程安排。

12）拟签订合同的主要条款、合同格式及合同条件。

13）要求投标人提交的其他材料。

第三节　建设工程投标

一、投标人

（一）投标及投标人的概念

投标又称报价，是指作为承包方的投标人根据招标人的招标文件，向招标人提交其依照招标文件的要求所编制的投标文件，即提出报价，以期承包到该招标项目的行为。

投标人是响应招标、参加投标竞争的法人或者其他组织。投标人应当具备承担招标项目的能力；国家有关规定对投标人资格条件或者招标文件对投标人资格条件有规定的，投标人应当具备规定的资格条件。

（二）投标人应具备的条件

为保证建设工程的顺利完成，《招标投标法》规定："国家有关规定对投标人资格条件或者招标文件对投标人资格条件有规定的，投标人应当具备规定的资格条件。"如国家计委于1997年8月18日发布的《国家基本建设大中型项目实行招标投标的暂行规定》第十三条规定，参加建设项目主体工程的设计、建筑安装和监理以及主要设备、材料供应等投标的单位，必须具备下列条件：

1）具有招标文件要求的资质证书，并为独立的法人实体。

2）承担过类似建设项目的相关工作，并有良好的工作业绩和履约记录。

3）财务状况良好，没有处于财产被接管、破产或其他关、停、并、转状态。

4）最近三年内没有与骗取合同有关以及其他经济方面的严重违法行为。

5）近几年有较好的安全记录，投标当年内没有发生重大质量和特大安全事故。

法律对投标人的资格条件作出规定，对保证招标项目的质量、维护招标人的利益乃至国家和社会公共利益，都是很有必要的。不具备相应的资格条件的承包商、供应商，不能参加有关的招标项目的投标；招标人也应当按照《招标投标法》和国家有关规定及招标文件的要求，对投标人进行必要的资格审查，不具备规定的资格条件的，不能中标。

投标人如果不具备国家有关规定或招标文件所要求的投标资格条件，但具备承担该招标项目的某一部分的资格条件与相应能力，可以考虑与其他法人或有关组织组成联合体共同投标。但在任何情况下都不得擅自以他人名义投标，或者以其他方式弄虚作假，骗取中标。

（三）联合体投标

大型建设工程项目，往往不是一个投标人所能完成的，所以，法律允许两个以上法人或者其他组织可以组成一个联合体，以一个投标人的身份共同投标，并对联合体投标的相关问题作出了明确规定。

1. 联合体的法律地位

联合体是由多个法人或经济组织组成，但它在投标时是作为一个独立的投标人出现的，具有独立的民事权利能力和民事行为能力。

2. 联合体的资格

《招标投标法》规定，组成联合体各方均应具备相应的投标资格；由同一专业的单位组成的联合体，按照资质等级较低的单位确定资质等级。这是为了促使资质优秀的投标人组成联合体，防止以高等级资质获取招标项目，而由资质等级低的投标人来完成的行为。

3. 联合体各方的责任

联合体各方应当签订共同投标协议，明确约定各方拟承担的工作和责任，并将共同投标协议连同投标文件一并提交招标人。联合体中标的，联合体各方应当共同与招标人签订合同，就中标项目向招标人承担连带责任。

4. 投标人的意志自主

《招标投标法》规定，招标人不得强制投标人组成联合体共同投标，不得限制投标人之间的竞争。

二、投标文件

（一）投标文件的主要内容

1）投标函。投标函（又称投标书），实际上就是投标人的正式报价信。它的内容是表明投标人完全愿意按招标文件的规定承担任务，并写明自己的总报价金

额；表明投标人接受的开工日期和整个工作期限；表明本投标如被接受，愿意提供履约保证；说明投标报价的有效期；表明本投标书连同业主（或购货人）的书面接受通知具有约束力；表明对业主接受其他投标的理解。

2）投标人资格、资信证明文件。

3）投标项目方案及说明。

4）投标价格。

5）招标文件要求具备的其他内容。

（二）编制投标文件应注意的几个问题

1）投标文件中的每一空白都须填写，如有空缺，则被视为放弃意见；重要数据未填写，可能被作为废标处理。

2）递交的全部文件若填写中有错误而不得不修改，则应在修改处签字。

3）最好用打字方式填写标书。

4）不得改变投标文件的格式，如原有格式不能表达投标意图（如有一种以上标价及其条件、工期可比原规定缩短或增加附加条件等），可另附补充说明。

5）投标文件应字迹清楚、整洁、纸张统一、装帧美观大方。

6）计算数字要准确无误。无论单价、合价、分部合价、总标价及其大写数字均应仔细核对。

7）除了上述规定的投标书外，投标人还可以写一封更为详细的致函，对自己的投标报价作必要的说明，以吸引招标人和评标委员会对递送这份投标书的投标人感兴趣和有信心。

《招标投标法》规定，投标文件应在招标文件中规定的截止时间前送达投标地点；在截止时间后送达的投标文件，招标人应拒收。因此，以邮寄方式送交投标文件的，投标人应留出足够的邮寄时间，以保证投标文件在截止时间前送达；另外，如发生地点方面的错送、误送，其后果皆由投标人自行承担。投标人对投标文件的补充、修改、撤回通知，也必须在招标文件所规定的截止时间前送达规定地点。

三、投标人的权利和义务

无论是公开招标还是邀请招标，符合招标文件条件的投标人确定参加投标竞争后，即享有和承担投标人的权利与义务。

1. 投标人享有的权利

投标人享有的权利通常包括：

1）与其他投标竞争者平等地获得有关该招标项目信息权。

2）要求招标人就其在招标文件阐述不清或存在矛盾的问题予以说明的权利。

3）投标人根据自己的经营状况和掌握的市场信息，有自己确定投标报价的权利。

4）投标人根据自己的经营状况有权参与投标竞争或拒绝参与投标竞争的权利。

5）投标人有权对要求优良的工程实行优质优价。

6）依法检举、控告招标过程中出现的违法行为的权利。

2．投标人承担的义务

投标人在享有投标权利的同时，还应当承担下列投标义务：

1）保证向招标人提交的投标文件的真实性。

2）对招标人或招标代理机构就投标文件提出的问题予以说明。

3）在法律法规规定或招标人要求的情况下提供投标保证金或其他形式的担保。

4）中标后与招标人签订并履行合同，非经招标人同意不得转让或分包合同。

因此，投标单位在研究招标文件及编制投标文件时，对招标人在招标文件中没有交待清楚，或招标文件中相互矛盾之处，有权在招标人召开的答疑会上提出，要求招标人进一步解释或说明。而投标人可将此种解释或说明作为编制投标文件的依据。在招标人没有作出明确解释或说明的情况下，投标人仍应按照招标文件的原有内容要求编制标书，但可以在标书内加以必要的说明。例如，招标文件有“因材料供应不及时工期不顺延”的条款，投标人可要求招标人说明“若是由招标人负责供应的材料供应不及时，其工期是否可以延长？”招标人出于自己的考虑或为了对投标人提出的问题进行澄清，也可以对招标文件用补充的方式进行修正，但修正的通知必须在投标截止日之前的合理时间书面通知所有投标人。

投标人编制的投标文件是日后招标人进行评标、决标的依据，也是中标后投标招标双方签订、实施招标项目合同的依据，它既决定着投标人能否据以与其他投标竞争对手进行竞争并获中标，又决定着投标人能否通过在招标文件基础上签订的合同的履行获取预期的经济效益。因此，投标人必须针对招标文件中的实质性要求和条件，认真研究策略，结合自身条件争取提出合理的、易于为招投标双方接受的报价及具有吸引力的优惠条件，以期击败其他投标竞争对手，最终承接该招标项目。

四、投标程序

1）投标人了解招标信息，申请投标。建筑企业根据招标广告或投标邀请书，分析招标工程的条件，依据自身的实力，选择投标工程，向招标人提出投标申请，并提交有关资料。

2）接受招标人的资质审查。

3）购买招标文件及有关技术资料。

4）参加现场踏勘，并对有关疑问提出质询。

5）编制投标书及报价。投标书是投标人的投标文件，是对招标文件提出的要求和条件作出的实质性响应。

6）参加开标会议。

7）接受中标通知书，与招标人签订合同。

第四节　开标、评标与中标

一、开标

开标是指投标人提交投标文件截止时间后，招标人依据招标文件规定的时间和地点，开启投标人提交的投标文件，公开宣布投标人的名称、投标价格及投标文件中的其他主要内容。

1. 开标时间和地点

《招标投标法》第三十四条对于开标的时间和地点作了规定，即开标应当在招标文件确定的提交投标文件截止时间的同一时间公开进行，开标地点应当为招标文件中预先确定的地点。

2. 开标主持

按照《招标投标法》第三十五条的规定，开标由招标人主持。招标人自行办理招标事宜的，当然得自行主持开标；招标人委托招标代理机构办理招标事宜的，可以由招标代理机构按照委托招标合同的约定负责主持开标事宜。对依法必须进行招标的项目，有关行政机关可以派人参加开标，以监督开标过程严格按照法定程序进行。招标人主持开标，应当严格按照法定程序和招标文件载明的规定进行：①应按照规定的开标时间公布开标开始；②核对出席开标的投标人身份和出席人数；③安排投标人或其代表检查投标文件密封情况后指定工作人员监督拆封，组织唱标，记录，维护开标活动的正常秩序等。按照《招标投标法》第三十五条的规定，招标人应邀请所有投标人参加开标。

3. 开标应遵守的法定程序

1）由投标人或者其推选的代表检查投标文件的密封情况。

2）经确认无误的投标文件，由工作人员当众拆封。

3）宣读投标人名称、投标价格和投标文件的其他主要内容。

4）提交投标文件的截止时间以后收到的投标文件，则应不予开启，原封不动退回。

4. 开标过程的记录

按照《招标投标法》第三十六条的规定，开标过程应当记录，并存档备查。

对开标过程进行记录，要求对开标过程中的重要事项进行记载，包括开标时间，开标地点，开标时具体参加单位、人员，唱标的内容，开标过程是否经过公证等都要记录在案。

二、评标

评标就是依据招标文件的规定和要求，对投标文件进行的审查、评审和比较。评标由招标人组建的评标委员会负责。

（一）评标委员会

1. 评标委员会的组成

评标既是保证招标成功的重要环节，又是一项涉及多种专业知识的复杂的技术活动。为保证评标的公正性和权威性，《招标投标法》规定，依法必须进行招标的项目，其评标委员会由招标人的代表和有关技术、经济、法律等方面的专家组成，人数应在 5 人以上并为单数，其中技术、经济、法律等方面的专家不得少于成员总数的 2/3。

2. 评标委员会中专家的资格

为保证评标的质量，参加评标的专家必须是具有较高的专业水平，并有丰富的实际工作经验，对相关业务相当熟悉的专业技术人员。为此，《招标投标法》规定，参加评标委员会的专家应当满足从事相关领域工作满 8 年并具有高级职称或具有同等专业水平的条件。

3. 评标委员会专家人选的确定

为防止招标人选定评标专家的主观随意性，《招标投标法》规定：评标专家由招标人从国务院或省、自治区、直辖市人民政府有关部门提供的专家名册或招标代理机构的专家库中确定。一般招标项目可采取随机抽取方式，特殊招标项目因有特殊要求或技术特别复杂，只有少数专家能够胜任，可由招标人直接确定。与投标人有利害关系的人不得进入评标委员会，已经进入的也应更换。

（二）评标的相关规定

1. 评标标准

评标时，应严格按照招标文件确定的评标标准和方法，对投标文件进行评审和比较；设有标底的，应参考标底。任何未在招标文件中列明的标准和方法，均不得采用；对招标文件中已列明的标准和方法，不得有任何改变。这是保证评标公正、公平的关键，也是国际通行做法。

2. 独立评审

评标是招标人和评标委员会的独立活动，不应受外界的干预和影响，以免影响评标的公正。《招标投标法》特别规定，“任何单位和个人不得非法干预、影响评标的过程和结果；”同时，还规定了相应的惩处措施。这对我国建设工程的招

投标具有十分重大的现实意义。当然，《招标投标法》也规定：招标人应采取必要的措施，保证评标在严格保密的情况下进行；评标委员会成员和参与评标的有关工作人员不得透露对投标文件的评审比较情况、评标结果及其他与评标有关的情况。

3. 投标文件的澄清

评标时，若发现投标文件的内容有含义不明确、不一致或明显的文字错误、或纯属计算上的错误等情形，评标委员会可通知投标人作出必要的澄清和说明，以确认其正确的内容。但投标人的澄清与说明，只能是对上述问题的解释和补正，它不能补充新的内容或更改投标文件中的报价、技术方案、工期、主要合同条款等实质性内容。澄清的要求及答复均应采取书面形式。投标人的答复必须有法定代表人或其授权代理人的签字，并作为投标文件的组成部分。

4. 评标人的责任

《招标投标法》规定：评标委员会成员不得私下接触投标人，不得收受投标人的财物或其他好处；应客观、公正地履行职务、遵守职业道德，对所提出的评审意见承担个人责任。

（三）评标结果

评标结束后，评标委员会应向招标人提交书面评标报告，并就中标人提出意见。根据不同情况，可有三种不同意见。

1. 推荐中标候选人

评标委员会可在评标报告中推荐1～3个中标候选人，由招标人确定。

2. 直接确定中标人

在得到招标人授权的情况下，评标委员会可在评标报告中直接确定中标人。

3. 否决所有投标人

经评审，评标委员会认为所有投标都不符合招标文件要求，有权否决所有投标。此时，强制招标的项目应重新进行招标。

三、中标

（一）中标通知书

中标通知书即招标人向中标人发出的告知其中标的书面通知文件。《招标投标法》规定：中标人确定后，招标人应向中标人发出中标通知书，并同时将中标结果通知所有未中标的投标人。中标通知书发出后，即对招标人和中标人产生法律效力。招投标过程就是订立合同的过程，投标是投标人发出的要约，中标通知书则是招标人作出的承诺。一般情况下，承诺送达要约人时生效，合同也随之成立。在中标通知书发出后，招标人改变中标结果，或是中标人放弃中标项目的，都要承担相应的法律责任。

（二）签订承包合同

《招标投标法》规定：招标人和中标人应当自中标通知书发出之日起 30 日内，按照招标文件和中标人的投标文件订立书面合同。招标人和中标人不得再行订立背离合同实质性内容的其他协议；如签订了这样的协议，其在法律上也将是无效的。

（三）提交招标投标报告

《招标投标法》规定：强制招标的项目，招标人应自确定中标人之日起 15 日内，向有关行政监督部门提交招标投标报告。这是国家对招投标活动进行的监督活动之一，它对保护国家利益、社会公共利益及公众安全是很有必要的。

第五节　建设工程招投标的管理与监督

一、建设工程管理机构及其职责

建设工程的招标投标，由县以上各级人民政府建设行政主管部门或其授权机构负责管理与监督。

（一）建设部的主要职责

建设部负责全国建设工程招标投标的管理工作。其主要职责如下：

1）贯彻执行国家有关建设工程招标投标的法律、法规和方针、政策，制定招标投标的规定和办法。

2）指导、检查各地区、各部门的招标投标工作。

3）总结交流招标投标工作的经验，提供相应服务。

4）维护国家利益，监督重大工程的招标投标活动。

5）审批全国范围内建设工程招投标的代理机构。

（二）省、自治区、直辖市的建设行政主管部门职责

各省、自治区、直辖市的建设行政主管部门负责管理本行政区域内的建设工程招标投标工作。其主要职责如下：

1）贯彻国家有关建设工程招标投标的法规和方针、政策，制定建设工程招标投标实施办法。

2）监督、检查本行政区域内的有关招标投标活动，总结交流工作经验。

3）审批咨询、监理等单位代理建设工程招标投标业务的资格。

4）调解招投标纠纷。

5）否决违反招标投标规定的定标结果。

省、自治区、直辖市的建设行政主管部门可以根据需要，报请上级人民政府批准，确定相应的招标投标管理机构的设置及经费来源，在同级人民政府建设行

政主管部门的授权范围内，具体负责本行政区域内有关招标投标的管理工作。

国务院工业、交通等部门要会同地方建设行政主管部门，做好本部门直接投资和相关投资公司投资的大型建设项目的招标投标管理工作。

二、涉外工程招标投标的管理与监督

涉外工程即中外合资、合营、合作建设项目或外商独资、世界银行或地区开发银行贷款建设项目。

涉外工程如需邀请外国企业参加投标，建设单位应按项目隶属关系提出申请，经国务院有关部门或省、自治区、直辖市、计划单列市审批后，报建设部备案，然后方可发出招标公告或邀请函。涉外工程的国际招标，由投资者和建设单位会同国家有关部门组成相应的组织，负责监督与处理，建设单位或其代理单位负责办理招标的具体工作。

外国企业参加投标需持有外国企业承包工程许可证，如果中标，应按《中华人民共和国合同法》的要求参照国际惯例，与招标单位签订承包合同。合同副本应按分级管理的权限报主管部门备案。外国企业如与中国企业合伙投标，双方应签订合作合同，明确各自的权利和义务。

我国台湾省及香港、澳门地区的企业参加内地工程投标，可参照涉外工程招标管理与监督的办法。

思考题

1. 简述工程发包与承包的含义。
2. 简述工程招标的形式及其区别。
3. 招标文件的内容有哪些?
4. 投标文件的内容有哪些?
5. 投标人的权利和义务有哪些?
6. 开标、评标与中标的相关规定有哪些?

6

第六章 建设工程勘察设计法规

第一节 概　　述

一、建设工程勘察设计的概念

工程勘察是指为满足工程建设的规划、设计、施工、运营及综合治理等方面的需要，对地形、地质及水文等状况进行测绘、勘探测试，并提供相应成果和资料的活动；岩土工程中的勘测、设计、处理、监测活动也属工程勘察范畴。

工程设计是指运用工程技术理论及技术经济方法，按照现行技术标准，对新建、扩建、改建项目的工艺、土建、公用设施、环境保护等进行综合性设计及技术经济分析，并提供作为建设依据的设计文件和图样的活动。

二、建设工程勘察、设计合同的法律规范

目前，我国工程勘察设计方面的立法层次还较低，主要由建设部及相关部委的规章和规范性文件组成。与建设工程勘察、设计合同有关的法律规范包括：《中华人民共和国建筑法》、《中华人民共和国合同法》、《中华人民共和国招标投标法》、《建设工程质量管理条例》、《建设工程勘察设计管理条例》、《工程勘察设计收费管理规定》等。

三、建设工程勘察设计单位的资质管理

建设部于2001年7月发布了《建设工程勘察设计企业资质管理规定》。国家对从事建设工程勘察设计活动的单位，实行资质管理制度。

建设工程勘察、设计资质分为工程勘察资质、工程设计资质。

工程勘察资质分为工程勘察综合资质、工程勘察专业资质、工程勘察劳务资质。工程勘察综合资质只设甲级，其承接工程勘察业务范围不受限制；工程勘察

专业资质根据工程性质和技术特点设立类别和级别。各类别和级别的企业可承接同级别相应专业的工程勘察业务，工程勘察劳务资质不分级别，其可以承接岩土工程治理、工程钻探、凿井工程勘察劳务工作。

工程设计资质分为工程设计综合资质、工程设计行业资质、工程设计专项资质。工程设计综合资质只设甲级，其承接工程设计业务范围不受限制，工程设计行业资质和工程设计专项资质根据工程性质和技术特点设立类别和级别。取得工程设计行业资质的企业，可以承接同级别相应行业的工程设计业务，可以承接本行业范围内同级别的相应专项工程设计业务，不需再单独领取工程设计专项资质。取得工程设计专项资质的企业，可以承接同级别相应的专项工程设计业务。

建设行政主管部门，对持证单位的资质实行资质年检制度。

建设工程勘察、设计企业有下列行为之一的，依照有关法律、行政法规责令改正，没收违法所得，处以罚款，可以责令停业整顿，降低资质等级，情节严重的，吊销资质证书：

1）超越资质级别或者范围承接勘察设计业务的。

2）允许其他单位、个人以本单位名义承揽建设工程勘察、设计业务的。

3）以其他建设工程勘察、设计企业的名义承揽建设工程勘察、设计业务的。

4）将所承揽的建设工程勘察、设计业务转包或者违法分包的。

国家对从事建设工程勘察、设计活动的专业技术人员，实行执业资格注册管理制度。未经注册的建设工程勘察、设计人员，不得以注册执业人员的名义从事建设工程勘察、设计活动。

第二节　工程勘察设计标准

一、工程建设标准

（一）工程建设标准的概念

工程建设标准是指对工程建设活动中重复的事物和概念所做的统一规定，它以科学、技术和实践经验的综合成果为基础，经有关方面协商一致，由主管机构批准，以特定的形式发布，作为共同遵守的准则和依据。

工程建设标准主要包括十个专业，三个层次：

1）第一层次——基础标准。基础标准是某一专业范围内作为其他标准的基础，具有普遍指导意义的标准，如模数、公差、符号、图例、等级、分类等。

2）第二层次——通用标准。通用标准是针对某一类事物制定的共性标准，如安全、卫生、环保标准等。

3）第三层次——专用标准。专用标准是针对某一具体事物制定的个性标准，如某一范围的安全、卫生、环保标准。

（二）工程建设标准的种类

从不同的角度划分，工程建设标准有以下不同的种类：

1）按标准的内容，工程建设标准可分为技术标准、经济标准和管理标准。

2）按适用范围，工程建设标准可划分为国家标准、行业标准、地方标准和企业标准。工程建设国家标准是在全国范围内统一的或国家需要控制的技术要求所制定的标准，工程建设行业标准是在全国行业范围内统一的技术要求所制定的标准。工程建设地方标准是指在工程建设活动中，根据当地的气候、地质、资源、环境等条件，在省、自治区、直辖市范围内统一的技术要求，它不得低于相应的国家标准或行业标准。工程建设企业标准是指工程建设活动中企业内部统一的技术要求，它不得低于国家标准、行业标准和地方标准。

3）按执行效力，工程建设标准可分为强制性标准和推荐性标准。强制性标准是指必须执行的标准，如工程建设勘察、规划、设计、施工及验收等通用的综合标准和质量标准等；推荐性标准是指当事人自愿采用的标准，凡是强制性标准以外的标准皆为推荐性标准。

（三）工程勘察设计标准

《建设工程勘察设计管理条例》规定工程勘察设计标准包括工程建设勘察设计规范和标准设计两种。

1）工程建设勘察设计规范。工程建设勘察设计规范是强制性勘察设计标准，“一经颁发，就是技术法规，在一切工程勘察、设计工作中都必须执行”。勘察设计规范分为国家、部、省（自治区、直辖市）、设计单位四级。

2）标准设计。标准设计是推荐性设计标准。“一经颁发，建设单位和设计单位要因地制宜地积极采用，凡无特殊理由的不得另行设计”。标准设计分为国家、部、省（自治区、直辖市）三级。

二、工程建设标准的制定与实施

（一）编制建设工程勘察、设计文件的依据

1）项目批准文件。

2）城市规划。

3）工程建设强制性标准。

4）国家规定的建设工程勘察、设计深度要求。

铁路、交通、水利等专业建设工程，还应当以专业规划的要求为依据。

（二）编制建设工程勘察、设计文件的基本要求

编制建设工程勘察文件，应当真实、准确，满足建设工程规划、选址、设计、岩土治理和施工的需要。编制方案设计文件，应当满足编制初步设计文件和

控制概算的需要。编制初步设计文件，应当满足编制施工招标文件、主要设备材料订货和编制施工图设计文件的需要。编制施工图设计文件，应当满足设备材料采购、非标准设备制作和施工的需要，并注明建设工程合理使用年限。

设计文件中选用的材料、构配件、设备，应当注明其规格、型号、性能等技术指标，其质量要求必须符合国家规定的标准。除有特殊要求的建筑材料、专用设备和工艺生产线等外，设计单位不得指定生产厂、供应商。

建设工程勘察、设计文件中规定采用的新技术、新材料，可能影响建设工程质量和安全，又没有国家技术标准的，应当由国家认可的检测机构进行试验、论证，出具检测报告，并经国务院有关部门或者省、自治区、直辖市人民政府有关部门组织的建设工程技术专家委员会审定后，方可使用。

（三）编制建设工程勘察、设计文件的实施

建设工程勘察、设计单位应当在建设工程施工前，向施工单位和监理单位说明建设工程勘察、设计意图，解释建设工程勘察、设计文件。建设工程勘察、设计单位应当及时解决施工中出现的勘察、设计问题。

建设单位、施工单位、监理单位不得修改建设工程勘察、设计文件；确需修改建设工程勘察、设计文件的，应当由原建设工程勘察、设计单位修改。经原建设工程勘察、设计单位书面同意，建设单位也可以委托其他具有相应资质的建设工程勘察、设计单位修改。修改单位对修改的勘察、设计文件承担相应责任。施工单位、监理单位发现建设工程勘察、设计文件不符合工程建设强制性标准、合同约定的质量要求的，应当报告建设单位，建设单位有权要求建设工程勘察、设计单位对建设工程勘察、设计文件进行补充、修改。建设工程勘察、设计文件内容需要作重大修改的，建设单位应当报经原审批机关批准后，方可修改。

第三节　建设工程设计文件的编制要求

一、建设工程设计的原则

工程设计是工程建设的主导环节，对工程建设的质量、投资效益起着决定性的作用。为保证工程设计的质量、水平及相关法规规定，工程设计必须遵循以下主要原则：

1. 贯彻经济、社会发展规划、城乡规划和产业政策

经济、社会发展规划及产业政策，是国家某一时期的建设目标和指导方针，工程设计必须贯彻其精神，城市规划、村庄和集镇规划一经批准公布，即成为工程建设必须遵守的规定，工程设计活动也必须符合其要求。

2. 综合利用资源，满足环境要求

工程设计中，要充分考虑矿产、能源、水、农、林、牧、渔等资源的综合利用。要因地制宜，提高土地利用率，尽量利用荒地、劣地，不占或少占耕地。工业项目中要选用耗能少的生产工艺和设备；民用项目中，要采取节约能源的措施，提倡区域集中供热，重视余热利用。城市的新建、扩建和改建项目，应配套建设节约用水设施。在工程设计时，还应积极改进工艺，采取行之有效的技术措施，防止粉尘、毒物、废水、废气、废渣、噪声、放射性物质及其他有害因素对环境的污染，要进行综合治理和利用，使设计符合国家环保标准。

3. 遵守工程建设技术标准

工程建设中有关安全、卫生和环境保护等方面的标准都是强制性标准，工程设计时必须严格遵守。

4. 采用新技术、新工艺、新材料、新设备

工程设计应当广泛吸收国内外先进的科研和技术成果，结合我国的国情和工程实际情况，积极采用新技术、新工艺、新材料、新设备，以保证建设工程的先进性和可靠性。

5. 重视技术和经济效益的结合

采用先进的技术，可提高生产效率，增加产量，降低成本，但往往会增加建设成本和延长建设工期。因此，要注意技术和经济效益的结合，从总体上全面考虑工程的经济效益、社会效益和环境效益。

6. 公共建筑和住宅要注意美观、适用和协调

建筑既要有实用功能，又要能美化城市，给人们提供精神享受。公共建筑和住宅设计应巧于构思，使其造型新颖、独具特色，但又与周围环境相协调，保护自然景观。同时还要满足功能使用、结构合理的要求。

二、建设工程设计阶段和内容

1. 设计阶段

设计阶段可根据建设项目的复杂程度而决定。

（1）一般建设项目　一般建设项目的设计可按初步设计和施工图设计两个阶段进行。

（2）技术复杂的建设项目　技术上复杂的建设项目，可增加技术设计阶段，即按初步设计、技术设计、施工图设计三个阶段进行。

（3）存在总体部署问题的建设项目　一些牵涉面广的项目，如大型矿区、油田、林区、垦区、联合企业等，存在总体开发部署等重大问题，在进行一般设计前还可进行总体规划设计或总体设计。

2. 各设计阶段的内容

（1）总体设计 总体设计一般由文字说明和图样两部分组成。其内容包括：建设规模、产品方案、原料来源、工艺流程概况、主要设备配备、主要建筑物及构筑物、公用和辅助工程、“三废”治理及环境保护方案、占地面积估计、总图布置及运输方案、生活区规划、生产组织和劳动定员估计、工程进度和配合要求、投资估算等。总体设计的深度应满足开展下述工作的要求：初步设计、主要大型设备、材料的预先安排、土地征用谈判。

（2）初步设计 初步设计一般应包括以下文字说明和图样：设计依据、设计指导思想、产品方案、各类资源的用量和来源、工艺流程、主要设备选型及配置、总图与运输、主要建筑物和构筑物、公用及辅助设施、新技术采用情况、主要材料用量、外部协作条件、占地面积和土地利用情况、综合利用和“三废”治理、生活区建设、抗震和人防措施、生产组织和劳动定员、各项技术经济指标、建设顺序和期限、总概算等。初步设计的深度应满足以下要求：设计方案的比较选择和确定、主要设备和材料的订货、土地征用、基建投资的控制、施工图设计的编制、施工组织设计的编制、施工准备和生产准备等。

（3）技术设计 技术设计的内容由有关部门根据工程的特点和需要自行制定。其深度应能满足确定设计方案中重大技术问题和有关实验、设备制造等方面的要求。

（4）施工图设计 施工图设计应根据已获批准的初步设计进行。其深度应能满足以下要求：设备、材料的安排和非标准设备的制作、施工图预算的编制、施工要求等。

三、工程设计文件的审批

在我国，建设项目设计文件的审批实行分级管理、分级审批的原则。

1）大型建设项目的初步设计和总概算，按隶属关系，由国务院主管部门或省、直辖市、自治区组织审查，提出审批意见报国家有关行政主管机关批准；特大及特殊项目，由国务院批准。技术设计，按隶属关系，由国务院主管部门或省、市、自治区审批。

2）中型建设项目的初步设计和总概算，在国务院主管部门备案，由省、市、自治区审查批准。

3）小型建设项目初步设计的审批权限，由主管部门或省、市、自治区自行规定。

4）总体规划设计的审批权限与初步设计的审批权限相同。

5）各部委直接代管的下放项目的初步设计，以国务院主管部门为主，会同有关省、市、自治区审查批准。

6）施工图设计实行审查制。应当报送主管部门并由其委托的审查机构审查，一般不再审批，设计单位要对施工图的质量负责，并向生产、施工单位进行技术交底，听取意见，审查合格的才可交付施工。

第四节　中外合作设计

一、中外合作设计工程项目的范围

中国投资或中外合资、外国贷款工程项目的设计，需要委托外国设计机构承担时，应有中国设计机构参加，进行合作设计。中国投资的工程项目，中国设计机构能够设计的，不得委托外国设计机构承担设计，但可以进行与工程有关的部分设计技术或向外国设计机构进行技术经济咨询。外国在中国境内投资的工程项目，原则上也应由中国设计机构承担设计；如果投资方要求由外国设计机构承担设计，应有中国设计机构参加，进行合作设计。

二、国外设计企业的资格审查

外国设计机构的设计资格经审查合格者，方可承担中国工程项目的设计任务。外国设计机构的资格是否合格，由项目的主管部门进行审查。审查设计资格是否合格的主要内容如下：

1）所在国政府主管部门核发的企业注册登记证明。

2）所在国金融机构出具的资信证明和企业保险证明。

3）所在国政府主管部门或者有关行业组织、公证机构出具的企业工程设计业绩证明。

4）所在国政府主管部门或者有关行业组织核发的设计许可证明。

5）国际机构办法的 ISO9000 系列质量标准认证证书。

6）参与中国项目设计的全部技术人员的简历、身份证明、最高学历证明和执业注册证明。

7）与中方设计企业合作设计的意向书。

8）其他有关材料。

三、中外合作设计工程项目审批

需要进行合作设计的工程项目（包括合作设计所需的外汇），按照项目管理权限，由主管部门或建设单位在上报项目建议书或设计任务书的同时提出申请，经批准后方可对外开展工作。小型项目，按隶属关系由主管部门或省、自治区、直辖市计划委员会批准。大中型项目，按隶属关系由主管部门或省、自治区、直

辖市提出审查意见，报国家计委审批；其中特大型项目，由国家计委组织初审，提出审核意见，报国务院批准。

项目的主管部门或建设单位在择优选定外国设计机构的同时，应选定中国的合作设计机构。

四、中外合作设计的合同管理

合作设计双方必须签订合作设计合同，明确双方的权利和义务。合作设计合同应包括以下内容：

1）合作设计双方的企业名称、国籍、主营业务场所和法定代表人的姓名、职务、国籍、住所。

2）合作项目的名称、所在地和规模。

3）合作设计的范围、期限和方式，对设计内容、深度、质量和工作进度的要求。

4）合作设计双方对设计收费的货币构成、分配方法和分配比例及纳税责任。

5）合作设计双方权利和义务的划分。

6）违反合同的责任。

7）对合同发生争议的解决方法。

8）合同生效的条件及合同签订的日期、地点。

9）双方约定的其他事项。

思 考 题

1. 简述工程勘察与工程设计的概念。
2. 建设工程勘察、设计单位的资质管理有哪些规定？
3. 简述工程建设标准的种类。
4. 简述工程勘察设计标准。
5. 工程设计文件的编制要求有哪些？
6. 中外合作设计的合同管理有哪些规定？

7

第七章 工程建设监理法规

第一节 概 述

一、工程建设监理的概念

工程建设监理是指监理单位受项目法人的委托，依据国家批准的工程项目建设文件，有关工程建设的法律、法规和工程建设监理合同及其他工程建设合同对工程建设实施的监督管理。

工程建设监理中，监理的对象不是工程本身，而是建设活动中有关单位的行为及其权利、义务的履行。工程建设监理只能由已依法取得监理资质证书，具有法人资格的监理公司、监理事务所或兼承监理业务的工程设计、科学研究及工程建设咨询等专业化监理单位实施，没有依法取得相应监理资格的单位是无权实施监理的，至于具体由哪一个监理单位来实施监理，则由业主（甲方）根据自己的意愿和有关规定来进行选择，并与之签订“工程建设监理合同”进行委托授权。

为维护国家利益及社会公共利益，建设行政主管部门及其授权机构也要对工程建设中的计划、规划、用地、环保、消防、安全、招投标、工程施工质量、验收、维修及建设活动主体资质认定和审查、成果质量检测和验证等整个过程和各个环节进行全面的监督管理。这些监督管理是以法律法规的形式予以规定的，它是政府的行政管理行为，不以建设活动主体自己的意志为转移。因此，这种监督管理的当事人不是平等的，他们的关系是执行规定与服从规定的关系，属于纵向管理的范畴，不属于工程建设监理的范围。

二、我国工程建设监理的沿革

我国工程建设的历史已有几千年，但现代意义上的工程建设监理制度的建立只是近十几年的事情。在漫长的封建社会里，民间的建设活动由请来的工匠负

责，业主的监督十分薄弱；而官府的建设活动，则完全靠行政力量和刀枪棍棒进行奴役式监督。1840年鸦片战争后，我国进入半封建半殖民地社会，一些资本主义生产方式也传人我国，工程建设活动中，设计与施工开始分离。此时的工程建设活动，除工程施工方——营造厂要派“看工”（监工员）对工程进行监督外，业主、“打样间”（建筑师事务所）、政府部门（工部局、公董局、工务局等）也都派出“看工”对工程施工实施监督。解放后，我国实行社会主义制度，工程建设的目的和建设各方的地位发生了变化，因此，工程建设监督的方式也发生了变化。在20世纪80年代以前，我国工程建设的投资由国家拨付，施工任务由行政部门向自己所属的建筑企业直接下达，此时的建设单位、设计单位和施工单位都是建设任务的执行者，都对上级行政主管部门负责，相互间并无相互监督的职责。因此，这一阶段的工程建设活动主要依靠各相关单位的自我监督，辅之以上级行政部门对下级单位的单向行政监督。80年代以后，我国实行了改革开放，工程建设活动逐步市场化，为适应这一变化，从1983年开始实行政府对工程质量进行监督的制度，全国各地及国务院工业、交通等各部门都成立了专业质量监督部门和各级质量检测机构，代表政府对工程建设质量进行监督和检测。我国的工程建设监督也由原来的企业自我监督和单向行政监督转变为政府专业监督。

进入20世纪80年代中期以后，我国的改革开放已扩展到各个经济领域，“三资”（借贷外资、中外合资、外商投资）工程项目逐渐增多起来。国际金融机构向我国贷款的工程项目，均实行招标投标承发包制和监理制，外国的专业化、社会化的监理公司、咨询公司、管理公司的专家们出现在我国“三资”工程上，他们均按照国际惯例，以业主委托与授权的方式，对工程建设进行管理，显示出高速、高效的优势。这对我国传统的工程建设管理体制带来很大的冲击。

1984年10月，《中共中央关于经济体制改革的决定》明确提出，为了发展商品经济，建立统一市场，必须转变政府职能，实行政企职责分开，简政放权。国务院也多次提出，政府要从把对微观经济的行政干预，转到“规划、协调、监督、服务”上来，同时还强调，在进行各项管理制度改革的同时，一定要加强经济立法和司法，加强经济管理和监督。中央这些指示为改革工程建设管理体制指明了方向。

1985年12月，全国基本建设管理体制改革会议对我国传统的工程建设管理体制作了深刻的分析，指出：综合地管理基本建设是一项专门的学问，需要一大批这方面的专门机构和专门人才。过去这个工作分散在很多部门去做，有的是在工厂，有的是在建设单位的筹建处，有的是在组建的建设指挥部。但工程建设一完，如果没有续建的工程项目，人员就分散了，管理经验积累不起来。要使建设管理工作走上科学管理的道路，不发展专门从事组织管理工程建设的行业是不行的。会议既指出了我国传统的工程建设管理体制的弊端，肯定了必须对其进行改革，又指明了改革的目标，这为我国改革传统的工程建设管理体制、实行建设监理制奠定了思想基础。

根据上述指示精神，并参照国际惯例，1988 年新组建的国家建设部就提出建立专业化、社会化的社会建设监理制度，并把它列为其负责组织实施的一项重要工作。这一提议得到了国务院的认可和支持。随后，建设部组织了一些产业部门和城市开展工程建设监理工作试点工作，又在征求有关部门和专家意见的基础上，颁发了一系列有关工程建设监理的法规。1997 年 11 月 1 日全国人大常委会通过的《中华人民共和国建筑法》明确规定，国家推行建筑工程监理制度。这进一步确定了工程监理制度在我国的地位，使建设监理制在我国建设领域得到迅速发展并走上了法制化轨道。

三、工程建设监理法规立法概况

随着工程建设监理制在我国的建立与推行，有关工程建设监理的立法工作也逐步得以开展。《中华人民共和国建筑法》中有关工程监理的规定，是我国监理法规中唯一由全国人大常委会通过的法律。2000 年 1 月 30 日国务院颁发的《建设工程质量管理条例》中，对工程监理的范围和责任也作了相应规定。其他都是由建设部及国务院相关部委制定的部门规章和规范性文件，主要包括：《关于开展建设监理试点工作的若干意见》（1988 年）、《工程建设监理单位资质管理试行办法》（1992 年）、《关于进一步开展建设监理工作的通知》（1992 年）、《工程建设监理规定》（1995 年）、《关于印发＜工程建设监理合同＞示范文本的通知》（1995 年）等。

四、工程建设监理的原则

工程建设监理的原则主要有：

1. 依法监理的原则

自实行工程建设监理制以来，为维护正常的经济秩序和促进监理制度的健康发展，我国已颁发了不少相应法规，就监理单位的设立及管理、工程建设监理的范围、工程建设监理合同、工程建设监理的取费等作了明确的规定。所有工程建设的监理活动都必须遵守这些规定，不得违反；否则，将导致监理活动无效，从而造成巨大的经济损失，还会受到法律惩处。

2. 科学、公正的原则

建设监理单位应具有健全的组织机构，完善而科学的技术、经济方法和严格规范的工作程序，由掌握丰富的专业技能和实践经验的监理人员履行其监理职责。

3. 参照国际惯例原则

在西方发达国家，建设监理已有悠久的发展历史，而今已趋于成熟和完善，已形成相对稳定的体系，具有严密的法规、完善的组织机构以及规范化的方法、手段和实施程序等。国际咨询工程师联合会（FIDIC）制定的土木工程合同条款（即 FIDIC 条款），被国际建筑界普遍认可和采用，这些条款总结了世界土木工程建设百余年的经验，把工程技术、管理、经济、法律各方面内容有机地、科学地结合在一起，突出监理工程师的负责制，为建设监理制的规范化和国际化起到了重要作用。因此，建立我国的建设监理制，要充分研究和借鉴国际间通行的做法和经验，取其精华，为我所用。

五、强制监理的范围

监理是基于业主的委托才可实施的建设活动，所以，对建设工程实施监理应建立在业主自愿的基础上。但在国家投资的工程中，国家有权以业主的身份要求工程建设项目法人实施工程监理。对于外资投资建设工程及一些与社会公共利益关系重大的工程，为确保工程质量和社会公众的生命财产安全，国家也可要求其业主必须实施工程监理，即对这些工程建设活动强制实行监理。我国《建筑法》规定：实行强制监理的建筑工程的范围由国务院规定。国务院于 2000 年 1 月 30 日颁发的《建设工程质量管理条例》中规定，现阶段我国必须实行工程建设监理的工程项目范围具体如下。

1. 国家重点建设工程

国家重点建设工程是指依据《国家重点建设项目管理办法》所确定的对国民经济和社会发展有重大影响的骨干项目。

2. 大中型公用事业工程

大中型公用事业工程，是指项目总投资额在 3000 万元以上的下列工程项目：

1）供水、供电、供气、供热等市政工程项目。

2）科技、教育、文化等项目。

3）体育、旅游、商业等项目。

4）卫生、社会福利等项目。

5）其他公用事业项目。

3. 成片开发建设的住宅小区工程

成片开发建设的住宅小区工程，建筑面积在 5 万 m^2 以上的住宅建设工程必须实行监理；5 万 m^2 以下的住宅建设工程，可以实行监理，具体范围和规模标准由省、自治区、直辖市人民政府建设行政主管部门规定。

为了保证住宅质量，对高层住宅及地基、结构复杂的多层住宅应当实行监理。

4. 利用外国政府或者国际组织贷款、援助资金的工程

利用外国政府或者国际组织贷款、援助资金的工程项目包括：

1）使用世界银行、亚洲开发银行等国际组织贷款的项目。

2）使用国外政府及其机构贷款的项目。

3）使用国际组织或者国外政府援助资金的项目。

5. 国家规定必须实行监理的其他工程

项目总投资额在3000万元以上关系社会公共利益、公众安全的基础设施项目包括：

1）煤炭、石油、化工、天然气、电力、新能源等项目。

2）铁路、公路、管道、水运、民航以及其他交通运输业等项目。

3）邮政、电信枢纽、通信、信息网络等项目。

4）防洪、灌溉、排涝、发电、引（供）水、滩涂治理、水资源保护、水土保持等水利建设项目。

5）道路、桥梁、地铁和轻轨交通、污水排放及处理、垃圾处理、地下管道、公共停车场等城市基础设施项目。

6）生态环境保护项目。

7）其他基础设施项目。

此外，还包括学校、影剧院、体育场馆项目。

第二节　工程建设监理工作的程序及工作内容

一、工程建设监理工作的程序

为了加强对工程项目监理工作的管理，确保监理工作有序进行，监理程序要逐步规范化和标准化，以保证工程监理的工作质量，提高监理工作水平，工程建设监理工作应遵循下列程序：

1）编制工程建设监理规划。

2）按工程建设进度，分专业编制工程建设监理细则。

3）按照建设监理细则进行建设监理。

4）参与工程竣工预验收，签署建设监理意见。

5）建设监理业务完成后，向项目法人（业主）提交工程建设监理档案资料。

二、工程建设监理内容

工程建设监理的总的工作内容是控制工程建设的投资、建设工期和工程质量，进行工程建设合同管理，协调有关单位的工作关系。各阶段具体工作内容具

体如下。

1. 设计阶段监理工作内容

1）结合项目特点，收集设计所需技术经济资料。

2）编写设计大纲。

3）组织方案竞赛或设计委托合同。

4）拟订和商谈设计委托合同。

5）向设计单位提供设计所需基础资料。

6）配合设计单位开展技术经济分析，搞好设计方案的比选，优化设计。

7）配合设计进度，组织设计与有关部门，如消防、环保、地震、人防、防汛、园林，以及供水、供电、供气、电信等的协调工作。

8）组织各设计单位之间的协调工作。

9）参与主要设备、材料的选型。

10）组织对设计方案的评审或咨询。

11）审核工程估算、概算。

12）审核主要设备、材料清单。

13）审核施工图。

14）检查和控制设计进度。

15）组织设计文件的报批。

2. 施工招标阶段监理工作内容

1）拟订项目招标方案并征得业主同意。

2）办理招标申请。

3）编写招标文件，主要内容有：工程综合说明、设计图及技术说明文件、工程量清单和单价表、投标须知、拟订承包合同的主要条款。

4）编制标底，标底经业主认可后，报送所在地建设主管部门审核。

5）组织投标。

6）组织现场勘察，并回答投标人提出的问题。

7）组织开标、评标及决算工作。

8）与中标单位商谈签订承包合同。

3. 材料等物资供应的监理工作内容

对于由业主负责供应的材料、设备等物资进行监理的主要工作内容如下：

1）制订材料等物资供应计划和相应的资金需求计划。

2）通过对质量、价格、供货期、维修服务等条件的分析和比选，确定材料、设备等物资的供应厂家。重要设备尚应访问现有使用用户，并考察生产厂家的质量保证系统。

3）拟订并商谈材料、设备的订货合同。

4. 施工阶段监理的工作内容

1）施工阶段质量控制。从控制过程来看，它是从对投入原材料的质量控制开始，直到完成工程的质量检验全过程的系统控制。从控制因素来看，它包括影响工程质量的五个主要方面：①对参与施工人员素质的质量控制；②对工程原材料的质量控制；③对所用的施工机械的质量控制；④对采用的施工方法的质量控制；⑤对生产技术、劳动和管理环境的质量控制。

2）施工阶段进度控制。施工阶段进度控制是为确保工程项目在达到所需要的质量标准和质量等级条件下按期完成所进行的控制工作。

3）施工阶段投资控制。

5. 合同监理

1）拟定本项目合同体系及合同管理制度，包括合同草案的拟定、会签、协商、修改、审批、签署、保管等工作制度及流程。

2）协助业主拟定项目的各类合同条款，并参与各类合同的商谈。

3）合同执行情况的分析和跟踪管理。

4）协助业主处理与项目有关的索赔事宜及合同纠纷事宜。

6. 其他委托服务

接受业主委托，承担以下技术服务：

1）协助业主办理项目报建手续。

2）协助业主办理项目申请供水、供电、供气、电信线路等协议或批文。

3）协助业主制定商品房营销方案等。

第三节　工程建设监理各方的关系

工程建设监理活动中最主要的当事人有业主、监理单位及承包商三方。它们的权利义务是通过业主与监理单位及业主与承包商之间所签订的合同来约定的。业主通过合同将自己对承包商建设活动的监督管理权委托授予了监理单位，所以，承包商与监理单位之间虽无直接关系，也未互签合同，但它必须接受监理单位的监督与管理。为使各方的权利与义务基本平等，并有利于工程建设的顺利进行，国际咨询工程师联合会编制了 FIDIC 合同文本，建设部、国家工商局等部门也编制了《建设工程施工合同》示范文本和《工程建设监理合同》示范文本，供各有关当事人参照执行。这些合同文件对业主、监理单位及承包商之间的工作关系作了明确的规定。

一、业主与承包商的关系

业主与承包商实质上是雇佣与被雇佣的关系，他们是合同条件中的两个主

体。我国习惯将业主与承包商的关系称之为承、发包的合同关系。业主采用招、投标手段选择承包商，业主与承包商签订的施工合同构成了合同双方相互关系的法律依据。

承包商按照合同条件的规定，对合同范围内的工程进行设计、施工直至竣工，并修补其任何缺陷。同样，业主也要按照合同文件履行自己的职责。应当指出的是：在施工过程中，如业主已委托监理单位进行监理，业主就不能再直接指挥承包商的施工活动；在合同条件中，没有任何条款说明承包商应接受业主的指令，业主直接向承包商下达指令应属违反合同的行为。因此，承包商有权拒绝执行业主下达的这一类指令，而承包商执行业主的指令同样也是违反合同的行为，监理工程师有权拒绝。业主直接指挥承包商和承包商接受业主指挥的行为实际上将干预监理工程师对合同条件的执行。这种作法与合同条件相违背，由此可能导致合同的失败。

实践证明：业主对承包商干预得越多，工程完成得越差，合同执行得也越差；而业主干预得越少，完全由监理工程师来组织、协调、控制，则工程完成得越好。

二、业主与监理单位的关系

按照FIDIC合同条件实施一项工程，业主一方面通过招标手段选择承包商，另一方面要委托具有监理资格的单位进行监理。因此，业主和监理单位及其监理工程师的关系是委托和被委托的关系。这种关系通过以下两个文件予以明确。

1）业主与承包商签订的合同文件。这份文件详细地规定了被委托的监理工程师的权力和职责，其中包括监理工程师对业主的约束权力和监理工程师独立公正地执行合同条件的权力。这就奠定了监理工程师与业主的工作关系的基础。

2）业主与监理单位签订的监理合同。这份文件主要对监理人员的数量、素质、服务范围、服务时间、服务费用以及其他有关监理人员生活方面的安排进行了详细的规定。同时，在监理服务协议中对监理工程师的权力也需予以明确。在监理协议中明确监理工程师的权力时应注意协议中明确的权力要与施工合同中所赋予监理工程师的权力保持一致。

在监理合同中一般还要明确，业主有权向监理单位提出更换不称职的监理人员或解除监理合同。这是业主对监理人员的制约。但是这种制约，不应影响监理工程师按照合同条件独立、公正地行使监理的权力，包括监理工程师的决定对业主有约束力的权力。业主不能认为监理工程师是他所委托的雇员而去干预监理工程师的正常工作。这是业主在处理与监理工程师的关系时应该掌握的根本原则。

三、监理工程师与承包商的关系

监理工程师与承包商都是受聘于业主，他们之间既没有任何合同，也没有任何协议。他们之间的关系在业主与承包商签订的合同条件中可以明确地体现出来。

按照合同规定，监理工程师与承包商之间是监理和被监理的关系，承包商的一切工程活动都必须得到监理工程师的批准。在涉及或关系到工程的任何事项上，无论这些事项在合同中写明与否，承包商都要严格遵守与执行监理工程师的指示，并且承包商也只能从监理工程师处取得指示。承包商完成的任何工作都必须达到监理工程师满意的程度。承包商必须接受监理工程师的监督和管理，但是，监理工程师对承包商的任何监督和管理都必须符合法律（包括合同文件）和实际情况。如果承包商认为监理工程师的决定不能接受，他有权提出仲裁，通过法律手段进行解决。这是法律上对承包商的保护。

监理工程师在处理与承包商的关系上，另外一个值得注意的问题是监理工程师不能与承包商有任何经济关系，包括监理单位不能与承包单位及提供设备制造和材料供应的单位发生隶属关系，也不得是这些单位的合伙经营者。监理单位和监理工程师均不能经营承包施工或材料销售业务，也不得在施工单位、设备制造和材料供应的单位任职，监理工程师更不能接受承包商的礼物。这是监理工作的一个原则性的问题。

综上所述，一项工程的实施是由各自相对独立而又相互制约的三方（业主、监理工程师、承包商）共同完成的。正确处理业主、监理工程师、承包商三者的关系，是保证工程按合同条件进行的关键。

第四节　建设工程监理制度

一、工程监理单位的资质许可制度

国家实行工程监理单位资质许可制度。2000 年 1 月 30 日国务院颁布的《建设工程质量管理条例》第三十四条规定：“工程监理单位应当在其资质等级许可的监理范围内，承担工程监理业务。禁止工程监理单位超越本单位资质等级许可的范围或者以其他工程监理单位的名义承担监理业务。禁止工程监理单位允许其他工程监理单位或者个人以本单位的名义承担监理业务。”

2001 年 8 月 29 日建设部发布的《工程监理企业资质管理规定》规定，工程监理企业应当按照其拥有的注册资本、专业技术人员和工程监理业绩等资质条件申请资质，经审查合格，取得相应等级的资质证书后，方可在其资质等级许可的

范围内从事工程监理活动。工程监理企业的资质等级分为甲级、乙级和丙级，并按照工程性质和技术特点划分为若干工程类别。

二、建设单位与监理单位的委托监理制度

实行监理的建筑工程，由建设单位委托具有相应资质条件的工程监理单位监理。工程监理单位应当依法取得相应等级的资质证书，在其资质等级许可的范围内承担监理业务。建设单位与监理单位是一种委托与被委托的关系，建设单位与其委托的工程监理单位应当订立书面委托监理合同。实施建筑工程监理前，建设单位应当将委托工程监理单位、监理的内容及监理权限，书面通知被监理的建筑施工企业。实践中，委托监理合同是采用建设部、国家工商局 2000 年 2 月 17 日联合印发的《建设工程委托监理合同（示范文本）》（CF—2000—0202)。《建设工程委托监理合同（示范文本)》包括建设工程委托监理合同、标准条件、专用条件三部分。标准条件共有 49 条，分为词语定义，适用范围和法规，监理人义务，委托人义务，监理人权利，委托人权利，监理人责任，委托人责任，合同生效、变更与终止，监理报酬，其他争议的解决等 11 个部分。

三、监理单位质量管理的相关制度

1. 监理单位质量管理的义务制度

工程监理单位应当根据建设单位的委托，客观、公正地执行监理任务。工程监理单位与被监理工程的承包单位以及建筑材料、建筑构配件和设备供应单位不得有隶属关系或者其他利害关系。工程监理单位不得转让工程监理业务。

工程监理单位应当选派具备相应资格的总监理工程师和监理工程师进驻施工现场。监理工程师应当按照工程监理范围的要求，采取旁站、巡视和平行检查等形式，对建设工程实施监理。

房屋建筑工程施工旁站监理，是指监理人员在房屋建筑工程施工阶段监理中，对关键部位、关键工序的施工质量实施全过程现场跟班的监督活动。房屋建筑工程的关键部位、关键工序，在基础工程方面包括土方回填，混凝土灌注桩浇筑，地下连续墙、土钉墙、后浇带及其他结构的混凝土及防水混凝土浇筑，卷材防水层细部构造处理，钢结构安装；在主体结构工程方面包括梁柱节点钢筋隐蔽过程、混凝土浇筑、预应力张拉、装配式结构安装、钢结构安装、网架结构安装、索膜安装。

旁站监理在总监理工程师的指导下，由现场监理人员负责具体实施。旁站监理人员的主要职责是：①检查施工企业现场质检人员到岗、特殊工种人员持证上岗以及施工机械、建筑材料准备情况；②在现场跟班监督关键部位、关键工序的施工、执行施工方案以及工程建设强制性标准情况；③核查进场建筑材料、建筑

构配件、设备和商品混凝土的质量检验报告等，并可在现场监督施工企业进行检验或者委托具有资格的第三方进行复验；④做好旁站监理记录和监理日记，保存旁站监理原始资料。凡没有实施旁站监理或者没有旁站监理记录的，监理工程师或者总监理工程师不得在相应文件上签字。

2. 监理单位质量管理的权利制度

工程监理人员认为工程施工不符合工程设计要求、施工技术标准和合同约定的，有权要求建筑施工企业改正。未经监理工程师签字的建筑材料、建筑构配件和设备不得在工程上使用或者安装，施工单位不得进行下一道工序的施工。未经总监理工程师签字，建设单位不拨付工程款，不进行竣工验收。工程监理人员发现工程设计不符合建筑工程质量标准或者合同约定的质量要求，应当报告建设单位要求设计单位改正。

凡旁站监理人员和施工企业现场质检人员未在旁站监理记录上签字的，不得进行下一道工序施工。旁站监理人员实施旁站监理时，发现施工企业有违反工程建设强制性标准行为的，有权责令施工企业立即整改；发现其施工活动已经或者可能危及工程质量的，应当及时向监理工程师或者总监理工程师报告，总监理工程师可下达局部暂停施工指令或者采取其他应急措施。

在合同约定范围内，发现工程设计不符合国家颁布的建设工程质量标准或设计合同约定的质量标准的，监理人应当书面报告委托人并要求设计人更正；审批工程施工组织设计和技术方案，按照保质量、保工期和降低成本的原则，向承包人提出建议，并向委托人提出书面报告；主持工程建设有关协调单位的组织协调，重要协调事项应当事先向委托人报告。征得委托人同意，监理人有权发布开工令、停工令、复工令。监理人具有工程上使用的材料和施工质量的检验权。对于不符合设计要求和合同约定及国家质量标准的材料、构配件、设备，监理人有权通知承包人停止使用；对于不符合规范和质量标准的工序、分部分项工程和不安全施工作业，监理人有权通知承包人停工整改、返工，承包人得到监理机构复工令后才能复工。

3. 监理的民事责任制度

《建筑法》第三十五条第一款规定："工程监理单位不按照委托监理合同的约定履行监理义务，对应当监督检查的项目不检查或者不按照规定检查，给建设单位造成损失的，应当承担相应的赔偿责任。"

《建筑法》第三十五条第二款规定："工程监理单位与承包单位串通，为承包单位谋取非法利益，给建设单位造成损失的，应当与承包单位承担连带赔偿责任。"

《建设工程质量管理条例》第三十六条规定："建筑工程监理应当依照法律、行政法规及有关的技术标准、设计文件和建筑工程承包合同，对承包单位在施工

质量、建设工期和建设资金使用等方面，代表建设单位实施监督，并对施工质量承担监理责任。”

第五节　业主的权利、义务与责任

一、业主的权利

1. FIDIC 合同条件的规定

根据 FIDIC 合同条件，业主在工程项目实施过程中，具有以下权利：

（1）授予监理工程师职责的权利　监理工程师属于业主的雇员，他在合同管理中的各项权力由业主授予。监理工程师的权力和职责，业主需要也必须通过合同文件赋予，这是因为只有通过业主与承包商签订的合同文件，授予监理工程师的权力和职责才能被承包商所接受。

具体赋予监理工程师哪些权力，业主应当在合同条件中进行规定，FIDIC 通用合同条件赋予了监理工程师在施工过程中各方面的权力和职责。如果业主认为通用合同条件中的某些权力或职责需要进行修改，则应在专用合同条件中加以规定。

业主在与被聘任的监理工程师签订的监理协议中，不应当对合同条件赋予监理工程师的权力和职责进行增减，如减少了合同条件中规定的监理工程师的权力，将使合同无法执行。

（2）批准合同转让　合同条件规定：没有得到业主的事先同意，承包商不得将合同或合同的任何部分，或合同中、或合同名下的任何好处或利益进行转让。这是因为业主在招标时是通过资格预审，并根据投标人的投标书进行评标之后才选定承包商的。显然，承包商将合同转让给其他承包商不符合业主选择承包商的程序和目的。因此，批准承包商将合同转让的权利在业主，而不属于监理工程师。

（3）终止合同的权利　终止合同也意味着重新选择承包商的问题。因此，决定合同终止的权利在业主，而不属于监理工程师。

（4）完善或补充合同实施的权利　尽管工程的实施属于承包商的责任，但是如果出现承包商不认真履行某些合同条款，或者不遵守监理工程师指示的情况，为了避免或减少对工程的影响，为完善和保证合同实施，业主享有下列权利：

1）如果承包商未按合同要求进行投保并保持其有效，则业主可自行代替承包商办理投保，其一切费用由承包商承担。

2）承包商未能按照监理工程师指令在指定时间内将有缺陷的材料、工程设备及拆除的工程运出现场，则业主有权雇用他人执行监理工程师的指示，其全部费用由承包商承担。

3）承包商未能按照监理工程师的要求，在合理的时间内对应当由承包商自费修补的工程进行修补时，则业主有权雇用他人从事该项工作。其一切费用由承包商承担。

4）对于与合同中所列暂定金额有关的任何工程的实施或任何货物、材料、工程设备或其他方面的服务，业主（或监理工程师）有权指定或批准分包商承担上述工作，但不指定或批准承包商反对的分包商。

（5）提出仲裁的权利　合同条件规定，业主和承包商之间由于或起因于合同或工程施工所产生的任何争端，包括对监理工程师的任何意见、指示、决定、证书或估价方面的任何争端，如果承包商未能遵从监理工程师的决定，则业主有权提出仲裁。这是业主采用法律手段保障合同实施的措施。

仲裁可在竣工前或竣工后的任何时间提出。按照国际惯例，在合同中应当明确仲裁地点。如果合同中没有规定仲裁地点，则根据国际商会（ICC）仲裁规则，仲裁的地点将由 ICC 仲裁法庭选择。

2. 我国法规的规定

根据我国《工程建设监理合同》及《建设工程施工合同》等示范文本的规定，业主还享有以下权利：

1）业主有选定工程总设计单位和总承包单位及监理单位以及与其订立合同的决定权。

2）业主有对工程规模、设计标准、规划设计、生产工艺设计和设计使用功能要求的认定权以及对工程设计变更的审批权。

3）监理单位调换总监理工程师须经业主同意。

4）业主有权要求监理机构提交监理工作月度报告及监理业务范围内的专项报告。

5）业主有权要求监理单位更换不称职的监理人员，直到终止合同。

二、业主的义务

1. FIDIC 合同条件的规定

根据 FIDIC 合同条件，在工程项目实施过程中，业主有以下义务：

（1）在合理的时间内提供施工场地　合同条件规定，向承包商提供施工场地是业主的职责。合同条件同时规定，业主向承包商提供施工场地可以在合理的时间内分期提供。所谓合理的时间内，是以不影响承包商按监理工程师批准的进度计划进行施工为原则。

（2）合理的时间内提供施工图　合同条件规定，监理工程师应根据承包商的经批准的施工进度计划，在合理的时间内向承包商提供施工图。这里所说的监理

工程师提供，通常是由业主准备或委托有关设计单位承担设计，然后由监理工程师向承包商提供。

（3）按合同规定的时间向承包商付款　按照合同规定，业主在收到监理工程师的中期付款证书后，应在28天内支付承包商的工程款项。在收到监理工程师的最终支付证书后，业主应在56天内向承包商支付工程款项。

（4）业主在缺陷责任期内负责照管现场　合同条件规定，从工程开工日期起至颁发移交证书日期止，对工程的照管由承包商负责。但是移交证书颁发以后，对工程的照管则由业主负责。

（5）协助承包商的义务　业主除了上述职责之外，还具有按照合同规定，协助承包商完成下列各项工作的义务：

1）在承包商提交标书前，有义务向承包商提供有关辅助材料，并应协助承包商进行勘察现场工作。

2）业主有协助承包商办理设备进口的海关手续的义务。

3）业主有义务协助承包商获得政府对承包商的设备再出口的许可。

2. 我国法规的规定

根据我国《工程建设监理合同》示范文本的规定，业主对监理单位有如下义务：

1）按合同约定，按时支付监理酬金。

2）负责工程建设的所有外部关系的协调，为监理工作提供外部条件。

3）在双方约定的时间内免费向监理机构提供与工程有关的为监理机构所需要的工程资料。

4）在约定的时间内就监理单位书面提出要求作出决定的一切事宜作出书面决定。

5）应当授权一名熟悉本工程情况、能迅速作出决定的常驻代表，负责与监理单位联系。

6）应当授予监理单位的监理权力以及监理机构主要成员的职能分工，及时书面通知已选定的第三方，并在与第三方签订的合同中予以明确。

7）业主应为监理机构提供如下协助：①获取本工程使用的原材料、机械设备等生产厂家名录；②提供与本工程有关的协作单位、配合单位的名录。

8）免费向监理机构提供合同专用条件约定的设施，对监理单位自备的设施给予合理的经济补偿。

9）双方约定，由业主免费向监理机构提供职员和服务人员，则应在监理合同专用条件中增加与此相应的条款。

10）未经监理单位书面同意，业主不得转让该合同约定的权利和义务。

三、业主的责任

根据《工程建设监理合同》示范文本的规定，业主应对监理单位承担以下责任：

1）业主应当履行监理合同约定的义务，如有违反则应当承担违约责任，赔偿给监理单位造成的经济损失。

2）由于业主或第三方的原因使监理工作受到阻碍或延误，以致增加了工作量或持续时间，则监理单位应当将此情况与可能产生的影响及时通知业主。由此增加的工作量视为附加工作，完成监理业务的时间应当相应延长，并得到额外的酬金。

3）业主如果要求监理单位全部或部分暂停执行监理业务或终止监理合同，则应当在 56 天前通知监理单位。

4）监理单位在应当获得监理酬金之日起 30 天内仍未收到支付单据，而业主又未对监理单位提出任何书面意见时；如果终止监理合同的通知发出后 14 天内未得到业主答复，可进一步发出终止合同的通知，如果第二次通知发出后 42 天内仍未得到业主答复，可终止合同，自行暂停或继续暂停全部或部分监理业务。

5）监理单位由于非自己的原因而暂停或终止执行监理业务，其善后工作以及恢复执行监理业务的工作，应当视为额外工作，有权得到额外的时间和酬金。

6）如果业主在规定的支付期限内未支付监理酬金，自规定支付之日起，应当向监理单位补偿应支付的酬金利息。利息额按规定支付期限最后一日银行贷款利息率乘以拖欠酬金的时间计算。

第六节 监理单位的权利、义务与责任

一、监理单位的权利

1. FIDIC 合同条件的规定

在采用 FIDIC 合同条件时，监理单位除享有其与业主所签委托监理合同中所享有的权利外，还享有业主与承包商之间按 FIDIC 合同条件所签协议中所赋予监理工程师的权力。而 FIDIC 合同条件一个突出的特点，就是在合同条件中赋予了监理工程师在工程管理方面的充分权力，同时还明确监理工程师可以行使合同中规定的或者合同中隐含的权力。按照 FIDIC 合同条件的规定，不仅承包商要严格遵守执行监理工程师的指令，而且监理工程师的决定对业主也有约束力。

监理工程师的权力分为质量管理、进度管理、财务管理和合同管理四方面。

(1) 质量管理方面　具体如下：

1) 对现场材料及设备有检查和控制的权力。对于工程需要的各种材料和设备，运到现场后监理工程师有随时检查的权力，同时对于材料及设备的制造过程也有权进行检查。经过检查后不合格的材料及设备，监理工程师不仅有权拒收，同时还有权指令承包商将这些材料、设备运出现场。对于合格的材料和设备，监理工程师有权监督承包商的存放条件，并且没有监理工程师的批准，承包商不得将其运出现场。

2) 对承包商施工的监督权力。监理工程师有权对承包商的施工过程进行监督，一旦发现承包商的施工有不符合规范之处，监理工程师有权指令承包商进行改正或停工。

3) 对已完的工程有确认或拒收的权力。任何已完成的工程，监理工程师要根据合同标准进行验收，对于达到标准的已完工程，监理工程师予以确认；对于未达到标准的已完工程，监理工程师有权拒收。被监理工程师拒收的工程，承包商应按照监理工程师的指示进行修补或返工，直到监理工程师认为已达标准为止。

4) 对工程采取紧急补救的权力。无论在工程施工期间，还是在缺陷责任期内，如果工程或其任何部分本身，或在工程中或在工程的任何部分发生与之有关的任何事故、故障或其他事件，如果监理工程师认为进行相应补救或其他工作是工程安全的紧急需要，则监理工程师有权采取紧急措施。如承包商无能力或不愿立即进行这类工作时，则业主有权在监理工程师认为必要时，雇用他人从事该项工作。如果监理工程师认为，根据合同的规定，承包商应自费完成此项工作，则此项费用应由承包商支付。

5) 有要求解雇承包商雇员的权力。对于承包商的任何人员，包括承包商的代表，如果监理工程师认为其在履行职责中不能胜任或出现玩忽职守的行为，则监理工程师有权要求承包商予以解雇或撤换。

6) 批准分包商的权力。如果承包商要把工程的一部分分包出去，他必须向监理工程师提出申请报告，未经监理工程师批准的分包商不能进入工地进行施工。

(2) 进度管理方面　具体如下：

1) 审批承包商的进度计划。承包商的施工进度计划必须经过监理工程师的批准。监理工程师除了有审批承包商进度计划的权力之外，当监理工程师认为工程的实际进度与由他批准的计划进度不符时，有权要求承包商修订进度计划。

2) 发布停工、复工令的权力。不管是由于业主的原因，或者由于恶劣的气候，或者由于承包商自身的过失导致需要停工时，监理工程师有权发布停工令。没有监理工程师的停工指令，无论什么原因，承包商都不能随便停工。当监理工

程师认为施工条件已达到合同要求时，可以发出复工令。对于已被停工的工程，没有监理工程师的复工指令，承包商不能自行复工。

3）控制施工进度的权力。在承包商没有任何理由要求延长工期的情况下，如果监理工程师认为工程或其任何区段在任何时候的施工进度不符合竣工期限（包括已批准的延期时间）的要求，则有权要求承包商采取必要的步骤，加快工程进度，承包商无权要求为采取这些步骤支付附加费用。

（3）财务管理方面　具体如下：

1）有确定变更价格的权力。对任何因为工作性质、工程数量、施工时间的变更而发出的变更指令，监理工程师有权根据合同条件和实际情况确定工程变更中的费率或价格。

2）批准使用暂定金额和计日工的权力。监理工程师认为必要时，可以发出指示，规定在计日工的基础上实施任何变更工作，暂定金额也需按监理工程师的指示才能全部或部分地使用。未经监理工程师的同意，承包商不得进行暂定金额项目的工作和使用计日工。

3）批准承包商的付款。对承包商完成的项目和合同中规定的其他款项，如动用预付款、费用索赔款、迟付款利息等，均需由监理工程师签发证书，业主据此向承包商付款。

（4）合同管理方面　具体如下：

1）颁发移交证书与缺陷责任证书。当工程全部或部分区段竣工检验后，由监理工程师颁发移交证书。当全部工程缺陷维护期满，承包商也已按照合同条件修补了缺陷工程和完成了合同中规定的全部义务时，则由监理工程师颁发缺陷责任证书。

2）批准工程延期和费用索赔。如果由于承包商自身以外的原因导致工期的延长和不属于承包商应当承担的风险和责任而造成承包商费用的增加，监理工程师可批准工程延期和由此而增加的实际费用。

3）发布工程变更令。合同中任何部分或项目的变更，包括其性质、数量、时间的变更，必须经监理工程师批准，由监理工程师发出变更指令。没有监理工程师发出的变更指令，承包商不能对合同中任何部分进行任何修改。

4）解释合同中有关文件。构成合同的文件应被认为是互动说明的，当文件中出现歧义或含糊时，则由监理工程师对此作出解释或校正，并向承包商发布有关解释或校正的指示。

2. 我国法规的规定

根据我国《工程建设监理合同》示范文本的规定，监理单位享有如下权利：

1）在业主委托的工程范围内，监理单位应有以下监理权：①选择工程总设计单位和施工承包单位的建议权。②选择工程分包设计单位和施工分包单位的确

定权与否定权。③对工程建设有关事项，包括工程规模、设计标准、规划设计、生产工艺设计和使用功能要求，向业主提出建议的建议权。④对工程结构设计和其他专业设计中的技术问题，按照安全和优化的原则，自主向设计单位提出建议，并向业主提出书面报告；如果由于拟提出的建议会提高工程造价，或延长工期，应当事先取得业主的同意。发现工程设计不符合建筑工程质量标准或者合同约定的质量要求的，有权报告建设单位，由其要求设计单位改正。⑤对工程施工组织设计和技术方案，按照保质量、保工期和降低成本的原则，自主向承包商提出建议，并向业主提出书面报告；如果由于拟提出的建议会提高工程造价，或延长工期，应当事先取得业主的同意。⑥对与工程建设有关的协作单位进行组织协调的主持权，重要协调事项应当事先向业主报告。⑦报经业主同意后，发布开工令、停工令、复工令。⑧对工程上使用的材料和施工质量的检验权。对于不符合设计要求及国家质量标准的材料、设备，有权通知承包商停止使用；不符合规范和质量标准的工序、分项分部工程和不安全的施工作业，有权通知承包商停工整改、返工。承包商取得监理机构复工令后才能复工。发布停、复工令应当事先向业主报告，如在紧急情况下未能事先报告时，则应在 24 小时内向业主作出书面报告。⑨对工程施工进度的检查、监督权，以及工程实际竣工日期提前或超过工程承包合同规定的竣工期限的签认权。⑩在工程承包合同约定的工程价格范围内工程款支付的审核和签认权以及结算工程款的复核确认权与否定权。未经监理机构签字确认，业主不支付工程款。

2）在业主授权下，可对合同规定的第三方的义务提出变更。如果由此严重影响了工程费用或质量、进度，则这种变更须经业主事先批准。在紧急情况下未能事先报业主批准时，监理机构所作的变更也应尽快通知业主。在监理过程中如发现承包商工作不力，监理机构可提出调换有关人员的建议。

3）在委托工程范围内的调解与作证权。在委托的工程范围内，业主或第三方对对方的任何意见和要求（包括索赔要求），均必须首先向监理机构提出，由监理机构研究处置意见，再同双方协商确定。当业主和第三方发生争议时，监理机构应根据自己的职能，以独立的身份判断，公正地进行调解。当其双方的争议由政府建设行政主管部门或仲裁机关进行调解和仲裁时，监理单位有提供事实材料的作证权。

二、监理单位的义务

1. 根据 FIDIC 合同条款，监理工程师在工程监理中应承担的义务

1）认真执行合同文件，遵守法律规定的义务。监理工程师认真执行合同文件是其根本职责，根据 FIDIC 合同条件的规定，监理工程师的决定对业主和承包商双方均有约束力。但是监理工程师的任何指示、决定都必须符合法律（包括

合同条件）的要求。监理工程师的任何决定，既受法律的保护，又受法律的约束。

2）协调施工有关事宜、秉公办事的义务。监理工程师是工程项目管理的核心，他随时都有协调施工有关事宜的职责，包括合同方面的管理，工程质量及技术问题的处理、工程款项的管理等。

对于业主，监理工程师应当经常及时地把工程情况以及监理工程师的一些决定进行通报，重大问题在决策前应当征得业主的同意，争取业主的支持。

对于承包商，监理工程师应当予以充分的尊重，不得干预理应由承包商项目经理处理的事项。

另外，无论是对待业主和承包商，监理工程师都应秉公办事，行为公正；要公开自己作出决定、指令的原因。

3）回避义务。监理工程师应当保持廉洁，不得接受业主所支付酬金以外的报酬以及任何回报、提成津贴或其他间接报酬；更不得与承包商有任何经济往来，包括接受承包商的礼物，经营或参与经营施工、设备及材料采购等活动。也不得在施工单位或设备材料供应单位任职或兼职。

2. 根据《工程建设监理合同》示范文本，监理单位应承担的义务

1）向业主报送委派的总监理工程师及其监理机构主要成员名单、监理规划，完成监理合同专用条件中约定的工程监理范围内的监理业务。

2）监理机构在履行本合同的义务期间，应运用合理的技能，为业主提供与其监理机构水平相适应的咨询意见，认真、勤奋地工作，帮助业主实现合同预定的目标，公正地维护各方的合法权益。

3）监理机构使用的业主提供的设施和物品属于业主的财产，在监理工作完成或中止时，应将此类设施和剩余的物品库存清单提交给业主，并按合同约定的时间和方式移交此类设施和物品。

4）在本合同期内或合同终止后，未征得有关方同意，不得泄露与本工程、本合同业务活动有关的保密资料。

5）监理单位不得转让该合同约定的权利和义务。

6）除业主书面同意外，监理单位及职员不应接受监理合同约定以外的与监理工程项目有关的报酬。监理单位不能参与可能与合同规定的和业主的利益相冲突的任何活动。

7）工程监理单位应当在其资质等级许可的监理范围内，承担工程监理业务。

8）工程监理单位与被监理的工程承包单位以及建筑材料、建筑构配件和设备供应单位不得有隶属关系或者其他利害关系。

三、监理单位的责任

根据我国《工程建设监理合同》示范文本，监理单位的责任如下：

1）监理单位在责任期内，应当履行监理合同中约定的义务。如果因监理单位过失而造成了经济损失，监理单位应当承担相应的赔偿责任。工程监理单位与承包商串通，为承包单位谋取非法利益，给建设单位造成损失的，应当与承包单位承担连带赔偿责任。

2）监理单位如需另聘专家咨询或协助，在监理业务范围内其费用由监理单位承担（监理业务范围以外，其费用由业主承担）。

3）监理单位向业主提出赔偿要求不能成立时，监理单位应当补偿由于该索赔所导致业主的各种费用支出。

监理单位对第三方违反合同规定的质量要求和完工（交图、交货）时限，不承担责任。

因不可抗力导致监理合同不能全部或部分履行，监理单位不承担责任。

第七节　承包商的权利、义务与责任

一、承包商的权利

根据 FIDIC 合同条件，承包商享有以下权利：

1. 拒绝接受指定分包商权

如果承包商认为指定的分包商不能与其很好地合作，承包商有权拒绝接受这个分包商。

当承包商拒绝与指定分包商签订分包合同时，监理工程师应当考虑承包商的上述权利，或者指定另一位分包商，或者修改分包合同，或者采取发布变更令的方式去完成分包部分的工作。

2. 提出索赔权

由于承包商自身以外的原因造成工程费用的增加或工期的延误，承包商有权提出费用索赔和工期索赔。业主或监理工程师不应以任何理由或手段反对或者阻拦承包商行使提出费用和工期索赔的权利。但是，监理工程师可以按照合同的规定拒绝（或批准）承包商的任何索赔申请，这是问题的另一个方面。

3. 终止受雇和暂停工作权

如果发生业主严重违约事件，承包商有权提出终止雇用。

4. 提出仲裁权

FIDIC 合同条件规定，承包商如果对监理工程师的任何决定感到不公正、不满意，或者业主未能遵从监理工程师的决定时，承包商均有权提出仲裁。这是合同条件通过法律手段对承包商利益的保护。

二、承包商的义务

1. FIDIC 合同条件的规定

根据 FIDIC 合同条件，承包商在按合同的规定完成所承包的工程时，应承担以下义务。

1）按规定工期完工的义务。所谓规定工期，是指合同工期加上由监理工程师批准的延期时间。承包商超出了规定的工期，将按合同的规定处以罚金。为了能够在合同规定的期间完成工程，承包商有义务接受监理工程师对施工进度的监督，并须按监理工程师的意见随时对施工进度计划进行修订。

2）对工程的质量负责的义务。承包商对各项工程的质量负全部责任。尽管在施工过程中和竣工验收时，工程质量经过了监理工程师的各项检验，但并不能解除承包商对工程质量的任何责任，直到颁发缺陷责任证书为止。

3）照管现场、保证安全的义务。承包商在工程的施工阶段，有责任保护施工现场人员和工程的安全，有义务提供对现场照管的各种条件，包括一切照明、防护、围栏及看守，并应避免由其施工方法引起的污染，直到颁发移交证书为止。颁发移交证书后，现场的安全和照管由业主负责。但承包商剩余的工作和对缺陷工程修补的施工现场的安全和照管仍由承包商负责。

4）清理现场的义务。在施工阶段，承包商随时都应对现场进行清理，保证施工井然有序。在颁发移交证书时（部分或全部的移交证书），承包商应对移交证书所涉及那部分工程的现场进行清理，包括运出承包商的全部设备、多余的材料、垃圾和各种临时工程，以保持该部分现场和工程清洁整齐，并使原施工用地恢复原貌，达到监理工程师满意的状态。

5）保护坐标点和水准点的义务。承包商除了对由监理工程师书面给定的原始坐标点和水准点进行准确的放线外，还有对上述各类的地面桩进行仔细保护的义务。由于对地面桩保护的不当而引起的任何差错应由承包商负责。

6）执行监理工程师指令的义务。承包商的一切工程活动，包括施工计划、工艺、施工过程的操作、材料和已完工程的确认都应得到监理工程师的批准。承包商应当充分地认识到监理工程师的指令是合同文件的一部分。因此，未经监理工程师批准的任何工程活动都是违约的行为。在涉及或关系到该项工程的任何事项上，无论这些事项在合同中写明与否，承包商都要严格执行监理工程师的指示，而且只从监理工程师处取得指示，包括业主在内的任何其他人都不能直接向承包商下达关于上述方面的指示。承包商应当而且有权拒绝接受监理工程师以外的任何方面关于涉及工程任何事项的指示。

7）遵守国家、地区成文的法令、法规的义务。承包商在与工程有关的一切活动中均应遵守下列规定：①承包商在进行工程的施工、竣工及修补其任何缺陷时应遵守国家和地方的有关法规、法令或其他法律；②应遵守其财产或权利受到或可能受到该工程以任何方式影响的公共团体和公司的规章制度。

由于遵守国家、地区的法令、法律而导致费用增加，由承包商自己承担，其有义务保证业主不需承担由于工程施工活动违法、违规而带来的罚款和其他责任。

2. 我国法规的规定

根据《建设工程施工合同（示范文本）》，承包方（乙方）有如下主要义务：

1）在其设计资格证书允许的范围内，按甲方（业主）代表的要求完成施工图设计或与工程配套的设计，经甲方（业主）代表批准后使用。

2）向甲方代表提供年、季、月工程进度计划及相应进度统计报表和工程事故报告。

3）按工程需要提供和维修非夜间施工使用的照明、看守、围栏和警卫等。如承包方未履行上述义务造成工程事故、财产和人身伤害，由承包方承担责任及所发生的费用。

4）按协议条款约定的数量和要求，向甲方代表提供在施工现场办公和生活的房屋及设施，发生的费用由业主承担。

5）遵守地方政府和有关部门对施工场地交通和施工噪声等管理规定，经业主同意后负责办理有关手续（业主承担由此发生的费用），并承担自身责任造成的罚款。

6）已竣工工程未交付业主之前，承包方按协议条款约定负责已完工程的成品保护工作；保护期间发生损坏，承包方自费予以修复。

7）按合同的要求做好施工现场地下管线和临近建筑物、构筑物的保护工作。

8）保证施工现场的清洁符合有关规定。交工前清理现场，达到合同文件的要求，承担因违反有关规定造成的损失和罚款（合同签订后颁发的规定和非承包方原因造成的损失和罚款除外）。

三、承包商的责任

根据《建设工程施工合同》示范文本，承包方应承担的主要责任有：

1）承包方不能按合同工期竣工，施工质量达不到设计和规范的要求，或发生其他使合同无法履行的行为，甲方代表可通知承包方按协议条款约定支付违约金，赔偿因其违约给业主造成的损失。

2）承包方根据协议条款约定，按照设计和规范的要求采购工程需要的材料设备，并提供产品的合格证明。在材料设备到货 24 小时前通知业主代表验收。

对与设计和规范要求不符的产品，甲方代表拒绝验收，由承包方按甲方代表要求的时间运出施工现场，重新采购符合要求的产品，承担由此发生的费用，工期不予顺延。业主未能按时到现场验收，事后验收发现材料、设备不符合规范和设计要求，仍由承包方修复或拆除及重新采购，并承担发生的费用，赔偿业主的损失。

根据工程需要，经甲方代表批准，承包方可使用代用材料。如因承包方原因使用，由承包方承担发生的费用。

3）工程分包后，不能解除承包方责任，承包方应在分包出去的工程现场派驻相应的监督管理人员，以保证合同的履行。分包单位的任何违约或疏忽，均视为承包方的违约或疏忽，并承担相应责任。

4）工程竣工交付使用后，承包方在国家规定和合同约定的范围内，对该工程承担保修责任并按约定支付保修金。

思　考　题

1. 简述建筑工程监理的范围。
2. 建筑工程监理的民事责任有哪些?
3. 工程建设监理的原则是什么?
4. 监理单位的权利有哪些?
5. 监理单位的义务有哪些?

8

第八章 建设工程安全法律制度

第一节 建设工程安全管理概述

建筑生产的特点是产品固定、人员流动，且多为露天、高处作业，施工环境和作业条件差，不安全因素随着工程形象进度的变化而不断变化。建筑业属于事故多发行业之一，每年因施工死亡人数仅次于矿山业，在我国各行业中排第二位。因此，《中华人民共和国建筑法》、《中华人民共和国安全生产法》都对建筑安全生产管理作出规定，对强化建筑安全生产管理，保证建筑工程的安全性能，保障员工及其相邻居民的人身和财产安全，具有非常重要的意义。

一、建设工程安全管理的概念与方针

（一）安全管理的概念

安全管理是指管理者运用行政、经济、法律、法规、技术等各种手段，发挥决策、教育、组织、监察、指挥等各种职能，对人、物、环境等各种被管理对象施加影响和控制，排除不安全因素，以达到安全目的的活动。

安全管理的中心问题是保护生产活动中劳动者的安全与健康，保证生产顺利进行。

（二）建设工程安全管理的概念

建设工程安全管理是指对建设活动过程中所涉及的安全进行的管理，包括建设行政主管部门对建设活动中的安全问题所进行的行业管理和从事建设活动的主体对自己建设活动的安全生产所进行的企业管理。

从事建设活动的主体所进行的安全生产管理包括建设单位对安全生产的管理，设计单位对安全生产的管理，施工单位对建设工程安全生产的管理等。

（三）建设工程安全管理与《中华人民共和国安全生产法》的关系

《中华人民共和国安全生产法》规定：“在中华人民共和国领域内从事生产经

营活动的单位的安全生产，适用本法；有关法律、行政法规对消防安全和道路交通安全、铁路交通安全、水上交通安全、民用航空安全另有规定的除外。”

所以，建设工程安全管理属于《中华人民共和国安全生产法》调整范围。

（四）建设工程安全管理方针

《中华人民共和国安全生产法》规定安全生产管理，坚持安全第一、预防为主的方针。同时，《中华人民共和国建筑法》（以下简称《建筑法》）第三十六条规定：“建筑工程安全生产管理必须坚持安全第一、预防为主的方针，建立健全安全生产的责任制度和群防群治制度。”确立了建筑工程安全管理必须坚持的方针。

所谓坚持安全第一、预防为主的方针，是指将建设工程安全管理放到第一位，采取有效措施控制不安全因素的发展与扩大，把可能发生的事故消灭在萌芽状态。安全第一是从保护和发展生产力的角度，表明在生产范围内安全与生产的关系，肯定安全在建筑生产活动中的首要位置和重要性。预防为主是指在建筑生产活动中，针对建筑生产的特点，对生产要素采取管理措施，有效地控制不安全因素的发展与扩大，把可能发生的事故消灭在萌芽状态，以保证生产活动中人的安全与健康。安全第一、预防为主的方针，体现了国家对在建筑工程安全生产过程中“以人为本”，保护劳动者权利、保护社会生产力、保护建筑生产的高度重视。

二、安全生产管理体制

完善安全管理体制，建立健全安全管理制度、安全管理机构和安全生产责任制是安全管理的重要内容，也是实现安全生产目标管理的组织保证。我国的安全生产管理体制是“企业负责、行业管理、国家监察、群众监督、劳动者遵章守纪”。

企业负责，即工程建设企业应认真贯彻执行劳动保护和安全生产的政策、法令和规章制度，要对本企业的劳动保护和安全生产负责。

行业管理，即行业主管部门应根据“管生产必须管安全的原则”，管理本行业的安全生产工作，建立安全管理机构，配备安全技术干部，组织贯彻执行国家安全生产方针、政策、法规；制定行业的安全规章制度和安全规范标准；对本行业安全生产工作进行计划、组织、监督、检查和考核。建设部工程质量安全监督与行业发展司负责全国建筑行业的安全生产工作。

国家监察，即由劳动部门按照国务院要求实施国家劳动安全监察。国家监察是一种执法监察，主要是监察国家法规政策的执行情况，预防和纠正违反法规政策的偏差。它不干预企事业内部执行法规政策的方法、措施和步骤等具体事务，不能代替行业管理部门日常管理和安全检查。

群众（工会组织）监督，保护职工的安全健康是工会的职责，工会对危害职工安全健康的现象有抵制、纠正以致控告的权利。这是一种自下而上的群众监督。这种监督与国家安全监察和行政管理是相辅相成的。

劳动者遵章守纪，从发生原因来看，事故大都与职工的违章行为有直接关系。因此，劳动者在生产过程中应该自觉遵守安全生产规章制度和劳动纪律，严格执行安全技术操作规程，不违章操作。劳动者遵章守纪也是减少事故、实现安全生产的重要保证。

三、建设工程安全管理基本制度

(一)《中华人民共和国安全生产法》中明确的安全生产基本制度

《中华人民共和国安全生产法》（以下简称《安全生产法》）确定了我国安全生产的基本法律制度如下：

1. 安全生产监督管理制度

《安全生产法》中提供了四种监督途径，即工会民主监督、社会舆论监督、公众举报监督和社区服务监督。通过这些监督途径，将使许多安全隐患及时得以发现，也将使许多安全管理工作中的不足得以改善。同时，《安全生产法》也明确了监督管理人员的权利和义务，这也将有利于监督工作的顺利进行。

2. 生产经营单位安全保障制度

在《安全生产法》中明确了生产经营单位必须做好安全生产的保证工作，既要在安全生产条件上、技术上符合生产经营的要求，也要在组织管理上建立健全安全生产责任并将其有效落实。

3. 从业人员安全生产权利义务制度

在《安全生产法》中，不仅明确了从业人员为保证安全生产所应尽的义务，也明确了从业人员进行安全生产所享有的权利。这样，在正面强调从业人员应该为安全生产尽职尽责的同时，赋予从业人员的权利也从另一方面有效保障了安全生产管理工作的有效开展。

4. 生产经营单位负责人安全责任制度

在《建筑法》中已经强调了安全生产责任制，这是从组织管理的角度采取的重要措施。在《安全生产法》中，更强调了单位负责人的安全责任。因为，一切安全管理，归根到底是对人的管理，只有生产经营单位的负责人真正认识到安全管理的重要性并认真落实安全管理的各项工作，安全管理工作才有可能真正有效进行。

5. 安全生产责任追究制度

违法必究是我国法律的基本原则，任何单位或个人违反了我国的法律，都将受到法律的制裁。所以，《安全生产法》中明确了对违反该法的单位和个人的法律责任。这一点与《建筑法》中规定的基本原则是一致的。

6. 事故应急救援和处理制度

在安全事故中，经常伴随着生命财产的抢救，如果没有应急的救援措施和科学合理的处理制度，人民的生命财产安全和公民的正当权利将无法得到保障。同时，正确处理安全事故也可以起到警醒世人、教育员工的作用，所以，健全事故应急救援和处理制度是十分重要的。

（二）《中华人民共和国建筑法》中明确的安全生产基本制度

1. 安全生产责任制度

安全生产责任制度是建筑生产中最基本的安全管理制度，是所有安全规章制度的核心。安全生产责任制度是指将各种不同的安全责任落实到负责有安全管理责任的人员和具体岗位人员身上的一种制度。这一制度是"安全第一、预防为主"方针的具体体现，是建筑安全生产的基本制度。在建筑活动中，只有明确安全责任，分工负责，才能形成完整有效的安全管理体系，激发每个人的安全责任感，严格执行建筑工程安全的法律、法规和安全规程、技术规范，防患于未然，减少和杜绝建筑工程事故，为建筑工程的生产创造一个良好的环境。安全责任制的主要内容包括：①从事建筑活动主体的负责人的责任制。例如，建筑施工企业的法定代表人要对本企业的安全负主要的安全责任。②从事建筑活动主体的职能机构或职能处室负责人及其工作人员的安全生产责任制。例如，建筑企业根据需要设置的安全处室或者专职安全人员要对安全负责。③岗位人员的安全生产责任制。岗位人员必须对安全负责。从事特种作业的安全人员必须进行培训，经过考试合格后方能上岗作业。

2. 群防群治制度

群防群治制度是职工群众进行预防和治理安全的一种制度。这一制度也是"安全第一、预防为主"的具体体现，同时也是群众路线在安全工作中的具体体现，是企业进行民主管理的重要内容。这一制度要求建筑企业职工在施工中应当遵守有关生产的法律、法规和建筑行业安全规章、规程，不得违章作业；对于危及生命安全和身体健康的行为有权提出批评、检举和控告。

3. 安全生产教育培训制度

安全生产教育培训制度是对广大建筑企业职工进行安全教育培训，提高安全意识，增加安全知识和技能的制度。安全生产，人人有责。只有通过对广大职工进行安全教育、培训，才能使广大职工真正认识到安全生产的重要性、必要性，才能使广大职工掌握更多更有效的安全生产的科学技术知识，牢固树立安全第一的思想，自觉遵守各项安全生产规章制度。分析许多建筑安全事故，一个重要的原因就是有关人员安全意识不强，安全技能不够，这些都是没有搞好安全教育培训工作的后果。

4. 安全生产检查制度

安全生产检查制度是上级管理部门或企业自身对安全生产状况进行定期或不定期检查的制度。通过检查可以发现问题，查出隐患，从而采取有效措施，堵塞漏洞，把事故消灭在发生之前，做到防患于未然，是“预防为主”的具体体现。通过检查，还可总结出好的经验加以推广，为进一步搞好安全工作打下基础。安全检查制度是安全生产的保障。

5. 伤亡事故处理报告制度

施工中发生事故时，建筑企业应当采取紧急措施减少人员伤亡和事故损失，并按照国家有关规定及时向有关部门报告的制度。事故处理必须遵循一定的程序，做到三不放过（事故原因不清不放过、事故责任者和群众没有受到教育不放过、没有防范措施不放过）。通过对事故的严格处理，可以总结出教训，为制定规程、规章提供第一手素材，做到亡羊补牢。

6. 安全责任追究制度

《建筑法》第七章法律责任中，规定建设单位、设计单位、施工单位、监理单位，由于没有履行职责造成人员伤亡和事故损失的，视情节给予相应处理；情节严重的，责令停业整顿，降低资质等级或吊销资质证书；构成犯罪的，依法追究刑事责任。

第二节 建设工程安全责任

一、建设单位的安全责任

1. 建设单位应当向施工单位提供有关资料

《建设工程安全生产管理条例》第六条规定，建设单位应当向施工单位提供施工现场及毗邻区域内供水、排水、供电、供气、供热、通信、广播电视等地下管线资料，气象和水文观测资料，相邻建筑物和构筑物．地下工程的有关资料，并保证资料的真实、准确、完整。

建设单位因建设工程需要，向有关部门或者单位查询前款规定的资料时，有关部门或者单位应当及时提供。

2. 不得向有关单位提出影响安全生产的违法要求

《建设工程安全生产管理条例》第七条规定，建设单位不得对勘察、设计、施工、工程监理等单位提出不符合建设工程安全生产法律、法规和强制性标准规定的要求，不得压缩合同约定的工期。

3. 建设单位应当保证安全生产投入

《建设工程安全生产管理条例》第八条规定，建设单位在编制工程概算时，

应当确定建设工程安全作业环境及安全施工措施所需费用。

4. 不得明示或暗示施工单位使用不符合安全施工要求的物资

《建设工程安全生产管理条例》第九条规定，建设单位不得明示或者暗示施工单位购买、租赁、使用不符合安全施工要求的安全防护用具、机械设备、施工机具及配件、消防设施和器材。

5. 办理施工许可证或开工报告时应当报送安全施工措施

《建设工程安全生产管理条例》第十条规定，建设单位在申请领取施工许可证时，应当提供建设工程有关安全施工措施的资料。

依法批准开工报告的建设工程，建设单位应当自开工报告批准之日起 15 日内，将保证安全施工的措施报送建设工程所在地的县级以上人民政府建设行政主管部门或者其他有关部门备案。

6. 应当将拆除工程发包给具有相应资质的施工单位

《建设工程安全生产管理条例》第十一条规定，建设单位应当将拆除工程发包给具有相应资质等级的施工单位。

建设单位应当在拆除工程施工 15 日前，将下列资料报送建设工程所在地的县级以上地方人民政府主管部门或者其他有关部门备案。

1）施工单位资质等级证明。

2）拟拆除建筑物、构筑物及可能危及毗邻建筑的说明。

3）拆除施工组织方案。

4）堆放、清除废弃物的措施。

实施爆破作业的，还应当遵守国家有关民用爆炸物品管理的规定。根据《民用爆炸物品管理条例》第二十七条的规定，使用爆破器材的建设单位，必须经上级主管部门审查同意，并持说明使用爆破器材的地点、品名、数量、用途、四邻距离的文件和安全操作规程，向所在地县、市公安局申请领取《爆炸物品使用许可证》，方准使用。根据《民用爆炸物品管理条例》第三十条的规定，进行大型爆破作业，或在城镇与其他居民聚居的地方、风景名胜区和重要工程设施附近进行控制爆破作业，施工单位必须事先将爆破作业方案，报县、市以上主管部门批准，并征得所在地县、市公安局同意，方准爆破作业。

二、勘察、设计单位的安全责任

1. 勘察单位的安全责任

根据《建设工程安全生产管理条例》第十二条的规定，勘察单位的安全责任包括：

1）勘察单位应当按照法律、法规和工程建设强制性标准进行勘察，提供的勘察文件应当真实、准确，满足建设工程安全生产的需要。

2）勘察单位在勘察作业时，应当严格按照操作规程，采取措施保证各类管线、设施和周边建筑物、构筑物的安全。

2. 设计单位的安全责任

《建筑法》第三十七条对设计单位的安全责任有明确规定："建筑工程设计应符合按照国家规定制定的建筑安全规程和技术规范，保证工程的安全性能。"

根据《建设工程安全生产管理条例》第十三条的规定，设计单位的安全责任包括：

1）设计单位应当按照法律、法规和工程建设强制性标准进行设计，防止因设计不合理导致安全生产事故的发生。

2）设计单位应当考虑施工安全操作和防护的需要，对涉及施工安全的重点部位和环节在设计文件中注明，并对防范安全生产事故提出指导意见。

3）采用新结构、新材料、新工艺的建设工程和特殊结构的建设工程，设计单位应当在设计中提出保障施工作业人员安全和预防生产安全事故的措施建议。

4）设计单位和注册建筑师等注册执业人员应当对其设计负责。

建筑工程设计是建设工程的重要环节，工程设计质量的优劣直接影响建设活动和建筑产品的安全。为此，勘察单位应提供建设工程所需的全面、准确的地质、测量和水文等资料。这里所说的建筑工程设计，是指各类房屋建筑、构筑物及其附属设施、线路管道、设备等的设计活动。一般应根据建设工程项目的功能性要求，考虑投资、材料、环境、气候、水文地质结构等提供设计施工图等设计文件。

所谓保证工程的安全性能，是指设计单位应当按照建设工程安全标准进行设计，保证其符合按照国家规定制定的建筑安全规程和技术规范。建筑工程的安全性能，包括两层含义：在建造过程中的安全，主要指建造者的安全；建成后的使用安全主要指建筑物的安全。所谓建筑安全规程，是指在建筑活动中为了消除导致人身伤亡或者造成设备、财产破坏以及危害环境而由有关部门制定的具体技术要求和实施程序的统一规定。所谓建筑技术规范，是指由有关部门制定的对设计、施工等技术事项所作的统一规定，技术规范是标准的一种形式。需要说明的是，这里对于建筑安全规程和技术规范的制定提出了要求，即建筑安全规程和技术规范必须"按照国家规定"制定。所谓按照国家规定制定，是指制定建筑安全规程和技术规范时必须符合国家规定的原则，不得同国家规定相抵触；与国家规定相抵触的无效。这里国家规定包括全国人大及其常委会通过的法律、国务院制定的行政法规、行业部门制定的行政规章等。

三、工程监理单位的安全责任

1. 安全技术措施及专项施工方案审查义务

《建设工程安全生产管理条例》第十四条第一款规定，工程监理单位应当审查施工组织设计中的安全技术措施或者专项施工方案是否符合工程建设强制性标准。

2. 安全生产事故隐患报告义务

《建设工程安全生产管理条例》第十四条第二款规定，工程监理单位在实施监理过程中，发现存在安全事故隐患的，应当要求施工单位整改；情况严重的，应当要求施工单位暂时停止施工，并及时报告建设单位。施工单位拒不整改或者不停止施工的，工程监理单位应当及时向有关主管部门报告。

3. 应当承担监理责任

工程监理单位和监理工程师应当按照法律、法规和工程建设强制性标准实施监理，并对建设工程安全生产承担监理责任。

四、建设工程物资供应单位的安全责任

1. 机械设备和配件供应单位的安全责任

《建设工程安全生产管理条例》第十五条规定，为建设工程提供机械设备和配件的单位，应当按照安全施工的要求配备齐全有效的保险、限位等安全设施和装置。

2. 机械设备、施工机具和配件出租单位的安全责任

《建设工程安全生产管理条例》第十六条规定，出租的机械设备和施工工具及配件，应当具有生产（制造）许可证、产品合格证。

出租单位应当对出租的机械设备和施工工具及配件的安全性能进行检测，在签订租赁协议时，应当出具检测合格证明。

禁止出租检测不合格的机械设备和施工工具及配件。

3. 起重机械和自升式架设设施的安全管理

1）在施工现场安装、拆卸施工起重机械和整体提升脚手架、模板等自升式架设设施，必须由具有相应资质的单位承担。

2）安装、拆卸施工起重机械和整体提升脚手架、模板等自升式架设设施，应当编制拆装方案、指定安全施工措施，并由专业技术人员现场监督。

3）施工起重机械和整体提升脚手架、模板等自升式架设设施安装完毕后，安装单位应当自检，出具自检合格证明，并向施工单位进行安全使用说明，办理验收手续并签字。

4）施工起重机械和整体提升脚手架、模板等自升式架设设施的使用达到国

家规定的检验检测期限的，必须经具有专业资质的检验检测机构检测。经检测不合格的，不得继续使用。

5）检验检测机构对检测合格的施工起重机械和整体提升脚手架、模板等自升式架设设施，应当出具安全合格证明文件，并对检测结果负责。

五、施工单位的安全责任

1. 施工单位应当具备的安全生产资质条件

《建设工程安全生产管理条例》第二十条规定，施工单位从事建设工程的新建、扩建和拆除等活动，应当具备国家规定的注册资本、专业技术人员、技术装备和安全生产等条件，依法取得相应等级的资质证书，并在其资质等级许可的范围内承揽工程。

2. 施工总承包单位与分包单位安全责任的划分

《建设工程安全生产管理条例》第二十四条规定，建设工程实行施工总承包的，由总承包单位对施工现场的安全生产负总责。

总承包单位应当自行完成建设工程主体结构的施工。

总承包单位依法将建设工程分包给其他单位的，分包合同中应当明确各自的安全生产方面的权利、义务。总承包单位和分包单位对分包工程的安全生产承担连带责任。

分包单位应当接受总承包单位的安全生产管理，分包单位不服从管理导致生产安全事故的，由分包单位承担主要责任。

3. 施工单位安全生产责任制度

《建设工程安全生产管理条例》第二十一条规定，施工单位主要负责人依法对本单位的安全生产工作全面负责。施工单位应当建立健全安全生产责任制度和安全生产教育培训制度，制定安全生产规章制度和操作规程，保证本单位安全生产条件所需资金的投入，对所承担建设工程进行定期和专项安全检查，并做好安全检查记录。

施工单位的项目负责人应当由取得相应执业资格的人员担任，对建设工程项目的安全施工负责，落实安全生产责任制度、安全生产规章制度和操作规程，确保安全生产费用的有效使用，并根据工程的特点组织制定安全施工措施，消除安全事故隐患，及时、如实报告生产安全事故。

4. 施工单位安全生产基本保障措施

（1）安全生产费用应当专款专用 《建设工程安全生产管理条例》第二十二条规定，施工单位对列入建设工程概算的安全作业环境及安全施工措施所需费用，应当用于施工安全防护用具及设施的采购和更新、安全施工措施的落实、安全生产条件的改善，不得挪作他用。

（2）安全生产管理机构及人员的设置　《建设工程安全生产管理条例》第二十三条规定，施工单位应当设立安全生产管理机构，配备专职安全生产管理人员。

专职安全生产管理人员负责对安全生产进行现场监督检查。发现安全事故隐患，应当及时向项目负责人和安全生产管理机构报告；对违章指挥、违章操作的，应当立即制止。

（3）编制安全技术措施及专项施工方案的规定　《建设工程安全生产管理条例》第二十六条规定，施工单位应当在施工组织设计中编制安全技术措施和施工现场临时用电方案，对下列达到一定规模的危险性较大的分部分项工程编制专项施工方案，并附具安全验算结果，经施工单位技术负责人、总监理工程师签字后实施，由专职安全生产管理人员进行现场监督：①基坑支护与降水工程；②土方开挖工程；③模板工程；④起重吊装工程；⑤脚手架工程；⑥拆除、爆破工程；⑦国务院建设行政主管部门或者其他有关部门规定的其他危险性较大的工程。

对上述工程中涉及深基坑、地下暗挖工程、高大模板工程的专项施工方案，施工单位还应当组织专家进行论证、审查。

施工单位还应当根据施工阶段和周围环境及季节、气候的变化，在施工现场采取相应的安全施工措施。施工现场暂时停止施工的，施工单位应当做好现场防护，所需费用由责任方承担，或按照合同约定执行。

（4）对安全施工技术要求的交底　《建设工程安全生产管理条例》第二十七条规定，建设工程施工前，施工单位负责项目管理的技术人员应当对有关安全施工的技术要求向施工作业班组、作业人员作出详细说明，并由双方签字确认。

（5）危险部位安全警示标志的设置　《建设工程安全生产管理条例》第二十八条第一款规定，施工单位应当在施工现场入口处、施工起重机械、临时用电设施、脚手架、出入通道口、楼梯口、电梯井口、孔洞口、桥梁口、隧道口、基坑边沿、爆破物及有害危险气体和液体存放处等危险部位，设置明显的安全警示标志。安全警示标志必须符合国家标准。

（6）对施工现场生活区、作业环境的要求　《建设工程安全生产管理条例》第二十九条规定，施工单位应当将施工现场的办公、生活区与作业区分开设置，并保持安全距离；办公、生活区的选址应当符合安全性要求。职工的膳食、饮水、休息场所等应当符合卫生标准。施工单位不得在尚未竣工的建筑物内设置员工集体宿舍。

（7）环境污染防护措施　《建设工程安全生产管理条例》第三十条规定，施工单位因建设工程施工可能造成损害的毗邻建筑物、构筑物和地下管线等，应当采取专项保护措施。施工单位应当遵守有关环境保护法律、法规的规定，在施工现场采取措施，防止或减少粉尘、废气、废水、固体废物、噪声、振动和施工照

明对人和环境的危害和污染。

(8) 消防安全保障措施　消防安全是建设工程安全生产管理的重要组成部分，是施工单位现场安全生产管理的工作重点之一。《建设工程安全生产管理条例》第三十一条规定，施工单位应当在施工现场建立消防安全责任制度，确定消防安全责任人，制定用火、用电、使用易燃易爆材料等各项消防安全管理制度和操作规程，设置消防通道、消防水源，配备消防设施和灭火器材，并在施工现场入口处设置明显标志。

除了施工单位的消防安全责任外，《中华人民共和国消防法》还对建设单位、设计单位的消防安全责任作了具体规定如下：

1) 按照国家工程建筑消防技术标准需要进行消防设计的建筑工程，设计单位应当按照国家工程建筑消防技术标准进行设计，建设单位应当将建筑工程的消防设计图及有关资料报送公安消防机构审核；未经审核或者经审核不合格的，建设行政主管部门不得发给施工许可证，建设单位不得施工。

2) 经公安消防机构审核的建筑工程消防设计需要变更的，应当报经原审核的公安消防机构核准；未经核准的，任何单位、个人不得变更。

3) 按照国家工程建筑消防技术标准进行消防设计的建筑工程竣工时，必须经公安消防机构进行消防验收；未经验收或者经验收不合格的，不得投入使用。

4) 建筑构件和建筑材料的防火性能必须符合国家标准或者行业标准。公共场所室内装修、装饰根据国家工程建筑消防技术标准的规定，应当使用不燃、难燃材料的，必须选用依照产品质量法的规定确定的检验机构检验合格的材料。

(9) 劳动安全管理规定　《建设工程安全生产管理条例》第三十二条规定，施工单位应当向作业人员提供安全防护用具和安全防护服装，并书面告知危险岗位的操作规程和违章操作的危害。

作业人员有权对施工现场的作业条件、作业程序和作业方式中存在的安全问题提出批评、检举和控告，有权拒绝违章指挥和强令冒险作业。

在施工中发生危及人身安全的紧急情况时，作业人员有权立即停止作业或者在采取必要的应急措施后撤离危险区域。

第三十三条规定，作业人员应当遵守安全施工的强制性标准、规章制度和操作规程，正确使用安全防护用具、机械设备等。

第三十八条规定，施工单位应当为施工现场从事危险作业的人员办理意外伤害保险。

意外伤害保险费由施工单位支付。实行施工总承包的，由总承包单位支付意外伤害保险费。意外伤害保险期限自建设工程开工之日起至竣工验收合格止。

(10) 安全防护用具及机械设备、施工机具的安全管理　《建设工程安全生产管理条例》第三十四条规定，施工单位采购、租赁的安全防护用具、机械设备、施工机具及配件，应当具有生产（制造）许可证、产品合格证，并在进入施工现场前进行查验。

施工现场的安全防护用具、机械设备、施工机具及配件必须由专人管理，定期进行检查、维修和保养，建立相应的资料档案，并按照国家有关规定及时报废。

《建设工程安全生产管理条例》第三十五条规定，施工单位在使用施工起重机械和整体提升脚手架、模板等自升式架设设施前，应当组织有关单位进行验收，也可以委托具有相应资质的检验检测机构进行验收；使用承租的机械设备和施工机具及配件的，由施工总承包单位、分包单位、出租单位和安装单位共同进行验收。验收合格的方可使用。

5. 安全教育培训制度

（1）特种作业人员培训和持证上岗　《建设工程安全生产管理条例》第二十五条规定，垂直运输机械作业人员、安装拆卸工、爆破作业人员、起重信号工、登高架设作业人员等特种作业人员，必须按照国家有关规定经过专门的安全作业培训，并取得特种作业操作资格证书后，方可上岗作业。

（2）安全管理人员和作业人员的安全教育培训和考核　《建设工程安全生产管理条例》第三十六条规定，施工单位的主要负责人、项目负责人、专职安全生产管理人员应当经建设行政主管部门或者其他有关部门考核合格后方可任职。

施工单位应当对管理人员和作业人员每年至少进行一次安全生产教育培训，其教育培训情况记入个人工作档案。安全生产教育培训考核不合格的人员，不得上岗。

（3）作业人员进入新岗位、新工地或采用新技术时的上岗教育培训　《建设工程安全生产管理条例》第三十七条规定，作业人员进入新的岗位或者新的施工现场前，应当接受安全生产教育培训。未经教育培训或者教育培训考核不合格的人员，不得上岗作业。

施工单位在采用新技术、新工艺、新设备、新材料时，应当对作业人员进行相应的安全生产教育培训。

第三节　建设工程安全生产的行政监督管理

一、建设工程安全生产的行政监督管理的分级管理

1. 建设工程安全生产的行政监督管理的概念

建设工程安全生产的行政监督管理，是指各级人民政府建设行政主管部门及其授权的建设工程安全生产监督机构，对建设工程安全生产所实施的行政监督

管理。

2. 建设工程安全生产的行政监督的分级管理

我国现行对建设工程（含土木工程、建筑工程、线路管道和设备安装工程）安全生产的行政监督管理是分级进行的，建设行政主管部门因级别不同具有的管理职责也不完全相同。

国务院建设行政主管部门负责建设工程安全生产的统一监督管理，并依法接受国家安全生产综合管理部门的指导和监督。国务院铁道、交通、水利等有关部门按照国务院规定职责分工，负责有关专业建设工程安全生产的监督管理。

县级以上地方人民政府建设行政主管部门负责本行政区域内的建设工程安全生产管理。县级以上地方人民政府交通、水利等有关部门在各自的职责范围内，负责本行政区域内的专业建设工程安全生产的监督管理。县级以上地方人民政府建设行政主管部门和地方人民政府交通、水利等有关部门应当设立建设工程安全监督机构负责建设工程安全生产的日常监督管理工作。

二、国务院建设行政主管部门的职责

国务院建设行政主管部门主管全国建设工程安全生产的行业监督管理工作。其主要职责如下：

1）贯彻执行国家有关安全生产的法规和方针、政策，起草或者制定建筑安全生产管理的法规和标准。

2）统一监督管理全国工程建设方面的安全生产工作，完善建筑安全生产的组织保证体系。

3）制定建筑安全生产管理的中、长期规划和近期目标，组织建筑安全生产技术的开发与推广应用。

4）指导和监督检查省、自治区、直辖市人民政府建设行政主管部门开展建筑安全生产的行业监督管理工作。

5）统计全国建筑职工因工伤亡人数，掌握并发布全国建筑安全生产动态。

6）负责对申报资质等级一级企业和国家一、二级企业以及国家和部级先进建筑企业进行安全资格审查或者审批，行使安全生产否决权。

7）组织全国建筑安全生产检查，总结交流建筑安全生产管理经验，并表彰先进。

8）检查和监督工程建设重大事故的调查处理，组织或者参与工程建设特别重大事故的调查。

三、县级以上地方人民政府建设行政主管部门的职责

县级以上地方人民政府建设行政主管部门负责本行政区域建筑安全生产的行

业监督管理工作。其主要职责如下：

1）贯彻执行国家和地方有关安全生产的法规、标准和方针、政策，起草或者制定本行政区域建筑安全生产管理的实施细则或者实施办法。

2）制定本行政区域建筑安全生产管理的中、长期规划和近期目标，组织建筑安全生产技术的开发与推广应用。

3）建立健全安全生产的监督管理体系，制定本行政区域建筑安全生产监督管理工作制度，组织落实各级领导分工负责的建筑安全生产责任制。

4）负责本行政区域建筑职工因工伤亡的统计和上报工作，掌握和发布本行政区域建筑安全生产动态。

5）负责对申报晋升企业资质等级、企业升级和报评先进企业的安全资格进行审查或者审批，行使安全生产否决权。

6）组织或者参与本行政区域工程建设中人身伤亡事故的调查处理工作，并依照有关规定上报重大伤亡事故。

7）组织开展本行政区域建筑安全生产检查，总结交流建筑安全生产管理经验，并表彰先进。

8）监督检查施工现场、构配件生产车间等安全管理和防护措施，纠正违章指挥和违章作业。

9）组织开展本行政区域建筑企业安全生产管理人员、作业人员的安全生产教育、培训、考核及发证工作，监督检查建筑企业对安全技术措施费的提取和使用。

10）领导和管理建筑安全生产监督机构的工作。

四、安全生产的四种监督方式

《安全生产法》中明确了以下四种监督方式：

（1）工会民主监督　工会民主监督即工会有权对建设项目的安全设施与主体工程同时设计、同时施工、同时投入生产和使用的情况进行监督，提出意见。

（2）社会舆论监督　社会舆论监督即新闻、出版、广播、电影、电视等单位有对违反安全生产法律、法规的行为进行舆论监督的权利。

（3）公众举报监督　公众举报监督即任何单位或者个人对事故隐患或者安全生产违法行为，均有权向负有安全生产监督管理职责的部门报告或者举报。

（4）社区报告监督　社区报告监督即居民委员会、村民委员会发现其所在区域内的生产经营单位存在事故隐患或者安全生产违法行为时，有权向当地人民政府或者有关部门报告。

五、安全监督检查人员职权

（1）现场调查取证权　现场调查取证权即安全生产监督检查人员可以进入生

产经营单位进行现场调查，单位不得拒绝，有权向被检查单位调阅资料，向有关人员（负责人、管理人员、技术人员）了解情况。

（2）现场处理权　现场处理权即对安全生产违法作业当场纠正权；对现场检查出的隐患，责令限期改正、停产停业或停止使用的职权；责令紧急避险权和依法行政处罚权。

（3）查封、扣押行政强制措施权　查封、扣押行政强制措施权其对象是安全设施、设备、器材、仪表等；依据是不符合国家或行业安全标准；条件是必须按程序办事、有足够证据、经部门负责人批准、通知被查单位负责人到场、登记记录等，并必须在 15 日内作出决定。

六、安全监督检查人员的义务

安全监督检查人员的义务如下：

1）审查、验收禁止收取费用。

2）禁止要求被审查、验收的单位购买指定产品。

3）必须遵循忠于职守、坚持原则、秉公执法的执法原则。

4）监督检查时须出示有效的监督执法证件。

5）对检查单位的技术秘密、业务秘密尽到保密的义务。

七、建筑安全生产监督机构的职责

建筑安全生产监督机构根据同级人民政府建设行政主管部门的授权，依据有关的法规、标准，对本行政区域内建筑安全生产实施监督管理。其职责如下：

1）贯彻执行党和国家的安全生产方针、政策和决议。

2）监察各工地对国家、建设部、省、市政府公布的安全法规、标准、规章制度、办法和安全技术措施的执行情况。

3）总结、推广建筑施工安全科学管理、先进安全装置、措施等经验，并及时给予奖励。

4）制止违章指挥和违章作业行为，对情节严重者按处罚条例给以经济处罚，对隐患严重的现场或机械、电气设备等，及时签发停工指令，并提出改进措施。

5）参加建筑行业重大伤亡事故的调查处理，对造成死亡 1 人，重伤 3 人，直接经济损失 5 万元以上的重大事故主要负责者，有权向检察院、法院提出控诉，追究刑事责任。

6）对建筑施工队伍负责人、安全检查员、特种作业人员，进行安全教育培训、考核发证工作。

7）参加建筑施工企业新建、扩建、改建和挖潜、革新、改造工程项目设计和竣工验收工作，负责安全卫生设施“三同时”（安全卫生设施同时、设计同时、验收同时使用）的审查工作。

8）及时召开安全施工或重大伤亡事故现场会议。

第四节　建设工程重大安全事故的处理

重大安全事故是指因违反有关建设工程安全的法律、法规和强制性标准，造成人身伤亡或者重大经济损失的事故。

根据《生产安全事故报告和调查处理条例》的规定，按照生产安全事故（以下简称事故）造成的人员伤亡或者直接经济损失，事故一般分为以下等级。

一、建设工程伤亡事故的分类

安全事故分为四个等级：

1）特别重大事故是指造成30人以上死亡，或者100人以上重伤（包括急性工业中毒，下同），或者1亿元以上直接经济损失的事故。

2）重大事故是指造成10人以上30人以下死亡，或者50人以上100人以下重伤，或者5000万元以上1亿元以下直接经济损失的事故。

3）较大事故是指造成3人以上10人以下死亡，或者10人以上50人以下重伤，或者1000万元以上5000万元以下直接经济损失的事故。

4）一般事故是指造成3人以下死亡，或者10人以下重伤，或者1000万元以下直接经济损失的事故。

二、建设工程安全事故报告和调查处理

1. 事故报告

事故报告应当及时、准确、完整，任何单位和个人对事故不得迟报、漏报、谎报或者瞒报。

事故发生后，事故现场有关人员应当立即向本单位负责人报告；单位负责人接到报告后，应当于1小时内向事故发生地县级以上人民政府安全生产监督管理部门和负有安全生产监督管理职责的有关部门报告。

情况紧急时，事故现场有关人员可以直接向事故发生地县级以上人民政府安全生产监督管理部门和负有安全生产监督管理职责的有关部门报告。

安全生产监督管理部门和负有安全生产监督管理职责的有关部门接到事故报告后，应当依照下列规定上报事故情况，并通知公安机关、劳动保障行政部门、工会和人民检察院：

1）特别重大事故、重大事故逐级上报至国务院安全生产监督管理部门和负有安全生产监督管理职责的有关部门。

2）较大事故逐级上报至省、自治区、直辖市人民政府安全生产监督管理部门和负有安全生产监督管理职责的有关部门。

3）一般事故上报至设区的市级人民政府安全生产监督管理部门和负有安全生产监督管理职责的有关部门。

安全生产监督管理部门和负有安全生产监督管理职责的有关部门依照以上规定上报事故情况，应当同时报告本级人民政府。国务院安全生产监督管理部门和负有安全生产监督管理职责的有关部门以及省级人民政府接到发生特别重大事故、重大事故的报告后，应当立即报告国务院。必要时，安全生产监督管理部门和负有安全生产监督管理职责的有关部门可以越级上报事故情况。

安全生产监督管理部门和负有安全生产监督管理职责的有关部门逐级上报事故情况，每级上报的时间不得超过2小时。

报告事故应当包括下列内容：①事故发生单位概况；②事故发生的时间、地点以及事故现场情况；③事故的简要经过；④事故已经造成或者可能造成的伤亡人数（包括下落不明的人数）和初步估计的直接经济损失；⑤已经采取的措施；⑥其他应当报告的情况。

事故发生单位负责人接到事故报告后，应当立即启动事故相应应急预案，或者采取有效措施，组织抢救，防止事故扩大，减少人员伤亡和财产损失。

事故发生地有关地方人民政府、安全生产监督管理部门和负有安全生产监督管理职责的有关部门接到事故报告后，其负责人应当立即赶赴事故现场，组织事故救援。

事故发生后，有关单位和人员应当妥善保护事故现场以及相关证据，任何单位和个人不得破坏事故现场、毁灭相关证据。

因抢救人员、防止事故扩大以及疏通交通等原因，需要移动事故现场物件的，应当作出标志，绘制现场简图并作出书面记录，妥善保存现场重要痕迹、物证。

事故发生地公安机关根据事故的情况，对涉嫌犯罪的，应当依法立案侦查，采取强制措施和侦查措施。犯罪嫌疑人逃匿的，公安机关应当迅速追捕归案。

安全生产监督管理部门和负有安全生产监督管理职责的有关部门应当建立值班制度，并向社会公布值班电话，受理事故报告和举报。

2. 事故调查

（1）事故调查组的组成　具体如下：

1）特别重大事故由国务院或者国务院授权有关部门组织事故调查组进行调查。

2）重大事故、较大事故、一般事故分别由事故发生地省级人民政府、设区的市级人民政府、县级人民政府负责调查。省级人民政府、设区的市级人民政府、县级人民政府可以直接组织事故调查组进行调查，也可以授权或者委托有关部门组织事故调查组进行调查。

3）未造成人员伤亡的一般事故，县级人民政府也可以委托事故发生单位组织事故调查组进行调查。

4）特别重大事故以下等级事故，事故发生地与事故发生单位不在同一个县级以上行政区域的，由事故发生地人民政府负责调查，事故发生单位所在地人民政府应当派人参加。

5）事故调查组的组成应当遵循精简、效能的原则。根据事故的具体情况，事故调查组由有关人民政府、安全生产监督管理部门、负有安全生产监督管理职责的有关部门、监察机关、公安机关以及工会派人组成，并应当邀请人民检察院派人参加。事故调查组可以聘请有关专家参与调查。

6）事故调查组成员应当具有事故调查所需要的知识和专长，并与所调查的事故没有直接利害关系。

7）事故调查组组长由负责事故调查的人民政府指定。事故调查组组长主持事故调查组的工作。

8）事故调查组有权向有关单位和个人了解与事故有关的情况，并要求其提供相关文件、资料，有关单位和个人不得拒绝。

(2) 事故调查组的职责　事故调查组应履行下列职责：

1）查明事故发生的经过、原因、人员伤亡情况及直接经济损失。

2）认定事故的性质和事故责任。

3）提出对事故责任者的处理建议。

4）总结事故教训，提出防范和整改措施。

5）提交事故调查报告。

(3) 事故调查的其他规定　事故发生单位的负责人和有关人员在事故调查期间不得擅离职守，并应当随时接受事故调查组的询问，如实提供有关情况。

事故调查中发现涉嫌犯罪的，事故调查组应当及时将有关材料或者其复印件移交司法机关处理。

事故调查中需要进行技术鉴定的，事故调查组应当委托具有国家规定资质的单位进行技术鉴定。必要时，事故调查组可以直接组织专家进行技术鉴定。技术鉴定所需时间不计入事故调查期限。

事故调查组成员在事故调查工作中应当诚信公正、恪尽职守，遵守事故调查组的纪律，保守事故调查的秘密。未经事故调查组组长允许，事故调查组成员不得擅自发布有关事故的信息。

事故调查组应当自事故发生之日起60日内提交事故调查报告；特殊情况下，经负责事故调查的人民政府批准，提交事故调查报告的期限可以适当延长，但延

长的期限最长不超过60日。事故调查报告应当包括下列内容：①事故发生单位概况；②事故发生经过和事故救援情况；③事故造成的人员伤亡和直接经济损失；④事故发生的原因和事故性质；⑤事故责任的认定以及对事故责任者的处理建议；⑥事故防范和整改措施。

事故调查报告应当附具有关证据材料。事故调查组成员应当在事故调查报告上签名。事故调查报告报送负责事故调查的人民政府后，事故调查工作即告结束。事故调查的有关资料应当归档保存。

3. 事故处理

根据《生产安全事故报告和调查处理条例》的规定，事故处理应符合以下规定：

1）对于重大事故、较大事故、一般事故，负责事故调查的人民政府应当自收到事故调查报告之日起15日内做出批复；特别重大事故，30日内作出批复，特殊情况下，批复时间可以适当延长，但延长的时间最长不超过30日。

2）有关机关应当按照人民政府的批复，依照法律、行政法规规定的权限和程序，对事故发生单位和有关人员进行行政处罚，对负有事故责任的国家工作人员进行处分。

3）事故发生单位应当按照负责事故调查的人民政府的批复，对本单位负有事故责任的人员进行处理。负有事故责任的人员涉嫌犯罪的，依法追究刑事责任。

4）事故发生单位应当认真吸取事故教训，落实防范和整改措施，防止事故再次发生。防范和整改措施的落实情况应当接受工会和职工的监督。安全生产监督管理部门和负有安全生产监督管理职责的有关部门应当对事故发生单位落实防范和整改措施的情况进行监督检查。

5）事故处理的情况由负责事故调查的人民政府或者其授权的有关部门、机构向社会公布，依法应当保密的除外。

思 考 题

1. 简述建筑工程安全生产活动应当遵循的原则。
2. 简述建筑工程现场安全生产管理的主要内容。
3. 简述建筑工程安全生产管理的方针。
4. 简述安全生产的四种监督方式。

9

第九章 建设工程质量管理法律制度

第一节　建设工程质量法概述

一、建设工程质量的概念

建设工程质量有广义和狭义之分。从狭义上说，建设工程质量仅指工程实体质量，它是指在国家现行的有关法律、法规、技术标准、设计文件和合同中，对工程的安全、适用、经济、美观等特性的综合要求。广义上的建设工程质量还包括工程建设参与者的服务质量和工作质量。它反映在他们的服务是否及时、主动，态度是否诚恳、守信，管理水平是否先进，工作效率是否很高等方面。它又可分为政治思想工作质量、管理工作质量、技术工作质量和后勤工作质量等。应该说，工程实体质量的好坏是决策、计划、勘察、设计、施工等单位各方面、各环节工作质量的综合反映。现在，国内外都趋向于从广义上来理解建设工程质量，但本书中的建设工程质量主要还是指工程本身的质量，即狭义上的建设工程质量。

本书须从广义上理解工程质量的概念，而不能仅仅把认识停留在工程的实体质量上。过去对工程质量的管理通常是一种事后的行为，事故发生时才想起应该追究有关方面的工程质量责任，这时即使对责任主体依法惩处，也无法挽回已经造成的经济损失。但如果在工程质量形成过程中就对参建单位的建设活动进行规范化管理，就可以将工程质量隐患消灭在萌芽状态。这样虽然加大了工作量，但却可以有效地解决工程质量问题，值得广大建设行政管理人员注意。

本书把广义上的工程质量按其形成的各个阶段作了进一步分解，具体内容如表 9-1 所示。

表 9-1 工程建设各阶段的质量内涵

项目	工程项目质量在各阶段的内涵	合同环境下满足需要的主要规定
决策阶段	可行性研究	国家的发展规划或业主的需求
工程项目质量形成的各个阶段	工程项目质量在各阶段的内涵	合同环境下满足需要的主要规定
设计阶段	1. 功能、使用价值的满足程度 2. 工程设计的安全、可靠性 3. 自然及社会环境的适应性 4. 工程概、预算的经济性 5. 设计进度的时间性	工程建设勘察、设计合同及有关法律、法规、强制性标准
施工阶段	1. 功能、使用价值的实现程度 2. 工程的安全、可靠性 3. 自然及社会环境的适应性 4. 工程造价的控制状况 5. 施工进度的时间性	工程建设施工合同及有关法律、法规、强制性标准
保修阶段	保持或恢复原使用功能的能力	工程建设施工合同及有关法律、法规、强制性标准

影响建设工程质量的因素很多，如决策、设计、材料、机械、地形、地质、水文、气象、施工工艺、操作方法、技术措施、人员素质、管理制度等，但归纳起来，可分为五大方面，即通常所说的 4M1E：人（Man）、机械（Machine）、材料（Material）、方法（Method）和环境（Environment）。在工程建设全过程中严格控制好这五大因素，是保证建设工程质量的关键。

二、工程质量的特点

与一般的产品质量相比较，工程质量具有以下一些特点：

1. 影响因素多，质量变动大

决策、设计、材料、机械、环境、施工工艺、管理制度以及参建人员素质等均直接或间接地影响工程质量。工程项目建设不像一般工业产品的生产那样有固定的生产流水线，有规范化的生产工艺和完善的检测技术，有成套的生产设备和稳定的生产环境。工程质量波动较大，这是与受影响因素多的特点相一致的。

2. 隐蔽性强，终检局限大

工程项目在施工过程中，由于工序交接多，若不及时检查发现其存在的质量问题，事后表面上质量尽管很好，但这时混凝土可能已经失去了强度，钢筋已经被锈蚀得完全失去了作用……诸如此类的工程质量问题在终检时是很难通过肉眼判断出来的，有时即使利用检测工具，也不一定能发现问题。

3. 对社会环境影响大

与工程规划、设计、施工质量的好坏有密切联系的不仅仅是使用者，而是整

个社会。工程质量不仅直接影响人民群众的生产生活，而且还影响着社会可持续发展的环境，特别是有关绿化、“三废”和噪声等方面的问题。

三、工程建设各阶段对工程质量形成的影响

工程项目具有周期长的特点，工程质量不是在旦夕之间形成的。人们常常对设计和施工阶段比较重视，孰不知，工程建设各阶段紧密衔接，互相制约影响，所以工程建设的每一阶段均对工程质量的形成产生十分重要的影响。

1. 可行性研究对工程质量的影响

可行性研究是决定工程建设成败与否的首要条件。当前，各类公共工程和国有单位投资的工程，是由政府批准立项的，不少项目筹划过程的规范性和科学性较差。有的工程立项建议滞后，工程上了再立项；有的工程可行性研究不从客观实际出发，马虎粗糙，工程是否可行完全取决于首长意志；有的项目资金、原材料、设备不落实，借资上项目，垫资先开工，迫使设计单位降低设计标准，施工单位偷工减料……凡此种种，工程质量难以得到保证。

2. 勘察、设计阶段对工程质量的影响

工程勘察、设计阶段是影响工程质量的关键环节。地质勘察工作的内容、深度和可靠程度，将决定工程设计方案能否正确考虑场地的地层构造、岩土的性质、不良地质现象及地下水位等工程地质条件。地质勘察失控会直接产生工程质量隐患，如果依照不合格的地质勘察报告进行设计，那么设计质量到底怎样是难以想象的。

工程设计采用什么样的平面布置和空间形式，选用什么样的结构类型，使用什么样的材料、构配件及设备等，都直接关系到工程主体结构的安全可靠。从我国目前的实际情况来看，设计不规范的现象还很严重，如不执行强制性设计标准和安全标准，设计不符合抗震强度要求等。至于有些工程无证设计，盲目套用设计图，或违反设计规范等引发的工程质量问题后果更为严重。国务院于 2000 年 1 月 30 日发布实施的《建设工程质量管理条例》（以下简称《质量条例》）确立了施工图设计文件审查批准制度，就是为了强化设计质量的监督管理。

3. 施工阶段对工程质量的影响

工程的施工阶段是影响工程质量的决定性环节。工程项目只有通过施工阶段才能成为实实在在存在的东西，施工阶段直接影响工程的最终质量。我国工程实践中，违反施工顺序、不按图施工、施工技术不当以及偷工减料等影响工程质量的事例不胜枚举。《质量条例》以行政法规的形式正式确立了建设工程质量监督制度，施工阶段的质量是工程质量监督机构的工作重点。

4. 竣工验收和交付使用阶段对工程质量的影响

竣工验收和交付使用阶段是影响工程质量的重要环节。在工程竣工验收阶

段，建设单位组织设计、施工、监理等有关单位对施工阶段的质量进行最终检验，以考核质量目标是否符合设计阶段的质量要求。这一阶段是工程建设向交付使用转移的必要环节，体现了工程质量水平的最终结果。《质量条例》确立了竣工验收备案制度，这是政府加强工程质量管理，防止不合格工程流向社会的一个重要手段。

在交付使用阶段，首先要做好工程的保护工作。如果保护不当，使工程受到破损、污染等损害，那么设计和施工阶段的工作再出色，也只能是前功尽弃。现实生活中，极易出现管理真空的是用户的装修行为。很多用户不懂工程质量方面的知识，为达到装修效果盲目破坏工程主体结构，往往导致十分危险的质量隐患，直接影响了工程的使用寿命。

四、我国建设工程质量的管理体系

建设工程质量的优劣直接关系到国民经济的发展和人民生命的安全，因此，加强建设工程质量的管理，是一个十分重要的问题。根据有关法规规定，我国建立起了对建设工程质量进行管理的体系，它包括纵向管理和横向管理两个方面。

纵向管理是国家对建设工程质量所进行的监督管理，它具体由建设行政主管部门及其授权机构实施，这种管理贯穿在工程建设的全过程和各个环节之中，它既对工程建设从计划、规划、土地管理、环保、消防等方面进行监督管理，又对工程建设的主体从资质认定和审查，成果质量检测、验证和奖惩等方面进行监督管理，还对工程建设中各种活动如工程建设招投标、工程施工、验收、维修等进行监督管理。

横向管理包括两个方面，一是工程承包单位，如勘察单位、设计单位、施工单位自己对所承担工作的质量管理。它们要按要求建立专门质检机构，配备相应的质检人员，建立相应的质量保证制度，如审核校对制、培训上岗制、质量抽检制、各级质量责任制和部门领导质量责任制等。二是建设单位对所建工程的管理。它可成立相应的机构和人员，对所建工程的质量进行监督管理，也可委托社会监理单位对工程建设的质量进行监理。现在，世界上大多数国家都推行监理制，我国也正在推行和完善这一制度。

第二节 建设工程质量管理法律法规

一、我国工程质量管理法律法规体系

今后政府实施的工程质量监督管理以法律、法规和强制性标准为依据，以政府认可的第三方强制监督为主要方式。建设行政管理部门今后应把工作重点放在

对有关工程质量的法律、法规和强制性标准执行情况的监督检查上，这无疑对广大建设行政管理人员提出了更高的要求。为了加强工程质量管理，我国颁布了一系列关于建设工程质量的法律、法规、规章等。

（一）我国工程质量管理法律规范的基本形式

1. 法律——《中华人民共和国建筑法》（以下简称《建筑法》）

广义上的法律泛指一切规范性文件，这里的法律是狭义上的，是指由全国人大及其常委会制定和变动的规范性文件，如《中华人民共和国刑法》、《中华人民共和国合同法》等。《建筑法》是法律当中的一种。

《建筑法》于1997年11月1日经第八届全国人大常委会第二十八次会议审议通过，自1998年3月1日起施行。《建筑法》第六章规范了建筑工程质量管理，包括建筑工程的质量要求、质量义务和质量管理制度；第七章规范了建筑工程质量责任。《建筑法》是我国社会主义市场经济法律体系中的重要法律，对于加强建筑活动的监督管理，维护建筑市场秩序，保证建筑工程的质量和安全，促进建筑业的健康发展具有重要意义。

2. 行政法规——《建设工程质量管理条例》

行政法规是由最高国家行政机关国务院依法制定和变动的，有关行政管理和行政事项的规范性文件。我国行政法规的名称规定为“条例”、“规定”、“办法”，《建设工程质量管理条例》就是一种行政法规。

《建设工程质量管理条例》于2000年1月10日经国务院第25次常务会议通过，自1月30日发布实施。《质量条例》以参与建筑活动各方主体为主线，分别规定了建设单位、勘察单位、设计单位、施工单位、工程监理单位的质量责任和义务，确立了建设工程质量保修制度，工程质量监督管理制度等内容。《质量条例》对违法行为的种类和相应处罚作出了原则规定，同时，完善了责任追究制度，加大了处罚力度。《质量条例》的发布施行，对于强化政府质量监督，规范建设工程各方主体的质量责任和义务，维护建筑市场秩序，全面提高建设工程质量，具有重要意义。

3. 技术法规

严格地讲，我国目前还没有真正意义上的工程建设技术法规，正如当时的建设部俞正声部长谈到的：“组织编制技术法规，取代现行的强制性标准，这是将来改革的方向。”《工程建设标准强制性条文》虽然是技术法规的过渡成果，但《质量条例》确立了其法律地位，已经成为工程质量管理法律规范体系中重要的一部分。

4. 地方性法规、自治法规

这两类都是由地方国家权力机关制定的规范性文件。

地方性法规是由省、自治区、直辖市、省级政府所在地的市、经国务院批准

的较大市的人大及其常委会制定和修改的，效力不超过本行政区域范围，作为地方司法依据之一的规范性文件。我国的地方性法规一般采用“条例”、“规则”、“规定”、“办法”等名称，《北京市建设工程质量条例》、《深圳经济特区建设工程质量条例》等，都是有关工程质量管理的地方性法规。

自治法规是民族自治地方的权力机关所制定的特殊的地方规范性文件，即自治条例和单行条例的总称。自治条例是民族自治地方根据自治权制定的综合性法律规范，单行条例是根据自治权制定的调整某一方面事项的规范性文件。

5. 行政规章

行政规章是有关行政机关依法制定的事关行政管理的规范性文件的总称，分为部门规章和政府规章两种。

部门规章是国务院所属部委根据行政法规、决定、命令，在本部门的权限内，所发布的各种行政性的规范性文件。有关工程质量管理的部门规章很多，如《建设工程质量管理办法》、《建筑工程施工许可管理办法》、《房屋建筑工程质量保修办法》等。

地方政府规章是有权制定地方性法规的地方的人民政府，根据法律、行政法规及相应的地方性法规，制定的规范性文件。

（二）我国工程质量管理法律规范性文件的适用

具体工作中经常遇到这样的难题，对于同一个问题，条例或规章的规定不一致，让人无所适从。这涉及一个法律适用的问题，根据《中华人民共和国立法法》（以下简称《立法法》）的有关规定，对这个问题加以解释：

1）法律的效力高于行政法规、地方性法规、规章。这就是说，在规范工程质量管理方面，《建筑法》具有最高的法律效力，任何行政法规、地方性法规、规章都不得与《建筑法》相抵触。

2）行政法规的效力高于地方性法规、规章。《建设工程质量管理条例》的法律效力仅次于《建筑法》，其效力要高于地方性法规（如《北京市建设工程质量条例》、《深圳经济特区建设工程质量条例》等），也高于建设部及有关部委发布的部门规章（如《建设工程质量管理办法》、《房屋建筑工程质量保修办法》等）。

3）地方性法规的效力高于本级和下级地方政府规章。省、自治区人民政府制定的规章的效力高于本行政区域内较大的市级人民政府制定的规章。

4）部门规章之间、部门规章与地方政府规章之间具有同等的效力，在各自的权限范围内施行。

5）同一机关制定的规范性文件，特别规定与一般规定不一致的，适用特别规定；新的规定与旧的规定不一致的，适用新的规定。

6）法律、行政法规、地方性法规、自治条例和单行条例、规章不溯及既往，但为了更好地保护公民、法人和其他组织的权益而作的特别规定除外。

7）法律之间对同一事项的新的一般规定与旧的特别规定不一致，不能确定如何使用时，由全国人民代表大会常务委员会裁决。行政法规之间对同一事项新的一般规定与旧的特别规定不一致，不能确定如何适用时，由国务院裁决。

8）地方性法规、规章之间不一致时，由有关机关依照下列规定的权限裁决：①同一机关制定的新的一般规定与旧的特别规定不一致时，由制定机关裁决；②地方性法规与部门规章之间对同一事项的规定不一致，不能确定如何适用时，由国务院提出意见，国务院认为应当适用地方性法规的，应当决定在该地方适用地方性法规的规定；认为应当适用政府规章的，应当提请全国人民代表大会常务委员会裁决；③部门规章之间、部门规章与地方政府规章之间对同一事项的规定不一致时，由国务院裁决。

关于法律适用的问题是建设行政管理人员在具体工作中经常遇到的问题。我国的《立法法》对此有详细的规定，限于篇幅本书在这里不进行更深入的介绍，但希望读者能仔细学习《立法法》第五章适用与备案的有关内容，这可以帮助读者有效地解决实践中碰到的各种规范性文件相互之间矛盾冲突的问题。

二、工程质量管理法律规范的调整对象和适用范围

在对我国工程质量法律规范已经有一个整体认识的基础上，本书结合《建筑法》和《建设工程质量管理条例》，对工程质量管理法律规范的调整对象和适用范围作进一步的理解。

（一）工程质量管理法律规范的调整对象

任何法律都是调整一定社会关系的，《建筑法》、《建设工程质量管理条例》等调整两种社会关系：

1）调整国家主管机关与建设单位、勘察单位、设计单位、施工单位、监理单位之间的工程质量监督管理关系。这是纵向的工程质量管理。

2）调整建设工程活动中有关主体之间的民事关系，包括建设单位与勘察、设计单位之间的勘察设计合同关系，建设单位与施工单位之间的施工合同关系，建设单位与监理单位之间的建设监理委托合同等。这是横向的工程质量管理。

（二）建设工程的范围

1. 建筑活动

《建筑法》规定建筑活动是指各类房屋建筑及其附属设施的建造和与其配套的线路、管道、设备的安装活动。根据以上规定，建筑活动的范围包括三部分：

1）各类房屋的建筑。

2）房屋附属设施的建造，如围墙、烟囱等。

3）与房屋配套的线路（如电器线路、通信线路）的安装、管道（给排水管道、暖气通风管道）的安装和设备（电梯、空调等）的安装。

《建筑法》规定的建筑活动范围虽然较窄，但在第八十一条规定，“本法关于施工许可、建筑施工企业资质审查和建筑工程发包、承包、禁止转包，以及建筑工程监理、建筑工程安全和质量管理的规定，适用于其他专业建筑工程的建筑活动，具体办法由国务院规定”。

2. 建设工程

在《建设工程质量管理条例》中，建设工程是指土木工程、建筑工程、线路管道、设备安装工程及装修工程。

1）土木工程包括矿山、铁路、公路、隧道、桥梁、堤坝、电站、码头、飞机场、运动场、营造林、海洋平台等工程。

2）建筑工程是指房屋建筑工程，即有顶盖、梁柱、墙壁、基础以及能够形成内部空间，满足人们生产、生活、公共活动的工程实体，包括厂房、剧院、旅馆、商店、学校、医院和住宅等工程。

3）线路、管道和设备安装工程包括电力、通信线路、石油、燃气、给水、排水、供热等管道系统和各类机械设备、装置的安装活动。

4）装修工程包括对建筑物内外进行美化和增加使用功能的工程建设活动。

（三）工程质量责任主体的范围

1. 建设行政主管部门及铁路、交通、水利等有关部门

行政管理人员渎职、腐败，是造成重大恶性工程质量事故的首要原因。为此，国务院办公厅在《关于加强基础设施工程质量管理的通知》中强调，建立和落实工程质量领导责任制，并进一步明确了各级、各类领导以及行政管理人员的质量责任。

2. 建设单位

建设单位是建设工程的投资人，也称“业主”。建设单位是工程建设过程的总负责方，拥有确定建设项目的规模、功能、外观、选用材料设备、按照国家法律法规选择承包单位的权利。建设单位可以是法人或自然人，包括房地产开发商。

3. 勘察、设计单位

勘察单位是指对地形、地质及水文等要素进行测绘、勘探、测试及综合评定，并提供可行性评价与建设工程所需勘察成果资料的单位。设计单位是指按照现行技术标准对建设工程项目进行综合性设计及技术经济分析，并提供建设工程施工依据的设计文件和设计施工图的单位。

4. 施工单位

施工单位是指经过建设行政主管部门的资质审查，从事建设工程施工承包的单位。按照承包方式不同，可分为总承包单位和专业承包单位。

5. 工程监理单位

工程监理单位是指经过建设行政主管部门的资质审查，受建设单位委托，依据法律法规以及有关技术标准、设计文件和承包合同，在建设单位的委托范围内对建设工程进行监督管理的单位。工程监理单位可以是具有法人资格的监理公司、监理事务所，也可以是兼营监理业务的工程技术、科学研究及建设工程咨询的单位。

6. 设备材料供应商

设备材料供应商是指提供构成建筑工程实体的设备和材料的企业，不仅指设备材料生产商，还包括设备材料经销商。

建设工程项目具有投资大、规模大、建设周期长、生产环节多、参与方多、影响质量的因素多等特点，不论是哪个主体出了问题，都会导致质量缺陷，甚至重大质量事故的产生。例如，如果建设单位将工程发包给不具备相应资质等级的单位，或指使施工单位使用不合格的建筑材料、构配件和设备；勘察单位提供的水文地质资料不准确，设计单位计算错误，设备选型不准；施工单位不按图施工；工程监理单位不严格进行隐蔽工程检查等，都会造成工程质量缺陷，甚至重大质量事故。因此，工程质量管理最基本的原则和方法就是建立健全质量责任制度。

（四）地域适用范围和时间效力

1. 地域适用范围

地域适用范围是指法律在什么地域内适用。根据《建筑法》和《建设工程质量管理条例》的有关规定，我国工程质量管理法律规范适用于在中华人民共和国境内从事的工程建设活动。对于工程建设活动来讲，无论投资主体是谁，也无论建设工程项目的种类怎样，只要在中华人民共和国境内实施，都要遵守我国的工程质量管理法律规范。另一方面，工程质量管理法律规范不适用境外从事的工程建设活动，如中国的建筑施工企业在国外承包的建设工程项目，不适用《建筑法》和《建设工程质量管理条例》，只能适用于当地的有效法律。

2. 时间效力

时间效力是指法律在什么时间发生效力。在我国工程质量管理法律规范体系范围内，法律生效时间主要有两种：

1）自公布之日起生效。例如，《建设工程质量管理条例》规定，“本条例自公布之日起施行”，也就是从 2000 年 1 月 30 日国务院总理以第 279 号令签发起生效。

2）公布后经过一段时间开始生效。例如，《建筑法》于 1997 年 11 月 1 日公布，但在第八十五条规定，“本法自 1998 年 3 月 1 日起施行”。《建筑法》没有规定自公布之日起施行，主要是考虑留有一段准备时间，用来学习和宣传法律，以

保证该法的顺利实施。

我国的法律规范不具有溯及力，换句话说，新发布的规范性文件对其生效之日以前的事没有法律效力。例如，在1998年3月1日前发生的有关建筑活动方面的事件，不适用《建筑法》的规定；同样，2000年1月30日前发生的有关建设工程的质量事件，也不适用《建设工程质量管理条例》的规定。法律的时间效力问题关系到具体工作中能否准确适用法律，所以对这方面的法律知识应有所了解。

第三节　建设工程质量的标准化制度

工程建设标准化是在建设领域有效地实行科学管理、强化政府宏观调控的基础和手段，积极推行工程建设标准化，对规范建设市场行为，促进建设工程技术进步，保证工程质量，加快建设速度，节约原料、能源，合理使用建设资金，保护人身健康和人民生命财产安全，提高投资效益，都具有重要的作用。1988年、1989年相继批准发布的《标准化法》和《标准化法实施条例》，不仅使我国标准化工作进入了依法管理的轨道，同时也极大地促进了标准化工作的发展。截止到2002年底，工程建设标准的数量已达到3674项，其中，国家标准339项、行业标准2374项、地方标准817项、协会标准144项。

《标准化法》规定：标准化工作的任务是制定标准、实施标准和对标准的实施进行监督。标准是标准化工作的前提和基础，标准化工作是围绕标准而开展的。工程建设标准就是在建设领域内对各类建设工程的勘察、规划、设计、施工、安装、验收以及管理、维护加固等活动所制定的标准。它以科学、技术和实践经验的综合成果为基础，经有关各方协商一致，由主管机构批准，以特定形式发布，作为建设领域共同遵守的准则和技术依据。

一、工程建设标准

（一）工程建设标准的概念

标准是指对重复性事物和概念所做的统一性规定。它以科学技术和实践经验的综合成果为基础，经有关方面协商统一，由主管机构批准，以特定形式发布，作为共同遵守的准则和依据。

工程建设标准是指对基本建设中各类工程的勘察、规划、设计、施工、安装、验收等需要协调统一的事项所制定的标准。

制定和实施各项工程建设标准，并逐步使其各系统的标准形成相辅相成、共同作用的完整体系，即实现工程建设标准化，是实现现代化建设的重要手段，也是现阶段我国建设领域一项重要的经济、技术政策。它可保证工程建设的质量及安全生产，全面提高工程建设的经济效益、社会效益和环境效益。

（二）工程建设标准的特点

工程建设标准的特点取决于工程建设所具有的特殊性。主要包括工程建设活动的复杂性、工程本身的复杂性和重要性以及工程受自然环境、社会环境影响大的特性，因此，人们比较认同的工程建设标准的特点有三个，即综合性强、政策性强、结合自然环境强。

1. 综合性强

工程建设综合性强的特点主要反映在以下两个方面：

1）工程建设标准的内容多数是综合性的。例如《建筑设计防火规范》，其内容不仅包括了民用建筑设计的各个方面应当采取的防火安全措施，而且也包括了各类工业建筑中应当采取的一系列安全防火措施。在制定标准时，需要就各个不同领域的科学技术成果和经验教训，进行综合分析，具体分解，并需要保证标准的综合成果达到安全可靠的目的。又如《民用建筑室内环境污染控制规范》，其适用范围是新建、改建、扩建的民用建筑工程和装修工程，在制定该规范时，不仅要同时反映出民用建筑工程和装修工程在新建、改建、扩建方面的特点和技术要求，而且要同时反映出民用建筑工程和装修工程在新建、改建、扩建过程中的勘察、设计、施工、验收以及检验等不同环节的特点和技术要求。民用建筑工程包括的类型很多，如住宅、办公楼、医院病房楼、商场、车站等，由于其使用功能、使用对象、通风条件、人员停留时间等诸多方面不尽相同，因此，在确定控制指标时，需要做到区别对待。同时，要实现控制的最终目标，除了对建设工程过程进行控制以外，还需要对建筑材料、装修材料的污染物含量进行控制等。只有在这诸多的方面都得以综合反映，才能实现标准的制定目标。可以说，工程建设标准绝大部分都需要应用各领域的科技成果，经过综合分析，才能制定出来。

2）制定工程建设标准需要考虑的因素是综合性的。这些因素不仅包括了技术条件，而且也包括经济条件和管理水平。有的人抱怨某些工程建设标准技术水平低，许多先进的科学技术成果或国外的成功经验没有纳入到标准中来，根源就在于忽视了我国的国情，没有认真分析我国的经济承受能力和管理水平是否适应。仍以《民用建筑室内环境污染控制规范》为例，技术水平定高了，应当说对减少室内环境污染有利，但市场上能否有足够的高标准的建筑材料和装修材料满足实际工程的需要；即使部分工程能够在市场上采购到相应的高标准的建筑材料和装修材料，投资者、使用者的经济条件能否承受得了；目前的施工条件、检验手段等能否满足要求，等。这就需要进行综合分析，全面衡量，统筹兼顾，以求在可能的条件下获取最佳的效果。可以说，经济、技术、安全、管理等诸多现实因素相互制约的结果，也是造成工程建设标准综合性强的一个重要原因，而不综合考虑这些因素，工程建设标准也就很难在实际中得到有效贯彻执行。

2. 政策性强

工程建设政策性强的主要原因有以下五个方面：

1）工程建设的投资量大，我国每年用于基本建设的投资约占国家财政总支出的30%，其中大部分用于工程建设，因此各项技术标准的制定应十分慎重，需要适应相应阶段国家的经济条件。例如对民用住宅建筑的标准稍加提高，即使每平米造价增加几元钱，年投资就会增加几千亿元。控制投资是政策性很强的事项，工程建设技术标准首先要控制恰当。

2）工程建设要消耗大量的资源（包括各种原材料和能源、土地等），直接影响到环境保护、生态平衡和国民经济的可持续发展，标准的水平需要适度控制，不允许任意不恰当地提高标准。

3）工程建设直接关系到人民生命财产的安全、关系到人体健康和公共利益，但安全、健康和公共利益也并非越高越好，还需要考虑经济上的合理性和可能性。安全、健康和公共利益以合理为度，工程建设标准对安全、健康、公共利益与经济之间的关系进行了统筹兼顾。

4）工程建设标准化的效益，尤其是强制性标准的效益，不能单纯着眼于经济效益，还必须考虑社会效益。例如有关抗震、防火、防爆、环境保护、改善人民生活和劳动条件等方面的各种技术标准，首先是为了获得社会效益。

5）工程建设要考虑百年大计。任何一项工程使用年限绝不只是三、五年，而是少则几十年，多则百年以上。因此，工程建设技术标准在工程的质量、设计的基准等方面，需要考虑这一因素，并提出相应的措施或技术要求。

3. 受自然环境影响大

标准是科学技术和实践经验的综合成果，必须结合国情来制定，符合具体的自然环境条件和现阶段的经济实力、科学技术水平。在一般情况下，对工程建设方面的国际标准或国外先进标准的直接引进采用是应该争取的，这样有利于与国际接轨，但实际上国际通用的工程建设技术标准为数有限。从我国现行的工程建设技术标准状况来看，都是考虑了幅员辽阔的因素。首先在技术标准的分级上设置了地方标准一级，充分体现了对自然环境条件影响的重视；同时，针对一些特殊的自然条件，专门制定了相应的技术标准，如黄土地区、冻土地区以及膨胀土地区的建筑技术规范等。

（三）工程建设标准的作用

现代建筑业是建立在以技术为主体的基础上的社会化大生产，它不仅有复杂的机械设备和配套系统，而且建筑材料及其性能也十分复杂，工程作为产品的制造过程从勘察设计到竣工验收都具有高度的科学性和技术性。标准作为贯穿科研、设计、生产、材料流通和使用各个环节的纽带和桥梁，具有以下作用：

1. 确保工程的安全性、经济性和适用性

安全与经济是基本建设中政策性、技术性很强的两个重要因素。从某种意义上讲，它们又是一对关系到建设速度和投资效益的矛盾，处理不当，就会给国家和人民的生命财产造成严重的损失。为此，必须以合理地保证工程质量来处理好这一对矛盾。如何做到既能保证安全和质量，又不浪费投资，制定一系列的标准规范就是很重要的一个条件。因为，按现行的规定，经一定程序批准发布的标准规范，具有技术性质，设计、施工必须遵守。而且，标准规范是在国家方针、政策指导下制定的，它根据工程实践经验和科学试验数据，结合国情进行综合分析，提出科学、合理的安全度要求。在此基础上按工程的使用功能和重要性，划分安全等级，据此作出相应的规定。这样，就基本可以做到各项工程建设在一定的投资条件下，既保证安全，达到预期的建设目的，又不会有过高的安全要求，增加过多的投资。此外，制定标准规范还要考虑国家的国力和资源条件，通过平衡需要和可能，制定合适的标准。为了保证工程质量，还要通过优选的办法，在兼顾安全、通用、经济的前提下，合理统一各种功能参数和技术指标，使工程建设的经济性、合理性得到进一步保证。

2. 保证和提高工程建设的质量

在工程建设领域内，拥有各种专业的各级工程技术人员，他们分布在某一部门、某一单位内，人员级配是不平衡的，也就是说从事工程建设的具体勘察、规划、设计、施工单位，他们的技术力量是有差别的；即使以某一个专业单位而言，技术力量也是不平衡的。由此，一个工程、一项设计或施工的水平，将取决于承担任务的科技人员的水平，这是客观的普遍情况。但工程建设不允许在质量上出现过大的差别，造成投资浪费、影响功能要求或甚至影响到工程的安全。工程建设标准化的作用，可以避免这种不允许的差别。工程建设标准化系列中，有关专业的标准规范为相应专业的工程技术人员，提供了必要的规定。例如结构方面的设计规范，内容包括荷载、结构构造要求和相应的结构计算模型的确定、内力计算方法、截面设计方法和具体公式等规定，只要设计人员认真执行，就可以保证工程质量。标准规范的功能对于任何人都是相同的，从这层意思来讲，标准化可以普遍提高工程质量。同时，根据标准化的工作方法，每一项工程建设标准规范的判定，都是在掌握大量实践经验的基础上开展的，并且都进行了若干试验验证，是具备高度科学性的产物。同时在批准颁发之前，都经过广泛的征求意见和全国性或专业性审查会，鉴定把关。因此，它具备了保证工程质量的牢靠基础，这是一个普遍性的问题。

3. 合理利用资源，节约原材料

如何利用资源、挖掘材料潜力、开发新的品种、搞好工业废料的利用，以及控制原料和能源的消耗等，已成为保证基本建设、持续发展亟待解决的重要课

题。在这方面，工程建设标准化可以起到极为重要的作用：①国家可以运用标准规范的法制地位，按照现行经济和技术政策制度约束性的条款，限制短缺物资、资源的开发使用，鼓励和指导采用代替材料；②根据科学技术发展情况，以每一时期的最佳工艺和设计、施工方法，指导采用新材料和充分挖掘材料功能潜力；③以先进可靠的设计理论和择优方法，统一材料设计指标和结构功能参数，在保证使用和安全的条件下，降低材料和能源消耗。

4. 促进科研成果转化和新技术的推广应用

标准规范应用于工程实践，必须具有指导作用，保证工程获得最佳经济效益和社会效益。因此，标准规范必须建立在生产和科学技术发展的基础上，保持其先进性和科学性。科研成果和新技术一旦为标准规范肯定和采纳，必然在相应范围内产生巨大的影响，促进科研成果和新技术得到普遍的推广和广泛应用，尤其是在我国社会主义市场经济体制的条件下，科学技术新成果一旦纳入标准，都具有了相应的法定地位，除强制要求执行的以外，只要没有更好的技术措施，都应当自动地得到应用。此外，标准规范纳入科研成果和新技术，一般都进行了以择优为核心的统一、协调和简化工作，使科研成果和新技术更臻于完善，并且在标准规范实施过程中，通过信息反馈，提供给相应的科研部门进一步研究参考，这又反过来促进科学技术的发展。

5. 保证建设工程发挥社会效益

在基本建设中，很多工程在发挥其功能的同时，也带来了污染环境的公害；还有一些工程需要考虑防灾（防火、防爆、防震等），以保障国家、人民财富和生命安全。我国政府为了保护人民健康、保障国家、人民生命财产安全和保持生态平衡，除了在相应工程建设中增加投资或拨专款进行有关的治理外，主要还在于通过工程建设标准化工作的途径，做好治本工作。多年来，有关部门通过调查研究和科学试验，制定发布了这方面的专门标准，例如防震、防火、防爆等标准规范。另外，在其他的专业标准规范中，凡涉及这方面的问题，也规定了专门的要求。由于这方面的标准规范都属于强制性，在工程建设中要严格执行，因此，这些标准规范的发布和实施，对防止公害、保障社会效益起到了重要作用。近年来，为了方便残疾人、老年人、节约能源、保护环境，组织制定了一系列有益于公众利益的标准规范，使标准规范在保障社会效益方面作用更加明显。

二、工程建设标准的种类

（一）根据标准的约束性划分

按标准的约束性分为强制性标准和推荐性标准。

我国的标准化法规定，国家标准和行业标准分为强制性标准和推荐性标准。保障人体健康，人身财产安全的标准和法律、行政性法规规定强制性执行的标准

是强制性标准，其他标准是推荐性标准。省、自治区、直辖市标准化行政主管部门制定的工业产品的安全、卫生要求的地方标准在本行政区域内是强制性标准。

强制性标准必须严格执行。对工程建设业来说，下列标准属于强制性标准：

1）工程建设勘察、规划、设计、施工（包括安装）及验收等通用的综合标准和重要的通用的质量标准。

2）工程建设通用的有关安全、卫生和环境保护的标号。

3）工程建设重要的术语、符号、代号、量与单位、建筑模数和制图方法标准。

4）工程建设重要的通用的试验、检验和评定等标准。

5）工程建设重要的通用的信息技术标准。

6）国家需要控制的其他工程建设通用的标准。

强制性标准以外的标准是推荐性标准。推荐性标准国家鼓励企业自愿采用。

（二）根据内容划分

按标准的内容分为设计标准、施工及验收标准和建设定额。

1. 设计标准

设计标准是指从事工程设计所依据的技术文件。设计标准一般可分为：

1）建筑设计标准。建筑设计标准包括建筑设计、建筑物理、建筑暖通与空调等方面的技术标准与规程。

2）结构设计标准。结构设计标准包括建筑结构、工程抗震、勘察及地基与基础等方面的技术标准和规程。

3）防火设计标准。防火设计标准包括建筑物的耐火性能、建筑物防火防爆措施、消防、给水与排水、通风与采暖、疏散通道等技术标准和规程。

2. 施工及验收标准

施工标准是指施工操作程序及其技术要求的标准。施工标准一般分为建筑工程施工标准和安装工程施工标准两大类。验收标准是指检验、接收竣工工程项目的规程、办法与标准。主要内容有：

1）地基与基础工程。地基与基础工程包括井点降低地下水位、岩土、重锤夯实、预压、强夯、振冲和旋喷地基，以及桩基础、地下连续墙、沉井等。

2）钢筋混凝土工程。钢筋混凝土工程包括模板工程、钢筋工程、混凝土工程、装配式结构和预应力混凝土结构等。

3）砖石工程。砖石工程包括砂浆、砌砖、砌石和冬季施工等。

同时对上述等施工规范的主要项目，规定了质量指标。并考虑到工程特点，有的质量指标规定了正负允许偏差，如轴线、标高、宽度、厚度、间距和截面尺寸等；有的仅规定了正允许偏差，如地脚螺栓孔深度等；也有的仅规定了负偏差，如混凝土柱和牛腿上的表面标高；还有的规定了允许偏差，不规定正负，如

位置、垂直度、平整度等。

3. 建设定额

建设定额是指国家规定的消耗在单位建筑产品上活劳动和物化劳动的数量标准，以及用货币表现的某些必要费用的额度。

（三）按属性分类

按照标准的基本属性划分为技术标准、管理标准和工作标准三大类。

1. 技术标准

技术标准是指对标准化领域中需要协调统一的技术事项所制定的标准。一般来说，技术标准是指对标准化对象的技术特征加以规定的标准，它是从事生产建设及商品流通的一种共同遵守的技术依据。

2. 管理标准

管理标准是指对标准化领域中需要协调统一的管理事项所制定的标准。管理事项主要指在营销、设计、采购、工艺、生产、检验、能源、安全、卫生环保等管理中与实施技术标准有关的重复性事物和概念。

3. 工作标准

工作标准是指对标准化领域中需要协调统一的工作事项所制定的标准。工作事项主要指在执行相应管理标准和技术标准时与工作岗位的职责、岗位人员基本技能、工作内容、要求与方法、检查与考核等有关的重复性事物和概念。

（四）我国标准的分级

根据《标准化法》的规定，我国的标准分为四级，国家标准、行业标准、地方标准、企业标准。

1. 国家标准

国家标准是对需要在全国范围内统一的技术要求制定的标准。需要在全国范围内统一的下列技术要求，应制定国家标准（含标准样品的制作）：通用的技术术语、符号、代号（含代码）、制图方法、互换配合要求；保障人体健康和人身、财产安全的技术要求；基本原料、材料、燃料的技术要求；通用基础件的技术要求；通用的试验、检验方法；工程建设勘察、规划、设计、施工及验收的重要技术要求；工程建设、交通运输、资源等通用的管理技术要求；国家需要控制的其他重要产品和工程建设的通用技术要求等。国家标准由国务院标准化行政主管部门编制计划，协调项目分工，组织制定、修订、统一编审、编号、发布。工程建设国家标准由建设行政主管部门审批，国务院标准化行政主管部门统一编号，由工程建设行政主管部门和标准化行政主管部门联合发布。

2. 行业标准

行业标准是对没有国家标准而又需要在全国某个行业范围内统一的技术要求所制定的标准。行业标准不得与国家标准相抵触。有关行业标准之间应保持协调、统一，不得重复。行业标准在相应的国家标准公布后，即行废止。需要在行业内统一的下列技术要求，可以制定行业标准：技术术语、符号、代号（含代码）、制图方法等；工程建设勘察、规划、设计、施工及验收的技术要求及方法；交通运输、资源等的技术要求及其管理技术要求等。行业标准也分为强制性标准和推荐性标准。行业标准是由国务院该行业行政主管部门组织制定的，并由该部门统一审批、编号、发布，送国务院标准化行政主管部门备案。

3. 地方标准

地方标准是对没有国家标准和行业标准而又需要在该地区范围内统一的技术要求所制定的标准（含标准样品的制作）。地方标准不得违反有关法律、法规和国家、行业的强制性标准。地方标准由省、自治区、直辖市标准化行政主管部门统一编制计划、组织审定、编号和发布。地方标准发布后，应由省、自治区、直辖市标准化行政主管部门向国务院标准化行政主管部门和有关行政主管部门备案。

4. 企业标准

企业标准是对企业范围内需要协调、统一的技术要求、管理事项和工作事项所制定的标准。企业标准是企业组织生产、经营活动的依据。企业标准不得违反有关法律、法规和国家、行业的强制性标准。在同一企业内，企业标准之间应协调一致。企业标准由企业制定，由法人代表或法人代表授权的主管领导批准、发布。企业标准一般应由企业按企业的隶属关系报当地政府标准化行政主管部门备案。国家标准、行业标准和地方标准的强制性标准，企业必须严格执行。推荐性标准，企业一经采用也具有了强制的性质，因此应严格执行。对于企业已经备案的企业标准也应严格执行。

三、工程建设强制性标准

（一）《工程建设标准强制性条文》实施的意义

1. 《工程建设标准强制性条文》是贯彻《建设工程质量管理条例》的一项重大举措

国务院发布的《建设工程质量管理条例》，对于加强工程质量管理的一系列重大问题作出了明确规定，其中一个重要的内容就是对执行工程建设强制性标准作出了严格的规定。过去，我国发布了很多标准，有强制性的也有推荐性的，很多建设环节往往没有执行，这方面的例子很多。例如：残疾人通道，许多建筑物就没有执行标准。标准规定超过六层的住宅要设电梯，多数城市也不执行，有的建到九层还不设电梯。

《质量管理条例》第五十六条规定，建设单位明示或者暗示设计单位或者施工单位违反工程建设强制性标准，降低工程质量的，责令改正，处20万元以上50万元以下的罚款；第六十三条规定，勘察单位、设计单位未按照工程建设强

制性标准进行勘察、设计的，责令改正，处20万元以上30万元以下的罚款；第六十四条规定，施工单位不按照技术标准施工的，责令改正，处合同价款2%以上4%以下的罚款。

《工程建设标准强制性条文》以现行的强制性国家标准和行业标准为基础，编制了包括城乡规划、城市建设、房屋建筑、工业建筑、水利工程、电力工程、信息工程、水运工程、公路工程、铁道工程、石油和化工建设工程、矿山工程、人防工程、广播电影电视工程和民航机场工程在内的十五部分内容。《强制性条文》的贯彻实施，必将推动《建设工程质量管理条例》的全面落实。

2.《工程建设标准强制性条文》是推进工程建设标准体制改革的关键

我国现行的工程建设标准体制是强制性与推荐性相结合的标准体制。这一体制的确立是《标准化法》所规定的。工程建设标准化是国家、行业和地方政府从技术控制的角度，为建筑市场提供运行规则的一项基础性工作，对引导和规范建筑市场行为具有重要的作用。因此，尽快建立起适应社会主义市场经济要求的工程建设标准管理体制，势在必行。

《工程建设标准强制性条文》启动了工程建设标准体制的改革，是工程建设标准体制改革从研究、探索到具体实施所迈出的关键一步。随着《强制性条文》内容的不断完善，将逐步形成与国际惯例接轨的我国工程建设技术法规基本体系。

3. 贯彻《工程建设标准强制性条文》是保证和提高工程质量的重要环节

建设部在发布《强制性条文》的通知中，明确规定了《强制性条文》的地位和作用。关键内容有两点：①明确了《强制性条文》是参与建设活动各方执行工程建设强制性标准和政府对执行情况实施监督的依据；②明确了列入《强制性条文》的所有条款都必须严格执行，就是说，有一个条文不执行就要处罚，造成工程质量事故，必然要追究相应的责任。

（二）工程建设强制性标准的监督管理

国务院建设行政主管部门负责实施全国工程建设强制性标准的监督管理工作。国务院有关行政主管部门按照国务院的职能分工负责实施工程建设强制性标准的监督管理工作。县级以上地方人民政府建设行政主管部门负责本行政区域内实施工程建设强制性标准的监督管理工作。

工程建设中拟采用的新技术、新工艺、新材料，不符合现行强制性标准规定的，应当由拟采用单位提请建设单位组织专题技术论证，报批准标准的建设行政主管部门或者国务院有关主管部门审定。工程建设中采用国际标准或者国外标准，现行强制性标准未作规定的，建设单位应当向国务院建设行政主管部门或者国务院有关行政主管部门备案。

建设项目规划审查机构应当对工程建设规划阶段执行强制性标准的情况实施

监督。

施工图设计文件审查单位应当对工程建设勘察、设计阶段执行强制性标准的情况实施监督。

建筑安全监督管理机构应当对工程建设施工阶段执行施工安全强制性标准的情况实施监督。

工程质量监督机构应当对工程建设施工、监理、验收等阶段执行强制性标准的情况实施监督。

建设项目规划审查机关、施工设计图设计文件审查单位、建筑安全监督管理机构、工程质量监督机构的技术人员必须熟悉、掌握工程建设强制性标准。

工程建设标准批准部门应当定期对建设项目规划审查机关、施工图设计文件审查单位、建筑安全监督管理机构、工程质量监督机构实施强制性标准的监督进行检查，对监督不力的单位和个人，给予通报批评，建议有关部门处理。

（三）工程建设强制性标准执法检查

工程建设标准批准部门应当对工程项目执行强制性标准情况进行监督检查。监督检查可以采取重点检查、抽查和专项检查的方式。

强制性标准监督检查的内容包括：①有关工程技术人员是否熟悉、掌握强制性标准；②工程项目的规划、勘察、设计、施工、验收等是否符合强制性标准的规定；③工程项目采用的材料、设备是否符合强制性标准的规定；④工程项目的安全、质量是否符合强制性标准的规定；⑤工程中采用的导则、指南、手册、计算机软件的内容是否符合强制性标准的规定。工程技术人员应当参加有关工程建设强制性标准的培训，并可以计入继续教育学时。任何单位和个人对违反工程建设强制件标准的行为有权向建设行政主管部门或者有关部门检举、控告、投诉。

（四）违反工程建设强制性标准的法律责任

1）建设单位有下列行为之一的，责令改正，并处以 20 万元以上 50 万元以下的罚款；明示或者暗示施工单位使用不合格的建筑材料、建筑构配件和设备的；明示或者暗示设计单位或者施工单位违反工程建设强制性标准，降低工程质量的。

2）勘察、设计单位违反工程建设强制性标准进行勘察、设计的，责令改正，并处以 10 万元以上 30 万元以下的罚款。有前款行为，造成工程质量事故的，责令停业整顿，降低资质等级；情节严重的，吊销资质证书；造成损失的，依法承担赔偿责任。

3）施工单位违反工程建设强制性标准的，责令改正，处工程合同价款 2%以上 4%以下的罚款；造成建设工程质量不符合规定的质量标准的，负责返工、修理，并赔偿因此造成的损失；情节严重的，责令停业整顿，降低资质等级或者吊销资质证书。

4）工程监理单位违反强制性标准规定，将不合格的建设工程以及建筑材料、建筑构配件和设备按照合格签字的，责令改正，处50万元以上100万元以下的罚款，降低资质等级或者吊销资质证书；有违法所得的，予以没收；造成损失的，承担连带赔偿责任。违反工程建设强制性标准造成工程质量、安全隐患或者工程事故的，按照《建设工程质量管理条例》有关规定，对事故责任单位和责任人进行处罚。

四、工程建设标准的制定与实施

（一）工程建设标准的制定原则

1）遵守国家的有关法律、法规及相关方针、政策，密切结合自然条件，合理利用资源，充分考虑使用和维修的要求，做到安全适用、技术先进、经济合理。

2）积极开展科学实验或测试验证。有关项目，应纳入主管部门的科研计划，认真组织实施，写出成果报告。

3）积极采用新技术、新工艺、新设备、新材料。经有关主管部门或受托单位鉴定，有完整的技术文件，且经实践检验的新技术、新工艺等，应纳入标准。

4）积极采用国际标准和国外先进标准。凡经认真分析论证或测试验证，并符合我国国情的国际和国外先进标准，应纳入标准。

5）条文规定严谨明确，文字简练，不得模棱两可。内容深度、术语、符号、计量单位等应前后一致，不得矛盾。

6）注意与先行标准的协调。要遵守先行的工程建设标准，确有更改需要的，必须经过审批。工程建设标准中，不得规定产品标准的内容。

7）发扬民主、充分讨论。对有关政策问题应认真研究、统一认识；对有争论的技术性问题，应在调查研究、实验验证或专题讨论的基础上充分协商，再做结论。

（二）工程建设标准的审批、发布

工程建设国家标准由国务院建设行政主管部门审查批准，国务院标准化行政主管部门和建设行政主管部门联合颁行。

工程建设行业标准由国务院有关行政主管部门审批、颁行，并报国务院建设行政主管部门备案。

工程建设地方标准的制定、审批、发布方法，由省、自治区、直辖市人民政府规定。但标准发布后应报国务院建设行政主管部门和标准化行政主管部门备案。

工程建设企业标准由企业组织制定，并按国务院有关行政主管部门或省、自治区、直辖市人民政府的规定报送备案。

(三) 工程建设标准的实施

工程建设标准的实施，不仅关系到建设工程的经济效益、社会效益和环境效益，而且直接关系到工程建设者、工程所有者和使用者的人身安全及国家、集体和公民的财产安全。因此，必须严格执行，认真监督。相关法规规定如下：

1) 各级行政主管部门在制定有关工程建设的规定时，不得擅自更改国家及行业的强制性标准；从事工程建设活动的部门、单位和个人，都必须执行强制性标准；对于不符合强制性标准的工程勘察成果报告和规划、设计文件，不得批准使用；不按标准施工，质量达不到合格标准的工程，不得验收。

2) 工程质量监督机构和安全监督机构，应根据现行的强制性标准，对工程建设的质量和安全进行监督，当监督机构与被监督单位对适用的强制性标准发生争议时，由该标准的批准部门进行裁决。

3) 各级行政主管部门应对勘察、设计、规划、施工单位及建设单位执行强制性标准的情况进行监督检查。国家机关、社会团体、企业、事业单位及全体公民均有权检举、揭发违反强制性标准的行为。

4) 对于工程建设推荐性标准，国家鼓励自愿采用。采用何种推荐性标准，由当事人在工程合同中予以确认。

第四节　建设工程的质量责任制度

一、建设单位的质量责任

建设单位的质量责任如下：

1) 建设单位必须按照建设程序组织工程建设，应当先勘察、再设计、再施工，确保建设行为的依法性和科学性。

2) 建设单位应当将工程发包给具有相应资质等级的单位。建设单位不得将建设工程肢解发包。所谓肢解发包，是指建设单位将应当由一个承包单位完成的建设工程分解成若干部分发包给不同承包单位的行为。

3) 建设单位应当依法对工程建设项目的勘察、设计、施工、监理以及与工程建设有关的重要设备、材料等的采购进行招标。建设单位应对由于其选择的设计、施工单位和其负责供应的设备等原因发生的质量问题承担相应责任。

4) 建设单位必须根据工程特点和技术要求，按有关规定选择相应资质等级的勘察设计、施工单位，并签订工程承包合同。工程承包合同中必须有质量条款，明确质量责任。建设单位必须向有关的勘察、设计、施工、工程监理等单位提供与建设工程有关的原始资料，原始资料必须真实、准确、齐全。

5) 建设单位不得以任何理由，要求建筑设计单位或者建筑施工企业在工程

设计或者施工作业中，违反法律、行政法规和建设工程质量、安全标准，降低工程质量。建设工程发包单位不得迫使承包方以低于成本的价格竞标，不得任意压缩合理工期。建设单位不得明示或者暗示设计单位或者施工单位违反工程建设强制性标准，降低建设工程质量。

6）建设单位应当将施工图设计文件报县级以上人民政府建设行政主管部门或者其他有关部门审查，施工图设计文件未经审查批准的不得使用。

7）建设单位应根据工程特点，配备相应的质量管理人员，或委托工程建设监理单位进行管理。实行监理的建设工程，建设单位应当委托具有相应资质等级的工程监理单位进行监理，也可以委托具有工程监理相应资质等级并与被监理工程的施工承包单位没有隶属关系或者其他利害关系的该工程的设计单位进行监理。委托监理的建设单位应与工程建设监理单位签订监理合同，明确双方的责任、权利和义务。

8）建设单位在领取施工许可证或者开工报告前，应当按照国家有关规定办理工程质量监督手续；组织设计和施工单位认真进行设计交底和施工图会审；施工中应按照国家现行的有关工程建设法律法规、技术标准及合同规定，对工程质量进行检查；建设单位收到建设工程竣工报告后，应当组织设计、施工、工程监理等有关单位进行竣工验收。

9）按照合同约定，由建设单位采购建筑材料、建筑构配件和设备的，建设单位应当保证建筑材料、建筑构配件和设备符合设计文件和合同要求。建设单位不得明示或者暗示施工单位使用不合格的建筑材料、建筑构配件和设备。建设单位按照工程承包合同中规定供应的设备等产品的质量，必须符合国家现行的有关法律、法规和技术标准的要求。

10）涉及建筑主体和承重结构变动的装修工程，建设单位应当在施工前委托原设计单位或者具有相应资质等级的设计单位提出设计方案，没有设计方案的，不得施工。房屋建筑使用者在装修过程中，不得擅自变动房屋建筑主体和承重结构。

11）建设单位应当严格按照国家有关档案管理的规定，及时收集、整理建设项目各环节的文件资料，建立、健全建设项目档案，并在建设工程竣工验收后，及时向建设行政主管部门或者其他有关部门移交建设项目档案。

二、勘察、设计单位的质量责任

勘察、设计单位的质量责任如下：

1）从事建设工程勘察、设计的单位应当依法取得相应等级的资质证书，并在其资质等级许可的范围内承揽工程。禁止勘察、设计单位超越其资质等级许可的范围或者以其他勘察、设计单位的名义承揽工程。禁止勘察、设计单位允许其他单位或者个人以本单位的名义承揽工程。勘察、设计单位不得转包或者违法分包承揽的工程。

2）工程勘察、设计单位应按照国家有关的法律、法规，技术标准和勘察、设计合同的要求进行勘察工作，并建立健全科学有效的质量管理程序和质量责任制，明确单位的法定代表人、项目负责人（技术负责人）、审核人以及与勘察作业有关人员的质量责任。

3）勘察、设计单位必须按照工程强制性标准进行勘察、设计，并对其勘察、设计的质量负责。注册建筑师、注册结构工程师等注册执业人员应当在设计文件上签字，对设计文件负责。

4）勘察单位提供的地质、测量、水文等勘察成果必须真实、准确、可靠，并对勘察成果质量负法律责任和相应的经济责任。工程勘察单位内部要实行技术、劳务分离，劳务工作逐步社会化，并由技术部门指导、监督劳务工作，确保野外工作质量，保证量测、记录和取样的正确性、真实性和可靠性。工程勘察单位要加强勘察仪器、设备及试验室的管理，现场钻探、取样的机具设备（特别是取样器）、岩土工程原位测试及工程测量仪器等应符合有关规范、规程的规定，进行定期检定或者校准，并逐步通过计量行政部门组织的计量认证。工程勘察文件应反映工程地质、地形地貌、水文地质状况，评价准确，数据可靠。

5）设计单位应当根据勘察成果文件进行建设工程设计。设计文件应符合国家现行的有关法律、法规、工程设计技术标准和合同的规定，设计文件应当符合国家规定的设计深度要求，应满足相应设计阶段的技术要求。施工图应配套，细部节点应交待清楚，标注说明应清晰、完整，并注明工程合理使用年限。设计单位在设计文件中选用的建筑材料、建筑构配件和设备，应当注明规格、型号、性能等技术指标，其质量要求必须符合国家规定的标准。除有特殊要求的建筑材料、专用设备、工艺生产线等外，设计单位不得指定生产厂、供应商。设计单位应当就审查合格的施工图设计文件向施工单位作出详细说明。

6）工程勘察单位应参与建设工程质量事故的处理工作，并对因勘察原因造成的质量事故，提出相应的技术处理方案。设计单位应当参与建设工程质量事故分析，并对因设计造成的质量事故提出相应的技术处理方案。

7）工程勘察、设计单位必须加强技术档案的管理工作。工程项目完成后，必须将全部资料作为质量审查、监督依据的原始资料，分类编目，装订成册，归档保存。

三、施工单位的质量责任

施工单位的质量责任如下：

1）施工单位应当依法取得相应等级的资质证书，并在其资质等级许可的范

围内承揽工程。禁止施工单位允许其他单位或个人以本单位的名义承揽工程。施工单位不得转包或者违法分包工程。

2）建筑施工企业对工程的施工质量负责。施工单位应当建立质量责任制，确定工程项目的项目经理、技术负责人和施工管理负责人。建筑物在合理使用寿命内，必须确保地基基础工程和主体结构的质量。

3）建筑施工企业必须按照国家工程安全标准、工程设计图和施工技术标准施工，不得偷工减料。工程设计的修改由原设计单位负责，建筑施工企业不得擅自修改工程设计。施工单位在施工过程中发现设计文件和设计施工图有差错的，应当及时提出意见和建议。

4）施工单位必须建立、健全施工质量的检验制度，严格工序管理，做好隐蔽工程的质量检查和记录。隐蔽工程在隐蔽前，施工单位应当通知建设单位、监理单位和建设工程质量监督机构。

5）施工单位应当建立、健全教育培训制度，加强对职工的教育培训，未经教育培训或者考核不合格的人员，不得上岗作业。

6）施工单位对施工中出现质量问题的建设工程或竣工验收不合格的建设工程，应当负责翻修。建筑工程竣工时，屋顶、墙面不得留有渗漏、开裂等质量缺陷，对已发现的质量缺陷，建筑施工企业应当修复。建筑工程竣工经验收合格后，方可交付使用，未经验收或者验收不合格的，不得交付使用。施工单位对施工中出现质量问题的建设工程或者竣工验收不合格的建设工程，应当负责返修。

7）使用合格建筑材料的责任。建筑施工企业必须按照工程设计要求、施工技术标准和合同的约定，对建筑材料、建筑构配件、设备和商品混凝土进行检验，检验应当有书面记录和专人签字，未经检验或者检验不合格的，不得使用。

8）施工人员对涉及结构安全的试块、试件以及有关材料，应当在建设单位或者工程监理单位监督下现场取样，并送具有相应资质等级的质量检测单位进行检测。

9）总承包单位与分包单位的质量责任。建设工程实行总承包的，总承包单位应当对全部工程质量负责；建设工程勘察、设计、施工、设备采购的其中一项或者多项实行总承包的，总承包单位应当对其承包的建设工程或者采购的设备质量负责。总承包单位依法将建设工程分包给其他单位的，分包单位应当按照分包合同的约定对其分包工程质量向总包单位负责，总承包单位应当对分包工程的质量与分包单位承担连带责任。分包单位应当接受总承包单位的质量管理。

四、建筑材料、构配件生产及设备供应单位的质量责任

建筑材料、构配件生产及设备供应单位对其生产或供应的产品质量负责。建筑材料、构配件生产及设备的供需双方均应签订购销合同，并按合同条款进行质

量验收。建筑材料、构配件生产及设备供应单位必须具备相应的生产条件、技术装备和质量保证体系，具备必要的检测人员和设备，严把产品看样、定货、储存、运输和核验的质量关。

建筑材料、构配件生产及设备供应单位不得生产国家明令淘汰的产品，不得伪造产地，不得伪造或冒用他人的厂名、厂址，不得伪造或冒用认证标志等质量标志，不得掺杂、掺假，不得以假充真、以次充好，不得以不合格产品冒充合格产品等。

建筑材料、构配件及设备质量应当符合下列要求：①符合国家或行业现行有关技术标准规定的合格标准和设计要求；②符合在建筑材料、构配件及设备或其包装上注明采用的标准，符合以建筑材料、构配件及设备说明、实物样品等方式表明的质量状况。

建筑材料、构配件及设备或者其包装上的标志应当符合下列要求：①有产品质量检验合格证明；②有中文标明的产品名称、生产厂家厂名和厂址；③产品包装和商标样式应符合国家有关规定和标准要求；④设备应有产品详细的使用说明书，电气设备还应附有线路图；⑤实施生产许可证或使用产品质量认证标志的产品，应有许可证或质量认证的编号、批准日期和有效期限。

第五节　建设工程的质量监督管理制度

一、政府监督工程质量是一种国际惯例

工程质量责任重大，关系到社会公众的利益和公共安全。因此，无论是在发达国家，还是在发展中国家，均强调政府对工程质量进行监督管理。

大多数发达国家和地区政府的建设行政主管部门都把制定并执行住宅、城市、交通、环境建设等建设工程质量管理的法规作为主要任务，同时把大型项目和政府投资项目作为监督管理的重点。与其完善的市场经济体制相适应，这些国家和地区的政府都非常重视各种学会和行业协会的作用，对专业人士实行注册制度，依据法律、法规实行项目许可制度、市场准入制度、设计文件审核制度、质量体系认证制度、竣工验收许可证制度等。对建设工程质量进行全方位、全过程的管理是这些国家和地区的政府的通常做法。

政府有关部门对工程质量进行必要的监督检查，也是国际惯例。美国各个城市市政当局都设有工程质量监督管理部门，对辖区内各类公共投资工程和私人投资工程进行强制性监督检查；新加坡政府主管部门——建屋发展局在每个工地派驻工程监督员，负责对建设工程质量进行监督管理；德国各州政府建设主管部门委托或授权国家认可的质量监督审查公司（由质量监督工程师组成），代表政府

对所有新建工程和涉及结构安全的改建工程的质量进行强制性监督审查。这些发达国家和地区的政府质量监督检查，包括施工图设计审查和施工过程的检查，一般委托给有关机构进行。

二、我国的建设工程质量监督管理制度

为了确保工程质量，确保公共安全，保护人民群众的生命和财产安全，我国政府大力加强工程质量的监督管理。《建设工程质量管理条例》用专门一章来规定政府对建设工程质量的监督管理，主要内容包括建设工程质量管理职责、范围的划分，质量监督管理的实施机构和有权采取的强制性措施，建设工程竣工验收备案制度，建设工程质量事故报告制度等规定。

近几年来，工程质量事故时有发生，特别是重庆綦江大桥、河南焦作天堂歌舞厅等恶性事故，在社会上引起了强烈的反响。对此，党中央、国务院领导十分重视，江泽民同志和朱镕基同志等领导同志都曾对此做过专门的批示和讲话。血的教训警示人们，一定要加强工程建设全过程的管理，一定要把工程建设和使用过程中的质量、安全隐患消灭在萌芽状态。

政府质量监督作为一项制度，以法规的形式在《质量条例》中加以明确，强调了工程质量必须实行政府监督管理。《质量条例》对加强工程质量监督管理的一系列重大问题作出了明确的规定：①对业主的行为进行了严格规范；②对建设单位、勘察设计单位、施工单位和监理单位的质量责任及其在实际工作中容易出问题的重要环节作出了明确的规定，依法追究责任。今后，政府对工程质量的监督管理主要以保证工程使用安全和环境质量为主要目的，以法律、法规和强制性标准为依据，以地基基础、主体结构、环境质量和与此有关的工程建设各方主体的质量行为为主要内容，以施工许可制度和竣工验收备案制度为主要手段。

以上是对政府质量监督行为的界定。政府的任务就是以法律、法规和强制性标准为依据，以政府认可的第三方强制监督为主要方式，这和过去相比，是一个重大的变化。广大建设行政管理人员必须深入理解《质量条例》的规定，牢牢把握建设工程质量监督管理制度的实质，及时转变观念，迅速地调整实施工程质量监督管理的方式方法，使这项重要的管理制度得到真正的贯彻执行。

进一步讲，建设工程质量监督管理制度具有以下几个特点：①具有权威性，建设工程质量监督体现的是国家意志，任何单位和个人从事工程建设活动都应当服从这种监督管理。②具有强制性，这种监督是由国家的强制力来保证的，任何单位和个人不服从这种监督管理都将受到法律的制裁。③具有综合性，这种监督管理并不局限于某一个阶段或某一个方面，而是贯穿于建设活动的全过程，并适用于建设单位、勘察单位、设计单位、施工单位、工程建设监理单位。

1. 建设工程质量监督管理体制

国家实行建设工程质量监督管理制度。国务院建设行政主管部门对全国的建设工程质量实施统一监督管理，国务院铁路、交通、水利等有关部门按照国务院规定的职责分工，负责对全国有关专业建设工程质量的监督管理。县级以上地方人民政府建设行政主管部门对本行政区域内的建设工程质量实施监督管理，县级以上地方人民政府交通、水利等有关部门在各自的职责范围内，负责对本行政区域内的专业建设工程质量的监督管理。

国务院建设行政主管部门和国务院铁路、交通、水利等有关部门应当加强对有关建设工程质量的法律、法规和强制性标准执行情况的监督检查。国务院发展计划部门按照国务院规定的职责，组织稽察特派员，对国家出资的重大建设项目实施监督检查。国务院经济贸易主管部门按照国务院规定的职责，对国家重大技术改造项目实施监督检查。

2. 建设工程质量监督管理机构

从事房屋建筑工程和市政基础设施工程质量监督的机构，必须按照国家有关规定经国务院建设行政主管部门或者省、自治区、直辖市人民政府建设行政主管部门考核，经考核合格后，方可实施质量监督。

建设工程质量监督工作由各省级建设主管部门委托的建设工程质量监督站进行具体实施。建设工程质量监督机构是经省级以上建设行政主管部门或有关专业部门考核认定的独立法人，建设工程质量监督机构接受县级以上地方人民政府建设行政主管部门或有关专业部门的委托，依法对建设工程质量进行强制性监督，并对委托部门负责。

3. 建设工程质量监督

建设工程质量监督是建设行政主管部门或其委托的工程质量监督机构根据国家的法律、法规和工程建设强制性标准，对责任主体和有关机构履行质量责任的行为以及工程实体质量进行监督检查，维护公众利益的行政执法行为。建设工程质量监督的主要内容包括：

（1）对责任主体和有关机构履行质量责任的行为的监督检查　监督机构对责任主体和有关机构质量行为进行监督的一般原则：①抽查责任主体和有关机构执行有关法律、法规及工程技术标准的情况；②抽查责任主体和有关机构质量管理体系的建立和实施情况；③发现存在违法违规行为的，按建设行政主管部门委托的权限对违法违规事实进行调查取证、对责任单位、责任人提出处罚建议或按委托权限实施行政处罚。

监督机构应对建设单位的下列行为进行抽查：①施工前办理质量监督注册、施工图设计文件审查、施工许可（开工报告）手续情况；②按规定委托监理情况；③组织施工图会审、设计交底、设计变更工作情况；④组织工程质量验收情

况；⑤原设计有重大修改、变动的施工图设计文件重新报审情况；⑥及时办理工程竣工验收备案手续情况。

监督机构应对勘察、设计单位的下列行为进行抽查：①参加地基验槽、基础、主体结构及有关重要部位工程质量验收和工程竣工验收情况；②签发设计修改变更、技术洽商通知情况；③参加有关工程质量问题的处理情况。

监督机构应对施工单位的下列行为进行抽查：①施工单位资质、项目经理部管理人员的资格、配备及到位情况，主要专业工种操作上岗资格、配备及到位情况；②分包单位资质与对分包单位的管理情况；③施工组织设计或施工方案审批及执行情况；④施工现场施工操作技术规程及国家有关规范、标准的配置情况；⑤工程技术标准及经审查批准的施工图设计文件的实施情况；⑥检验批、分项、分部（子分部）、单位（子单位）工程质量的检验评定情况；⑦质量问题的整改和质量事故的处理情况；⑧技术资料的收集、整理情况。

监督机构应对监理单位的下列行为进行抽查：①监理单位资质、项目监理机构的人员资格、配备及到位情况；②监理规划、监理实施细则（关键部位和工序的确定及措施）的编制审批内容的执行情况；③对材料、构配件、设备投入使用或安装前进行审查情况；④对分包单位的资质进行核查情况；⑤见证取样制度的实施情况；⑥对重点部位、关键工序实施旁站监理情况；⑦质量问题通知单签发及质量问题整改结果的复查情况；⑧组织检验批、分项、分部（子分部）工程的质量验收、参与单位（子单位）工程质量的验收情况；⑨监理资料收集整理情况。

监督机构应对工程质量检测单位的下列行为进行抽查：①是否超越核准的类别、业务范围承接任务；②检测业务基本管理制度情况；③检测内容和方法的规范性程度；④检测报告形成程序、数据及结论的符合性程度。

（2）对工程实体质量的监督检查　监督机构对工程实体质量监督的一般原则是：①对工程实体质量的监督采取抽查施工作业面的施工质量与对关键部位重点监督相结合的方式；②重点检查结构质量、环境质量和重要使用功能，其中重点监督工程地基基础、主体结构和其他涉及结构安全的关键部位；③抽查涉及结构安全和使用功能的主要材料、构配件和设备的出厂合格证、试验报告、见证取样送检资料及结构实体检测报告；④抽查结构混凝土及承重砌体施工过程的质量控制情况；⑤实体质量检查要辅以必要的监督检测、由监督人员根据结构部位的重要程度及施工现场质量情况进行随机抽检。

监督机构应对地基基础工程的验收进行监督，并对下列内容进行重点抽查：①桩基、地基处理的施工质量及检测报告、验收记录、验槽记录；②防水工程的材料和施工质量；③地基基础子分部、分部工程的质量验收情况。

监督机构应对主体结构工程的验收进行监督，并对下列内容进行重点抽查：

①对混凝土预制构件及预拌混凝土质量的监督检查；②钢结构、混凝土结构等重要部位及有特殊要求部位的质量及隐蔽验收；③混凝土、钢筋及砌体等工程关键部位，必要时进行现场监督检测；④主体结构子分部、分部工程的质量验收资料。

监督机构应根据实际情况对有关装饰装修、安装工程的下列部分内容进行抽查：①幕墙工程、外墙粘（挂）饰面工程、大型灯具等涉及安全和使用功能的重点部位施工质量的监督抽查；②安装工程使用功能的检测及试运行记录；③工程的观感质量；④分部（子分部）工程的施工质量验收资料。

监督机构应根据实际情况对有关工程使用功能和室内环境质量的下列部分内容进行抽查：①有环保要求材料的检测资料；②室内环境质量检测报告；③绝缘电阻、防雷接地及工作接地电阻的检测资料，必要时可进行现场测试；④屋面、外墙和厕所、浴室等有防水要求的房间及卫生器具防渗漏试验的记录，必要时可进行现场抽查；⑤各种承压管道系统水压试验的检测资料。

监督机构可对涉及结构安全、使用功能、关键部位的实体质量或材料进行监督检测，检测记录应列入质量监督报告。监督检测的项目和数量应根据工程的规模、结构形式、施工质量等因素确定。监督检测的项目宜包括：①承重结构混凝土强度；②受力钢筋数量、位置及混凝土保护层厚度；③现浇楼板厚度；④砌体结构承重墙柱的砌筑砂浆强度；⑤安装工程中涉及安全及功能的重要项目；⑥钢结构的重要连接部位；⑦其他需要检测的项目。

（3）对工程竣工验收的监督检查　监督机构应对验收组成员组成及竣工验收方案进行监督，对工程实体质量进行抽测，对观感质量进行检查，对工程竣工验收文件进行审查。工程竣工验收文件应审查以下内容：①施工单位出具的工程竣工报告，包括结构安全、室内环境质量和使用功能抽样检测资料等合格证明文件，以及施工过程中发现的质量问题整改报告等；②勘察、设计单位出具的工程质量检查报告；③监理单位出具的工程质量评估报告。

监督机构应在工程竣工验收合格后 7 个工作日内，向备案机关提交工程质量监督报告。工程质量监督报告应包括以下内容：①工程概况和监督工作概况；②对责任主体和有关机构质量行为及执行工程建设强制性标准的检查情况；③工程实体质量监督抽查（包括监督检测）情况；④工程质量技术档案和施工管理资料抽查情况；⑤工程质量问题的整改和质量事故处理情况；⑥各方质量责任主体及相关有资格的人员的不良记录内容；⑦工程质量竣工验收监督记录；⑧对工程竣工验收备案的建议。

第六节　建设工程质量体系认证制度

《建筑法》规定：国家对从事建筑活动的单位推行质量体系认证制度。从事

建筑活动的单位根据自愿原则可以向国务院产品质量监督管理部门或其授权部门认可的认证机构申请企业质量体系认证。经认证合格的，由认证机构向该企业颁发企业质量体系认证书。

一、质量保证体系认证的标准

1987年3月，国际标准化组织（ISO）正式发布ISO9000《质量管理和质量保证》系列标准，受到世界各国欢迎，已为各国广泛采用。

1992年，我国也发布了等同采用国际标准的GB/T 19000—ISO9000《质量管理和质量保证》系列标准，这些标准既可作为生产企业质量保证工作的依据，也是企业申请质量体系认证的认证标准。如双方同意，它也可作为供需双方对产品质量的认证标准。

我国等同采用ISO9000系列标准制定的GB/T 19000系列标准由五个标准组成：

GB/T 19000—ISO9000《质量管理和质量保证——选择和使用指南》；

GB/T 19001—ISO9001《质量体系——设计/开发、生产、安装和服务的质量保证模式》；

GB/T 19002—ISO9002《质量体系——生产和安装的质量保证模式》；

GB/T 19003—ISO9003《质量体系——最终检验和试验的质量保证模式》；

GB/T 19004—ISO9004《质量管理和质量体系要素——指南》。

GB/T 19000—ISO9000《质量管理和质量保证》系列标准是在总结国际成功经验的基础上，从质量管理的共性出发，阐述了质量管理工作的基本原则、基本规律和质量体系要素的基本构成，它适用于不同体制、不同行业的生产、服务企业开展质量管理工作，同样它也适用于建筑业企事业单位的质量管理工作。

以往的设计、施工、服务等技术规范都是明确产品和服务的质量标准，是对最终结果质量的认定。而《质量管理和质量保证》系列标准明确了企业质量管理工作的体系和工作程序，用于控制产品形成过程，从而保证产品质量稳定。因此，这一系列标准是技术规范的补充，是保证技术规范全面稳定得以实现的另一标准。认真贯彻这一标准可以帮助企业建立和完善质量体系，提高质量意识和质量保证能力，从而提高企业的管理素质和在市场经济中的竞争能力。为此，建设部要求各建筑业企业从建立现代企业制度和促进企业发展的高度做好贯彻这一系列标准的工作，积极申请质量体系认证，并将贯标工作纳入企业质量目标管理考核指标之内，使企业的质量体系逐步进入国际标准化的轨道。

GB/T 19000系列标准只是一套推荐性标准。编号中“T”就是“推荐”一词的汉语拼音首写字母。但其一旦被法规或合同确定采用后就是“强制性标准”。如果供需双方或第三方选择某一质量保证模式作为产品认证标准，那么，该质量

保证模式在合同约定范围内就具有法律效力。

二、质量保证体系系列标准内容

（一）GB/T 19000—ISO9000《质量管理和质量保证——选择和使用指南》

此标准阐明了质量方针、质量管理、质量体系、质量控制和质量保证五个重要质量术语的含义及其相互关系；阐述了企业应力求达到的质量目标及质量体系环境特点和质量体系标准的类型；规定了标准的应用范围、标准的应用程序；规定了证实文件应包括的内容以及供需双方签订合同前应做的准备。

（二）GB/T 19001～GB/T19003（质量保证模式）

质量保证模式是为了满足供需双方考虑产品特性、保证能力等多种因素的需求后选择的用以签订合同的质量保证要求。这些要求不是企业质量体系的全部要素和内容，只是针对某项产品生产过程质量管理的要求，通过实施这些工作，用户（需方）相信生产企业可以持续稳定地生产质量满足合同规定的产品。

质量保证模式有不同水平的三个标准可供选择：

1. GB/T 19003—ISO9003《质量体系——最终检验和试验的质量保证模式》

该标准适用于相对简单或比较成熟的产品。它明确了产品形成过程检验工作、成品检验和实验的质量体系要求，强调检验工作与有效的检验系统对检验人员、检验程序和设备，都要进行严格的控制。该标准明确规定此范围的 12 项质量体系要素构成其主要内容，是三个模式标准中质量体系要素内容和数量相对较少的模式标准。

2. GB/T190002—ISO9002《质量体系——生产和安装的质量保证模式》

该标准适用于设计已定型、生产过程复杂或产品价值昂贵的生产条件，阐述了从原材料采购至产品交付使用全过程的质量体系要求，是三个模式中应用率较高的模式标准。它要求生产企业质量体系提供能严格控制生产过程质量的证据，保证生产和安装阶段各环节符合规定的要求，及时解决生产过程中发现的问题，防止、避免不合格情况的发生和重复出现。该标准强调预防控制与检验相结合，并以此范围规定了 18 项质量体系要素的内容和工作程序。

3. GB/T19001—ISO9001 质量体系——设计/开发、生产、安装和服务的质量保证模式

该标准是三个质量保证模式中质量水平最高、覆盖环节（过程）最多，而且质量体系要素最多的质量保证标准，阐述了从产品设计、产品生产到售后服务全过程的质量体系要素的要求。遵照标准，企业产品质量体系提供对合同评审、设计、生产和安装过程（服务）各个阶段、各个环节的严格控制，防止发生不合格的情况，该标准比较其他两个标准增加了对设计质量控制条款和售后服务条款的质量体系要素。

4. GB/T19004—ISO9004《质量管理和质量体系要素——指南》

企业从自身发展与提高出发，需要建立一个比较完整的、用以控制，企业内部各项工作（环节）的质量体系，使企业质量管理最佳化，也可以使各项产品质量控制能力达到或接近产品质量要求。GB/T19004—ISO9004 标准是指导企业建立质量体系的指导标准。该标准在总结了不同行业、不同企业的基本要求后，提出了企业建立质量体系一般应包括的基本要素。该标准对基本质量要素的含义、要素的目标、要素间的关系以及各项工作的内容、要求、方法、人员和所要求文件、记录都有明确的要求。该标准从建立质量体系的组织结构、责任、程序、过程和资源五个方面对人、技术、管理诸要素提出要求，明确企业质量体系的基本出发点是：应设计出有效的质量体系，以满足顾客的需要和期望，并保护公司的利益。完善的质量体系应在考虑风险、成本和利益的基础上使质量最佳化，并具有对质量加以控制的重要管理手段。

（三）质量保证体系标准的选择

不同生产企业质量工作的规律、原理、原则基本相同。但市场条件、产品状况、企业素质、管理机制、消费者需要等各方面条件却千变万化。企业要针对环境特点和主观因素影响，对照标准开展质量工作，对标准规定的要素及采用要素的程度进行研究，确定企业自身质量体系的构成，建立和完善质量体系。企业可以通过选择要素，组合出既符合质量管理原理，又适用于本企业条件的最佳状态的质量体系。

我国的建筑业所涉及的设计、科研、房地产开发、市政、施工、试验、质量监督、建设监理等企事业单位，在建立企业内部质量管理体系时，毫无疑问，应该选择 GB/T19004—ISO9004 标准，这是一致的。由于这些单位又有各自的特点，因此，其所建立的质量体系又是不相同的，这主要是质量形成的过程不同而造成的。在这些企事业单位按照 GB/T19004—ISO9004 标准建立质量体系的基础上，可以根据用户的要求和企业产品的特点，选择 GB/T19001—ISO9001 或 GB/T19002—ISO9002 或 GB/T19003—ISO9003 标准，具体地说，设计、科研、房地产开发、总承包（集团）公司等单位可以选择 GB/T19001—ISO9001 标准；市政、施工（土建、安装机械化施工、装饰、防腐、防水）等企业可以选择 GB/T19002—ISO9002 标准。当然，这些单位对标准的选用，也可灵活掌握，上面说的只是一般情况。因为 GB/T19001—ISO9001 标准中包括了设计，因此对设计院、研究院和房地产开发公司等单位适用；而 GB/T19002—ISO9002 标准中只包括生产和安装，因此，只对施工企业适用；GB/T19003—ISO9003 标准涉及到实验和检验，所以适用于实验室、质检站和监理公司等单位。对一些单位，如施工企业，下设实验室，可以选择 GB/T19002—ISO9002 和 GB/T19003—ISO9003 用于外部的质量保证。

第七节　建筑工程竣工验收制度

一、建筑工程竣工验收条件

交付竣工验收的建筑工程必须符合规定的建筑工程质量标准，有完整的工程技术经济资料和经签署的工程保修书，并具备国家规定的其他竣工条件。建设单位收到建设竣工报告后，应当组织设计、施工、工程监理等有关单位进行竣工验收。

2000 年 1 月 30 日国务院颁布的《建设工程质量管理条例》规定，建设工程竣工验收应当具备下列条件：①完成建设工程设计和合同约定的各项内容；②有完整的技术档案和施工管理资料；③有工程使用的主要建筑材料、建筑构配件和设备的进场试验报告；④有勘察、设计、施工、工程监理等单位分别签署的质量合格文件；⑤有施工单位签署的工程保修书。建设工程经验收合格的，方可交付使用。

2000 年 6 月 30 日建设部颁布的《房屋建筑工程和市政基础设施工程验收暂行规定》对建筑工程竣工验收条件又作出了详细规定。工程符合下列要求方可进行竣工验收：①完成工程设计和合同约定的各项内容；②施工单位在工程完工后对工程质量进行了检查，确认工程质量符合有关法律、法规和工程建设强制性标准，符合设计文件及合同要求，并提出工程竣工报告，工程竣工报告应经项目经理和施工单位有关负责人审核签字；③对于委托监理的工程项目，监理单位对工程进行了质量评估，具有完整的监理资料，并提出工程质量评估报告。工程质量评估报告应经总监理工程师和监理单位有关负责人审核签字；④勘察、设计单位对勘察、设计文件及施工过程中由设计单位签署的设计变更通知书进行了检查，并提出质量检查报告，质量检查报告应经该项目勘察、设计负责人和勘察、设计单位有关负责人审核签字；⑤有完整的技术档案和施工管理资料；⑥具有工程使用的主要建筑材料、建筑构配件和设备的进场试验报告；⑦建设单位已按合同约定支付工程款；⑧具有施工单位签署的工程质量保修书；⑨城乡规划行政主管部门对工程是否符合规划设计要求进行检查，并出具认可文件；⑩有公安消防、环保等部门出具的认可文件或者准许使用文件；⑪建设行政主管部门及其委托的工程质量监督机构等有关部门责令整改的问题全部整改完毕。

二、工程竣工验收的程序

工程竣工验收应当按以下程序进行：①工程完工后，施工单位向建设单位提交工程竣工报告，申请工程竣工验收。实行监理的工程，工程竣工报告须经总监

理工程师签署意见；②建设单位收到工程竣工报告后，对符合竣工验收要求的工程，组织勘察、设计、施工、监理等单位和其他有关方面的专家组成验收组，制定验收方案；③建设单位应当在工程竣工验收7个工作日前将验收的时间、地点及验收组名单书面通知负责监督该工程质量的监督机构；④建设单位组织工程竣工验收，具体包括以下内容：建设、勘察、设计、施工、监理单位分别汇报工程合同履约情况和工程建设各个环节执行法律、法规和工程建设强制性标准的情况；审阅建设、勘察、设计、施工、监理单位的工程档案资料；实地查验工程质量；对工程勘察、设计、施工、设备安装质量和各管理环节等方面作出全面评价，形成验收组人员签署的工程竣工验收意见。

当参与工程竣工验收的建设、勘察、设计、施工、监理等各方不能形成一致意见时，应当协商提出解决的方法，待意见一致后，重新组织工程竣工验收。工程竣工验收合格后，建设单位应当及时提出工程竣工验收报告。工程竣工验收报告主要包括工程概况，建设单位执行基本建设程序情况，对工程勘察、设计、施工、监理等方面的评价，工程竣工验收时间、程序、内容和组织形式，工程竣工验收意见等内容。

三、工程验收备案管理制度

国家实施工程竣工验收备案制度，2000年4月7日建设部颁发了《房屋建筑工程和市政基础工程验收备案管理暂行办法》，规定建设单位应当自工程竣工验收合格之日起15日内，向工程所在地的县级以上地方人民政府建设行政主管部门备案。建设单位办理工程竣工验收备案应当提交下列文件：①工程竣工验收备案表；②工程竣工验收报告，竣工验收报告应当包括工程报建日期，施工许可证号，施工图设计文件审查意见，勘察、设计、施工、工程监理等单位分别签署的质量合格文件及验收人员签署的竣工验收原始文件，市政基础设施的有关质量检测和功能性试验资料以及备案机关认为需要提供的有关资料；③法律、行政法规规定应当由规划、公安消防、环保等部门出具的认可文件或者准许使用文件；④施工单位签署的工程质量保修书；⑤法规、规章规定必须提供的其他文件。商品住宅还应当提交《住宅质量保证书》和《住宅使用说明书》。工程质量监督机构应当向备案机关提交工程质量监督报告，备案机关发现建设单位在竣工验收过程中有违反国家有关建设工程质量管理规定行为的，应当在收讫竣工验收备案文件15日内，责令停止使用，重新组织竣工验收。

第八节　建筑工程质量保修制度

房屋建筑工程质量保修是指对房屋建筑工程竣工验收后在保修期限内出现的

质量缺陷，予以修复。质量缺陷是指房屋建筑工程的质量不符合工程建设强制性标准以及合同的约定。

一、建筑工程质量保修的范围和期限

建筑工程实行质量保修制度。建筑工程的保修范围应当包括地基基础工程、主体结构工程、屋面防水工程和其他土建工程，以及电气管线、上下水管线的安装工程，供热、供冷系统工程等项目。保修的期限应当按照保证建筑物合理寿命年限内正常使用及维护使用者合法权益的原则确定。2000 年 1 月 30 日国务院发布的《建设工程质量管理条例》，对最低保修期限作出规定，正常使用条件下，建设工程的最低保修期限为：①基础设施工程、房屋建筑的地基基础工程和主体结构工程，为设计文件规定的该工程的合理使用年限；②屋面防水工程、有防水要求的卫生间、房间和外墙面的防渗漏，为 5 年；③供热与供冷系统，为两个采暖期、供冷期；④电气管线、给排水管道、设备安装和装修工程，为 2 年，其他项目的保修期限由发包方与承包方约定。

二、建筑工程质量保修责任

房屋建筑工程在保修范围和保修期限内出现质量缺陷，施工单位应当履行保修义务，并对造成的损失承担赔偿责任。房屋建筑工程在保修期限内出现质量缺陷，建设单位或者房屋建筑所有人应当向施工单位发出保修通知。施工单位接到保修通知后，应当到现场核查情况，在保修书约定的时间内予以保修。发生涉及结构安全或者严重影响使用功能的紧急抢修事故，施工单位接到保修通知后，应当立即到达现场抢修。发生涉及结构安全的质量缺陷，建设单位或者房屋建筑所有人应当立即向当地建设行政主管部门报告，采取安全防范措施，由原设计单位或者具有相应资质等级的设计单位提出保修方案，由施工单位实施保修，原工程质量监督机构负责监督，保修完成后，由建设单位或者房屋建筑所有人组织验收，涉及结构安全的，应当报当地建设行政主管部门备案。施工单位不按工程质量保修书约定保修的，建设单位可以另行委托其他单位保修，由原施工单位承担相应责任。

保修费用由质量缺陷的责任方承担，具体规定如下：①因施工单位未按国家有关规范、标准和设计要求施工而造成的质量缺陷，由施工单位负责返修并承担经济责任；②因设计原因造成的质量缺陷，由设计单位承担经济责任，由施工单位负责维修。其费用按有关规定通过建设单位向设计单位索赔，不足部分由建设单位负责；③因建筑材料、构配件和设备质量不合格引起的质量缺陷，属于施工单位采购的或经其验收同意的，由施工单位承担经济责任，属于建设单位采购的，由建设单位承担经济责任；④因使用单位使用不当造成的质量问题，由使用

单位自行负责；⑤因地震、洪水、台风等不可抗力造成的质量问题，施工单位、设计单位不承担经济责任。

在保修期内，因房屋建筑工程质量缺陷造成房屋所有人、使用人或者第三方人身、财产损害的，房屋所有人、使用人或者第三方可以向建设单位提出赔偿要求，建设单位向造成房屋建筑工程质量缺陷的责任方追偿。因保修不及时造成新的人身、财产损害，由造成拖延的责任方承担赔偿责任。

思 考 题

1. 简述建筑工程质量责任制的主要内容。
2. 简述建筑工程质量监督管理的主要内容。
3. 简述建筑工程竣工验收的主要内容。
4. 简述建筑工程质量保修的范围和期限。

10

第十章 城市房地产管理法规

第一节 概　　述

一、房地产法的概念

房地产法是调整房地产的开发利用经营和管理过程中所发生的经济关系的法律规范的总称。房地产法的调整对象包括房地产的管理关系和房地产的财产经营关系。

由于房地产所有人和各方面人享有法律规定的各种权益，因此国家对房地产的管理制度是多方面、多角度的。直接关联房地产的法律有：《城市房地产管理法》、《土地管理法》和《城市规划法》。国务院关于房地产颁布的行政法规有：《城市房地产开发经营管理条例》、《城市房屋拆迁管理条例》、《土地管理法实施条例》、《城市国有土地使用权出让和转让暂行条例》、《外商投资开发经营成片土地暂行管理办法》、《住房公积金管理条例》等。国务院建设行政主管部门和国务院相关部委关于房地产颁布的部门规章主要有：《房地产开发企业资质管理办法》、《城市房屋拆迁单位管理规定》、《城市商品房预售管理办法》、《城市商品房销售管理办法》，《城市房地产转让管理规定》、《已购公有住房和经济适用住房上市出售管理暂行办法》、《城市房屋租赁管理办法》、《城市廉租住房管理办法》、《城市房地产抵押管理办法》、《城市房地产中介服务管理规定》、《房地产估价师注册管理办法》、《房产测绘管理办法》、《城市房屋权属登记管理办法》、《城市房地产权属档案管理办法》、《城市危险房屋管理规定》、《城市异产毗连房屋管理规定》、《公有住宅售后维修养护管理办法》等。

二、房地产法的立法目的

1. 加强对城市房地产的管理

房地产业又称房地产开发、经营和管理业。它是从事房地产综合开发、经

营、管理和服务的综合性行业，包括房地产生产、流通和消费过程的各项经营和管理业务。房地产业属于第三产业，是基础性产业，对国民经济发展具有先导作用，是国民经济的支柱产业，在我国经济发展过程中，成为经济发展的重要力量并发挥着重要作用。因此，制定《城市房地产管理法》的首要目的就是要加强对房地产的管理。

2. 维护房地产市场秩序

整顿和规范房地产市场秩序是维护房地产市场秩序工作的重要组成部分，对于营造健康有序的房地产市场秩序，进一步调动城镇居民购房积极性，扩大住房消费，促进经济增长具有十分重要的意义。

3. 保障房地产权利人的合法权益

保障房地产权利人的合法权益，就是国家确认房地产权利人的一切合法房地产权益，不允许任何组织和个人加以侵犯，凡不合法的房地产权益不受国家法律的保护。房地产权利人对侵犯他人房地产权益的行为，可要求得到国家法律的保护，追究侵权行为人相应的法律责任，对他们实行法律制裁。

4. 促进房地产业的健康发展

目前，我国房地产业在发展过程中也出现了一些问题，如商品房供给中高档豪华住宅过多、普通住宅偏少，一些开发商囤地、囤房和搞假按揭，房价高涨，严重超越中低收入家庭购买力，商品房质量不高且不节能、不环保，新建房屋大量空置，房地产开发中存在不规范行为等。这些问题的存在影响房地产业的持续健康发展，因此，必须依法惩治房地产开发、交易、中介等环节的违法违规行为，维护公众和住房消费者的合法权益，从而促进房地产市场的健康发展。

第二节　房地产开发

一、房地产开发概述

1. 房地产开发的概念

房地产开发是指从事房地产开发的企业为了实现城市规划和城市建设（包括城市新区开发和旧区改建）而从事的土地开发和房屋建设等行为的总称。简言之，房地产开发是指在依法取得国有土地使用权的土地上进行基础设施、房屋建设的行为。

2. 房地产开发的原则

房地产开发必须严格执行城市规划，按照经济效益、社会效益、环境效益相统一的原则，实行全面规划、合理布局、综合开发、配套建设。

3. 房地产开发的特点

房地产开发有以下特点：

1）涉及面广，综合性强。

2）投资量大，风险高。

3）开发周期长。

4）政策性强。

二、房地产开发企业

（一）房地产开发企业的概念

房地产开发企业是依法设立，具有企业法人资格的经济实体。

（二）房地产开发企业的设立条件

设立房地产开发企业应具备下列条件：

1）有符合公司法人登记的名称和组织机构。

2）有适应房地产开发经营需要的固定的办公用房。

3）注册资本 100 万元以上。

4）有 4 名以上持有资格证书的房地产专业、建筑工程专业的专职技术人员，2 名以上持有资格证书的专职会计人员。

5）法律、法规规定的其他条件。

（三）房地产开发企业资质等级

建设部于 2000 年 3 月发布了第 77 号令《房地产开发企业资质管理规定》。国家对房地产开发企业实行资质管理。房地产开发企业资质按照企业条件分为一、二、三、四等四个资质等级。

1. 一级资质条件

一级资质具有以下条件：

1）注册资本不低于 5000 万元。

2）从事房地产开发经营 5 年以上。

3）近 3 年房屋建筑面积累计竣工 30 万 m^2 以上，或者累计完成与此相当的房地产开发投资额。

4）连续 5 年建筑工程质量合格率达 100%。

5）上一年房屋建筑施工面积 15 万 m^2 以上，或者完成与此相当的房地产开发投资额。

6）有职称的建筑、结构、财务、房地产及有关经济类的专业管理人员不少于 40 人，其中具有中级以上职称的管理人员不少于 20 人，持有资格证书的专职会计人员不少于 4 人。

7）工程技术、财务、统计等业务负责人具有相应专业中级以上职称。

8）具有完善的质量保证体系，商品住宅销售中实行了《住宅质量保证书》和《住宅使用说明书》制度。

9）未发生过重大工程质量事故。

2. 二级资质条件

二级资质具有以下条件：

1）注册资本不低于2000万元。

2）从事房地产开发经营3年以上。

3）近3年房屋建筑面积累计竣工15万m^2以上，或者累计完成与此相当的房地产开发投资额。

4）连续3年建筑工程质量合格率达100%。

5）上一年房屋建筑施工面积10万m^2以上，或者完成与此相当的房地产开发投资额。

6）有职称的建筑、结构、财务、房地产及有关经济类的专业管理人员不少于20人，其中具有中级以上职称的管理人员不少于10人，持有资格证书的专职会计人员不少于3人。

7）工程技术、财务、统计等业务负责人具有相应专业中级以上职称。

8）具有完善的质量保证体系，商品住宅销售中实行了《住宅质量保证书》和《住宅使用说明书》制度。

9）未发生过重大工程质量事故。

3. 三级资质条件

三级资质具有以下条件：

1）注册资本不低于800万元。

2）从事房地产开发经营2年以上。

3）房屋建筑面积累计竣工5万m^2以上，或者累计完成与此相当的房地产开发投资额。

4）连续2年建筑工程质量合格率达100%。

5）有职称的建筑、结构、财务、房地产及有关经济类的专业管理人员不少于10人，其中具有中级以上职称的管理人员不少于5人，持有资格证书的专职会计人员不少于2人。

6）工程技术、财务等业务负责人具有相应专业中级以上职称，统计等其他业务负责人具有相应专业初级以上职称。

7）具有完善的质量保证体系，商品住宅销售中实行了《住宅质量保证书》和《住宅使用说明书》制度。

8）未发生过重大工程质量事故。

4. 四级资质条件

四级资质具有以下条件：

1）注册资本不低于100万元。

2）从事房地产开发经营1年以上。

3）已竣工的建筑工程质量合格率达100%。

4）有职称的建筑、结构、财务、房地产及有关经济类的专业管理人员不少于5人，持有资格证书的专职会计人员不少于2人。

5）工程技术负责人具有相应专业中级以上职称，财务负责人具有相应专业初级以上职称，配有专业统计人员。

6）商品住宅销售中实行了《住宅质量保证书》和《住宅使用说明书》制度。

7）未发生过重大工程质量事故。

（四）房地产开发企业设立的程序

新设立的房地产开发企业，应当自领取营业执照之日起30日内，持下列文件到登记机关所在地的房地产开发主管部门备案。

1）营业执照复印件。

2）企业章程。

3）验资证明。

4）企业法定代表人的身份证明。

5）专业技术人员的资格证书和聘用合同。

房地产开发主管部门应当在收到备案申请后30日内向符合条件的企业核发《暂定资质证书》。《暂定资质证书》有效期1年。房地产开发主管部门可以视企业经营情况，延长《暂定资质证书》有效期，但延长期不超过2年，自领取《暂定资质证书》之日起1年内无开发项目的，《暂定资质证书》有效期不得延长。

（五）房地产开发企业资质管理机构与管理

1. 管理机构

国务院建设行政主管部门负责全国房地产开发企业的资质管理工作；县级以上地方人民政府房地产开发主管部门负责本行政区域内房地产开发企业的资质管理工作。

2. 房地产开发企业资质登记实行分级审批

一级资质由省、自治区、直辖市建设行政主管部门初审，报国务院建设行政主管部门审批；二级及二级以下资质的审批办法由省、自治区、直辖市人民政府建设行政主管部门制定。

3. 房地产开发企业资质实行年检制度

对于不符合原定资质条件或者有不良经营行为的企业，由原资质审批部门予以降级或注销资质证书。企业有下列行为之一的，由原资质审批部门公告资质证

书作废，收回证书，并可处以1万元以上3万元以下的罚款：

1）隐瞒真实情况，弄虚作假骗取资质证书的。

2）无正当理由不参加资质年检的，视为年检不合格。

3）工程质量低劣，发生重大工程质量事故的。

4）超越资质等级从事房地产开发经营的。

5）涂改、出租、出借、转让、出卖资质证书的。

三、房地产开发项目管理

（一）确定房地产开发项目的原则

1）确定房地产开发项目应当符合土地利用总体规划、年度建设用地计划和城市规划、房地产开发年度计划的要求；按照国家有关规定需要经计划主管部门批准的，还应当报计划主管部门批准，并纳入年度固定资产投资计划。

2）房地产开发项目应当坚持旧区改建和新区建设相结合的原则，注重开发基础设施薄弱、交通拥挤、环境污染严重以及危旧房集中的区域，保护和改善城市生态环境，保护历史文化遗产。

（二）房地产开发项目土地使用权的取得

1. 土地使用权的取得方式

《开发经营条例》第十二条规定，房地产开发用地应当以出让的方式取得，但法律和国务院规定可以采用划拨方式的除外。可以采用划拨方式取得土地使用权有以下两种情形：

1）《城市房地产管理法》规定，国家机关用地和军事用地，城市基础设施用地和公益事业用地，国家重点扶持的能源、交通、水利等项目用地，法律、行政法规规定的其他用地确属必需的，可以由县级以上人民政府依法批准划拨。

2）1998年7月3日以国发［1998］23号文件发布的《国务院关于进一步深化城镇住房制度改革加快住房建设的通知》规定：“经济适用住房建设应符合土地利用总体规划和城市总体规划，坚持合理利用土地、节约用地的原则。经济适用住房建设用地应在建设用地年度计划中统筹安排，并采取行政划拨方式供应”。

2. 建设条件书面意见的内容

《开发经营条例》规定，土地使用权出让或划拨前，县级以上地方人民政府城市规划行政主管部门和房地产开发主管部门应当对下列事项提出书面意见，作为土地使用权出让或者划拨的依据之一：

1）房地产开发项目的性质、规模和开发期限。

2）城市规划设计的条件。

3）基础设施和公共设施的建设要求。

4）基础设施建成后的产权界定。

5）项目拆迁补偿、安置要求。

（三）房地产项目实行资本金制度

1. 项目资本金的概念

投资项目资本金是指在投资项目总投资中，由投资者认购的出资额，对投资项目来说是非债务性资金，项目法人不承担这部分资金的任何利息和债务；投资者可按其出资的比例依法享有所有者权益，也可转让其出资，但不得以任何方式抽出。

2. 项目资本金的出资方式

项目投资资本金可以用货币出资，也可以用实物、工业产权、非专利技术、土地使用权作价出资，但必须经过有资格的资产评估机构依照法律、法规评估其价值，且不得高估或低估。以工业产权、非专利技术作价出资的比例不得超过投资项目资本金总额的20%，国家对采用高新技术成果有特别规定的除外。

3. 房地产项目资本金

《开发经营条例》规定："房地产开发项目应当建立资本金制度，资本金占项目总投资的比例不得低于20%。"2004年4月，为加强宏观调控，调整和优化经济结构，国务院下发了《关于调整部分行业固定资产投资项目资本金比例的通知》（国发［2004］13号），将房地产开发项目（不含经济适用房项目）资本金比例由20%提高到35%。

（四）对不按期开发的房地产项目的处理原则

《开发经营条例》规定，房地产开发企业应当按照土地的使用权出让合同约定的土地用途、动工开发期限进行项目开发建设。出让合同约定的动工开发期限1年未动工开发的，可征收相当于土地使用权出让金20%以下的土地闲置费，满2年未动工开发的，可以无偿收回土地使用权。

这里所指的满1年未动工开发的起止日是自土地的使用权出让合同生效之日计算起至次年同月同日止。动工开发日期是指开发建设单位进行实质性投入的日期。

《开发经营条例》还规定了以下三种情况造成的违约和土地闲置，不征收土地闲置费：

1）因不可抗拒力造成开工延期。不可抗拒力是指依靠人的能力不能抗拒的因素，如地震、洪涝等自然灾害。

2）因政府或者政府有关部门的行为而不能如期开工的或中断建设1年以上的。

3）因动工开发必需的前期工作出现不可预见的情况而延期动工开发的。如发现地下文物、拆迁中发现不是开发商努力能解决的问题等。

(五) 对开发项目实行质量责任制度

1. 房地产开发企业应对其开发的房地产项目承担质量责任

《开发经营条例》规定，房地产开发企业开发建设的房地产开发项目，应当符合有关法律、法规的规定和建筑工程质量，安全标准、建筑工程勘察、设计、施工的技术规范以及合同的约定。房地产开发企业应当对其开发建设的房地产开发项目的质量承担责任。勘察、设计、施工、监理等单位应当依照有关法律、法规的规定或者合同的约定，承担相应的责任。

2. 对质量不合格的房地产项目的处理方式

房屋竣工后，必须经验收合格后方可交付使用。商品房交付使用后，购房人认为主体结构质量不合格的，可以向工程质量监督单位申请重新核验。经核验，确属主体结构质量不合格的，购房人有权退房，给购房人造成损失的，房地产开发企业应当依法承担赔偿责任。

应当注意以下几个问题：①购房人在商品房交付使用之后发现质量问题，这里的交付使用之后，是指办理了交付使用手续之后，可以是房屋所有权证办理之前，也可以是房屋所有权证办理完备之后。主体结构质量问题与使用时间关系不大，主要是设计和施工原因造成的。因而，只要在合理的使用年限内，只要属于主体结构的问题，都可以申请质量部门认定，房屋主体结构不合格的，均可申请退房。②确属主体结构质量不合格，而不是一般性的质量问题。房屋质量有很多种，一般性的质量问题主要通过质量保修解决，而不是退房。③必须向工程质量监督部门申请重新核验，以质量监督部门核验的结论为依据。这里的质量监督部门是指专门进行质量验收的质量监督站，其他单位的核验结果不能作为退房的依据。④对给购房人造成损失应当有合理的界定，应只包含直接损失，不应含精神损失等间接性损失。

对于经工程质量监督部门核验，确属房屋主体结构质量不合格的，消费者有权要求退房，终止房屋买卖关系。也有权采取其他办法，如双方协商换房等。选择退房还是换房，权利在消费者。

(六) 项目手册制度

房地产开发企业应当将房地产开发项目建设过程中的主要事项记录在房地产开发项目手册中，并定期送房地产开发主管部门备案。

房地产开发项目实行项目手册制度是政府行业管理部门对房地产开发企业是否按照有关法律、法规规定，是否按照合同的约定进行开发建设而建立的一项动态管理制度。政府行业管理部门的监控主要包括对是否按申请预售许可证时承诺的时间表进行开发建设，预售款项是否按期投入，拆迁安置是否按要求进行，工程项目是否发生变化等内容。

第三节 房地产交易

一、房地产交易概述

（一）房地产交易的概念

1988年建设部、国家物价局、国家工商行政管理局发布的《关于加强房地产交易市场管理的通知》中有明确规定："城镇房地产交易，包括各种所有制房屋的买卖、租赁、转让、抵押，城市土地使用权的转让以及其他在房地产流通过程中的各种经营活动，均属房地产交易活动管理的范围，其交易活动应通过交易所进行。"《城市房地产管理法》规定，房地产交易包括房地产转让、房地产抵押和房屋租赁三种形式。

房地产交易管理是指政府房地产管理部门及其他相关部门以法律的、行政的、经济的手段，对房地产交易活动行使指导、监督等管理职能。它是房地产市场管理的重要内容。

（二）房地产交易的管理机构及其职责

房地产交易的管理机构主要是指由国家设立的从事房地产交易管理的职能部门及其授权的机构，包括国务院建设行政主管部门即建设部，省级建设行政主管部门即各省、自治区建设厅和直辖市房地产管理局，各市、县房地产管理部门以及房地产管理部门授权的房地产交易管理所（房地产市场管理处、房地产交易中心等）。

房地产交易管理机构主要具有以下职责：

1）对房地产交易、经营等活动进行指导和监督，查处违法行为，维护当事人的合法权益。

2）办理房地产交易登记、鉴证等手续。

3）协助财政、税务部门征收与房地产交易有关的税费。

4）为房地产交易提供洽谈协议、交流信息、展示行情等各种服务。

5）为建立房地产市场预警预报体系、为政府或其授权的部门公布各类房屋的房地产市场价格，为政府宏观决策和正确引导市场发展服务。

二、房地产转让

（一）房地产转让的概念

《城市房地产管理法》规定："房地产转让是指房地产权利人通过买卖、赠与或者其他合法方式将其房地产转让给他人的行为。"《转让管理规定》对此概念中的其他合法方式作了进一步的细化，规定其他合法方式主要包括下列行为：

1）以房地产作价入股、与他人成立企业法人，房地产权属发生变更的。

2）一方提供土地使用权，另一方或者多方提供资金，合资、合作开发经营房地产，而使房地产权属发生变更的。

3）因企业被收购、兼并或合并，房地产权属随之转移的。

4）以房地产抵债的。

5）法律、法规规定的其他情形。

房地产转让的实质是房地产权属发生转移。《城市房地产管理法》规定，房地产转让时，房屋所有权和该房屋所占用范围内的土地使用权同时转让。

（二）房地产转让的条件

房地产转让最主要的特征是发生权属变化，即房屋所有权连同房屋所占用的土地使用权发生转移。《城市房地产管理法》及《转让管理规定》都明确规定了房地产转让应当符合的条件，采取排除法规定了下列房地产不得转让：

1. 达不到下列条件的房地产不得转让

1）以出让方式取得土地使用权用于投资开发的，按照土地使用权出让合同约定进行投资开发，属于房屋建设工程的，应完成开发投资总额的25%以上。

2）属于成片开发的，形成工业用地或者其他建设用地条件。

3）同时规定应按照出让合同约定已经支付全部土地使用权出让金，并取得土地使用权证书。

2. 司法机关和行政机关依法裁定、决定查封或以其他形式限制房地产权利的

司法机关和行政机关可以根据合法请求人的申请或社会公共利益的需要，依法裁定、决定限制房地产权利，如查封、限制转移等。在权利受到限制期间，房地产权利人不得转让该项房地产。

3. 依法收回土地使用权的

在国家依法做出收回土地使用权决定之后，原土地使用权人不得再行转让土地使用权。

4. 共有房地产，未经其他共有人书面同意的

共有房地产是指房屋的所有权、土地使用权为两个或两个以上权利人所共同拥有。共有房地产权利的行使需经全体共有人同意，不能因某一个或部分权利人的请求而转让。

5. 权属有争议的

权属有争议的房地产是指有关当事人对房屋所有权和土地使用权的归属发生争议，致使该项房地产权属难以确定。

6. 未依法登记领取权属证书的。

7. 法律和行政法规规定禁止转让的其他情况。

(三) 房地产转让的程序

1) 房地产转让当事人签订书面转让合同。

2) 房地产转让当事人在房地产转让合同签订后30日内持房地产权属证书、当事人的合法证明、转让合同等有关文件向房地产所在地的房地产管理部门提出申请，并申报成交价格。

3) 房地产管理部门对提供的有关文件进行审查，并在3日内作出是否受理申请的书面答复，7日内未作书面答复的，视为同意受理。

4) 房地产管理部门核实申报的成交价格，并根据需要对转让的房地产进行现场查勘和评估。

5) 房地产转让当事人按照规定缴纳有关税费。

6) 房地产管理部门办理房屋权属登记，核发房地产权属证书。

(四) 房地产转让合同

房地产转让合同是明确当事人权利义务的主要文件，关系双方当事人的重大权益，因此当事人必须认真对待。针对我国房地产转让合同存在的问题，《城市房地产转让管理规定》明确了房地产转让合同应当载明的主要条款和内容：

1) 双方当事人的姓名或者名称、住所。

2) 房地产权属证书名称和编号。

3) 房地产坐落位置、面积、四至界限。

4) 土地宗地号、土地使用权取得的方式及年限。

5) 房地产的用途或使用性质。

6) 成交价格及支付方式。

7) 房地产交付使用的时间。

8) 违约责任。

9) 双方约定的其他事项。

三、商品房销售管理

(一) 商品房预售

1. 商品房预售的概念

商品房预售是指房地产开发企业将正在建设中的房屋预先出售给承购人，由承购人预付定金或房价款的行为。

2. 商品房预售的条件

1) 已交付全部土地使用权出让金，取得土地使用权证书。

2) 持有建筑工程规划许可证和施工许可证。

3) 按提供预售的商品房计算，投入开发建设的资金达到工程建设总投资的25%以上，并已经确定施工进度和竣工交付日期。

4）开发企业向城市、县人民政府房产管理部门办理预售登记，取得《商品房预售许可证》。

3. 商品房预售许可

房地产开发企业进行商品房预售，应当向房地产管理部门申请预售许可，取得《商品房预售许可证》。未取得《商品房预售许可证》的，不得进行商品房预售。开发企业进行商品房预售时，应当向求购人出示《商品房预售许可证》。

房地产开发企业申请商品房预售许可，应当向城市，县人民政府房地产管理部门提交下列证件及资料：

1）商品房预售许可申请书。

2）开发企业的《营业执照》和资质证书。

3）土地使用权证、建设工程规划许可证、施工许可证。

4）投入开发建设的资金占工程建设总投资的比例符合规定条件的证明。

5）工程施工合同及关于施工进度的说明。

6）商品房预售方案。预售方案应当说明商品房的位置、面积及竣工交付日期等内容，并应当附商品房预售分层平面图。

4. 商品房预售合同登记备案

房地产开发企业取得了商品房预售许可证后，就可以向社会预售其商品房，开发企业应当与承购人签订书面预售合同。商品房预售人应当在签约之日起30日内持商品房预售合同到县级以上人民政府房产管理部门和土地管理部门办理登记备案手续。

（二）商品房销售

1. 商品房现售的条件

1）出售商品房的房地产开发企业应当具有企业法人营业执照和房地产开发企业资质证书。

2）取得土地使用权证书或使用土地的批准文件。

3）持有建设工程规划许可证和施工许可证。

4）已通过竣工验收。

5）拆迁安置已经落实。

6）供水、供电、供热、燃气、通信等配套设施设备交付使用条件，其他配套基础设施和公共设备具备交付使用条件或已确定施工进度和交付日期。

7）物业管理方案已经落实。

2. 商品房销售代理

房地产销售代理是指房地产开发企业或其他房地产拥有者将物业销售业务委托专门的房地产中介服务机构代为销售的一种经营方式。

1）实行销售代理必须签订委托合同。房地产开发企业应当与受托房地产中

介服务机构订立书面委托合同，委托合同应当载明委托期限、委托权限以及委托人和被委托人的权利、义务。中介机构销售商品房时，应当向商品房购买人出示商品房的有关证明文件和商品房销售委托书。

2）房地产中介服务机构的收费。受托房地产中介服务机构在代理销售商品房时，不得收取佣金以外的其他费用。

3）房地产销售人员的资格条件。房地产专业性强、涉及的法律多，因此对房地产销售人员的资格有一定的要求，必须经过专业培训取得相应的资格，才能从事商品房销售业务。

3. 商品房销售中禁止的行为

1）房地产开发企业不得在未解除商品房买卖合同前，将作为合同标的物的商品房再行销售给他人。

2）房地产开发企业不得采取返本销售或变相返本销售的方式销售商品房。

3）不符合商品房销售条件的，房地产开发企业不得销售商品房，不得向买受人收取任何预定款性质的费用。

4）商品住宅必须按套销售，不得分割拆零销售。

4. 商品房买卖合同

房地产开发企业应与购房者签订书面商品房买卖合同，主要内容包括：

1）当事人名称或者姓名和住所。

2）商品房基本状况。

3）商品房的销售方式。

4）商品房价款的确定方式及总价款、付款方式、付款时间。

5）交付使用条件及日期。

6）装饰、设备标准承诺。

7）供水、供电、供热、燃气、通信、道路、绿化等配套基础设施和公共设施的交付承诺和有关权益、责任。

8）公共配套建筑的产权归属。

9）面积差异的处理方式。

10）办理产权登记有关事宜。

11）解决争议的方法。

12）违约责任。

13）双方约定的其他事项。

四、房屋租赁

（一）房屋租赁的概念

房屋租赁是指房屋所有权人将一定期限的房屋使用权让渡给使用人，并由使

用人定期向房屋所有权人交付房屋租金的行为。其中，房屋所有权人是房屋出租人，房屋使用人是房屋承租人。房屋所有权人出租房屋，既包括承租人用于居住的情况，也包括提供给他人从事经营活动及以合作方式与他人从事经营活动的情况。

（二）房屋租赁的主要原则

1）房屋租赁是公民、法人和其他组织关于财产权交易的民事活动，当事人应当依照民法规定遵循自愿、平等、互利的原则。

2）公民、法人或其他组织对享有所有权的房屋和国家授权管理和经营的房屋可以依法出租。

其中，国家授权管理和经营的房屋是指各级政府交由机关、部队、团体和企事业单位经营管理的国有房屋。根据政府授权规定，其中有的房屋可以出租经营，有的房屋不得出租经营。

3）住宅用房的租赁应当执行国家和房屋所在地城市人民政府规定的租赁政策。租用房屋从事生产、经营活动的，由租赁双方协商议定租金和其他租赁条款。

4）房屋租赁仅仅是房屋所有人让渡房屋使用权，房屋所有人仍享有对房屋的处分权，可以出卖、交换其所有的房屋。但是，承租人依据房屋租赁合同享有的房屋使用权同样受法律保护。因此在租赁期限内，房屋出租人转让房屋所有权的，房屋受让人应当继续履行原租赁合同的规定。

5）房屋租赁合同是租赁双方权利义务的约定，任何一方不履行约定，就会给对方造成损害。因此，出租人如果在租赁期限内死亡，其继承人应当继续履行原租赁合同，以保障承租人的承租权。

6）我国尚存一定数量向居民或职工出租的公有房屋，这部分房屋租赁带有一定程度的住房福利政策。源于住房性质的特点，这种住房福利不仅限于承租人，也包括与其共同居住的家属。因此，为保障承租人家属的住房权利，住宅用房承租人在租赁期限内死亡的，与其共同居住2年以上的家庭成员可以继续承租该房屋。

7）房屋所有权人以营利为目的，将以划拨方式取得使用权的国有土地上建成的房屋出租的，应当将租金中所含土地收益上缴国家。

（三）房屋租赁的条件

公民、法人或其他组织对享有所有权的房屋和国家授权管理和经营的房屋可以依法出租。但有下列情形之一的房屋不得出租：

1）未依法取得《房屋所有权证》的。

2）司法机关和行政机关依法裁定、决定查封或者以其他形式限制房地产权利的。

3）共有房屋未取得共有人同意的。

4）权属有争议的。

5）属于违章建筑的。

6）不符合安全标准的。

7）抵押，未经抵押权人同意的。

8）不符合公安、环保、卫生等主管部门有关规定的。

（四）房屋租赁合同

租赁合同是出租人与承租人签订的，用于明确租赁双方权利义务关系的协议。租赁是一种民事法律关系，在租赁关系中出租人与承租人之间所发生的民事关系主要是通过租赁合同确定的。因此，在租赁中出租人与承租人应当对双方的权利与义务作出明确的规定，并且以文字形式形成书面记录，成为出租人与承租人关于租赁问题双方共同遵守的准则。《城市房地产管理法》规定，房屋租赁，出租人和承租人应当签订书面租赁合同，约定租赁期限、租赁用途、租赁价格、修缮责任等条款，以及双方的其他权利和义务。《租赁管理办法》对租赁合同的内容作了进一步的规定，规定租赁合同应当具备以下条款：

1）当事人姓名或者名称及住所。

2）房屋的坐落、面积、装修及设施状况。

3）租赁用途。

4）租赁期限。

5）租金及交付方式。

6）房屋修缮责任。

7）转租的约定。

8）变更和解除合同的条件。

9）违约责任。

10）当事人约定的其他条款。

在上述条款中，租赁期限、租赁用途、租金交付方式、房屋的修缮责任是《城市房地产管理法》规定的必备条款。

房屋租赁期限届满，租赁合同终止。承租人需要继续租用的，应当在租赁期限届满前3个月提出，并经出租人同意，重新签订租赁合同。

五、房地产抵押

（一）房地产抵押的概念

房地产抵押是指抵押人以其合法的房地产以不转移占有的方式向抵押权人提供债务履行担保的行为。债务人不履行债务时，抵押权人有权依法以抵押的房地产拍卖所得的价款优先受偿。

抵押人是指将依法取得的房地产提供给抵押权人，作为本人或者第三人履行债务担保的公民、法人或者其他组织。抵押权人是指接受房地产抵押作为债务人履行债务担保的公民、法人或者其他组织。

（二）房地产作为抵押物的条件

房地产抵押的抵押物随土地使用权的取得方式不同，对抵押物要求也不同。《城市房地产管理法》规定："依法取得的房屋所有权连同该房屋占用范围内的土地使用权，可以设定抵押权。以出让方式取得的土地使用权，可以设定抵押。"从上述规定可以看出，房地产抵押中可以作为抵押物的条件包括两个基本方面：①依法取得的房屋所有权连同该房屋占用范围内的土地使用权同时设定抵押权。对于这类抵押，无论土地使用权来源于出让还是划拨，只要房地产权属合法，即可将房地产作为统一的抵押物同时设定抵押权。②以单纯的土地使用权抵押的，也就是在地面上尚未建成建筑物或其他地上定着物时，以取得的土地使用权设定抵押权。对于这类抵押，设定抵押的前提条件是土地必须是以出让方式取得的。

《城市房地产抵押管理办法》（建设部令第 98 号）规定下列房地产不得设定抵押权：

1）权属有争议的房地产。

2）用于教育、医疗、市政等公共福利事业的房地产。

3）列入文物保护的建筑物和有重要纪念意义的其他建筑物。

4）已依法公告列入拆迁范围的房地产。

5）被依法查封、扣押、监管或者以其他形式限制的房地产。

6）依法不得抵押的其他房地产。

（三）房地产抵押合同

房地产抵押合同是抵押人与抵押权人为了保证债权债务的履行，明确双方权利与义务的协议。房地产抵押是担保债权债务履行的手段，是债权债务合同的从合同，债权债务的主合同无效，抵押这一从合同也就自然无效。房地产抵押是一种标的物价值很大的担保行为，法律规定房地产抵押人与抵押权人必须签订书面抵押合同。

房地产抵押合同一般应载明下列内容：

1）抵押人、抵押权人的名称或者个人姓名、住所。

2）主债权的种类、数额。

3）抵押房地产的处所、名称、状况、建筑面积、用地面积以及四至等。

4）抵押房地产的价值。

5）抵押房地产的占用管理人、占用管理方式、占用管理责任以及意外损毁、灭失的责任。

6）债务人履行债务的期限。

7）抵押权灭失的条件。

8）违约责任。

9）争议解决的方式。

10）抵押合同订立的时间与地点。

11）双方约定的其他事项。

抵押物需保险的，当事人应在合同中约定，并在保险合同中将抵押权人作为保险赔偿金的优先受偿人。

抵押权人需在房地产抵押后限制抵押人出租、出借或者改变抵押物用途的，应在合同中约定。

（四）房地产抵押登记

《城市房地产管理法》规定房地产抵押应当签订书面抵押合同并办理抵押登记，《担保法》规定，房地产抵押合同自登记之日起生效。房地产抵押未经登记的，抵押权人不能对抗第三人，对抵押物不具有优先受偿权。《城市房地产抵押管理办法》规定，房地产当事人应在抵押合同签订后的30日内，持下列文件到房地产所在地的房地产管理部门办理房地产抵押登记：

1）抵押当事人的身份证明或法人资格证明。

2）抵押登记申请书。

3）抵押合同。

4）《国有土地使用证》、《房屋所有权证》或《房地产权证》，共有的房屋还应提交《房屋共有权证》和其他共有人同意抵押的证明。

5）可以证明抵押人有权设定抵押权的文件与证明材料。

6）可以证明抵押房地产价值的资料。

7）登记机关认为必要的其他文件。

第四节 房屋拆迁

一、房屋拆迁的概念

房屋拆迁是指取得房屋拆迁许可证的拆迁人，拆除城市规划区内国有土地上的房屋及其附属物，并对被拆迁房屋的所有人进行补偿或安置的行为。

拆迁人是指取得房屋拆迁许可证的单位。被拆迁人是指拆迁房屋的所有人，不包括被拆迁房屋的使用人。

二、房屋拆迁申请的提出

《城市拆迁管理条例》规定了房屋拆迁必须提交下列资料：

1）建设项目批准文件。

2）建设用地规划许可证。

3）国有土地使用权批准文件。

4）拆迁计划和拆迁方案。

5）办理存款业务的金融机构出具的拆迁补偿安置资金证明。

三、房屋拆迁补偿

（一）拆迁补偿安置资金的监管

县级以上地方人民政府房屋拆迁管理部门，应当加强对拆迁补偿安置资金使用的监督。拆迁人实施房屋拆迁的补偿安置资金应当全部用于房屋拆迁的补偿安置，不得挪作他用。

（二）补偿对象

拆迁人应当对被拆迁房屋的所有人（包括代管人、国家授权的国有房屋管理人）给予补偿。补偿的对象是被拆除房屋的所有人，而不是使用人。

（三）补偿方式

1）房屋拆迁补偿有两种方式：货币补偿和房屋产权调换。

2）拆除非公益事业房屋的附属物，不作产权调换，由拆迁人给予货币补偿。

3）拆迁公益事业用房的，拆迁人应当依照有关法律、法规的规定和城市规划的要求予以重建，或者给予货币补偿。

4）拆迁租赁房屋，被拆迁人与房屋承租人解除租赁关系的，或者被拆迁人对房屋承租人进行安置的，拆迁人对被拆迁人给予补偿。

被拆迁人与房屋承租人对解除租赁关系达不成协议的，拆迁人应当对被拆迁人实行房屋产权调换。产权调换的房屋由原房屋承租人承租，被拆迁人应当与原房屋承租人重新订立房屋租赁合同。

5）拆迁人应当提供符合国家质量安全标准的房屋，用于拆迁安置。

6）拆迁产权不明确的房屋，拆迁人应当提出补偿安置方案，报房屋拆迁管理部门审核同意后实施拆迁。拆迁前，拆迁人应当就被拆迁房屋的有关事项向公证机关办理证据保全。

7）拆迁设有抵押权的房屋，依照国家有关担保的法律执行。

四、房屋拆迁安置

拆迁人应当对被拆迁人或者房屋承租人支付搬迁补助费。

1）在过渡期限内，被拆迁人或者房屋承租人自行安排住处的，拆迁人应当支付临时安置补助费；被拆迁人或者房屋承租人使用拆迁人提供的周转房的，拆迁人不支付临时安置补助费。

2）搬迁补助费和临时安置补助费的标准，由省、自治区、直辖市人民政府规定。

3）拆迁人不得擅自延长过渡期限，周转房的使用人应当按时腾退周转房。

因拆迁人的责任延长过渡期限的，对自行安排住处的被拆迁人或者房屋承租人，应当自逾期之月起增加临时安置补助费；对周转房的使用人，应当自逾期之月起付给临时安置补助费。

4）因拆迁非住宅房屋造成停产、停业的，拆迁人应当给予适当补偿。

第五节　房地产权属登记

一、房地产权属登记的概念

房地产权属登记是指经权利人申请，由房地产权属登记机关将有关申请人的房地产权利事项记载于房地产登记簿并进行公示的行为。《城市房地产管理法》规定，国家实行土地使用权和房屋所有权登记发证制度。

二、我国的房地产权属登记制度的特点

1. 房地产权属登记由不同登记机关分别登记

房屋与所占用的土地使用权是不可分割的，房地产权属的登记本应当是一次进行的，证书也应当只领取一个，但由于我国对房地产事项由房屋与土地分部门管理，所以房地产权属登记一般是土地使用权和房屋所有权登记分别在土地管理机关和房地产管理机关进行。

2. 房地产权属登记为房地产权利动态登记

当事人对房地产权利的取得、变更、丧失均须依法登记，不经登记，不具对抗第三人的效力。房地产权属登记，不仅登记房地产静态权利，而且也登记权利动态过程，使第三人可以就登记情况，推知该房地产权利状态。

3. 房地产权属登记具有公信力

依法登记的房地产权利受国家法律保护。房地产权利一经登记机关在登记簿上注册登记，该权利对抗善意第三人在法律上有绝对效力。

4. 房地产权属登记实行及时登记制度

房地产权利初始登记后，涉及权利转移、设定、变更等，权利人必须在规定的期限内申请登记，若不登记，房地产权利便得不到法律的有效保护，且要承担相应的责任。

5. 颁发权利证书

房地产权属登记机关对产权申请人登记的权利，按程序登记完毕后，还要给

权利人颁发权属证书。权属证书为权利人权利之凭证，由权利人持有和保管。

三、房地产权属登记的种类

房地产权属登记分为房屋总登记、初始土地登记、房屋初始登记、房屋转移登记、房屋变更登记、房屋他项权利登记、房屋注销登记、变更土地登记八种。

1. 总登记

总登记也称静态登记，是在一定行政区域和一定时间内进行的房屋权属登记。进行总登记是因为没有建立完整的产籍或原有的产籍因其他原因造成户籍散失、混乱，必须全面清理房屋产权、整理产籍，建立新的产权管理秩序。

总登记应由县级以上人民政府在规定的登记期限开始之日起 30 日内发布公告，公告应当载明以下有关事项：总登记的区域、申请的期限（注明起止日期）、申请人应当提交的有关证件（告知登记人应携带的证件和有关文件）、受理登记的地点（可以是登记机关所在地或登记机关设立的登记点）、其他应当公告的事项（如登记费用、不登记的责任等）。

2. 初始土地登记

初始土地登记是指土地登记机关在同一时间内对一定范围的全部土地的所有权和使用权及他项权利进行集中、统一的登记。因此，又可以称为土地总登记。

3. 房屋初始登记

初始登记是指新建房屋申请人，或原有但未进行过登记的房屋申请人原始取得所有权而进行的登记。在依法取得的房地产开发用地上新建成的房屋和集体土地转化为国有土地上的房屋，权利人应当向登记机关申请办理房屋所有权初始登记。在开发用地上新建成的房屋登记，权利人应向登记机关提交建设用地规划许可证、建设工程规划许可证及土地使用权证书等证明文件。集体土地转化为国有土地上的房屋，权利人应向登记机关提交用地证明等有关文件。

4. 房屋转移登记

转移登记是指房屋因买卖、赠与、交换、继承、划拨、转让、分割、合并、裁决等原因致使其权属发生转移而进行的登记，权利人应当自事实发生之日起 90 日内申请转移登记。申请转移登记，权利人应提交原房地产权属证书以及与房地产转移相关的合同、协议、证明等文件。

5. 房屋变更登记

变更登记是指房地产权利人因法定名称改变，或是房屋状况发生变化而进行的登记。如权利人法定名称变更或者房地产现状、用途变更、房屋门牌号码的改变、路名的更改、房屋的翻、改建或添建而使房屋面积增加或减少、部分房屋拆除时，房地产权利人均应自事实发生之日起 30 天内申请变更登记，由房地产权利人提交房地产权属证书以及相关的证明文件办理。

6. 房屋他项权利登记

他项权利登记是指设定抵押、典权等他项权利而进行的登记。申请他项权利登记，权利人应提交的证明文件有：①以地上无房屋（包括建筑物、构筑物及在建工程）的国有土地作为抵押物的，应提交国有土地使用权证、土地使用权出让、抵押合同及相关协议和证明文件；②以房屋及其占用土地作为抵押物的，除应提交前款所列证明文件外，还应提交房屋权属证书。

7. 房屋注销登记

注销登记是指房屋权利因房屋或土地灭失、土地使用年限届满、他项权利终止、权利主体灭失等而进行的登记。以下几种情况均应申请注销登记：

1）房屋灭失，所有权的要素之一客体灭失，房屋所有权不复存在。

2）土地使用权年限届满，房屋所有权人未按城市房地产管理法的规定申请续期，或虽申请续期而未获批准的，土地使用权由国家无偿收回。按房屋所有权和该房屋占用范围内土地使用权权利主体一致的原则，原所有人的房屋所有权也不复存在。

3）他项权利终止。抵押权是因主债权的消灭，例如债的履行以及房屋灭失或抵押权的行使而使抵押权归于消灭。典权是因典期届满、出典人回赎或转典为卖、以及房屋灭失而使典权归于消灭。

房地产权利丧失时，原权利人应申请注销登记。申请注销登记，申请人应提交房地产权属证书、相关的合同、协议文件。房地产权利灭失，而当事人在规定期限内未办理注销登记的，由登记机关予以注销登记。

8. 变更土地登记

变更土地登记是对已经进行初始土地登记的任一土地的土地所有权、使用权和他项权利及相关内容发生变化而进行的相应的变更登记。

四、房地产权属登记程序

房屋权属登记按受理登记申请、权属审核、公告、核准登记并颁发房屋权属证书等程序进行。

1. 受理登记申请

受理登记申请是申请人向房屋所在地的登记机关提出书面申请，填写统一的登记申请表，提交有关证件。如其手续完备，登记机关则受理登记。房屋所有权登记申请必须由房屋所有权人提出，房屋他项权利登记应由房屋所有人和他项权利人共同申请。

申请人申请权属时应如实填写登记申请表。对委托代理申请登记的，应收取委托书并查验代理人的身份证件。不能由其他人持申请人的身份证件申请登记。工作人员在查验各类证件、证明和申请表、墙界表各栏目内容后，接受申请人的

登记申请，并按收取的各类书证，向申请人出具收件收据。

登记机关自受理登记申请之日起 7 日内应当决定是否予以登记。对暂缓登记、不予登记的，应当书面通知权利人（申请人）。

2. 权属审核

权属审核主要是审核查阅产籍资料、申请人提交的各种证件，核实房屋现状即权属来源等。权属审核一般采用“三审定案”的方法，即采用初审、复审和审批的方法。随着我国权属登记制度的日益完善，对一部分房屋权属的确定，可以视情况采用更为简捷的方法。对于商品房甚至可以采用直接登记当即发证的方法，收件后随即审批并打印权属证书。

（1）初审　初审是对申请人提交的证件、证明以及墙界情况、房屋状况等进行核对。并初步确定权利人主张产权的依据是否充分、是否合法，初审工作要到现场查勘，并着重对申请事项的真实性进行调查。

（2）复审　复审是权属审查中的重要环节，复审人员一般不到现场调查，但要依据初审中已确定的事实，按照法律、法规及有关规定，并充分利用登记机关现存的各项资料及测绘图件，反复核对，以确保权属审核的准确性。复审人员应对登记件负责全面审查，着重对登记所适用的法律、法规负责。

3. 公告

公告是对可能有产权异议的申请，采用布告、报纸等形式公开征询异议，以便确认产权。公告并不是房屋权属登记的必经程序，登记机关认为有必要时进行公告。

但房屋权属证书遗失的，权利人应当及时登报声明作废，并向登记机关申请补发，登记机关应当作出补发公告，经 6 个月无异议的方可予以补发房屋权属证书。

4. 核准登记、颁发房屋权属证书

（1）核准登记　经初审、复审、公告后的登记件，应进行终审，经终审批准后，该项登记即告成立，终审批准之日即是核准登记之日。

终审一般由直接负责权属登记工作的机构指定的专人进行。终审是最后的审查，对有疑问的内容，终审人员应及时向有关人员指出，对复杂的问题，也可采用会审的办法，以确保确权无误。

（2）权属证书的制作　经终审核准登记的权利，可以制作权属证书。

填写房屋权属证书应当按建设部关于制作颁发全国统一房屋权属证书的通知的规定来填写。无论是使用计算机缮证或是手工缮证，在缮证后都要由专人进行核对，校对各应填写项目是否完整、准确，附图与登记是否一致，房屋权属证书附图中是否按要求注明是施测的房产测绘单位名称，房屋套内建筑面积、房屋分摊的共有建筑面积，附图上尺寸是否标注清楚准确，相关的房屋所有权证、房屋他项权证和共有权证的记载是否完全一致。核对人员要在审批表核对人栏内签字以示负责。核对无误的权属证书就可编造清册，并在权属证书上加盖填发单位印章。

（3）权属证书的颁发　向权利人核发权属证书是权属登记程序的最后一项。

1）通知权利人领取权属证书，一般可采用在登记机关决定管理登记时填发领证通知单或寄发统一的领证通知书的办法，告知权利人在规定时间携带收件收据、身份证件以及应缴纳的各项费用到指定地点领取。

2）收取登记费用。登记费用一般包括登记费和权证工本费。

3）发证。发证时应当请权利人自己检查一下权属证书上所载明的各登记事项是否准确。房屋权属证书应当发给权利人或权利人所委托的代理人。房屋他项权登记时房屋所有权证应发还给房屋所有权人，他项权证应发给他项权利人。发证时，领证人、发证人都应在审批表相应的栏目内签字并注明发证日期。发证完毕后，将收回的收件收据及全部登记文件及时整理，装入资料袋，及时办理移交手续，交由产籍部门管理。

第六节　物 业 管 理

一、物业管理的概念

《物业管理条例》（以下简称《条例》）第二条对物业管理下了定义：物业管理是指业主通过选聘物业服务企业，由业主和物业服务企业按照物业服务合同约定，对房屋及配套的设施设备和相关场地进行维修、养护、管理、维护相关区域内的环境卫生和秩序的活动。

二、物业管理的特征

物业管理是城市管理体制、房地产管理体制的重大改革，是一种与房地产综合开发，与现代化生产方式相配套的综合性管理；是随着住房制度改革的推进而出现的产权多元化格局后与之相衔接的统一管理；是与建立社会主义市场经济体制相适应的社会化、专业化、市场化的管理。按照社会产业部门划分的标准，物业管理属于第三产业。社会化、专业化、市场化是物业管理的三个基本特征。

（一）社会化

物业管理的社会化是指摆脱了过去那种自建自管的分散管理体制，由多个产权单位、产权人通过业主大会选聘一家物业服务企业的统一管理。

物业管理社会化有两个基本含义：①物业的所有权人要到社会上去选聘物业服务企业；②物业服务企业要到社会上去寻找可以代管的物业。

物业的所有权、使用权与物业的经营管理权相互分离，是物业管理社会化的必要前提，现代化大生产的社会专业分工，则是实现物业管理社会化的必要条件。

（二）专业化

物业管理的专业化是指由物业服务企业通过合同或契约的签订，按照产权人和使用人的意志和要求去实施专业化管理。这就要求：①有专业的人员配备；②有专门的组织机构；③有专门的管理工具设备；④有科学、规范的管理措施与工作程序；⑤运用现代管理科学和先进的维修养护技术实施专业化的管理。物业管理专业化是现代化大生产专业分工的必然结果。因此，要求物业服务企业必须具备一定的资质等级，要求物业管理从业人员必须具备一定的职业资格。

（三）市场化

市场化是物业管理最主要的特点。在市场经济条件下，业主通过招投标选聘物业服务企业，由物业服务企业来具体实施。物业服务企业是按照现代企业制度组建并运作，具有明确的经营宗旨和管理章程，实行自主经营、独立核算、自负盈亏，能够独立承担民事责任的企业法人。物业服务企业向业主和使用人提供劳务和服务，业主和使用人购买并消费这种服务。在这样一种新的机制下逐步形成有活力的物业管理竞争市场，业主有权选择物业管理单位，物业管理单位必须靠自己良好的经营和服务才能进入和占领这个市场。这种通过市场竞争机制和商品经营的方式所实现的商业行为就是市场化。双向选择和等价有偿是物业管理市场化的集中体现。

三、物业服务企业

2007年10月，新的《物业管理条例》将“物业管理企业”修改为“物业服务企业”，意味着新的《物业管理条例》更强调业主自治管理和物业服务，明确了物业服务企业本着“寓管理于服务”的宗旨为业主服务的，这对于企业是一个促进。

（一）物业服务企业的性质

物业服务企业是依法定程序设立，从事物业管理活动，独立核算、自主经营、自负盈亏的具有独立的企业法人地位的经济组织。

物业服务企业的性质是具有独立的企业法人地位的经济实体，按自主经营、自负盈亏、自我约束、自我发展的机制运行，其指导思想是：以服务为宗旨，以经营为手段，以经济效益、社会效益和环境效益的综合统一为目的。

（二）物业服务企业的设立

物业服务企业的设立分工商注册登记和资质审批两个阶段。

1. 物业服务企业的注册登记

设立物业管理企业须向工商行政管理部门进行注册登记，领取营业执照后，方可开业。

2. 物业服务企业的资质管理

根据《物业管理条例》，建设部印发了《物业管理企业资质管理办法》（建设部令第125号，以下简称《资质管理办法》）。房地产行政主管部门根据物业服务企业的资产、专业技术人员和物业管理业绩等因素，对设立的物业服务企业核定资质等级。未经主管部门进行资质核定并取得资质证书的物业服务企业，不得从事物业管理活动。

物业服务企业资质等级分为一级、二级、三级。《资质管理办法》从企业的资产、人员构成、管理物业的类型与规模、业绩、诚信和内部规章制度等方面对一、二、三级三个资质等级做了规定。

新设立的物业服务企业，其资质等级按照最低等级核定，并设一年的暂定期。一年内物业管理企业未能承接物业管理项目，资质审批部门应当取消其从事物业管理活动的资格。

物业服务企业的资质管理实行分级审批制度。国务院建设主管部门负责一级物业服务企业资质证书的颁发和管理，省、自治区人民政府建设主管部门负责二级物业服务企业资质证书的颁发和管理，直辖市人民政府房地产主管部门负责二级和三级物业服务企业资质证书的颁发和管理，并接受国务院建设主管部门的指导和监督。设有区的市的人民政府房地产主管部门负责三级物业服务企业资质证书的颁发和管理，并接受省、自治区人民政府建设主管部门的指导和监督。

四、业主及业主大会

（一）业主的权利和义务

房屋的所有权人为业主，业主在物业管理活动中，享有下列权利：

1）按照物业服务合同的约定，接受物业服务企业提供的服务。

2）提议召开业主大会会议，并就物业管理的有关事项提出建议。

3）提出制定和修改管理规约、业主大会议事规则的建议。

4）参加业主大会会议，行使投票权。

5）选举业主委员会成员，并享有被选举权。

6）监督业主委员会的工作。

7）监督物业服务企业履行物业服务合同。

8）对物业共用部位、共用设施设备和相关场地使用情况享有知情权和监督权。

9）监督物业共用部位、共用设施设备专项维修资金（以下简称专项维修资

金）的管理和使用。

10）法律、法规规定的其他权利。

业主在物业管理活动中，履行下列义务：

1）遵守管理规约、业主大会议事规则。

2）遵守物业管理区域内物业共用部位和共用设施设备的使用、公共秩序和环境卫生的维护等方面的规章制度。

3）执行业主大会的决定和业主大会授权业主委员会作出的决定。

4）按照国家有关规定交纳专项维修资金。

5）按时交纳物业服务费用。

6）法律、法规规定的其他义务。

(二) 业主大会

物业管理区域内全体业主组成业主大会，业主大会应当代表和维护物业管理区域内全体业主在物业管理活动中的合法权益。一个物业管理区域成立一个业主大会。同一个物业管理区域内的业主，应当在物业所在地的区、县人民政府房地产行政主管部门或者街道办事处、乡镇人民政府的指导下成立业主大会，并选举产生业主委员会。但是，只有一个业主的，或者业主人数较少且经全体业主一致同意，决定不成立业主大会的，由业主共同履行业主大会、业主委员会职责。

业主大会会议分为定期会议和临时会议。业主大会定期会议应当按照业主大会议事规则的规定召开。经 20%以上的业主提议，业主委员会应当组织召开业主大会临时会议。召开业主大会会议，应当于会议召开 15 日以前通知全体业主。住宅小区的业主大会会议，应当同时告知相关的居民委员会。业主委员会应当做好业主大会会议记录。

下列事项由业主共同决定：

1）制定和修改业主大会议事规则。

2）制定和修改管理规约。

3）选举业主委员会或者更换业主委员会成员。

4）选聘和解聘物业服务企业。

5）筹集和使用专项维修资金。

6）改建、重建建筑物及其附属设施。

7）有关共有和共同管理权利的其他重大事项。

业主大会会议可以采用集体讨论的形式，也可以采用书面征求意见的形式。但是，应当有物业管理区域内专有部分占建筑物总面积过半数的业主且占总人数过半数的业主参加。

业主大会决定上述第 5 项和第 6 项规定的事项，应当经专有部分占建筑物总面积 2/3 以上的业主且占总人数 2/3 以上的业主同意；决定其他事项的，应当经专有部分占建筑物总面积过半数的业主且占总人数过半数的业主同意。

（三）业主委员会

业主委员会是业主大会的执行机构，业主委员会委员应当由热心公益事业、责任心强、具有一定组织能力的业主担任。业主委员会主任、副主任在业主委员会成员中推选产生。业主大会或者业主委员会的决定，对业主具有约束力。

业主委员会执行业主大会的决定事项，履行下列职责：

1）召集业主大会会议，报告物业管理的实施情况。

2）代表业主与业主大会选聘的物业服务企业签订物业服务合同。

3）及时了解业主、物业使用人的意见和建议，监督和协助物业服务企业履行物业服务合同。

4）监督管理规约的实施。

5）业主大会赋予的其他职责。

业主委员会应当自选举产生之日起30日内，向物业所在地的区、县人民政府房地产行政主管部门和街道办事处、乡镇人民政府备案。

业主大会、业主委员会应当依法履行职责，不得作出与物业管理无关的决定，不得从事与物业管理无关的活动。业主大会、业主委员会作出的决定违反法律、法规的，物业所在地的区、县人民政府房地产行政主管部门或者街道办事处、乡镇人民政府，应当责令限期改正或者撤销其决定，并通告全体业主。业主大会、业主委员会应当配合公安机关，与居民委员会相互协作，共同做好维护物业管理区域内的社会治安等相关工作。在物业管理区域内，业主大会、业主委员会应当积极配合相关居民委员会依法履行自治管理职责，支持居民委员会开展工作，并接受其指导和监督。住宅小区的业主大会、业主委员会作出的决定，应当告知相关的居民委员会，并认真听取居民委员会的建议。

思　考　题

1. 房地产法的立法目的有哪些？
2. 房地产开发企业的设立条件有哪些？
3. 房地产开发企业的资质等级有哪些？
4. 房地产转让的条件和程序有哪些？
5. 商品房预售和现售的条件有哪些？
6. 简述商品房买卖合同的主要内容。

第十一章 国外建设法律制度

11

第一节 法系的基本概念

一、国外法系概述

1）法系的概念。法系具体是指根据法的历史传统和外部特征的不同，对法所做的分类。凡属于同一传统的法律就构成一个法系，通常是把具有一定特点的某一国的法律同仿效这一法律的其他国家的法律划为同一法系。

2）法系的分类。历史上各国的法律制度曾被划分为五个法系，即中华法系、印度法系、阿拉伯法系、大陆法系和英美法系，到了现代，就只剩下大陆法系和英美法系。

二、大陆法系

（一）大陆法系的概念

大陆法系又称罗马法系、成文法系、民法法系或罗马—日耳曼法系（因为它的历史渊源是罗马法和日耳曼法，此外还有教会法、商法和城市法）。它是资本主义国家中历史悠久、分布广泛、影响深远的法系。它以欧洲大陆的法国和德国为代表，在罗马法的基础上，融合其他法律成分，逐渐发展为世界性的法律体系。在大陆法系内部，各个国家和地区的法律制度的情况不尽相同，大体上有两个分支——以法国民法典为代表的拉丁分支和以德国民法典为代表的日耳曼分支。

（二）大陆法系的特点

1）在法律的历史渊源上，大陆法系是在罗马法的直接影响下发展起来的，大陆法系具有制定法的传统，制定法为其主要法律渊源，判例一般不被作为正式法律渊源（除行政案件外），对法院审判无拘束力。

2）在法律形式上，大陆法系国家一般不存在判例法，对重要的部门法制定了法典，并辅之以单行法规，构成较为完整的成文法体系。

3）在法官的作用上，大陆法系要求法官遵从法律明文办理案件，没有立法权。大陆法系国家的立法和司法分工明确，强调制定法的权威，制定法的效力优先于其他法律渊源，而且将全部法律划分为公法和私法两类。

4）大陆法系一般采取法院系统的双轨制，重视实体法与程序法的区分。大陆法系一般采用普通法院与行政法院分离的双轨制，法官经考试后由政府任命，严格区分实体法与程序法，一般采用纠问式诉讼方式。

5）在法律推理形式和方法上，采取演绎法。由于司法权受到重大限制，法律只能由代议制的立法机关制定，法官只能运用既定的法律判案，因此，在大陆法系国家，法官的作用在于从现存的法律规定中找到适用的法律条款，将其与事实相联系，推论出必然的结果。

三、英美法系

（一）英美法系的概念

英美法系又称普通法系，美国的法律源于英国传统，但从 19 世纪后期开始独立发展，已经对世界的法律产生了很大的影响。英美法系的分布范围主要包括英国（苏格兰除外）、美国（路易丝安那州除外）、加拿大（魁北克除外）、澳大利亚、新西兰、印度、巴基斯坦、新加坡、南非等国和我国的香港。英国法传统的传播主要是通过殖民扩展实现的。

（二）英美法系的特点

1）在法律的思维方式和运作方式上，英美法系运用的是区别技术（Distinguishing Technique）。在对待先例的问题上有三种做法：①遵循先例，一般来讲，下级法院应当遵循上级法院的判例，上诉法院还要遵循自己以前的判例。②推翻先例，在美国的联邦最高法院和各州最高法院有权推翻自己以前的判决。③避开先例，主要适用于下级法院不愿适用某一先例但有不愿公开推翻它时，可以依据前后两个案例在实质性事实上存在区别为由而避开这一先例。

2）在法律的形式上，判例法占有重要地位。从传统上讲，英美法系的判例法占主导地位，因此，又称为法官法（Judge-Made Law）。

3）在法律的分类方面，英美法系没有严格的部门法概念，即没有系统性、逻辑性很强的法律分类。

4）在法学教育方面，英美法系主要是美国将法学教育定位于职业教育，学生入学前已取得一个学士学位，教学方法是判例教学法，重视培养学生的实际操作能力。

5）在法律职业方面。职业流动性大，法官尤其是联邦法院的法官一般都是

来自律师，而且律师在政治上非常活跃。法官和律师的社会地位也比大陆法系高。

四、大陆法系和英美法系的区别

1）法的渊源不同。大陆法系正式的法的渊源只是制定法，判例在法律上不被认为是具有正式意义上的渊源；英美法系制定法和判例法都是正式的法的渊源。

2）法典编纂的不同。大陆法系一般采用法典形式；英美法系往往是单行法律、法规。

3）在适用法律的技术方面不同。在大陆法系，法官审理案件，首先考虑制定法如何规定，然后按照有关规定和案情作出判决；英美法系的法官则首先考虑以前类似的判例，将本案的事实与以前的案件事实比较后概括出可以适用于本案的法律规则。

4）法的分类不同。大陆法系基本分类是公法和私法，私法主要指民法和商法，公法主要指宪法、行政法、刑法、诉讼程序法，进入20世纪后又出现了社会法、经济法、劳动法等公私法两种成分的法；英美法系基本分类是普通法和衡平法，无公法和私法之分，普通法是在普通法院判决基础上形成的全国适用的法律。衡平法是由大法官法院的申诉案件的判例形成的。

5）诉讼程序和判决程式不同。大陆法系一般采用审理方式，以法官为中心，奉行干涉主义；英美法系采用对抗制，实行当事人主义，法官充当消极的、中立的角色。

第二节　国外建设法律制度简介

一、美国建设法律制度

（一）美国建设法律概述

美国创始于1776年，是由50个州和一个特区组成的联邦制国家，国家政体是总统制共和国，总统为国家元首和政府首脑。美国施行“三权分立”的政治制度，国家权力的立法权、行政权、司法权分别由国会（分参、众两院）、总统和法院行使，在政权的构架上实行分权与制衡的原则。美国是一个联邦制国家，其政府机构设置分为联邦—州—县三个层次。

美国法来源于英国法，又根据美国政治、经济和文化特点作了较多的改变。美国建国初期就制定了成文的联邦宪法，但联邦和各州都自成法律体系。联邦除在国防、外交、财经政策、国际贸易和州际商业等方面外，无统一的立法权；刑

事和民商事方面的立法权基本上属于各州，也就是说，在美国存在着 51 种法律体系（联邦法和 50 个州的州法）。为了促进各州法律的统一，美国律师协会于 1989 年成立了统一州法全国促进会，负责拟订并向各州立法机关推荐各种统一法律草案，其他有关的官方和非官方机构也提出过不少供各州立法参考的模范法典草案，但各州采纳程度不一。

宪法规定：中央（联邦）政府只负责处理公共事务，各州保留大部分法律权力，以及包括实施武力（警察）在内的维护公共安全的义务。在统一的联邦政权的基础上，各州有自己的宪法、法律和政府机构，但联邦宪法和法律优于州的宪法和法律。因此，美国联邦政府至今不能在制定、颁布和实施建筑规范方面直接发挥作用。唯一的例外是对于移动式房屋，因为其生产和使用常常跨越州界。

美国专门针对某一行业和某一市场领域的法规很少，市场行为一般都受综合性的经济法规的制约。美国建筑业的法律法规主要是由联邦政府、州政府和市镇政府的立法三个层次。

美国联邦政府并没有对建筑工程专门立法，而是将承包工程视作一种商业行为，由合同或契约来规范，属"一般商业法"管辖。除联邦法外，各州均有"建筑法"对建筑业进行规范管理，其主要内容涉及劳务保护、安全生产、公司保险、合同、配套公共设施建设、建筑设计标准、工程验收等。州法是建筑工程实际操作的规范，州政府并不对工程管理负责。州法通过市镇的规范落实到执行上，这种规范虽非法律，但具法律效力。各市镇都设有相应的管理机构，城市通常有规划局、房屋局和标准局等三个机构，而小城镇只有房屋局或者工程委员会之类的机构。市镇是美国所有建筑工程承建的政府管理执行单位，是将联邦法、州法细化为规范，并具体执行的代言人。

建筑业的国家法律规范主要来源有两个方面，一是国家基本法规，二是建筑专业法规。国家基本法规是由联邦政府制定的，是建筑业首先应当遵守的母法，与建筑业有关的法律主要包括民商法、经济法和行政法等。

与建筑业有关的美国民商法有《统一商务法规》、《合同重述法》、《公司法》、《合伙法》、《破产法》及《商业职业法》等。

与建筑业有关的美国经济法有《税法》、《会计法》、《劳动法》、《银行法》、《保险法》、《金融法》、《贸易法》、《联邦财产与行政服务法》、《联邦采购法》、《联邦采购规则》、《联邦国防采购补充规则》、《反托拉斯法》、《罗宾逊—帕特曼法》、《谢尔受法》、《联邦贸易委员会法》等。

与建筑业有关的美国行政法表现为行政规章，行政规章分类有多种形式，一般分为程序规章、实体性规章、解释性规章三类。《美国联邦法规汇编》收有美国联邦国家机关制定和发布的几乎所有现行有效的法律文件。该汇编分成编、章、节，若干年修订重版一次，每年的新法规以活页的形式附于《汇编》之后，

汇编共分 50 编，其中多数是行政的实体性规章规范和程序性规章。《美国政府手册》，主要刊登美国各政府组织机构及职能权限。《联邦登记》是美国联邦政府的官方出版物，刊登总统和联邦行政机构发布的所有公告、规章、命令和其他具有“普遍适用性”和“法的效力”的文件。《联邦法规汇编》收集在《联邦登记》上正式发布的各行政机构的规章。《各州法规汇编》刊登州的法规，《各州规章汇编》刊登州政府各个部门的规章。

建筑专业法规是专业的建筑法律法规，主要有建筑法规、规划分区法和执照发放法以及建设行政法三个主要方面。

建筑法律法规的目的是保证建筑物使用者的环境卫生和安全，主要包括国际建筑法规、统一建筑法规、南部标准建筑法规，基本建筑法规等，已成为联邦各州制定州技术规范和标准的依据，各地可根据自己的特殊需要作一定程度的修改后采用。统一建筑法规是建筑业遵循的行业的基本法典，该法规由国家建筑官员会议主持编制；南部标准建筑法是针对美联邦南部各州的特点，由南部建筑法规会议主持编制；基本建筑法规由建筑官员和法规管理人员国际组织主持编制，是建筑业通用的主要法规。此外还有《住宅法》、《统一管理法》、《土地政策管理法》、《土壤保护法》、《联邦测量法》、《联邦电器法》、《联邦管道法》、《联邦防火法》、《联邦机械设备法》、《环境保护法》、《职业安全和健康条例》等为保护人的生命、健康及公益利益的法律法规。

（二）建筑许可

1. 从业资格许可

（1）建筑从业者的资格许可　美国从业资格许可主要是对建筑从业者资格进行控制，因此，对建筑从业者的资格要求较严。一般是由州的相关法规规定，有的采用专业证书制，有的采用单纯注册制，有的则完全由行政机关统一管理。建筑资格证书包括建筑设计师、专业工程师、造价工程师、监理工程师等都必须具有当地的注册执业资格证书。

1）纽约州建筑师制度。纽约州建筑师注册审批和管理理事会、教育局及建筑委员会负责。

① 申请的资格。获得建筑方面学士以上学历；有建筑委员会承认的建筑实务经验，大学学习年数和实务经验年数，合计 8 年以上；按教育局专门规则进行的考试合格；年龄在 21 岁以上，有教育局承认的良好道德品质。申请者不一定具有美国公民资格。

② 考试。考试分笔试和实务考试两种。笔试为全美建筑注册委员会协议会（NCARB）组织的全国统一考试，每年 6 月进行。实务考试是纽约州为在其他州开设建筑师事务所，具有 10 年以上建筑实务者单独组织的考试。考试分场地设计、设计课题考试及口头实务考试。

③ 取得执照。考试合格者由教育局颁发执照。该执照只要不因故被理事会注销、无效或停止，将终身有效。

④ 注册。执照持有者如欲从事业务活动，还必须向教育局申请注册，每次注册都有一定的有效期限，第一次为3年，有效期届满后须重新注册。

⑤ 建筑师的权利和义务。建筑师享有从事建筑业务的专有权，只有取得建筑执照并获准注册的，才能从事建筑业务。其业务范围包括咨询、审查、设计、准备施工条件、工程监理及建筑承包合同的管理等；建筑师必须正当执业，服从州教育法对业务违规的审理程序并接受惩罚。建筑师还有在设计图和说明书上盖上建筑师图章，并在提交给有关行政机关的设计图和说明书上签名的义务。在姓名和地址变更时，必须在30日内报知教育局。

2）工程师执业资格制度。美国对于专业工程师的资格认定非常严格，为了保证公众的安全健康和权利不受损害。美国50个州都通过法律要求专业工程师在从事相应专业活动之前，必须通过考试取得注册工程师（PE）资格。考试分为基础考试和专业考试两部分，大学本专业毕业生就可以参加基础考试，通过基础考试后再经过4年专业实践，并有3个资深PE工程师的推荐，才可参加专业考试，专业考试合格，方可取得注册工程师资格。两项考试均采取笔试的形式，试题由“国家工程与勘测考试委员会”统一制定，但最低通过分数则由各州自定，最终批准注册工程师的权利也在各州。PE可以从事工程设计、施工承包和工程咨询监理等各项工作，没有PE的签字，设计和施工文件不能生效。

3）造价工程师资格制度。美国造价工程师资格有两种，分别是造价工程师（CCE）和造价咨询师（CCC）。取得造价工程师的认证需要受相关领域的教育以及工作经验的要求是：CCE必须有至少8年的职业经历，其中4年可以由工程学位或PE执照来代替；CCC必须有至少8年的职业相关经验，其中4年可以由相关学科4年的学位来代替。其中成为CCE，必须拥有4年公认的工程学科学位。

美国造价工程师证书的考试需要通过笔试和提交造价工程的专业论文，证书考试由国际全面造价管理促进会（AACE-I）负责。主要包括：基础知识与技能、成本估价与控制、项目管理和经济分析四部分，书面考试为6小时，得分率必须在70%以上，同时还必须准备一篇可接受的关于全面造价管理的技术论文，技术论文必须由认证委员会审核通过。

4）监理工程师资格制度。美国与国外各国不用“监理”这个词，而使用“工程咨询”和“工程顾问”，为了与我国对应，以下“监理”一词就是国外的“工程咨询”。在美国每个州都存在监理工程师的注册问题，在监理工程师注册前，申请注册者是必须先取得注册建筑师、注册工程师或注册总承包商资格，在美国绝大多数州都有严格的建筑师、专业工程师、总承包商以及专业承包商的注

册制度。从监理工作的需要来看，监理工程师单单具有上述专业领域内某一专业方面的知识和技能是不够的，应具备更加全面和复合的知识结构和管理能力。目前还没有专门的注册监理工程师，实际的做法是，监理工程师在代表公司承揽监理业务之前都须先取得注册总承包商的资格或注册建筑师资格。美国没有监理人员资格的法律规定，但有严格的行业纪律和职业道德准则对之进行约束。美国土木工程学会规定咨询工程师须符合下列道德准则：①正直、公平、尽力为雇主服务；②努力提高职业能力，并维护信誉；③运用自己的知识和技术造福于人类。

5）建筑官员资格制度。美国建筑官员理事会（CABO）和其他三个模式规范组织（ICBO，BOCA，SBCCI）均开展"自愿认证考试"工作。自愿认证考试即是自愿申请，通过上述机构组织的考试，获得证书，以证明申请人掌握了建筑技术法规和标准的有关知识，并具有建筑技术法规管理和实施的能力。

建筑官员资格考试内容包括三部分，即法规、管理和技术。法规测试部分包括规范实施、违反规范采取的法律程序、规范管理和规范实施监督。管理测试包括部门财政管理、人员管理、档案管理、人员培训管理和信息管理。技术测试包括建筑方案审查、结构审查、水电系统审查和现场工程监理。其中一个部分未通过者，可在下次考试中只考本部分。CABO 制定了详细的考试规则，考试采用多项选择填空，开卷形式，考题数量约为 60～75 个，时间为 75～120 分钟。

（2）建筑企业的资格许可　建筑企业的资格许可的实质是建筑市场准入制度。美国政府对建筑企业资质标准并无具体要求，联邦政府主要通过《公司法》和《企业法》等相关经济法规进行管理，各州有独自的企业注册的相关规定，各州对公司注册的程序基本一致，只要通过律师向州政府递交成立公司申请、公司章程、董事会任命的公司管理人员名单等文件，在约一周的时间内即可获得营业执照。

美国从事建筑活动的企业主要包括工程咨询公司（包含设计企业）、承包商、分包商等。多数州对承包商不实行分级资质管理，一般靠保险公司对不同档次的承包商提供保险金额的不同进行市场调节。但有些州也有资质管理规定，主要表现对承包商净资产的要求，如南卡州；有些州要求承包商有一位主要职员通过该州的资格考试，才能取得营业执照。下面以加州为例加以介绍。

外州承包商必须取得加州资质后方可在加州承接业务，加州对建筑业承包商的资质划分为三个等级：①"A"级，通用工程承包商，可以承接所有类型房屋、市政等全部土木工程；②"B"级，通用房屋承包商，可以承接 2 层及以下的房屋工程施工。由于美国绝大多数房屋均为两层或单层结构，故该等级应用很广；③"C"级，专业承包商，依据建筑业工种，设置了共 40 种不同的专业资质，如锅炉、热水及蒸汽安装、混凝土、土木开挖、电气、电梯、油漆、屋顶、管道、焊接等，自 2001 年 7 月开始增加了家庭装饰专业。各专业承包商只能承

接本专业工程。

2. 建筑活动行为许可

（1）设计许可　根据《美国统一建筑条例》中第106.3.2款中明确规定施工许可证的申请文件中必须包括设计图纸和设计计算书，设计技术审核的通过是建筑主管官员颁布施工许可证的必备条件之一。一般是业主向建设主管官员交纳施工许可证的费用，其中包括设计技术审核费用后，由政府主管官员委托的专业工程师进行技术审核，《统一建筑条例》规定技术审核的内容包括：主体结构的安全性、地基及基础的安全性；建筑防火主要包括建筑材料防火、消防设备、火灾人流紧急疏散措施等。

（2）施工许可　《美国统一建筑条例》规定，除不高于6ft的篱笆，不高于5ft9in的可移动框柜、柜台或隔断，临时性电影、电视、戏剧舞台、布景和用具及面积和高度等指标不超过规定的单层独立配房、游泳池、挡土墙、站台、人行道、行车道等外，所有建筑物的组装、建造、扩充、改造、修理、移动、改进、搬运、调换或拆毁活动都必须事先从建筑主管官员那里获得每个房屋的单独建筑执照。

申请经建筑主管官员审查合格，在按规定缴纳各项费用后，即可获得房屋建筑执照。每份执照都规定有有效期限，届满则自动作废。工程逾期没有完工或中途停建未满1年需重新开工，皆须重新领取执照，并须再次缴纳金额为原缴费用的一半，且原设计图和说明书不得有修改和变更。领取执照后，因有正当和充足的理由不能正常开工时，可申请延期。经建筑主管官员审查同意后，可将有效期限延至开工之日起计算，但延长的期限不得超过180天，且只许延期1次。当建筑主管官员发现执照是错发的或是根据不正确的资料发出的，或当违反任何法令、条例或建筑法规时，他可以书面通知吊销所颁发的执照。当领取建筑执照后，却未进行任何工程，建筑主管官员可批准退还部分已缴的执照费，但最多不超过所缴金额的80％。

（三）建设工程招标投标

1. 建设工程招标投标方式

在美国，招标方式一般以公开招标方式为主，但允许在一定条件下采用竞争性谈判和单一来源采购方式。

对于政府投资公共工程的采购，则要求非常严格，政府投资公共工程项目开支主要来自公民的纳税，必须严格采购管理，实现最大限度的透明公开，以期节省投资，提高效率，保证质量。美国与政府投资公共工程采购有关的法规已经相当成熟，其中包括《联邦财产与行政服务法》、《联邦采购法》、《合同争议法》、《联邦采购规则》、《联邦国防采购补充规则》等，政府投资公共工程采购的监管部门为联邦采购规则委员会。美国法律规定，政府投资公共工程必须采用竞争性

公开采购方式，即按照一定程序进行公开招标，对于诸如军事设施的特殊项目，可以采用邀请招标或议标方式。

对于私人工程的采购，采取不干涉的态度，只要在法律允许的范围内运作，工程项目招标的方式和程序由业主自行决定。

2. 建设工程招标投标程序

(1) 招标　资格预审。美国建筑师学会AIA编写的《业主与建筑师标准协议书格式A101—1987》、《业主与承包商标准固定价协议书格式A101—1977》、《业主与承包商标准成本加酬金协议书格式A111—1978》、《通用施工合同条件》；美国总承包商联合会的《标准建筑施工分包合同协议书格式AGC500—1980》。各州对工程资格预审的规定十分不同。总的来说，各州的规定中，需资格预审的项目较少，因为美国保证担保制度下的高保额保函提供了对承包商的资格预审功能。

标准招标文件一般都包括投标人须知、投标书格式、协议书格式、通用合同条件、专用合同条件、工程量清单、履约保证书格式等。

(2) 投标　承包商资质。美国政府对承包商资质标准并无具体要求。但是，美国的工程保证担保制度实际上已经对承包商的资质进行了筛选，如果承包商没有良好的历史记录、信用和财务状况，保险公司自然不会开出保单，当然也不可能承接项目。

在投标阶段，对承包商的资质审查内容主要有已完工类似项目的详细情况；准备配备的工程队伍，包括分包商名单及其业绩；工程施工方案和进度计划以及企业财务状况等，对于承包商的资质审查，美国联邦政府机关在授予合同时，要检查承包商按照项目的要求执行合同能力，其中，不仅要考察承包商目前的技术和财务能力，还要考察承包商的以往业绩和信誉。

(3) 评标、定标　评标。政府投资的项目，在选择承包商时必须采取公开招标的形式，由政府中的专业人员进行评标。基本原则包括：完全与公开竞争原则；公众利益和承包商利益的平衡原则；保证程序的完全性原则；政府要认真考虑所有的标书和投标文件的原则。

在评标过程中，原则上实行最低价格中标原则，但合同官员要确认承包商的负责任的可靠性、特殊工程或大型工程，也可能选前二、三名投标人进行再一轮的竞争，主要是综合评估。

(四) 建设工程监理

美国现有监理公司来自于咨询公司、设计单位和改制后的施工单位（承包商）。美国工程咨询监理单位的服务范围很广，既可以提供从工程立项、可行性研究、设计、施工等全过程的管理，又可以从技术的角度对某一个具体问题提供技术咨询；既有单一从事工程咨询业务的咨询公司，也有同时从事设计、承包和

咨询业务的单位。

美国的工程咨询单位主要是为业主服务，如果业主信任，可以代替业主进行工程管理，并享有业主在管理工程中的一部分权利。同时，只要有人聘请，也可以为承包商或政府机构服务。

美国监理公司的任务来源一般是两个渠道。一种是政府所属的工程，由联邦政府或州政府直接选择和委托给对口专业性强的监理公司来管理；另一种是私人工程项目，都是通过招标来选择监理公司的。业主选择监理公司考虑取费是否合理；是否具有专业齐备、有经验的技术力量；是否其有满足工程监理要求的设备和试验手段；是否具有对设计、承包商管理的能力；是否具有对业主、设计承包商之间协调的能力；解决和处理纠纷的能力等。

美国建设监理由国家商务部主管，监理的行政法规是《全美统一管理法》，技术规范是《建筑法规》和各专业法规。

（五）建设工程安全管理

美国建筑业的工程安全法规主要有民法、工伤赔偿法等法规控制，1970 年制定了《职业安全与健康法》（OSHA：Occupational Safety and Heath Act 1970）。根据《职业安全与健康法》规定，美国劳工部成立了职业安全与健康局，履行以下职责：①鼓励雇主和雇员减少工作现场的不安全因素，贯彻现行的安全、健康作业程序或者修订这些程序以提高安全、健康水平；②为提高安全、健康水平而进行相关的研究；③规定雇主和雇员分别享有在提高安全、健康方面的责任和权利；④在工作中记录有关安全、健康的问题和事件；⑤建立培训计划以提高安全、健康工作人员的能力；⑥制定安全、健康方面的强制执行标准，并且有效地贯彻执行；⑦为联邦的安全与健康的发展、分析和评价提供各种支持。

美国于 1996 年在职业安全健康局下设立了建筑处，负责工程技术、标准的制定和解释以及咨询服务。职业安全与健康局在全美各州设有 10 个区域分部，并在各州设有办事处。各州还有自己的安全立法和管理条例。政府的安全检查是抽查，一般不事先通知，主要是在以下两种情况下：①应承包商的邀请，安全官员到施工现场进行检查或者监督；②发生了重大伤亡事故后，安全官员从法院接到传票后再对施工现场进行检查。

（六）建设工程质量管理

1. 概述

对所有建筑包括政府投资和私人投资的工程，凡需领取执照都必须接受建筑主管官员的监督和检查。

所有工程都要报建，获得施工许可。获得施工许可后，政府有关部门将工程质量监督的业务委托给相应的监督代理单位，其中一小部分工程由政府直接监督，其余委托设计单位或工程监理咨询单位进行监督。质量检查员按专业设置，

每个专业的检查员只能检查本专业的工程。

所有房屋工程至少检查三次，地基、主体封顶和竣工检查，在此基础上，检查人员可以随机抽查，主要针对结构安全和防火。

质量检查员每次检查后都会签发一个检查结论，通过了工程竣工检查后，检查员会签发竣工验收证明，之后由政府有关部门根据此竣工验收证明颁发使用许可。未经质量检查的工程，政府部门不颁发使用许可，保险公司不受理保险业务，房屋不能投入使用。

2. 现场质量管理

为了保证工程质量业主要求承包商其有建立与ISO9000系列标准同等的质量管理体系。

施工阶段的质量监督由现场工程师具体负责，并直接向施工经理进行报告，施工经理注重控制总体施工质量情况。对于大项目质量检查人员全天都在施工现场监督日常操作，对于小项目只检查关键施工阶段，现场工程师负责安排现场实验室，以便做好土工、混凝土、X射线试验和其他要求的试验。现场工程师负责检查定位放线、钢筋管架、焊接质量、混凝土浇注等工作。所有的试验结果和现场检查报告以质量文件形式归档保存，在项目完工后移交给业主。对于一些项目，业主为了确保工程质量，还要建立自己的质量控制小组对施工质量加以监督。

有些项目在施工合同文件中要求，由独立的实验室进行某些材料的试验检测，以便确定这些材料是否符合技术标准的要求。独立实验室由业主雇佣，或由承包商雇佣并经业主批准。试验结果同时提交给业主、设计人员和承包商，由其对试验结果是否满足合同要求进行评审。

业主委托工程咨询公司等中介服务机构在整个施工阶段结束时，都要进行检查验收。只有符合质量标准的，才能继续进行下一阶段的工作，承包商才能拿到工程结算款。咨询工程师通过现场巡视检查，收集信息资料，经过分析处理，得出相应结论，再向现场发出指令。

3. 政府质量监督

美国的政府机构主要分为三级：联邦政府、州政府和地方政府（通常是指郡这一级），地方政府是工程质量的直接行政主管机构，主要监督建设工程是否满足为保障人身与财产安全、公共卫生与福利而颁布的标准的最低要求，美国对建筑产品的施工阶段质量监督主要是从施工许可证、使用许可证的颁发和对施工过程连续地检查和监督三个方面进行的。

美国实行检查记录制，由业主保存一份由建筑主管官员填写的对工程质量检查的记录卡。《统一建筑条例》规定每道工序必须接受建筑主管官员或其委托的专业人士的检查，《统一建筑条例》第108.4款规定：“在没有获得建筑主管官员验收之前工程的任何部分都不得超越每道依次接受检查所规定的界限。”

检查的内容。《统一建筑条例》第108.5款规定，房屋或建筑物的任何部分的加强钢筋或结构骨架，在事先获得建筑主管官员的检查验收之前，均不得将其覆盖或隐蔽，检查的内容主要包括：①房屋或建筑物任何部分的加强钢筋或结构骨架；②基础工程；③埋入混凝土板或埋入地面以下的各项建筑服务设施、设备、管线、管道零件及其他各项辅助事项；④板条墙和壁板。

除上述内容外，建筑主管官员有正当理由认为任何在建或已建成的建筑存在着对建筑物的不安全、危险或危害的因素时，以及当建筑材料或施工情况与建设法规的要求不相符合时，建筑主管官员有权要求进行试验并确定试验的程序。试验方法必须符合建设法规或其他技术标准的规定，所有的试验工作应由被认可的检测机构承担。试验的费用由承包商负担。试验报告由建筑主管官员负责保管，并按照公共记录保存到规定的期限。

《统一建筑法规》对于建筑主管官员的监督职责作出了明确详细的规定。检查中若发现违规行为，建筑主管官员将采取罚款、勒令停工、签定改进协议等方式加以处理，罚款数额将随着罚款次数的增加而递增。

《统一建筑条例》明确规定：“在建筑主管官员对建筑产品颁发使用许可证之前，任何房屋和建筑物不得使用和占用，对现有的房屋和建筑物或其部分的占用分类不得更改。”

4. 建筑产品认证

美国的产品质量认证可以分为三大类：第一方认证，它的主要形式是生产厂家（供方）自己宣告产品符合标准的要求，通称自我认证。第二方认证，买方或其代表机构对产品是否符合标准进行评定。如半官方的国际建筑官员联合会（ICBO）就代表建设工业产品的用户对产品是否达标进行认证。ICBO是由美国西部十八个州的建设行政主管部门的代表组成的一个半官方的标准化组织，ICBO的评估服务公司利用或委托独立的检验实验室对材料设备等进行试验，看是否符合工程规范的要求，并公告符合要求的产品目录。第三方认证，如工厂互惠公司（FM）和保商实验室（UL）。

建设产品认证的依据有三个标准：一是产品标准；二是工程规范；三是检验规程。核心是工程规范。认证产品的范围包括水泥、钢材、木材、胶合板、砖石、砌块、石膏板、纤维板、保温隔热材料、预制混凝土构件、金属制品构件等，还有添加剂、外墙涂料、内墙涂料、黏接剂、通风管道、壁炉、散热器，甚至有锚栓、螺钉、出线盒、消声材料、泡沫塑料防护材料等。大部分认证机构都是通过印发产品目录来公告认证产品，在公告中，每一产品都要列出产品名称、型号、用途、生产厂家、产品采用标准、认证报告编导、发布日期、下一次应检查的日期。

二、英国建设法律制度

（一）英国建设法律法规概述

英国是以判例法为主的国家，但在建设领域也有制定法，英国的建没法规体系包括：第一个层次是法律；第二个层次是规则；第三个层次是标准和规范。

1. 第一层次

英国法规体系中最高层次的是“法律”（Acts），它具有最高法律效力，由议会或议会授权的机构制定，由议会审批。一般而言，法律给出建设行为规范的总体要求，和国家保护社会基本制度相适应。建筑业管理法规体系非常严密，体系完整，有关政府对建筑业的管理都有明确的法规进行规定。英国副首相办公室有30多人，专门从事建筑法律、法规的制定、修改、评估工作。英国《建筑法》内容完整，涉及结构、安全、消防、环保、节能、使用功能包括残疾人无障碍设施等多种领域，并且根据实行情况，对不适应的法律条款及时修订。建筑业管理法规用词严谨，具有较好的可执行性及操作性。现行与建筑有关的法有：《健康安全法》、《建筑法》、《住宅法》、《建筑工程法》、《新城镇场所规范法》、《消防法》、《环境保护法》等。

2. 第二层次

第二层次是建筑法规或条例，由政府、行业协会或学会制定，并经政府审定通过。制定的依据是根据“法律”中某些条款的授权，对“法律”条款进行更加详细的解释或规定，以便于“法律”的实施。特别是对于一些高风险，雇主不愿意投入高费用控制，需通过规则来控制这些风险，制定相应的行为规范。

建设法规的制定是按照法律的授权和要求，由英国环境交通区域部（DETR）中设有的“建筑规则”处（BR）草拟，经国会备案后，由该部部长批准颁布。其目的是通过提供对设计与施工要求，保证建设与使用建筑物者的健康与安全。法规主要规定建设工程必须达到的功能要求，如安全、消防等。至于如何满足其功能要求，是下一层次的法规“技术准则”的任务。法规同法律一样具有强制性，必须执行，包括：《建筑法规》、《建筑产品法规》、《工作场所安全、健康与福利法规》、《工程设计和管理法规》、《工程健康、安全与福利法规》等。

3. 第三层次

第三层次为技术准则和标准。英国建筑工程的技术准则较健全，技术准则与标准由行业协会或学会制定。现行的建筑技术准则包括与《建筑法规》规定的各项功能相对应的结构、消防、环保、节能、残疾人保护、卫生、隔声、通风、供热、排水、防坠落、玻璃安装、开启、清洗、室内用合成木地板、地下室等15册。按照技术准则进行设计和施工，建设工程就能满足法规规定的功能要求。建筑技术准则由国家建设主管部门原环境、交通及区域部组织有关专家起草，向社

会公布，征求公众的意见，修改完善后由该部长批准颁布。技术准则一般是强制性的，但不是唯一的。当有更先进的方法，并经地方政府认可，确实保证建筑工程能够满足建筑法规规定的功能要求时，可不执行。

英国是世界上标准化工作起步最早的国家之一，英国标准化协会组织制定了大量的英国标准（BS），目前约有 3500～4500 项涉及工程建设。其中有 1500 项属于建筑工程类标准，如《建筑钢结构应用规程》（BS449）、《木结构应用规程》（BS5268）、《建筑物设计、建造使用的防火措施》（BS5588）等标准。这些标准均属推荐性标准，由使用者自愿采用，或者在合同中约定使用。但是，这些标准一旦被建筑技术准则引用，被引用的部分或条款即具有与技术准则相同的法律效力。

除英国标准化协会外，ISO9000（国际标准）、环境标准 ISO1400（国际标准）、EN9180（欧洲标准）等，这些标准往往附加于合同中。此外，英国建筑领域的一些大型专业学会（协会）也根据法规、技术标准或 ISO，IEC，ENS 制定技术标准，如英国国家住房及建筑物委员会制定的《住宅建设标准》等。这类标准有的为推荐性的，有的则要求会员或会员单位严格遵守。

（二）建筑许可

1. 从业资格许可

（1）建筑从业者的资格许可　英国政府对企业一般无资质要求，但对企业内执业个人的执业资格有着严格要求。英国政府则将建筑人员执业资格管理委托给英国皇家土木工程师协会、英国皇家测量师协会、英国建筑师注册委员会等协会和学会，由协会和学会对个人执业资格进行严格的注册管理。

1）英国皇家注册建筑师。英国皇家注册建筑师资格的取得应经过三个阶段：首先，经过大学四年建筑专业的教育，在校三年完成证书课程学习，工程实习一年，获得学位，完成英国皇家注册建筑师专业实践训练一。之后，需完成两年“证书”学习，并获“建筑学证书”，再完成一年的专业实践训练二。两次的专业实践训练完成合格后，才能申请参加英国皇家建筑师协会（RIBA）建筑师注册考试第三部分“RIBA 专业实践考试”。

RIBA 第三部分考试，考试分为书面考试及口试两个部分。书面考试主要是考核应试者对建筑设计及建筑全过程是否具有完整的知识、技能及经验；在组织和管理建筑设计实践方面是否具有足够的能力及经验；对本职业及现代社会中建筑业的地位有否有足够的认识。

通过上述书面内容的考核能较全面地反映应试者在专业实践训练中掌握经验和技能的多少，之后进行的口试则是考察其书面材料的真实性，全面地评价应试者的专业能力以及口头表达能力等。通过了 RIBA 第三部分考试的合格者，则有资格注册成为 RIBA 的正式注册建筑师。

2）英国土木工程师。英国土木工程师职业资格采用会员资格制，由英国土木工程师学会（ICE）评定。英国工程委员会认可的土木工程师职业资格分为四个等级，即资深土木工程师（FEng）、特许土木工程师（CEng）、助理土木工程师（IEng）和工程技术员（EngTech）。

土木工程师执业资格取得的路径：英国土木工程师学会规定了一套完整的职业训练制度来保证土木工程专业技术人员获得会员资格。四个等级的职业资格分别对应于ICE会员资格的资深会员（FICE）、正会员（MICF）、准会员（AMJCE）和技术员（EngTee）。ICE给出了不同学历的学生会员和成人申请者如何通过规定的职业训练和继续教育来获得考试资格并通过考试获得会员资格的路线：

路径一：经过评估的高等院校土木工程专业的本科生或研究生毕业后（或在校时）经过申请即可成为ICE的学生会员，依据ICE101规定，与单位培训部签定培训协议，按照职业训练大纲要求，在指导工程师（SCE）的指导下进行职业训练，并接受继续教育，获得足够的实践经验后，直接参加特许专业考核（CPR），合格后即成为ICE的正式会员，成为CEng。

路径二：通过工程委员会（EC）规定的Partl和Part2考试的学生也同路径一样，直接参加职业训练成为CEng。

路径三：未经过评估的高等院校毕业或取得其他证书资格的学生，要先经过资格评定，具备经过评估的土木工程专业本科毕业生水平或相当于通过EC考试Part2的学生，同路径二直接参加职业训练；水平未达到路径二的程度，则需要参加EC的Part2考试，合格后同路径一参加职业训练；经过评定是与工程有关的学位，也可以直接参加职业训练，以工作经历代替学业，再经过实践经历评定，然后再经过一段职业实践，参加CPR考核取得CEng资格。

路径四：取得经专业评估合格的学业资格的学生，一种方式同路径三的第二种情况，取得资格；另一种方式是直接参加职业训练，然后参加技术员职业考核，先成为EngTech，再经过一段时间的职业实践参加相关考核，取得IEng，最后再经过一段时间的职业实践，参加CPR考核，才能取得CEng资格。

路径五：没有学历的成年从业人员，最小年龄35岁，以实践经历代替学业资格和职业训练，按ICE的规定条件可直接参加成人申请者职业考核（MCR），分别获得EngTech、IEng和CEng资格。

3）英国皇家特许测量师。英国皇家特许测量师在一般情况下有以下几种专业分类：①土地测量，专业范围包括：大地测量、工程测量、航空测量、海洋测量、地图、地籍测量等；②产业测量或称综合实务测量，专业范围包括：从事土地开发研究、土地政策的制订与实施、地产物业估价、土地及楼宇买卖及管理；③建筑测量，专业包括：土地取得，小区开发规划的实施、建造；建成后维护、

经营、转让；直至最终改造、拆除、再开发等；④工料测量，工料测量主要由受雇于业主的工料测量师和受雇于承包商的估价师从事，专业包括：预算咨询、可行性研究、成本计划和控制、通货膨胀趋势预测；就施工合同的选择进行咨询，选择承包商；建筑采购；招标文件的编制；投标书的分析与评价、标后谈判、合同文件的准备；在工程进行中的定期成本控制、财务报表、变更成本估计；竣工工程的估价、决算，合同索赔的保护；与基金组织的协作；成本重新估计；对承包商破产或被并购后的应对措施；应急合同的财务管理；⑤其他包括矿业测量、农业测量等专业。取得英国皇家特许测量师资格需要经过三个阶段。

4）业主项目管理师。业主项目管理（PM），PM 的国家执业资格标准是 5 级，这在英国执业资格体系中属最高级别；PM 的国家执业资格是通过达到英国皇家特许建造学会（CIOB）编制了 PM 的实用规程标准评估后获得的。

（2）建筑企业的资格许可　英国政府对企业无资质要求，也未对承包商的资质评价与统一注册作出规定。一般地，业主在审核承包商资质时主要是根据它的业绩，具有特许资格专业人员的数量，资金能力等方面考虑。近年来英国政府开始采用一些承包商注册体系。在此体系下登记注册的承包商则认为在公司的资质上达到了一定的标准，从而使业主在使用这些已进行了登记的承包商时可简化对公司的审查手续。对于私人工程，为了简化选择工作，已有越来越多的业主使用这种体系选择承包商，当然，业主如何选择承包商仍取决于业主自己。对于政府工程项目来说，则有一些不同。不同的政府部门根据其工程特征制定出有关规定，以评定承包商的实力。

2. 建筑活动行为许可

英国政府对建设工程的开工实行准入制度。英国政府规定：建筑工程开工前，业主必须向当地政府建设管理部门提出书面申请，经政府审查符合要求后，批准开工。《建筑法》对地方政府建设管理程序：①业主向地方政府建设主管部门提交设计文件，属于“特定建筑”，（涉及消防等问题）时，提交全套设计图；“普通建筑”则提交“建筑报告”。②地方政府建设主管部门，依据技术准则对设计文件进行技术审查，审查时间最长不超过 2 个月，审查合格后签发许可证。③该建筑项目取得“规划许可”和“设计许可”后，即具备了开工建设的条件，在开工前两个工作日须向地方政府报“开工通知”以备案。

（三）建设工程招标投标

英国有关法律规定，凡该法律所包括的政府机构和其他公共部门，金额超过规定额度，应使用竞争招标的方式授予合同。在使用邀请招标时，至少应有三家投标人，且包括私营企业，招标公告至少要在一家地方报纸或工商业杂志上发表，对任何有兴趣参加竞争的企业不得限制，不得有阻碍竞争的行为。英国的招标方式主要有以下几种：

1. 公开招标

由业主的咨询工程师（通常由工料测量师负责）通过地方和全国性传媒以及某些技术出版物刊登广告，邀请所有有兴趣的承包商对业主的拟建项目分别进行投标。任何合法经营的承包商在交付一定的押金或提交一份业主认可的投标担保都有资格就此参加工程投标。这种招标方式竞争性强，对承包商风险大，一般适用于政府部门的投资项目和国际招投标项目。

2. 一阶段选择性招标

1991 年英国颁布了《一阶段选择性招标程序法规（1991 年）》，采用这种招标方式，业主所需的施工队伍可从自己已掌握并认可的承包商名单或在全国性传媒和技术刊物上登载的招标广告作了回复、响应的承包商名单中挑选，邀请他们分别就业主的开发项目竞相进行投标承建。根据《一阶段选择性招标程序法规（1991 年）》规定：一阶段选择性招标一般可邀请 5～8 名承包商参与投标；应让每个承包商充分了解拟建项目的有关情况，以有助于其确定是否尚有余力承接招标工程；招标文件应列有明确的工期要求，以免投标者仅仅围绕项目价格进行片面竞争，而且也不主张投标者在要求调整工期的基础上再另外单独提出任何别的报价；投标期限一般定为 4 周时间，一些大而复杂的项目，其期限也可略微有所延长。

3. 两阶段选择性招标

1983 年英国颁布了《两阶段选择性招标程序法规（1983 年）》，采用这种招标方式，第一阶段为公开招标，即通过投标竞争来优选业主需要的承包商，主要通过价格选择承包商。第二阶段为议标，即通过谈判协商来选定的承包商。这种方法充分考虑设计与施工的搭接，有利于设计人员与承包商的通力合作，及早开工，缩短工期，但业主风险大，对承包的综合素质要求高，一般适用于进度要求严格，不容许待设计工作完成后，再来选择承包商的项目。

《两阶段选择性招标程序法规（1983 年）》规定：每个招标项目最多只宜选择 6 个投标者，投标时间至少 5 周。应向所有投标者充分介绍拟建项目的各种有关情况，以有助于其决定是否愿意和有能力参与投标。应允许投标者就拟建项目的任一部分提出修改意见和新的技术比较方案，但须附有明确工程清单。投标者递交的标书，其条款和条件须符合招标要求，否则可不予以受理，并作废标处理。招标文件应明确规定合同期限，以免投标者仅仅围绕工程价格进行片面竞争。

4. 议标

议标招标主要用于非政府投资的项目，议标招标有利于业主按照自己的自由意志选择，招标的费用较少，便于及早开工，缩短工期，缺点是竞争不充分，议标招标的合同价格并非真正的市场竞争价格，不能反映承包商的最低承受价格。

议标招标选择的依据是：承包商的信誉、专业技术水平、财务状况及彼此之间已有的业务关系。

（四）建设工程监理

1. 建设监理单位

英国从事监理的机构主要有：①专职的监理单位；②设计单位；③其他咨询单位；④能从事业主项目管理的承包商等。

2. 建设监理执业的范围

（1）可行性研究　监理工程师在了解了业主关于资金支出的条件和计划的意图后，通过调查研究，向业主提出书面报告，内容包括业主的要求，自己的调查结果、结论与建议，使工程项目获得法律认可和批准。

（2）审查投标编制合同　审查投标编制合同的程序和内容如下：①列表说明所收到的全部投标书，包括投标金额，竣工期限，投标书有效性，投标人提出的限制条件。②更正已发现的计算上的错误以及以后对投标金额的影响。③对所有投标书分别进行检查和分析，作简要说明，包括投标无效的理由，对于投标人附加的限制条件的结论，对工程程序和施工方法认为不适当部分的理由等。④对具有代表性的主要工程项目的估价作出比较，对单价过高或过低的项目作出评论，对某些投标人之间价格相差悬殊的项目作出预测。⑤通过对上述问题的检查，得出适当的结论，将最合适的投标书推荐给业主，并说明被推荐的投标书中的错误和限制条件等及其处理办法。⑥财务说明，包括根据合同的分期付款的要求，业主随时支付用金的安排计划，工程师对合同工程的估价与所推荐的投标价格的比较对照。⑦监理工程师要编制的合同条件，对已被选定的承包人，下达有关合同的一切指示。

（3）对工程施工进行监督　监督的内容包括：①制订工程进度计划；②进行工程施工规划和技术指导；③进行合同管理；④进行材料和施工检查；⑤已完工程的检测和评估；⑥确定追加工程费；⑦合同规定的其他事项。

（五）建设工程安全管理

1. 建设工程安全法律法规

英国政府涉及健康、安全方面的法律、法规有350多种，在法律上强制规定了健康、安全监督人员的职责、责任，以及建设工程参与各方的安全责任。1974年英国颁布了《劳动安全健康法》（HSWA），1992年又颁布了《工作安全与健康管理条例》，1996年英国又颁布了《建筑（健康、安全和福利）条例》（CHSW），1999年颁布了《工作安全与健康管理条例》（MHSW）。

2. 建设工程安全管理制度

根据1974年颁布了《劳动安全健康法》（HSWA），规定英国政府的健康安全管理由环境、交通及区域部（DETR）下设的健康安全委员会，负责审查各行

各业职工健康、人身安全。该委员会下属的健康安全局（HSE）负责实施健康安全管理。他们根据劳动安全与健康法的授权，从事建筑安全监督工作，包括发出强制执行命令和提起诉讼。负责建筑业健康安全检查的官员的职责是：①要求项目业主在开工前提交健康安全计划；②施工过程中选择必要的项目，派人到现场进行检查，并提出改进建议；③处理健康安全方面的投诉或事故，发出“限期改正”和“停止施工”的通知，拒不执行的可以起诉。

（六）建设工程质量管理

英国中央政府负责制定建设管理方面的法律、法规，主要是《建筑法》及相应的法规，《建筑法》对结构、安全、消防、环保、节能、使用功能包括残疾人无障碍设施等做了全面规定。地方政府依据法律、法规，负责对建设项目实施具体的管理与监督，主要是设计文件的技术审查和检查人员定期到施工现场检查。

《建筑法》对建设质量的管理与监督规定了两种方式：①由地方政府进行管理与监督；②由批准的私人机构或个人（称为“认可检查员”）进行管理与监督。英国对建筑工程质量监督检查的方式为抽查，重点是关键部位，抽查按照预定的检查表进行检查。

地方政府的建设管理与监督程序：开工后，业主根据工程进展情况，分阶段向地方政府提交工程进展情况报告，地方政府派检查员，按照许可的规划和设计以及技术准则，对工程进行检查，这种检查通常为每周一次，项目完工后，地方政府颁发“竣工证书”，该项目可以投入使用。建设过程中，地方政府发现违反建筑法规的情况时，及时发出整改通知或停工通知。业主拒不改正，地方政府可以提起诉讼，以保证建筑法规、技术准则的执行。

思 考 题

1. 大陆法系和英美法系的区别有哪些？
2. 简述美国建设法律制度。
3. 简述英国建设法律制度。

12

第十二章

建设工程合同法律制度

第一节　概　　述

一、建设工程合同的基本规定

《合同法》第二百六十九条规定："建设工程合同是承包人进行工程建设、发包人支付价款的合同。建设工程合同包括工程勘察、设计、施工合同。"建设工程合同的主体是发包人和承包人，客体是建设工程。《合同法》未将监理合同纳入建设工程合同范畴，鉴于建设工程委托监理合同与工程建设密切相关，本章会作部分介绍。

建设工程合同在《合同法》中单列一章，即第十六章，对建设工程合同的定义、建设工程的勘察设计和施工过程中的当事人的权利、义务和责任作了比较全面的规定，主要包括以下几项内容：

1）建设工程合同的定义。

2）建设工程合同的订立。

3）工程的发包与承包、分包。

4）勘察、设计和施工合同的主要内容。

5）发包人的监督检查权。

6）隐蔽检查。

7）竣工验收。

8）勘察设计人的违约责任。

9）施工人的违约责任。

10）发包人的违约责任。

11）承包人价款的优先受偿权。

二、建设工程合同的特征

（一）合同主体的严格性

建设工程合同的主体一方是发包单位，另一方是勘察、设计、施工等承包单位。《建筑法》对建设工程合同主体有非常严格的要求，即国家对承包人按照其拥有的注册资本、专业技术人员、技术装备和完成的业绩等条件，划分为不同的资质等级，承包人经资质审查合格，取得相应的资质等级证书后，方可在其资质等级许可的范围内从事建设活动。

（二）合同客体的特殊性

建设工程合同的客体是建设工程，指土木工程、建筑工程、线路管道和设备安装工程以及装修工程等固定资产投资的新建、扩建、改建以及技术改造等建设项目。其特殊性表现为：产品固定性强、项目的投资大和建设周期长以及风险因素复杂等。

（三）合同履行的长期性

建设工程合同的订立和履行一般都需要较长的准备期，同时在合同履行过程中，还可能因为不可抗力、工程变更、材料供应不及时等原因导致合同期限顺延，所有这些情况决定了建设工程合同的履行具有长期性。

（四）合同订立的行政性

根据相关规定，建设工程合同的订立应符合国家基本建设程序，接受国家和地方建设行政主管部门的监督和管理。例如，《合同法》规定，国家重大建设工程合同，应当按照国家规定的程序和国家批准的投资计划、可行性研究报告等文件订立。建设部 2000 年 3 月 1 日颁布实施的《建设工程勘察设计合同管理办法》第九条规定："签订勘察设计合同的双方，应当将合同文本送所在地省级建设行政主管部门或其授权机构备案，也可以到工商行政管理部门办理合同鉴证。"

（五）合同形式为要式合同

要式合同是指法律要求合同必须具备一定的形式方可成立的合同。《合同法》第二百七十条规定："建设工程合同应当采用书面形式。"建设工程合同应当采用书面形式，是国家对建设工程进行监督管理的需要，也是由建设工程合同履行的特点所决定的。

考虑到建设工程合同具有标的数额大、内容复杂、履行期限长，在履约过程中经常会产生合同纠纷，《合同法》、《建筑法》及《招标投标法》均规定建设工程合同应采用书面形式，为此，建设部、国家工商局制订出台了一系列的建设工程合同示范文本。

三、建设工程合同的种类

（一）按工作性质划分

（1）建设工程勘察合同。

（2）建设工程设计合同。

（3）建设工程施工合同。

（二）按承发包内容划分

（1）交钥匙承包合同　交钥匙承包合同即一揽子承包合同，包括设计—采购—施工（EPC）、设计—建造（DB）等类型。业主将工程的设计、施工、供应、管理全部委托给一个总承包商。

（2）设计或施工总承包合同　设计或施工总承包合同即承包商承担工程的全部设计或全部施工任务，包括土建、水电安装、设备安装等专业内容。

（三）按计价方式划分

根据2001年12月1日建设部施行的《建筑工程施工发包与承包计价管理办法》、《建设工程施工合同（示范文本）》以及2004年10月20日由财政部和建设部联合颁布施行的《建设工程价款结算暂行办法》等文件的规定，施工承包合同发、承包人在签订合同时对合同价款的约定，可选用下列方式：

（1）固定价格　固定价格包括固定总价和固定单价两种，合同双方应在示范文本的专用条款中约定合同价款包含的风险范围和风险费用的计算方法，在约定的风险范围内合同价款不再调整，风险范围以外的合同价款调整方法，也应当在专用条款内约定。

（2）可调价格　合同价款可根据双方的约定而调整，双方在专用条款内约定合同价款调整方法。

（3）成本加酬金合同　合同价款包括成本和酬金两部分，双方在专用条款内约定成本构成和酬金的计算方法。

（四）按合同发包人划分

按建设工程合同发包当事人的性质，建设工程合同划分为主合同和分（包）合同两种。

（1）主合同　合同发包人为建设单位（或称业主），建设单位与承包人直接订立合同，包括总承包合同和专业承包合同两种主合同类型。

（2）分合同　合同发包人为工程总承包人或勘察设计总承包人或施工总承包人，其承包建设工程任务后，将其中的部分工作内容再发包给其他（分）承包人完成，签订分包合同。

四、调整、规范建设工程合同的法律规范

随着我国建筑业的讯速发展，调整与规范建设工程合同的法律规范也日趋完善。目前，调整建设工程合同的法律规范主要有下列几个层次：

（一）调整、规范建设工程合同的法律

调整、规范建设工程合同的法律包括《合同法》、《建筑法》、《招标投标法》、《民法通则》、《保险法》、《担保法》、《仲裁法》、《民事诉讼法》等，其中《合同法》是规范建设工程合同最基本、最重要的法律。

（二）调整、规范建设工程合同的行政法规

调整建设工程合同的行政法规主要有《建设工程质量管理条例》、《建设工程勘察设计管理条例》、《建设工程安全生产管理条例》等，主要规定了建设活动中建设单位、勘察设计单位、施工单位的权利、义务以及应承担的法律责任等。

（三）调整、规范建设工程合同的部门规章

例如，《建筑市场管理规定》（1991年）、《建设工程勘察设计合同管理办法》（2000年）、《工程建设项目施工招标投标办法》（2003年）、《工程建设项目勘察设计招标投标办法》（2003年）、《房屋建筑和市政基础设施工程施工分包管理办法》（2004年）、《关于在房地产开发项目中推行建设工程合同担保的若干规定（试行）》（2004年）、《建设工程价款结算暂行办法》（2004年）、《建设工程质量保证金管理暂行办法》（2005年）等对合同要约、承诺、订立、履行等相关内容作出规定，是调整与规范建筑工程合同的重要部门规章。

（四）调整、规范建设工程合同的地方性法规及规章

各省、自治区、直辖市等具有立法权的地方人民代表大会或地方人民政府，结合当地的具体情况，制定了大量的地方性法规与规章，用以规范本地区的建设工程合同行为，如《××省（市）合同管理条例》等。

（五）各种建设工程合同示范文本

为了进一步规范和指导发、承包双方当事人的合同签订与履行行为，建设部、国家工商局印发了《建设工程施工合同（示范文本）》（GF—1999—0201）、《建设工程委托监理合同（示范文本）》（GF—2000—0202）、《建设工程勘察合同（一）（示范文本）》（GF—2000—0203）、《建设工程勘察合同（二）（示范文本）》（GF—2000—0204）、《水利水电工程施工合同和招标文件（示范文本）》（GF—2000—0208）、《建设工程设计合同（一）（示范文本）》（GF—2000—0209）、《建设工程设计合同（二）（示范文本）》（GF—2000—0210）等。

国际工程较为通用的合同文本是国际咨询工程师联合会（FIDIC）编制的FIDIC系列合同条件，包括：《土木工程施工合同条件》（新红皮书，1999年）、《电气与机械工程合同条件》（黄皮书，1987年）、《生产设备和设计-建造合同条

件》(新黄皮书，1999年)、《设计-建造与交钥匙工程合同条件》(橘皮书，1995年)、《设计采购施工（EPC）/交钥匙工程合同条件》(银皮书，1999年)、《土木工程施工分包合同条件》等，FIDIC合同条件一般包括协议书、通用（标准）条件和专用（特殊）条件三部分。

(六) 相关的司法解释文件、批复等

相关的司法解释文件、批复等包括建设部、国家工商局对合同示范文本执行过程中出现问题的答复、最高及地方人民法院的对合同纠纷案件作出的司法解释、批复等。例如，2005年1月1日施行的《最高人民法院关于审理建设工程施工合同纠纷案件适用法律问题的解释》法释［2004］14号（以下简称《解释》)、《最高人民法院关于建设工程价款优先受偿权问题的批复》等。

五、关于建设工程合同的其他法律规定

(一) 带资、垫资施工合同的效力

带资、垫资施工合同是指建设工程的承、发包双方在签订施工合同时明确约定，建设单位不预付工程款，由施工单位自带（垫）资金进行施工，待工程实施到某一阶段或程度时，再支付工程价款。

带资、垫资施工的主要表现形式有：①发包人和承包人在合同文本中明确约定承包人自带部分资金，把垫资承包作为承包人的一项合同义务看待；②合同文本中无垫资施工的条款，以签订补充协议的方式规定垫资施工；③合同文本中未明确约定承包人的垫资义务，但在合同实际履行中双方达成默契，发包人延付工程款，由承包人带资施工。

我国现行法律法规对带资、垫资施工承包问题无禁止性规定，仅在有关部门规章中有规定。例如，1996年6月4日，建设部、国家计委、财政部《关于严格禁止在工程建设中带资承包的通知》规定："任何建设单位都不得以要求施工单位带资承包作为招标条件，更不得强行要求施工单位将此类内容写入工程承包合同，施工单位不得以带资承包作为竞争手段承揽工程，……"

根据《合同法》第五十二条第五款，确认某一合同条款是否有效，关键看它是否违反法律或行政法规的强制性规定。国家建设部、财政部以及各地建设委员会的规定，均属部门规章范畴，不能作为确认合同条款无效的法律依据，所以带资、垫资施工合同违规（部门规章）不违法（法律、行政法规），属于有效合同。

在最高院《解释》的第六条指出："当事人对垫资和垫资利息有约定，承包人请求按照约定返还垫资及其利息的，应予支持，但是约定的利息计算标准高于中国人民银行发布的同期同类贷款利率的部分除外。当事人对垫资没有约定的，按照工程欠款处理。当事人对垫资利息没有约定，承包人请求支付利息的，不予支持。"可见，《解释》对垫资条款给予了一定程度的法律保护。

（二）转包行为

转包是指建设工程的承包人将其承包的建设工程转让给第三人，使该第三人实际成为该建设工程新的承包人的行为。我国《建筑法》、《合同法》、《建设工程质量管理条例》等法律法规严厉禁止建设工程的转包行为。

从《建筑法》与《建设工程质量管理条例》的规定来看，转包的主要表现形式为：

1）承包单位承接工程后，将所承包的工程全部转包。

2）承包单位承接工程后，将全部工程肢解后以分包的名义转包，包括将工程的主体部分或群体工程中半数以上的单位工程转给其他单位施工。

转包与分包二者的根本区别在于：转包行为表现为原承包人将其工程全部倒手转给他人，自己并不实际履行合同约定的义务；而在分包行为中，承包人只是将其承包工程的部分工作内容依法分包给其他承包人，而且承包人仍然要就承包合同约定的全部义务向发包人负责。

转包合同依法应确认无效，转包合同的发包方应当向建设单位承担不亲自履行合同义务的违约责任，支付违约金，并继续履行合同。造成建设单位经济损失的，转包合同的发包方和承包方，向建设单位承担连带赔偿责任，同时转包合同的发包方还应对其违法行为承担行政处罚责任。

实践中，如何透过承包合同签订人与实际施工人的关系，认定是否存在转包行为，比较复杂。关于此点，建设部在《房屋建筑和市政基础设施工程施工分包管理办法》中的第十一条、第十三条、第十五条对转包行为认定作了规定，具体内容见《管理办法》。

（三）挂靠行为

挂靠是指在工程建设活动中，承包人以其他承包单位的名义承揽建设工程任务的行为。在实践中，当事人常以“联营”、“分包”、“内部承包”等形式挂靠，其中“内部承包”形式的挂靠较之其他形式更具隐蔽性，因为其挂靠的一方是个人，被挂靠的一方就是以其名义与建设单位签订工程承包合同的施工企业。所谓“内部承包”，是由被挂靠的施工企业任命或聘任挂靠的个人为其职员，并委以职务，然后由该个人与企业再签订“内部承包合同”，由“承包者”承担该项目的人、财、物和施工管理职责，并在此基础上收取“内部承包管理费”。挂靠是典型的以合法形式掩盖非法目的的行为，必须严厉禁止。

实践中，挂靠人以被挂靠的单位或企业的名义承揽到任务后，通常自行完成各项管理，在财务上基本不与挂靠企业发生联系，只向被挂靠的单位或企业缴纳一定数额的“管理费”，而该被挂靠的单位或企业也只是以单位或企业的名义代为签订合同及办理各项手续，不对项目实施企业层面的管理，所谓“内部承包协议”，是以“以包代管”的模式签订，企业不承担任何实质性的责任和风险。

关于施工挂靠行为，最高院的《解释》中有两条规定：“第一条被挂靠的施工企业与建设单位所订立的建筑安装工程承包合同无效。”“第四条承包人非法转包、违法分包建设工程或者没有资质的实际施工人借用有资质的建筑施工企业名义与他人签订建设工程施工合同的行为无效。人民法院可以根据民法通则第一百三十四条规定，收缴当事人已经取得的非法所得。”

被挂靠的施工企业与使用其名义承揽工程的单位或个人对建设单位因此遭受的损失承担连带赔偿责任。如果建设单位在知情的情况下仍与该被挂靠的施工企业签订合同，则建设单位也有主观过错，应承担相应的过错责任。

（四）承包人建设工程价款的优先受偿权

《合同法》第二百八十六条规定：“发包人未按照约定支付价款的，承包人可以催告发包人在合理期限内支付价款。发包人逾期不支付的，除按照建设工程的性质不宜折价、拍卖的以外，承包人可以与发包人协议将该工程折价，也可以申请人民法院将该工程依法拍卖。建设工程价款就该工程折价或者拍卖的价款优先受偿。”

最高院 2002 年 6 月 20 日，针对上海市高级人民法院《关于合同法第 286 条理解与适用问题的请示》下发了《关于建设工程价款优先受偿权问题的批复》（以下简称《批复》），对承包人的建设工程价款受偿权优先于（银行）抵押权和其他债权作了进一步的明确。

1. 正确理解优先受偿权的性质

优先受偿权是一种法定优先权和法定担保权，是一种无须当事人双方约定而依法律规定存在的权利，也是目前我国法律中唯一的对特定行业的法定担保权。该权利具有以下特征：

1）优先权是由法律直接规定的担保物权，属于担保物权的一种。优先权不能由当事人约定，而是由法律直接规定产生，不同于由当事人约定的抵押权、质权。

2）优先权为无须公示的担保物权。民法上担保物权的设定，原则上需要以公示为等效要件，否则，担保物权不能成立或者不能产生对抗第三人的效力。而优先权基于其权利的法定性，无须登记，也不以占有债务人的财产为公示要件。

2. 优先受偿权行使的期限和起算点

《批复》综合考虑了承包人、发包人及（发包人的）其他债权人的利益，在第四条规定：“建设工程承包人行使优先权的期限为 6 个月，自建设工程竣工之日或者建设工程合同约定的竣工之日起计算。”

规定优先受偿权行使的期限，主要目的在于督促承包人及时行使优先受偿权，维护交易秩序安全，同时保护银行和其他债权人的利益。

需要指出的是，《批复》中规定的期限为行使优先受偿权的最后期限，而对行使该权利的起始日期并没有限定。即承包人可以在实际或约定竣工日期前行使

优先受偿权，例如“烂尾楼”工程。

3. 优先受偿权的受偿范围

为了避免承包人扩大优先受偿权的受偿范围以及保护银行和其他债权人的利益，《批复》第三条规定：“建筑工程价款包括承包人为建设工程应当支付的工作人员报酬、材料款等实际支出的费用，不包括承包人因发包人违约所造成的损失。”《批复》明确了承包人建设工程价款优先受偿的范围，排除了承包人因发包人违约所造成的损失，当然也不包括建设工程的预期利润。对于违约损失和预期利润按一般债权处理，不进入优先受偿范围。

对于受偿价款的计算，实务界倾向于按照工程实际修建成果并结合双方所签合同中约定的计价方式，计算分解出应付合同价款的工程成本部分作为受偿价款，此法相比最高院《批复》中“应当支付的实际支出的费用”更实用，便于操作。

4. 承包人行使法定优先权的条件

（1）经过催告程序 优先受偿权的行使，需要承包人向发包人发出催告通知，并经过一个合理期限（一般不少于 3 个月），逾期发包人仍未支付，方可行使该项权利。该合理期限应综合考虑未付工程价款的数额、发包人支付能力、发包人付款意愿及筹集款项的难度等多方面因素。承包人没有经过催告程序的，不得直接向人民法院提起拍卖申请。

（2）符合法定程序 承包人对工程依法折价或者拍卖的，应当遵循一定的程序。如果采取对工程折价的，应当与发包人达成协议，参照市场价格确定折算价款，将该工程的所有权由发包人转移给承包人，从而使承包人的价款债权得以实现。承包人与发包人达不成折价协议而采取拍卖方式的，可申请人民法院将该工程依法予以拍卖，承包人无权委托拍卖公司或者自行将工程予以拍卖。

（3）优先受偿的数额应符合法律规定 工程折价或者拍卖后所得价款如果超出发包人应付价款数额的，该超过的部分应当归发包人所有；如果折价或者拍卖所得价款还不足以清偿承包人应得价款数额的，承包人可以要求发包人继续支付不足部分，但此不足部分已不属于优先受偿的范围。

（4）拍卖、折价的标的符合法律规定 根据《合同法》第二百八十六条，按照工程的性质不宜折价、拍卖的建设工程，承包人不能将该工程折价或者拍卖。

目前法律、法规及司法解释均未对不宜折价、拍卖的建设工程作出详尽阐释。从法理上看主要指涉及国家安全、国家重要利益的建设工程以及学校、医院等公益性的建设工程及法律、法规限制流通的建设工程。

5. 不适用优先受偿权的若干情形

根据《合同法》及《批复》的有关规定，以下情形承包人不能行使优先受偿权：

1）根据建设工程的性质不宜折价、拍卖的。

2）对于商品房开发建设工程，如消费者交付购买商品房的全部或者大部分款项，为优先保护消费者的利益，不适用《合同法》第二百八十六条裁判承包商享有优先受偿权。即《批复》第三条："消费者交付购买商品房的全部或者大部分款项后，承包人就该商品房享有的工程价款优先受偿权不得对抗买受人。"

3）行使优先受偿权超过除斥期。《批复》规定，建设工程承包人行使优先权的期限为6个月，超过该期限优先受偿权丧失，按一般债权对待。

第二节 建设工程合同的主要内容

本节依据《合同法》关于合同内容的规定及建设部、国家工商局出台的系列《建设工程合同（示范文本）》，对建设工程勘察、设计、施工合同的主要内容加以介绍。

一、合同的主要内容

根据《合同法》第十二条规定，主要包括以下内容：

1）当事人的名称或者姓名和住所。

2）标的。标的是指合同当事人双方权利义务共同指向的对象，主要包括物、行为、智力成果。

3）数量和质量。数量包括计量单位、计量方法、数量、误差幅度、配套附件，质量是标的的内在品质和外在形式的综合体，包括产品的性能构造、效用、指标、规程、工艺、外观、等级等，质量条款应明确产品质量标准、验收标准，质量异议及处理等。

4）价款或报酬。价款或报酬包括价款或酬金的确定标准、价格的计算方法、货币种类、计算和支付的时间、方式。

5）履行的期限、地点和方式。履行的期限是指履行合同标的的时间界限，履行期限必须规定得明确具体；履行地点是指交付或提取标的物的地点；履行方式是指当事人采用什么方式履行合同义务。

6）违约责任。违约责任是指因合同当事人不履行合同或履行合同不符合法定条件而应承担的民事责任。

7）解决争议的办法。

8）根据法律规定或按合同性质必须具备的其他条款。

二、建设工程合同的主要内容

以下将主要结合《合同法》及《建设工程合同（示范文本）》对建设工程合同的主要内容加以介绍。

(一) 建设工程勘察、设计合同主要内容

建设工程勘察、设计合同是承、发包双方为完成一定的勘察、设计任务，明确相互权利义务关系的协议。《合同法》第二百七十四条规定："勘察、设计合同的内容包括提交有关基础资料和文件（包括概预算）的期限、质量要求、费用以及其他协作条件等条款。"

根据《合同法》以及《勘察、设计合同（示范文本）》，其主要内容如下：

1）建设工程名称、规模、投资额、建设地点。

2）发包方提供资料的内容、技术要求及期限，包括承包方勘察的范围、进度和质量，设计的阶段、进度、质量和设计文件份数。本条款是关于勘察、设计质量方面的要求，勘察、设计合同的工作成果表现为勘察设计文件，而勘察、设计文件的质量要求主要表现在对勘察、设计文件的技术要求上。

3）勘察设计取费的依据，取费标准及支付方法。本条款是关于勘察设计费用的规定，包括费用计算方法与支付方式两方面内容。

4）双方责任。即为保证合同的顺利履行，双方当事人应承担的义务或责任。

5）违约责任。因合同当事人一方的过错，造成合同不能履行、不能完全履行或不适当履行，应由有过错的一方承担相应的违约责任，双方均有过错的，应根据双方过错大小划分各自应负的违约责任。

6）争议解决方法。合同争议一般首先通过协商和调解以解决，协商和调解不成的，双方可选择仲裁或诉讼方式解决。

7）合同生效与终止。

8）其他。

(二) 建设工程施工合同主要内容

《合同法》第二百七十五条规定："施工合同的内容包括工程范围、建设工期、中间交工工程的开工和竣工时间、工程质量、工程造价、技术资料交付时间、材料和设备供应责任、拨款和结算、竣工验收、质量保修范围和质量保证期、双方相互协作等条款。"

现行的《建设工程施工合同（示范文本）》（GF—1999—0201）是1999年12月24日由建设部会同国家工商局制定发布的。该示范文本由《协议书》、《通用条款》和《专用条款》三部分组成，并附有三个附件：附件一是《承包人承揽工程项目一览表》，附件二是《发包人供应材料设备一览表》，附件三是《工程质量保修书》，均为合同文件的有效组成部分。

1）《协议书》是《施工合同（示范文本）》中的总纲领性文件。主要内容包括工程概况、工程承包范围、合同工期、质量标准、合同价款、组成合同的文件、双方对履行合同义务的承诺以及合同生效等。虽然《协议书》文字量并不大，但它规定了合同当事人最主要的义务，经双方当事人签字盖章，就对合同双方产生法律约

束力，而且在所有施工合同文件组成中，它具有最优先的解释效力。

2)《通用条款》是根据我国现行法律规定对承、发包双方权利义务做出的标准化规定。除双方协商一致对其中某些条款作出修改、补充和取消外，必须严格执行。《通用条款》共 47 条，是一般土木工程施工所共同具备的共性条款，具有规范性、完备性、可靠性和适用性等特点，该部分可适用于任何工程项目并可作为招标文件的组成部分而直接采用。

3)《专用条款》对《通用条款》的修改和补充。由于合同标的，即建设工程的内容各不相同，承发包双方的自身条件、能力、施工现场的环境和条件也都各异，双方的权利、义务也就各有特点。因此，《通用条款》不可能完全适用于每个具体工程，需要进行必要的修改、补充和完善，即配之以《专用条款》。《专用条款》也有 47 条，与《通用条款》的条款序号一致，主要是为《通用条款》的修改补充提供一个协议的格式，承发包双方可针对工程的实际情况，把对《通用条款》的修改、补充和不予采用的一致意见等，在《专用条款》的对应序号条款上加以描述。

(三) 建设工程委托监理合同主要内容

《合同法》第二百七十六条规定："建设工程实行监理的，发包人应当与监理人采用书面形式订立委托监理合同。发包人与监理人的权利和义务以及法律责任，应当依照本法委托合同以及其他有关法律、行政法规的规定。"

原建设部和国家工商管理总局于 2000 年联合颁布了《建设工程委托监理合同（示范文本)》(GF-2000-0202)。该范本是以 FIDIC 编制的文本为基础，结合我国建设监理的具体特点而编制的，要求在双方在签订委托监理合同时参照执行。该示范文本由三部分组成，即第一部分《建设工程委托监理合同》(类似于施工合同范本中的协议书)、第二部分《标准条件》、第三部分《专用条件》。

1)《工程建设委托监理合同》是一个总纲性的文件，经双方当事人协商一致，填写具体内容并签字盖章后，即发生法律效力。

工程建设委托监理合同主要内容包括委托监理工程概况（工程名称、地点、规模、总投资、监理阶段及范围)、监理合同文件的组成部分、合同签订及履行时间、双方当事人愿意履行约定义务的意思表示等。

2)《标准条件》主要是广泛适用于各类监理任务的标准化、格式化条款，其内容涵盖了合同履行过程中当事人之间权利与义务的划分，以及标准化的管理程序约定，它是委托监理合同的通用条款，有利于避免在订立合同时遗漏某些内容或风险和责任分担。它适用于各类建设工程监理。《标准条件》共有 11 节 49 条，包括：词语定义、适用范围和法规；监理人义务；委托人义务；监理人权利；委托人权利；监理人责任，委托人责任；合同生效、变更与终止；监理报酬；其他；争议的解决。

3)《专用条件》是对标准条件中某些条款的补充和修正。由于标准条件适用于所有的建设工程监理，因此，其中的某些条款规定得比较笼统、不具有针对性，需要在签订具体工程项目监理合同时，根据地域特点、专业特点和监理项目的工程特点，通过专用条件的填写对标准条件中的某些条款进行补正和完善。

此外，水利部、国家电力公司和国家工商局于2000年2月23日发布了《水利水电土建施工合同条件》(GF-2000-0208)，用于水利水电工程的施工。

(四) FIDIC 土木工程合同条件的主要内容

FIDIC是“国际咨询工程师联合会”的缩写。该组织在每个国家或地区只吸收一个独立的咨询工程师协会作为团体会员，至今已有60多个发达国家和发展中国家或地区的成员，它是国际上最具有权威性的咨询工程师组织。我国于1996年正式加入该组织。

1999年9月，FIDIC又出版了新的《土木工程施工合同条件》、《生产设备和设计-建造合同条件》、《设计采购施工（EPC）/交钥匙工程合同条件》。这些合同文件不仅被FIDIC成员国广泛采用，而且世界银行、亚洲开发银行、非洲开发银行等国际金融机构也要求在其贷款的土木工程实施过程中使用以该文本为基础编制的合同条件，我国有关部委编制的适用于大中型基础设施建设的工程合同基本上都以FIDIC合同条件为蓝本编制。

《土木工程施工合同条件》是F1DIC最早编制的合同文本，也是其他几个合同条件的基础。该文本适用于业主（或业主委托第三人）提供设计的土木工程施工承包，以单价合同为基础（也允许其中的部分工作以总价合同承包）。《设计-建造与交钥匙工程合同条件》是适用于总承包的合同文本，承包工作内容包括：设计、设备采购、施工、物资供应、安装、调试、保修。这种承包模式可以减少设计与施工之间的脱节或矛盾，而且有利于节约投资。该合同文本是基于不可调价的总价承包编制的合同条件。土建施工和设备安装部分的责任，基本上套用《土木工程施工合同条件》和《电气与机械工程合同条件》的相关约定。

FIDIC编制的《土木工程施工分包合同条件》是与《土木工程施工合同条件》配套使用的分包合同文本。分包合同条件可用于承包商与其选定的分包商或与业主选择的指定分包商签订的合同。分包合同条件的特点是既要保持与主合同条件中分包工程部分所规定的权利、义务约定一致，又要区分该分包工程的当事人改变后，在两个合同之间产生的差异。

F1DIC出版的所有合同文本结构包括通用条件、专用条件和其他标准化的格式文件。

1）通用条件。“通用”的含义是指工程建设项目不论属于哪个行业，也不管处于何地，只要是土木工程类的均可适用。条款内容涉及合同履行过程中业主和承包商的权利与义务。工程师（交钥匙合同中为业主代表）的权力和职责，各种可能预见到事件发生后的责任界限，合同正常履行过程中各方应遵循的工作程序，以及因意外事件而使合同被迫解除时各方应遵循的工作准则等。

2）专用条件。专用条件是相对于“通用”而言。要根据准备实施的具体工程项目的专业特点，以及工程所在地的政治、经济、法律、地域条件等特点，针对通用条件中的某些条款加以具体化。可以对通用条件中的规定进行补充完善、修订或取代其中的某些内容，以及增补通用条件中没有规定的条款。专用条件中的条款序号与通用条件中要修正条款的序号对应一致，通用条件和专用条件相同序号的条款共同构成对某一问题的约定。

3）其他标准化的格式文件。FIDIC 编制的标准化合同文本，除了通用条件和专用条件以外，还包括标准化的协议书和投标书（及附录）格式文件。协议书是业主与中标承包商签订施工承包合同的标准化格式文件，双方只要在空格内填入相应内容，并签字盖章后合同即可生效。投标书的格式文件只有一页内容，是投标人愿意遵守招标文件规定的承诺表示。投标人只需填写投标报价并签字后，即可与其他材料一起构成有法律效力的投标文件。投标书附件列出了通用条件和专用条件内涉及工期和费用内容的明确数值，与合同专用条件中的条款序号和具体要求相一致，以便承包商在投标时予以考虑，这些数据经承包商填写并签字确认后，合同履行过程中作为双方遵照执行的依据。

以上对建设工程合同内容作了简单介绍，具体内容参见建设部、国家工商局制订的《建设工程合同（示范文本）》或国际咨询工程师联合会出版的系列 FIDIC 合同条件。

三、建设工程合同争议的解决方式

上述我国建设工程合同示范文本中，均有关于合同争议处理的条款，下面对合同争议的解决方式作简单介绍。

建设工程合同争议是指建设工程合同自生效至终止前，合同当事人因对合同条款的理解产生歧义或当事人违反合同约定，不履行合同中应承担的义务而产生的纠纷。

关于合同争议的解决方式，《合同法》第一百二十八条规定：“当事人可以通过和解或者调解解决合同争议。当事人不愿和解、调解或者和解、调解不成的，可以根据仲裁协议向仲裁机构申请仲裁。……当事人没有订立仲裁协议或者仲裁协议无效的，可以向人民法院起诉。当事人应当履行发生法律效力的判决、仲裁裁决、调解书；拒不履行的，对方可以请求人民法院执行。”即合同争议的解决方式主要有和解、调解、仲裁和诉讼四种。

（一）和解

和解是建设工程合同双方当事人自己或委托的代理人出面进行协商以解决合

同争议的方式，是解决合同争议的首选方式，有利于合同的继续履行。即发生争议时，当事人双方首先依照合法、自愿、平等和互谅互让原则，进行自由、充分的意思表示，分清是非，明确责任，协商一致以使合同争议得到及时解决。

工程实践中，一般在发生建设工程合同纠纷后，一方当事人以书面方式向对方当事人提出解决纠纷的方案。另一方当事人可以对提出的方案根据自己的意愿作一些必要的修改或再提出一个新的解决方案，经过双方当事人反复协商，直至达成一致意见。

（二）调解

调解是解决合同争议的一种重要方式，也是我国解决建设工程合同争议的一种传统方法。这种方式是在双方认可的第三人参加与主持下，通过查明事实，分清是非，说服教育，向当事人双方提出公平合理的争议解决方案，促使双方在互谅互让的基础上达成调解协议。

（三）仲裁

建设工程合同仲裁是指建设工程合同双方当事人发生争议且协商不成时，根据当事人之间的仲裁协议，由仲裁机构按照法定程序对双方争议作出裁决。

在我国境内履行的建设工程合同，双方当事人申请仲裁的，适用《中华人民共和国仲裁法》的规定，我国仲裁制度实行一裁终局制。仲裁方式与用诉讼方式解决合同争议相比，手续方便，程序简易，有利于迅速解决合同争议，减少经济损失。

（四）诉讼

建设工程合同争议的诉讼，是指合同争议的一方当事人向有管辖权的人民法院起诉，由人民法院对建设工程合同纠纷案件行使审判权，依《民事诉讼法》的规定，查清事实，分清是非，认定当事人双方的责任、权利和义务关系，依法作出判决。诉讼是解决合同纠纷最强有力的方式，诉讼由国家审判机关依法进行审理裁判，判决发生法律效力后，以国家强制力保证判决的实现。通过诉讼方式解决建设工程合同纠纷，能有效打击利用建设工程合同进行违法犯罪活动；有利于维护合同的严肃性，保护当事人的合法权益。

第三节　建设工程合同的订立与履行

一、建设工程合同的订立

（一）建设工程合同的订立原则

合同法的基本原则是贯穿于整个合同法的根本性准则，其内容不仅适用于总则部分，对于分则同样适用。建设工程合同的订立主要应遵循以下原则：

1. 合法原则

该原则不仅要求当事人应在合同法及其他法律规定的范围内享有合同权利并履行合同义务，而且还包含了事实上的另外一个原则，即公序良俗原则。公序良俗原则的基本要求就是当事人在享有权利和履行义务的过程中，不得损害国家、集体和第三人的合法权益，不得损害社会的公共利益。

2. 公平原则

公平原则是指以利益均衡作为价值判断标准，依此来确定合同当事人的民事权利、民事义务及其承担的民事责任。具体表现为：合同当事人应有同等的进行交易活动的机会；当事人所享有的权利与其所承担的义务应大致相当，不得显失公平；当事人所承担的违约责任与其违约行为所造成的实际损害应大致相当；当实际情况发生重大变化导致合同履行受阻时，合同内容应得到相应变更等。

3. 合同自愿原则

这一原则在《合同法》第四条中体现，其基本涵义是指当事人依法享有缔结合同，选择相对人，确定合同内容、变更和解除合同以及选择合同补救方式等方面的自由。即在法律规定的范围内，当事人是否订立合同、与谁订立合同、订立什么样的合同以及是否变更或解除合同、选择哪种合同补救方式等方面享有完全的自主权，任何单位、个人不得强迫、阻止或干预。

4. 诚实信用原则

诚实信用原则是指当事人在从事民事活动中诚实守信，以善意的方式履行其义务，不得滥用权利及规避法律或合同规定的义务。该原则对于解释合同，平衡利益冲突，维护正常的交易秩序具有重要意义。

5. 鼓励交易原则

鼓励交易原则是指只要是当事人在真实意思表示一致且不违背法律和社会的公共利益，不损害国家、集体和第三人的合法权益的基础上产生的交易，即使缺少了某些合同要件，也不一味地宣告合同无效，而给予当事人适当的调整、补正的机会，从而使交易能够继续进行。合同法中关于合同的订立、合同的效力、合同的解释、可撤销合同、合同的解除等方面均体现了这一原则。

（二）建设工程合同的订立程序

签订经济合同一般经过要约和承诺两个步骤，建设工程合同的签订有其特殊性，需要经过要约邀请—要约—承诺三个步骤。

1. 要约邀请

要约邀请是指当事人一方邀请不特定的另一方向自己提出要约的意思表示。在合同法中，要约邀请行为属于事实行为，一般没有法律约束力，只有经过被邀请的一方作出要约并经邀请方承诺后，合同方能成立。

在建设工程合同签订的过程中，发包方发布招标公告或发送投标邀请函的行

为均属于要约邀请，其目的在于邀请承包方投标。建设工程合同签订过程中有一个显著特点，即受要约人（招标发包方）是特定的，要约人（投标承包方）是不特定的。而在一般民事或经济合同的签订中，受要约人与要约人均为特定人。

2. 要约

要约是指当事人一方向另一方提出合同条件，希望与另一方订立合同的意思表示。提出要约的一方称为要约人，另一方称为受要约人。要约是以签订合同为目的的一种意思表示，其内容必须具体明确，应包括合同的主要条款，而且必须向受要约人提出。要约生效后，具有法律约束力，要约人不得擅自撤回或更改。

建设工程招投标中，承包方向发包方递交投标文件的行为是一种要约行为，投标截止日即为要约生效日，投标文件中应包括建设工程合同应具备的主要条款，如工程造价、工程质量、工期等内容。作为要约的投标文件对承包方的法律约束力表现在：承包方在投标文件生效后无权修改或撤回投标文件以及一旦中标就必须与发包方签订合同，否则要承担相应的缔约过失责任。

3. 承诺

承诺是指受要约人同意要约的意思表示，是受要约人愿意按照要约的内容与要约人订立合同的允诺。承诺的内容应当与要约的内容一致。受要约人对要约的内容作出实质性变更的，为新要约或反要约。有关合同的标的、数量、质量、价款或者报酬、履行期限、履行地点和方式、违约责任和解决争议方法的变更，属于对要约内容的实质性变更。承诺对要约内容作出非实质性变更的，除要约人及时表示反对或者要约表明承诺不得对要约的内容作出任何变更的以外，该承诺有效，合同的内容以承诺的内容为准。

承诺必须在要约规定的有效期间内向要约人提出，一般而言，承诺生效的时间就是要约人收到承诺的时刻。受要约人作出承诺后，即受到法律的约束，不得任意变更或解除。

建设工程招投标中，发包方经过开标、评标过程，确定中标人，最后发出中标通知书的行为即为承诺。《招标投标法》第四十三条规定："在确定中标人前，招标人不得与投标人就投标价格、投标方案等实质性内容进行谈判。"招标人和中标人应当自中标通知书发出之日起三十日内，按照招标文件和中标人的投标文件订立书面合同。招标人和中标人不得再行订立背离合同实质性内容的其他协议。

（三）建设工程合同的订立形式

《合同法》规定当事人订立合同，有书面形式、口头形式和其他形式，法律、行政法规规定采用书面形式的，应当采用书面形式，建设工程合同应采用书面形式。

《建筑法》和《招标投标法》也明确指出，建设工程的发包单位与承包单位

应当依法订立书面合同，明确双方的权利和义务。

书面形式包括合同书、信件和数据电文（包括电报、电传、传真、电子数据交换和电子邮件）等可以有形地表现所载内容的形式。建设工程合同的订立一般采用合同书形式，主要为各类示范文本。

当事人采用合同书形式订立合同的，自双方当事人签字或者盖章时合同成立，双方当事人签字或者盖章的地点为合同成立的地点。

为切实保护当事人的合法权益以及根据合同的实际履行原则，《合同法》第三十六条规定："法律、行政法规规定或者当事人约定采用书面形式订立合同，当事人未采用书面形式但一方已经履行主要义务，对方接受的，该合同成立。"第三十七条规定："采用合同书形式订立合同，在签字或者盖章之前，当事人一方已经履行主要义务，对方接受的，该合同成立。"

另外，关于建设工程合同主要内容见第二章相关内容。

（四）建设工程合同的缔约过失责任

1. 缔约过失责任的概念

缔约过失责任是指在合同订立过程中，一方当事人因过错而导致另一方信赖利益的损失所应承担的民事责任。

订立合同的当事人之间，在合同成立之前，自双方相互接触以商签合同时起，就会产生诸如相互协助、相互保护、相互通知等附随义务，双方都应遵循诚实信用的原则。当事人这种基于诚实信用原则而产生的缔约过程中的义务，是一种先合同义务（或称合同前义务）。我国《合同法》对此有明确规定，违反上述义务的当事人，必须对对方的损失承担赔偿责任，即承担缔约过失责任。

2. 缔约过失责任的构成要件

（1）发生在合同订立过程中　缔约过失行为发生在当事人之间洽商订立合同的过程中，即当事人双方作出订立合同的意思表示，但合同尚未成立。

（2）当事人一方主观上有过错　主观上的过错行为包括主观上的故意行为、过失行为所引发的合同不成立。

（3）当事人另一方受到实际损失　缔约当事人一方基于对另一方的信赖，本能够订立有效合同，却因对方的过错行为，致使合同不能成立而造成实际损失，有权依法得到保护，追究对方的缔约过失责任。

（4）过错行为与实际损失之间存在因果关系　缔约过程中，当事人一方的过错行为与另一方的实际损失之间存在客观上的因果关系，是承担法律责任的前提条件之一。

缔约过失责任不属于合同中的违约责任，而是因为缔约过失责任人在合同订立过程中存在违反先合同义务的过错行为导致合同不成立而承担的法律责任。

3. 承担缔约过失责任的情况

《合同法》规定，出现下列情况时，当事人应承担缔约过失责任：

1）假借订立合同，恶意进行磋商。即当事人无订立合同的诚意，而是采用欺诈等手段诱使对方与之谈判合同，造成对方损失。

2）故意隐瞒与订立合同有关的重要事实或提供虚假情况。如有上述行为，造成对方损失的，应予赔偿。

3）其他违背诚实信用原则的行为。这些行为包括：擅自变更、撤回要约；违反已签订的意向书；未尽通知义务；未办理合同订立前应履行的审批手续等。

4）泄露或不正当使用对方的商业秘密。在订立合同过程中，当事人对所获悉的对方商业秘密负有保密义务，如因泄密或不正当使用造成对方损失的，应承担赔偿责任。

二、建设工程合同的履行

（一）建设工程合同的履行原则和规则

合同履行是指合同当事人双方依据合同条款的约定，行使各自享有的权利并承担各自负有的义务的行为。

1. 建设工程合同的履行原则

《合同法》第六十条规定："当事人应当按照约定全面履行自己的义务。遵循诚实信用原则，根据合同的性质、目的和交易习惯履行通知、协助、保密等义务。"这些原则对建设工程合同的履行同样适用。

（1）全面履行原则　全面履行是指合同当事人必须按照合同规定的标的、质量和数量、履行地点、履行价格、履行时间和履行方式全面完成各自应承担的义务。

建设工程合同的全面履行就是合同当事人必须按照合同所规定的全部条款完成工程建设任务，包括：履行标的-工程建设行为、履行期限-工程工期、履行地点-工程所在地、履行价格-工程造价等。

（2）实际履行原则　实际履行是指除非不可抗力，签订合同当事人应交付和接受标的，不得任意降低标的物的标准、变更标的物或以货币代替实物。

建设工程合同的实际履行就是合同当事人必须依据建设工程合同规定的标的不折不扣地实现其内容，承包方应按期保质地交付勘察设计成果和建设工程，发包方应及时予以接受并支付价款。

（3）诚实信用原则　诚实信用，既是《合同法》的一项重要原则，也是我国《民法通则》的基本原则，它贯穿于合同的订立、履行、变更、终止的全过程。当事人在履行合同的过程中，要讲诚实、守信用，要互相协作，并根据合同的性质、目的和交易习惯自觉地履行通知、协助和保密等附随义务，保证合同顺利履行。

2. 建设工程合同的履行规则

《合同法》规定，合同生效后，当事人就质量、价款或者报酬、履行地点等内容没有约定或者约定不明确的，可以协议补充；不能达成补充协议的，按照合同有关条款或者交易习惯确定。当事人就有关合同内容约定不明确，依照上述规定仍不能确定的，适用下列规定：

1）质量要求不明确的，按照国家标准、行业标准履行；没有国家标准、行业标准的，按照通常标准或者符合建设工程合同目的的特定标准履行。

2）价款或者报酬不明确的，按照订立建设工程合同时履行地的市场价格履行，依法应当执行政府定价或者政府指导价的，按照规定履行。

3）履行地点不明确，给付货币的，在接受货币一方所在地履行；交付不动产的，在不动产所在地履行；其他标的，在履行义务一方所在地履行。

4）履行期限不明确的，债务人可以随时履行，债权人也可以随时要求履行，但应当给对方必要的准备时间。

5）履行方式不明确的，按照有利于实现建设工程合同目的的方式履行。

6）履行费用的负担不明确的，由履行义务一方负担。

（二）建设工程合同履行的抗辩权

1. 抗辩权的概念

合同履行中的抗辩权是指在双务合同中，在满足一定法定条件下，合同当事人一方可以对抗对方当事人的履行要求，暂时拒绝履行合同义务的权利。它是法律为确保双务合同履行而特别设定的制度，对合同的履行具有重要的意义。双务合同履行中的抗辩权可分为同时履行抗辩权和异时履行抗辩权两种。

2. 同时履行抗辩权

同时履行是指合同没有约定双方履行义务的先后顺序，而是在一定期限内，双方当事人不分先后地履行各自义务的行为。这里的“同时”是指一定的期限，而不能机械地理解为某一时刻。

同时履行抗辩权是指同时履行的双务合同当事人一方在对方未为对待给付之前，有权对抗对方的履行要求，拒绝自己的履行。《合同法》第六十六条规定：“当事人互负债务，没有先后履行顺序的应当同时履行。一方在对方履行之前有权拒绝其履行要求。一方在对方履行债务不符合约定时，有权拒绝其相应的履行要求。”

3. 异时履行抗辩权

异时履行是指合同已明确约定双方当事人履行义务的先后顺序。异时履行抗辩权又分为后履行抗辩权和先履行抗辩权两种。

1）后履行抗辩权。合同法规定，先履行一方应当先行履行自己的义务，当

其未予履行，或虽已履行但不符合合同的约定时，后履行的一方可以行使抗辩权，拒绝先履行一方的履行要求。

2）先履行抗辩权，也称不安抗辩权，是指按合同约定，本应先行履行义务的一方，在有确切证据证明对方的财产明显减少而难以对待给付时，有权拒绝先行履行。这是法律对先履行一方当事人合法权益的有力保护。

为防止滥用不安抗辩权，保证合同的顺利履行，《合同法》对不安抗辩权的行使作出了限制。只有当对方出现下述情形时，方可行使不安抗辩权：

1）经营状况严重恶化。

2）转移财产、抽逃资金，以逃避债务。

3）丧失商业信誉。

4）有丧失或可能丧失履行债务能力的其他情形。

这种限制还表现在以下三方面：一是要有确切证据，当事人没有确切证据而中止履行的，应认定为违约并承担相应责任。二是依法中止履行时，应当及时通知对方当事人，否则，应承担相应违约责任。三是中止履行后，一旦对方当事人提供了适当担保，应当恢复履行，否则，仍将被认定为违约。中止履行后，若对方当事人在合理期限内未恢复履行能力并且未提供适当担保的，中止履行的一方可解除合同。

值得注意的是，行使不安抗辩权是建设工程合同当事人依法享有的权利，不以对方当事人同意为必要，但是，权利人应及时通知对方当事人。同时，行使不安抗辩权的当事人还负有证明对方财产恶化等足以危及自己获得对待给付的现实危险的举证义务，如不能证明而中止履行建设工程合同的，将构成违约。

第四节　建设工程合同的效力

《合同法》与《民法通则》中均有关于合同效力的规定，内容大致相同，本节主要以《合同法》中关于合同效力的条款为主线展开阐述。

一、建设工程合同效力表现

建设工程合同效力是指建设工程合同依法成立后所具有的法律约束力，表现为对内效力和对外效力。

1. 对内效力

建设工程合同的效力首先表现为在合同当事人之间产生特定的权利和义务关系，当事人应依约正确行使自己的权利，履行自己的义务，当事人有违反合同约定的行为，应承担相应的违约责任。

2. 对外效力

依法成立的建设工程合同对当事人以外的第三人也会产生一定的法律约束力。依法成立的建设工程合同不受任何非法干预即是其对外效力的典型表现，任何单位和个人不得利用任何方式非法阻挠当事人依合同约定所享有的权利和应履行的义务，更不得用行政命令解除建设工程合同。

二、有效的建设工程合同

有效的建设工程合同是指当事人双方依法订立，受国家法律的保护，具有法律约束力的合同。

建设工程合同的生效条件如下：

1）主体合格。建设工程合同的当事人必须符合法律规定的要求，如满足经营范围、生产许可、资质等级等约束条件。

2）内容合法。建设工程合同中约定的当事人权利义务必须合法，凡是涉及法律法规有强制性或禁止性规定的，必须符合有关规定。

3）意思表示真实。建设工程合同中必须贯彻平等互利、协商一致原则，任何一方不得把自己的意志强加给对方。

4）符合法定或约定的形式要件。

《合同法》规定，当事人采用合同书形式订立合同的，自双方当事人签字或者盖章时合同成立，依法成立的合同，自成立时生效。依照法律规定或合同约定当履行公证、鉴证、登记、批准等手续的，履行完上述手续后合同生效。附生效条件的合同，自条件成就时合同生效。附生效期限的合同，自期限届至时合同生效。

例如《建设工程设计合同（一）示范文本》第 8.9 款规定："本合同经双方签章并在发包人向设计人支付订金后生效。"发包人向设计人支付订金即为该合同生效的附加条件。

三、无效的建设工程合同

无效的建设工程合同是指虽然已经订立（或成立），但从订立时起即不具有法律约束力，不受国家法律的保护。"不具有法律约束力"的实质是指不发生履行效力，但无效合同仍会引起一定的法律后果，只是因合同无效所引发的法律后果并非当事人双方订立合同时的意愿。

（一）《合同法》规定的导致合同无效情形

1）一方以欺诈、胁迫的手段订立合同，损害国家利益。

2）恶意串通，损害国家、集体或者第三人利益。

3）以合法形式掩盖非法目的。

4）损害社会公共利益。

5）违反法律、行政法规的强制性规定。

最高院在《解释》中关于施工合同效力的认定，有三条规定（即第一条、第五条和第二十一条）。

第一条规定，建设工程施工合同具有下列情形之一的，认定无效：

1）承包人未取得建筑施工企业资质或者超越资质等级的。

2）没有资质的实际施工人借用有资质的建筑施工企业名义的。

3）建设工程必须进行招标而未招标或者中标无效的。

第五条规定，承包人超越资质等级许可的业务范围签订建设工程施工合同，在建设工程竣工前取得相应资质等级，当事人请求按照无效合同处理的，不予支持。

第二十一条规定，当事人就同一建设工程另行订立的建设工程施工合同与经过备案的中标合同实质性内容不一致的，应当以备案的中标合同作为结算工程价款的根据。

（二）确认建设工程合同无效的规则

合同无效包括整体无效和部分无效两种情况。《合同法》规定，合同部分无效，不影响其他部分效力的，其他部分仍然有效。

1. 建设工程合同中的部分条款无效

若无效条款部分与合同中的其他条款相比较是相对独立的，该无效部分与合同整体具有可分性，可认定无效条款不影响其他条款的效力。若无效条款部分与合同整体具有不可分性，则应认定合同（整体）无效。

《合同法》规定合同中的下列免责条款无效：

1）造成对方人身伤害的；

2）因故意或者重大过失造成对方财产损失的；

3）提供格式条款一方免除其责任、加重对方责任、排除对方主要权利，该条款无效。

2. 合同整体无效

若建设工程合同的订立程序或目的违法以及违反社会公共利益和国家利益的，应认定整个合同无效。一般来讲，《合同法》规定的合同无效五种情形以及《招标投标法》规定的中标无效六种情形均将导致合同整体无效。

（三）主张建设工程合同无效的主体和时间

依据引起合同无效的原因，可将无效合同归纳为侵害合同当事人或特定第三人利益的无效合同以及违反社会公共利益和国家利益的无效合同两种。

对于只涉及当事人之间利益的无效合同，主张该合同无效应受主体和时间的限制，即主张合同无效的主体只能是合同当事人，申请无效应受我国《民法通

则》时效制度的约束。当无效合同涉及第三人利益，对第三人构成侵权时，第三人有权主张合同无效，同样应受时效限制。

对于违反社会公共利益和国家利益的无效合同，主张合同无效的主体不应受到限制，也不受民法时效制度的限制。

（四）确认建设工程合同无效的机构

在我国，关于合同效力的纠纷只能由人民法院或仲裁机构予以裁决，其他任何单位和个人都无权确认建设工程合同有效或无效。

（五）合同无效的法律后果

无效合同从订立时起，就没有法律约束力，不产生履行效力。合同被确认无效后，尚未履行的，不得履行，已经部分履行的，应当立即终止履行。建设工程合同无效，不影响合同中独立存在的有关解决争议方法的条款的效力。

无效合同应承担的法律后果主要有以下几种情形：

1. 返还财产或折价补偿

返还财产或折价补偿以使当事人的财产关系恢复到建设工程合同签订前的状态，这是消除无效合同所造成财产后果的一种法律手段，而非惩罚措施。合同被确认无效后，当事人依据建设工程合同所实际取得的财产应返还给对方，不能返还或者没有必要返还的，应按照所取得的财产价值进行折算，以金钱的方式对对方当事人进行补偿。

2. 赔偿损失

赔偿损失是过错方给对方造成损失时，应赔偿对方因此而遭受的损失，双方都有过错的，应当各自承担相应的责任。

3. 收归国有或返还集体、第三人

当事人恶意串通，损害国家利益的，因此取得的财产收归国家所有；损害集体或者第三人利益的，因此取得的财产返还集体、第三人。

最高院在《解释》第四条中作出了关于无效施工合同的处理规定：“承包人非法转包、违法分包建设工程或者没有资质的实际施工人借用有资质的建筑施工企业名义与他人签订建设工程施工合同的行为无效。人民法院可以根据《民法通则》第一百三十四条规定，收缴当事人已经取得的非法所得。”

四、建设工程合同的变更、撤销、解除与终止

（一）《合同法》关于合同变更与撤销的规定

《合同法》第七十七条规定：“当事人协商一致，可以变更合同。”合同变更有广义和狭义两种。广义的合同变更包括合同内容的变更及合同主体的变更；狭义的合同变更仅指合同内容的变更，即在主体不变的前提下，对某些合同条款进行修改和补充。

1. 合同变更或撤销的情形

变更或撤销合同须具备一定的法律事实，合同订立存在下列情形的，当事人一方有权请求人民法院或者仲裁机构变更或者撤销。

（1）重大误解　重大误解的构成一般应符合下列条件：

1）重大误解是合同当事人自己的误解。

2）重大误解与合同的订立或合同条件存在因果关系。

3）误解可能造成的预期损失必须是重大的。

（2）显失公平　在订立合同时，合同当事人之间享有的权利和承担的义务严重不对等，如价款与标的价值过于悬殊，责任或风险承担明显不合理都构成显失公平。

一般认为，构成合同订立显失公平的客观要件是指合同成立时当事人双方的物质利益显著不均衡。主观要件是指一方当事人利用优势或利用对方没有经验，致使双方的权利义务关系明显违反公平和等价有偿原则。

（3）一方以欺诈、胁迫的手段或者乘人之危，使对方在违背真实意思的情况下订立的合同，受损害方有权请求人民法院或者仲裁机构变更或者撤销。

2. 合同撤销的法律后果

合同被撤销后，因该合同取得的财产，应当予以返还，不能返还或者没有必要返还的，应当折价补偿。有过错的一方应当赔偿对方因此所受到的损失，双方都有过错的，应当各自承担相应的责任。合同被撤销后，不影响合同中独立存在的有关解决争议方法的条款的效力。

对于可变更或可撤销的合同，如果当事人没有向人民法院或仲裁机构提出申请要求变更或撤销，则该合同仍然有效。只有在当事人提出了申请，人民法院或仲裁机构作出变更或撤销的判决或裁决后，被变更部分或被撤销的合同才无效，当事人只请求变更合同的，人民法院或者仲裁机构不得撤销。

（二）建设工程合同的变更

我国《合同法》、《建筑法》和《招标投标法》中都明确规定，承包人不得将其承包的全部任务转包给第三方。所以，建设工程合同的变更属于狭义的合同变更，即在合同主体不变的前提下，对合同内容的修改与补充。

建设工程合同的变更主要通过补充协议或工程签证的方式加以确认。工程签证，实际上就是工程承、发包双方在履约过程中对支付费用、顺延工期、赔偿损失等事项通过协商达成一致的书面文件，具有与原合同同等的法律效力，并构成整个工程合同文件的组成部分。

（三）建设工程合同的解除

建设工程合同的解除是指依法成立的有效建设工程合同，在履行完毕前，因一定的法定事由发生而使合同的权利义务关系归于灭失的行为。

1. 解除建设工程合同的条件

（1）协商解除　当事人协商一致并且不因此损害国家和社会公共利益的可以解除。

（2）约定解除　当事人可以约定一方解除合同的条件，解除合同的条件成就时，解除权人可以解除合同。

（3）不可抗力　由于不可抗力致使建设工程合同的全部义务不能履行的，允许解除建设工程合同，部分不能履行的，允许变更建设工程合同。

不可抗力是指不能预见、不能避免并不能克服的客观情况。一般包括自然原因和社会原因，前者如台风、地震、火灾、旱灾；后者如战争、禁运、封锁、暴乱等。不可抗力的具体范围，可由双方当事人在合同中约定，如无约定，则依法律规定并结合案件的具体情况来确定是否属于不可抗力。

（4）违约行为　《合同法》规定有下列违约行为的，当事人可以解除建设工程合同：

1）因不可抗力致使不能实现合同目的。

2）在履行期限届满之前，当事人一方明确表示或者以自己的行为表明不履行主要债务；例如发包人原因造成工程停建或缓建的，承包人有权解除合同。

3）当事人一方迟延履行主要债务，经催告后在合理期限内仍未履行。

4）当事人一方迟延履行债务或者有其他违约行为致使不能实现建设工程合同目的。

另外，最高院在《解释》中关于建设工程施工合同的解除有以下规定（第八条、第九条）：

第八条规定，承包人具有下列情形之一，发包人请求解除建设工程施工合同的，应予支持：

1）明确表示或者以行为表明不履行合同主要义务的。

2）合同约定的期限内没有完工，且在发包人催告的合理期限内仍未完工的。

3）已经完成的建设工程质量不合格，并拒绝修复的。

4）将承包的建设工程非法转包、违法分包的。

第九条规定，发包人具有下列情形之一，致使承包人无法施工，且在催告的合理期限内仍未履行相应义务，承包人请求解除建设工程施工合同的，应予支持：

1）未按约定支付工程价款的。

2）提供的主要建筑材料、建筑构配件和设备不符合强制性标准的。

3）不履行合同约定的协助义务的。

2. 解除建设工程合同的程序

（1）通知　在法定或约定的合同解除情形出现后，当事人一方主张解除合同

的，应以书面形式向对方发出解除合同的通知，通知到达对方时合同解除。《施工合同（示范文本）》规定，施工合同的解除应在发出通知前7天告知对方。

（2）答复　当事人一方收到另一方解除合同的书面通知后，应当在法定或约定的时间内予以答复，答复可以是同意，也可以是不同意，还可以是部分同意、部分不同意。如果在约定或法定的期限不答复，则应视为默认。《合同法》规定，对方对解除合同有异议的，可以请求人民法院或者仲裁机构确认解除合同的效力。

（3）协议　双方协商解除合同的，应形成书面协议。对方违约的情况下，单方解除合同的不需形成书面协议。

3. 合同解除的法律后果

《合同法》规定，合同解除后，尚未履行的，终止履行。已经履行的，根据履行情况和合同性质，当事人可以要求恢复原状、采取其他补救措施，并有权要求赔偿损失。

最高院在《解释》第十条规定，建设工程施工合同解除后，已经完成的建设工程质量合格的，发包人应当按照约定支付相应的工程价款。因一方违约导致合同解除的，违约方应当赔偿因此而给对方造成的损失。

（四）建设工程合同的终止

建设工程合同的终止是指由于一定的法定事由的发生而使合同的权利义务关系归于灭失的行为。合同终止的情形包括：

1）债务已经按照约定履行。

2）建设工程合同解除。

3）债务相互抵消。

4）债务人依法将标的物提存。

5）债权人免除债务。

6）债权债务同归于一人。

7）法律规定或者当事人约定终止的其他情形。

合同的解除只是合同终止的一种情形，合同的权利义务终止后，当事人应当遵循诚实信用原则，根据交易习惯履行通知、协助、保密等义务。

根据《合同法》规定，合同的权利义务关系终止，不影响合同中结算和清理条款的效力，也不影响合同中独立存在的有关解决争议方法的条款的效力。对于建设工程合同来说，合同终止后，合同中的索赔条款、价款结算条款并不因此失效。

第五节　建设工程合同的违约责任

本节建设工程合同的违约责任主要是以《合同法》及《建设工程合同（示范文本）》中的相关违约责任条款为主线展开阐述，《民法通则》第六章第二节“违反合同的民事责任”中也有类似条款规定，此不赘述。

一、建设工程合同违约责任概述

建设工程合同违约责任指合同一方不履行合同义务或履行合同义务不符合约定所应承担的民事责任。对于建设工程合同来说，违约方不但要承担民事责任，而且还可能要依法承担行政责任和刑事责任，即违反建设工程合同的法律责任包括民事责任（违约责任）、行政责任和刑事责任。

（一）违约类型

违约行为是当事人违反合同义务的客观表现，包括作为和不作为两种表现。依我国现行《合同法》，可把违约行为归纳为履行不能、迟延履行、不适当履行和部分不履行四种类型。

1. 履行不能

履行不能是履行期限届至时，建设工程合同义务人无正当理由不能履行义务的行为。履行不能是最严重的违约行为。一般认为，履行不能违反了信守给付的义务，可构成积极侵害债权，债务人不仅未为给付，而且并无给付的意思。

2. 迟延履行

迟延履行是指义务人能够履行，但在履行期限届满时却未能履行义务，包括给付迟延（义务人迟延）和受领迟延（权利人迟延）。这两种迟延在性质上都违背了建设工程合同义务，属违约行为。

3. 不适当履行

不适当履行是指当事人虽然履行了义务，但其履行行为与建设工程合同的约定不完全相符，包括履行方法不适当、履行地点不适当；提供的标的在质量、品种、规格、型号等方面不符合建设工程合同的约定。

4. 部分不履行

部分不履行是指建设工程合同当事人履行义务不全面，也称为量的不完全履行。附随义务不履行属于部分不履行的一种表现，即建设工程合同基本义务之外不影响合同目的实现的义务不履行，如违反重要事项告知义务。

（二）承担违约责任的方式

《合同法》规定，当事人一方不履行或履行合同义务不符合约定的，应当承担继续履行、采取补救措施或者赔偿损失等违约责任。

1. 采取补救措施

当事人一方违约，应守约方的要求，可采取补救措施这一承担违约责任的形式。如质量不符合约定的，受损害方根据标的的性质及损失的大小，可以选择要求对方采取修理、更换、重作、退货、减少价款或者酬金等补救措施。

2. 赔偿损失

当事人一方不履行或履行建设工程合同义务不符合约定的，在采取补救措施后，对方还有其他损失的，应当赔偿损失。损失赔偿额应当相当于因违约所造成的损失，包括合同履行后可以获得的利益，但不得超过违反合同一方订立合同时预见或者应当预见到的因违反合同可能造成的损失。

3. 违约金或定金

《合同法》规定，当事人可以约定一方违约时应当根据违约情况向对方支付一定数额的违约金，也可以约定因违约产生的损失赔偿额的计算方法。当事人既约定违约金，又约定定金的，一方违约时，对方可以选择适用违约金或者定金条款。

约定的违约金低于造成的损失的，当事人可以请求人民法院或者仲裁机构予以增加；约定的违约金过分高于造成的损失的，当事人可以请求人民法院或者仲裁机构予以适当减少。当事人就迟延履行约定违约金的，违约方支付违约金后，还应当履行债务。

4. 继续履行

继续履行是承担上述违约责任的补充，也是合同法鼓励交易原则的体现。一方违约后，另一方要求违约方继续履行合同时，违约方在承担上述违约责任后仍应继续履行合同。但有下列情形之一的除外：

1）法律上或者事实上不能履行。

2）债务的标的不适于强制履行或者履行费用过高。

3）债权人在合理期限内未要求履行。

继续履行与自觉履行的性质是不同的，自觉履行是合同当事人的守约行为，而继续履行是承担违约责任的方式。违约情形发生后，建设工程合同是否继续履行完全取决于权利受侵害一方的意志，既可以选择继续履行，也可以选择其他承担违约责任的方式。

（二）不承担违约责任的情形

在法律规定或合同约定且这种约定不与法律法规相抵触的情况下，允许免除或部分免除不履行或不完全履行合同的违约责任。主要包括：

1）不可抗力。（但当事人迟延履行后发生不可抗力的，不能免除其违约责任）

2）货物本身的自然性质或货物的合理损耗。

3）对方当事人原因引起的。

4）当事人一方违约后，对方应当采取适当措施防止损失的扩大，没有采取适当措施致使损失扩大的，不得就扩大的损失要求赔偿。

5）双方约定免除的其他情形。

二、建设工程勘察、设计合同的违约责任

根据《合同法》及《勘察、设计合同（示范文本）》相关条款规定，建设工程勘察、设计合同的违约责任主要包括：

（一）发包方的违约责任

《合同法》规定，因发包人变更计划，提供的资料不准确，或者未按期提供必需的勘察、设计工作条件而造成勘察、设计的返工、停工或者修改设计，发包人应当按照勘察、设计人实际消耗的工作量增付费用。

1）发包人提供的技术资料不准确或变更计划，致使勘察、设计工作无法正常进行的，勘察、设计人有权停工、顺延工期，停工的损失应当由发包人承担。发包人重新提供的技术资料有重大修改，需要勘察、设计人返工、修改设计的，发包人应当按照勘察、设计人实际消耗的返工、修改工作量相应增付勘察、设计费。

2）发包人未能按照合同约定提供勘察、设计工作所需工作条件，致使勘察、设计工作无法正常进行的，勘察、设计人有权停工、顺延工期，并要求发包人承担勘察、设计人停工期间的损失。

3）勘察、设计的成果按期、按质、按量交付后，发包方应按合同约定，按期、按量交付勘察、设计费，发包方未按约定支付费用的，应承担相应的违约责任。

合同中一般约定，每逾期支付一天，应承担迟延支付金额2‰的逾期违约金。逾期超过30天以上时，勘察、设计人有权暂停履行下阶段工作，并书面通知发包人。

4）在合同履行期间，由于工程停建而终止合同或因发包人自身原因要求解除合同时，勘察、设计人未开始勘察、设计工作的，不退还发包人已付的定金；已开始勘察、设计工作的，发包人应根据勘察、设计人已进行的实际工作量，不足50%的，按该阶段设计费的50%支付；超过50%的，按该阶段设计费的全部支付。

（二）承包方的违约责任

《合同法》规定，勘察、设计的质量不符合要求或者未按照期限提交勘察、设计文件拖延工期，造成发包人损失的，勘察、设计人应当继续完善勘察、设计，减收或者免收勘察、设计费并赔偿损失。

1）勘察、设计人提交的勘察、设计文件不符合质量要求的，发包人可以要求勘察、设计人继续完善勘察、设计文件，并视造成的损失浪费大小减收或免收勘察、设计费并赔偿损失。若勘察人无力补充完善，需发包人另行委托其他单位时，勘察人应承担全部勘察费用。如果勘察、设计人提交的勘察、设计文件质量

严重不符合合同约定或有其他违约行为致使不能实现合同目的的，发包人可以解除合同。

2）因勘察、设计错误造成工程质量事故损失，勘察、设计人除负责采取补救措施外，应免收直接受损失部分的勘察、设计费，并根据损失程度向发包人支付赔偿金，赔偿金数额由双方在合同中商定为实际损失的百分比。

3）勘察、设计人迟延提交勘察、设计文件，致使工期拖延给发包人造成损失的，发包人可以要求勘察、设计人支付赔偿损失。

合同中一般约定，每延期交付一天，应减收该项目应收勘察、设计费的2‰。如果勘察、设计人在催告后的合理期限内仍未能提交勘察、设计文件，严重影响工程进度的，发包人可以解除合同。

另外，在勘察、设计合同中一般约定发包人向勘察、设计人支付一定比例的定金，双方违约时，可适用定金罚则，即发包人不履行合同时，无权要求返还定金；勘察人不履行合同时，应双倍返还定金。

三、建设工程施工合同的违约责任

（一）发包方的违约责任

1. 发包人未按约定提供原材料、设备、资金、技术、场地的违约责任

《合同法》规定，合同中约定由发包人提供的原材料、设备，发包人应当按照约定的原材料、设备的种类、规格、数量、单价、质量等级和时间、地点向承包人提供。如果发包人未按照约定提供的，承包人可以中止施工并顺延工期，因此造成承包人停工、窝工损失的，由发包人承担违约责任。

合同约定由发包人负责提供场地条件的，发包人应按照合同约定向承包人提供施工、操作、运输、堆放材料、设备所需的场地条件，发包人未能提供符合约定的场地条件致使承包人无法开展工作的，因此造成承包人停工、窝工损失的，由发包人承担赔偿责任。

实行工程预付款的，双方应当在专用条款内约定发包人向承包人预付工程款的时间和数额，发包人不按约定预付，承包人在约定预付时间7天后向发包人发出要求预付的通知，发包人收到通知后仍不能按要求预付，承包人可在发出通知后7天停止施工，发包人应从约定应付之日起向承包人支付应付款的贷款利息，并承担违约责任。

合同约定发包人按工程进度支付进度款的，发包人不按合同约定支付工程进度款，双方又未达成延期付款协议，导致施工无法进行，承包人可停止施工，由发包人承担违约责任。

发包人收到竣工结算报告及结算资料后28天内无正当理由不支付工程竣工结算价款，从第29天起按承包人同期向银行贷款利率支付拖欠工程价款的利息，

并承担违约责任。

合同约定由发包人提供的有关工程建设技术资料，发包人应按照合同约定的时间和份数向承包人提供。技术资料主要包括勘察数据、设计文件、施工图及说明书等。如果发包人未能按照约定提供技术资料致使承包人无法正常开展工作，承包人应通知发包人并有权暂停工作，顺延工期，发包人承担因停工、窝工所造成的损失。

2. 发包人原因造成工程停建、缓建的违约责任

《合同法》规定，因发包人的原因致使工程中途停建、缓建的，发包人应当采取措施弥补或者减少损失，赔偿承包人因此造成的停工、窝工、倒运、机械设备调迁、材料和构件积压等损失和实际费用。

工程实践中，发包人的原因一般包括下列情况：

1）发包人提供的设计文件等技术资料有错误或者发包人变更设计文件。

2）发包人未能按照约定及时提供建筑材料、设备或者资金。

3）发包人未能及时进行中间工程和隐蔽工程的验收。

4）发包人未能按照合同的约定保障现场施工所需的工作条件等。

发生上述情况，致使工程建设无法正常进行的情况下，承包人应及时通知发包人，并要求发包人赔偿损失。发包人应当承担违约责任并采取必要措施弥补或减少损失。

承包人在停建、缓建期间应当采取合理措施减少和避免损失，妥善保护好已完成工程和做好已购材料、设备的保护和移交工作，将自有机械和人员撤出施工现场，发包人应当为承包人的撤出提供必要的条件。

3. 其他违约责任

其他违约责任包括发包人在对作业进度、质量进行检查时，妨碍承包人正常作业的情况下，例如不适当地随意停工检查等。

在《解释》第十二条规定，发包人具有下列情形之一，造成建设工程质量缺陷，应当承担过错责任：

1）提供的设计有缺陷。

2）提供或者指定购买的建筑材料、建筑构配件、设备不符合强制性标准。

3）直接指定分包人分包专业工程。

（二）承包方的违约责任

1. 建设工程施工质量责任不符合约定的违约责任

《合同法》规定，因施工人的原因致使建设工程质量不符合约定的，发包人有权要求施工人在合理期限内无偿修理，或者返工、改建。经过修理或者返工、改建后，造成逾期交付的，施工人应当承担违约责任。其中修理，或者返工、改建属于采取补救措施的违约责任方式。

关于施工质量不符合约定的违约责任，在《解释》第十一条规定："因承包人的过错造成建设工程质量不符合约定，承包人拒绝修理、返工或者改建，发包人请求减少支付工程价款的，应予支持。"

2. 建设工程合理使用期内造成人身和财产损害的赔偿责任

《合同法》规定，因承包人的原因致使建设工程在合理使用期限内造成人身和财产损害的，承包人应当承担损害赔偿责任。"

承包人承担损害赔偿责任应当具备以下三个条件：①造成了人身和财产损害的实际结果；②人身、财产损害是因承包人违反质量安全要求所致；③人身、财产损害是发生在建设工程合理使用期限内。

造成人身、财产损害的受损害方不仅包括建设工程合同的对方当事人即发包人，还包括建设工程的最终用户以及因该建设工程而受到损害的第三人。建设工程的合理使用期限一般在设计合同或设计文件中注明，自建设工程竣工验收合格之日起计算，建设工程的承包人应当在该期限内对施工质量安全承担责任。

思 考 题

1. 建设工程合同有哪些特征？
2. 建设工程合同争议的解决方式有哪些？
3. 建设工程合同的订立主要应遵循哪些原则？
4. 承担违约责任的方式有几种？
5. 《合同法》规定，导致合同无效有哪几种情形？

13

第十三章 建设工程环境保护法律制度

第一节 概　　述

环境保护法，广义上又称为环境法，是调整因开发、利用、保护和改善人类环境而产生的社会关系的法律规范的总称。其内容主要包括三个方面：一是关于合理开发利用自然环境要素，防止环境破坏的法律规范；二是关于防治环境污染和其他公害，改善环境的法律规范；三是关于防止自然灾害和减轻自然灾害对环境造成不良影响的法律规范。

我国的环境保护法是在 20 世纪 70 年代末以后迅速发展起来的，目前已初步形成了包括环境保护的宪法、环境保护基本法、环境保护单行法和环境保护行政法规、部门规章组成的体系，成为我国整个法律体系中的一个独立法律部门。

一、环境保护法的范围、任务与作用

（一）环境保护法的范围

我国环境保护法的范围主要包括：环境污染防治法，如水污染防治法、大气污染防治法、噪声污染防治法等。自然环境要素保护法，如森林法、水法、野生动物保护法、水土保持法等。文化环境保护法，如风景名胜保护条例、自然保护区条例等。环境管理、监督、监测及保证法律实施的法规，如环境监测管理条例、建设项目环境保护管理办法、报告环境污染与破坏事故的暂行办法、环境保护行政处罚办法等。另外还有各种环境标准，包括环境基础标准和方法标准、环境质量标准和污染物排放标准等。

（二）环境保护法的任务

根据我国《宪法》和《环境保护法》的规定，我国环境保护法有两项任务：

1）保证合理地利用自然环境。

2）保证防治环境污染与生态破坏，防治环境污染是指防治废水、废气、废

渣、粉尘、垃圾、滥伐森林、破坏草原、破坏植物、乱采乱挖矿产资源、滥捕滥猎鱼类和动物等。

（三）环境保护法的作用

环境保护法是保护人民健康，促进经济发展的法律保障，是推动我国环境法制建设的动力，是提高广大干部、群众环境意识和环境保护法制观念的教材，是维护我国环境权益的有效工具，是促进环境保护的国际交流与合作，开展国际环境保护活动的有效手段。

二、环境保护法的基本原则

环境保护法的基本原则，是环境保护方针、政策在法律上的体现，是调整环境保护方面社会关系的指导规范，也是环境保护立法、司法、执法、守法必须遵循的准则，它反映了环境保护法的本质，并贯穿环境保护法制建设的全过程，具有十分重要的意义。

（一）实行环境与经济协调发展的原则

所谓协调发展，是指经济建设与环境和资源保护相协调，其主要含义被归纳为"三建设、三同步、三统一"，即：经济建设、城乡建设与环境建设必须同步规划、同步实施、同步发展，以实现经济效益、社会效益和环境效益的统一。协调发展的政策，是对发展方式提出的要求，其目的也是为了保证经济社会的健康、持续发展。这种发展思想要求既不能片面追求经济效益而忽视环境损害的严重后果，也不能超越现实经济的承受能力，提出过高的环境保护要求。在发展经济中解决环境问题，在环境问题的解决中求得经济的健康发展，这符合中国的国情。

（二）预防为主，防治结合的原则

这个原则的主要含义是指在环境与资源保护中，采取各种预防性手段和措施，防止环境问题的产生或限制在最小的程度，尽量在生产过程中解决环境问题，而不是等环境污染和资源破坏产生以后再去想办法治理。环境保护中预防污染不仅可以尽可能地提高原材料、能源的利用率，而且可以大大地减少污染物的产生量和排放量，减少二次污染的风险，减少末端治理负荷，节省环保投资和运行费用。"预防"是环境保护第一位的工作。然而，根据目前的技术、经济条件，工业企业做到"零排放"还是很困难的，所以必须与治理结合。

（三）污染者负担、开发者恢复的原则

污染者负担是指凡是造成环境污染和危害的单位和个人，都负有治理环境污染和补偿损害的责任。实行"谁污染谁治理"的原则，其目的一是在于提高企业治理污染的责任感和紧迫感；二是把环境保护责任与经济责任挂钩。开发者恢复是指对环境和自然资源进行开发利用的单位和个人，有责任对其进行恢复、整治、更新和养护。

（四）公众参与的原则

环境质量的好坏关系到广大群众的切身利益，因此保护环境，不仅是公民的义务，也是公民的权利。为推进和规范环境影响评价活动中的公众参与，国家环保总局根据《环境影响评价法》、《行政许可法》和《国务院关于落实科学发展观加强环境保护的决定》等法律和法规性文件中有关公开环境信息和强化社会监督的规定，制定了《环境影响评价公众参与暂行办法》（环发〔2006〕28号），自2006年3月18日起施行。

三、环境保护法的特点

环境保护法除了具有法律的一般特征外，还有以下特点：

1. 科学性

环保是以科学的生态规律与经济规律为依据的，它的体系原则、法律规律、管理制度都是从环境科学的研究成果和技术规范总结出来的。

2. 综合性

环保法所调整的社会关系相当复杂，涉及面广，综合性强。其既有基本法，又有单行法；既有实体法，又有程序法，而且涉及行政法、经济法、劳动法、民法、刑法等有关内容。

3. 区域性

我国是一个大国，区域差别很大，因此我国的环保法具有区域性特点。各省市可根据本地区制定相应的地方法规和地方标准，体现地区间的差异。

4. 奖惩结合

我国的环保法不仅要对违法者给予惩罚，而且还要对保护资源、环境有功者给予奖励，做到赏罚分明。这是我国环保法区别于其他国家法律的一大特点。

四、环境保护法律、法规及标准

环境保护法是国家整个法律体系的重要组成部分，具有自身一套比较完整的体系。《中华人民共和国宪法》是我国的根本大法，它为制定环境保护基本法和专项法奠定了基础。新的《中华人民共和国刑法》（根据2006年6月29日第十届全国人民代表大会常务委员会第二十二次会议通过的《中华人民共和国刑法修正案（六）》修正）增加了第六章第六节“破坏环境资源罪”的条款，使得违反国家环境保护规定的集体或个人不仅负有行政、民事责任，而且还要负刑事责任。

五个环境污染防治专项法（即：《中华人民共和国固体废物污染环境防治法》（1995年）、《中华人民共和国环境噪声污染防治法》（1996年）、《中华人民共和

国水污染防治法（1996年修正）》、《中华人民共和国大气污染防治法》（2000年）、《中华人民共和国放射性污染防治法》（2003年）为防治固体废物、噪声、水体、大气、放射性污染及环境评价制定了法规依据。环境保护工作涉及方方面面，特别是资源、能源的利用，因此资源法和其他相关法规也是环境保护法规体系的重要组成部分。此外，还有地方性环境保护法、环境保护行政法规、规章以及环境保护标准等。分述如下：

（一）宪法

《宪法》第二十六条规定："国家保护和改善生活环境和生态环境，防治污染和其他公害。国家鼓励植树造林，保护林木。"第九条规定："国家保障自然资源的合理利用，保护珍贵的动物和植物，任何组织和个人必须合理地利用土地。"第二十二条规定："国家保护名胜古迹、珍贵文物和其他重要历史文化遗产。"第五条规定："一切国家机关和武装力量、各政党和各社会团体、各企业事业组织都必须遵守宪法和法律。一切违反宪法和法律的行为，必须予以追究。"宪法中的所有这些规定，是我国环境保护法的法律依据和指导原则。

（二）刑法

《刑法》（修正后）第六章第六节"破坏环境资源罪"第三百三十八条至第三百四十六条，共计九条关于环境保护的规定，凡违反国家有关环境保护的规定，应负有相应的刑事责任。

例如，第三百三十八条规定："违反国家规定，向土地、水体、大气排放、倾倒或者处置有放射性的废物、含传染病病原体的废物、有毒物质或者其他危险废物，造成重大环境污染事故，致使公私财产遭受重大损失或者人身伤亡的严重后果的，处三年以下有期徒刑或者拘役，并处或者单处罚金。后果特别严重的，处三年以上七年以下有期徒刑，并处罚金。"

第三百四十二条规定："违反土地管理法规，非法占用耕地、林地等农用地，改变被占用土地用途，数量较大，造成耕地、林地等农用地大量毁坏的，处五年以下有期徒刑或者拘役，并处或者单处罚金。"

（三）环境保护基本法

环境保护基本法是指1989年12月26日颁布实施的《中华人民共和国环境保护法》，它是环境保护领域的基本法律，是环境保护专项法的基本依据，由全国人大常务委员会批准颁布。

（四）环境污染防治专项法

环境污染防治专项法是针对特定的污染防治领域和特定的资源保护对象而制订的单项法律。目前已颁布了《大气污染防治法》、《水污染防治法》、《固体废弃物污染环境防治法》、《环境噪声污染防治法》、《放射性污染防治法》共计五个污染防治专项法，由全国人大常委员会批准颁布。

（五）环境保护资源法和相关法

自然资源是人类赖以生存发展的条件，为了合理地开发、利用和保护自然资源，特制定了《森林法》、《草原法》、《煤炭法》、《矿产资源法》、《渔业法》、《农业法》、《土地管理法》、《水法》、《水土保法》和《野生动物保护法》等多部环境保护资源法。相关法是指《城市规划法》、《文物保护法》及《清洁生产促进法》、《卫生防疫法》等与环境保护工作密切相关的法律。

（六）环境保护行政法规

由国务院组织制定并批准，为实施环境保护法律或规范环境监督管理制度及程度而颁布的“条例”、“实施细则”，如《防治海洋工程建设项目污染损害海洋环境管理条例》（2006 年）、《防治海岸工程建设项目污染损害海洋环境管理条例》（1990 年）、《水污染防治法实施细则》（2000 年）、《建设项目环境保护管理条例》（《环境保护管理条例》处于修订草案征求意见中）、《水土保持法实施条例》（1993 年）等，目前已有 20 余项。

（七）环境保护部门规章

由国务院有关部委为加强环境保护工作而颁布的环境保护规范性文件。例如，由国家环保总局颁布实施的有：①《建设项目环境保护设计规定》（1987 年）；②《建设项目环境保护管理程序》（1990 年）；③《建设项目竣工环境保护验收管理办法》（2001 年）；④《建设项目环境保护分类管理名录》（2003 年）；⑤《建设项目环境影响评价文件分级审批规定》（2003 年）；⑥《建设项目环境影响评价文件审批程序规定》（2003 年）；⑦《专项规划环境影响报告书审查办法》（2003 年）；⑧《建设项目环境影响评价资质管理办法》（2005 年）；⑨《风电场工程建设用地和环境保护管理暂行办法》（2005 年）；⑩《环境影响评价公众参与暂行办法》（2006 年）等。

由建设部颁布实施的有：①《城市市容和环境卫生管理条例》（1992 年）；②《城市建筑垃圾管理规定》（2005 年）；③《城市排水许可管理办法》（2006 年）等。

由交通部颁布实施的《交通建设项目环境保护管理办法》（2003 年）等。

（八）环境保护地方性法规和地方政府规章

环境保护地方性法规和地方政府规章是指有立法权的地方权力机关——人民代表大会及其常委会和地方政府制定的环境保护规范性文件，是对国家环境保护法律、法规的补充和完善，以解决本地区某一特定的环境问题为目标，具有较强的针对性和可操作性。例如，北京市人民政府第 56 次常务会议审议通过，于 2007 年 1 月 1 日起实施的《北京市环境噪声污染防治办法》。

（九）环境标准

环境标准是我国环境法规体系中的一个重要组成部分，也是环境法制管理的

基础和重要依据。环境标准主要包括基础标准、方法标准、环境质量标准、污染物排放标准等，其中环境质量标准和污染物排放标准为强制性标准。如：基础标准有《环境污染源类别代码》（GB/T 16706—1996）等。方法标准有《建设项目竣工环境保护验收技术规范（火力发电厂）》（HJ/T 255—2006）、《环境影响技术评价导则（民用机场建设工程）》（HJ/T 87—2002）等。环境质量标准有《地表水环境质量标准》（GB 3838—2002）、《室内空气质量标准》（GB/T 18883—2002）、《建筑施工现场环境与卫生标准》（JGJ 146—2004）等。污染物排放标准有《储油库大气污染物排放标准》（GB 20950—2007）、《煤炭工业大气污染物排放标准》（GB 20426—2006）、《造纸工业水污染物排放标准》（GB 3544—2001）等。

（十）国际环境保护公约

国际环保公约一般称为多边环境协定（MEA），属于国际公约的一种，是为了保护、改善和合理利用环境资源而制定的国际公约。国际环保公约的主体除了国家之外，还有一些地区和国际组织。

国际环保公约规定了国家或其他国际环境法主体之间在保护、改善和合理利用环境资源等问题上的权利和义务。国际环保公约在保护环境、防治污染、合理利用资源和阻止地球生态环境的进一步恶化方面起着十分重要的作用。现有的国际环保公约涉及污染防治、臭氧层保护、温室气体排放控制、海洋环境保护、野生动植物资源保护等诸多方面。

一个合法有效的公约，对缔约方除已声明保留的条文外，均具有法律的约束力。根据我国《环境保护法》第四十六条规定："中华人民共和国缔结或者参加的与环境保护有关的国际条约，同中华人民共和国的法律有不同规定的，适用国际条约的规定，但中华人民共和国声明保留的条款除外。"

（十一）其他要求

其他要求是指产业实施规范、与政府机构的协定、非法规性指南、污染物控制、国家关于重点治理三河（淮河、海河、辽河）、三湖（太湖、巢湖、滇池）和酸雨控制区、二氧化硫控制区、城市综合整治定量考核要求，以及旅游度假区、风景区、名胜古迹、文物保护区要求等。

第二节 环境保护基本法及污染防治专项法

一、《中华人民共和国环境保护法》

1979 年，我国正式颁布了《中华人民共和国环境保护法》（试行），《试行法》使用了 10 年，对我国的环境保护工作起到了很大推动作用。随着我国经济体制的改革，为了适应新形势的需要，我国 1989 年对《试行法》进行了修订，并于1989年12月颁布了《中华人民共和国环境保护法》（以下简称《环境保护法》），该法共六章四十七条，涉及我国环保工作的各个方面。

1. 规定了我国环境保护的管理体制

明确了国务院环境保护行政主管部门，国家海洋行政主管部门、港务监督、渔政、渔港监督、军队环境保护部门，各级公安、交通、铁道、民航管理部门，县级以上人民政府的土地、矿产、林业、农业、水利行政主管部门以及环境保护行政主管部门，对保护和改善环境应负的责任和权力。

2. 环境的监督管理工作

在《环境保护法》中，把我国多年来行之有效的几项环境保护工作制度，以及近几年正在逐步推广实施的部分制度放到了环境保护监督管理工作的重要位置，这些制度主要有：

1）建设项目和资源开发项目实行的环境影响报告审批制度。规定建设污染环境的项目，必须遵守国家有关建设项目环境保护管理的规定。建设项目的环境影响报告书，必须对建设项目产生的污染和对环境的影响作出评价，制定防治措施，经项目主管部门预审并依照规定的程序报环境保护行政主管部门批准。环境影响报告书经批准后，计划部门方可批准建设项目设计任务书。

2）“三同时”制度。新建、扩建和改建工程中，防治污染的工程设施与主体工程必须同时设计、同时施工、同时投入使用。

3）对排放污染超标的单位，征收排污费制度。

4）污染物排放申报登记制度。

5）应对环境污染突发事件的应急防范制度。

3. 对制定环境标准作出规定

在《环境保护法》中明确由国务院行政主管部门制定国家环境质量标准，对国家环境质量标准中未做规定的项目，可以制定地方环境质量标准。《环境保护法》第十条规定：“省、自治区、直辖市人民政府对国家污染物排放标准中未作规定的项目，可以制定地方污染物排放标准。对国家污染物排放标准中已作规定的项目，可以制定严于国家污染物排放标准的地方污染物排放标准。地方污染物排放标准须报国务院环境保护行政主管部门备案。”凡是向已有地方污染物排放标准的区域排放污染物的，应执行地方污染物排放标准。

4. 保护自然环境与资源的法律规定

《环境保护法》第十八条规定：“在国务院及有关主管部门和省、自治区、直辖市人民政府划定的风景名胜区、自然保护区和其他需要特别保护的区域内，不得建设污染环境的工业生产设施，建设其他设施，其污染排放不得超过规定的排放标准。已建成的设施，其污染物排放超过规定标准的，应限期治理。”第十九条规定：“开发利用自然资源，必须采取措施保护生态环境。”

5. 保护农业环境的法律规定

《环境保护法》第二十条规定："各级人民政府应当加强对农业生态环境的保护，防止土壤污染，土地沙化，盐渍化、贫瘠化、沼泽化、地面沉降和防治植被破坏、水土流失，水源枯竭，种源灭绝以及其他生态失调现象的发生和发展，推广植物病虫害的综合防治，合理使用化肥、农药及植物生长激素。"

6. 对违法应负责任做出规定

《环境保护法》第三十六条规定："建设项目的防止污染设施没有建成或者没有达到国家规定的要求，投入生产或者使用的，由批准该建设项目的环境影响报告书的环境保护行政主管部门责令停止生产或者使用，可以并处罚款。"第三十九条规定："对经限期治理逾期未完成治理任务的企业事业单位，除依照国家规定加收超标准排污费外，可以根据所造成的危害后果处以罚款，或者责令停业、关闭。"第四十二条规定："因环境污染损害赔偿提起诉讼的时效期间为三年，从当事人知道或者应当知道受到污染损害起时计算。第四十三条规定："违反本法规定，造成重大环境污染事故，导致公私财产重大损失或者人身伤亡的严重后果的，对直接责任人员依法追究刑事责任。"

二、《中华人民共和国固体废物污染环境防治法》

《中华人民共和国固体废物污染环境防治法》(以下简称《固体废物污染环境防治法》)于1995年10月经全国人大八届十六次常委会通过，共六章七十七条。与工程建设相关内容分述如下：

(一) 固体废物污染环境防治的监督管理

《固体废物污染环境防治法》第二章第十二条规定："建设产生工业固体废物的项目以及建设储存、处置固体废物的项目，必须遵守国家有关建设项目环境保护管理的规定。建设项目的环境影响报告书，必面对建设项目产生的固体废物对环境的污染和影响作出评价，规定防治环境污染的措施，并按照国家规定的程序报环境保护行政主管部门批准。环境影响报告书经批准后，审批建设项目的主管部门方可批准该建设项目的可行性研究报告或者设计任务书。"

第十三条规定："建设项目的环境影响报告书确定需要配套建设固体废物污染环境防治设施，必须与主体工程同时设计、同时施工、同时投产使用。固体废物污染环境防治设施必须经原审批环境影响报告书的环境保护行政主管部门验收合格后，该建设项目方可投入生产或者使用。对固体废物污染环境防治设施的验收应当与对主体工程的验收同时进行。"

(二) 固体废物污染环境防治

《固体废物污染环境防治法》第三章对固体废物污染环境的防治作出规定：

1) 产生固体废物的单位和个人，应当采取措施，防止或者减少固体废物对环境的污染。

2）收集、储存、运输、利用、处置固体废物的单位和个人，必须采取防扬散、防流失、防渗漏或者其他防止污染环境的措施。不得在运输过程中沿途丢弃、遗撒固体废物。

3）禁止擅自关闭、闲置或者拆除工业固体废物污染环境防治设施、场所。确有必要关闭、闲置或者拆除的，必须经所在地县级以上地方人民政府环境保护行政主管部门核准，并采取措施，防止污染环境。

4）推广防治固体废物污染的先进工艺设备，淘汰落后工艺设备，有关部门应公布限期淘汰目录，有关单位和个人必须在限期内停止生产、销售、进口或使用目录中规定的设备和停止采用目录中的工艺。被淘汰的工艺设备不得转给他人使用。

5）企业事业单位应合理选择，利用原材料、能源，采用先进的工艺设备，减少工业固体废物的产生量。

6）在国务院和国务院有关主管部门及省、自治区、直辖市人民政府划定的自然保护区、风景名胜区、生活饮用水源地和其他需要特别保护的区域内，禁止建设工业固体废物集中储存、处置设施、场所和生活垃圾填埋场。

7）建设工业固体废物储存、处置的设施、场所，必须符合国务院环境保护行政主管部门规定的环境保护标准。

8）建设城市生活垃圾处置设施、场所，必须符合国务院环境保护行政主管部门和国务院建设行政主管部门规定的环境保护和城市环境卫生标准。

9）施工单位应当及时清运、处置建筑施工过程中产生的垃圾，并采取措施，防止污染环境。

（三）危险废物污染环境防治的特别规定

《固体废物污染环境防治法》第四章第四十二至五十八条对危险废物污染防治做了特别的规定：

1）对危险废物的容器和包装物以及收集、储存、运输、处置危险废物的设施、场所，必须设置危险废物识别标志。

2）产生危险废物的单位，必须按国家规定处置的，环保部门应限期改正，逾期不处置或处置不符合规定的，由环保部门指定单位代为处置，费用由生产单位承担。

3）处置危险废物不符合国家规定的，应缴纳排污费，排污费应用于危险废物污染防治，不得挪做他用。

4）从事收集、储存、运输危险废物经营活动的单位必须申请领取经营许可证，无经营许可证不得从事上述活动。

5）收集、储存危险废物必须分类进行，禁止混合收集、储存、运输、处置

性质不相容，且无安全处理的危险废物，禁止危险废物和非危险废物混存。

6）收集、储存、运输、处置危险废物的场所、设施设备和容器、包装物及其他物品转作他用时，必须经过消除污染的处理方可使用。

7）从事危险废物经营活动的人员应经过培训，考试合格方能上岗。经营单位应制定意外事故的应急措施。

三、《中华人民共和国环境噪声污染防治法》

《中华人民共和国环境噪声污染防治法》（以下简称《噪声污染防治法》于1996年10月29日经全国人大八届二十二次常委会通过，共八章八十四条。与工程建设相关内容概述如下：

（一）环境噪声污染防治的监督管理

1）国务院环境保护行政主管部门分别针对不同的功能区制定国家声环境质量标准。县级以上地方人民政府根据国家声环境质量标准，划定本行政区域内各类声环境质量标准的适用区域，并进行管理。

2）城市规划部门在确定建设布局时，应当依据国家声环境质量标准和民用建筑隔声设计规范，合理划定建筑物与交通干线的防噪声距离，并提出相应的规划设计要求。

3）新建、改建、扩建的建设项目，必须遵守国家有关建设项目环境保护管理的规定。建设项目可能产生环境噪声污染的，建设单位必须提出环境影响报告书，规定环境噪声污染的防治措施，并按照国家规定的程序报环境保护行政主管部门批准。环境影响报告书中，应当有该建设项目所在地单位和居民的意见。

4）建设项目的环境噪声污染防治设施必须与主体工程同时设计、同时施工、同时投产使用。

建设项目在投入生产或者使用之前，其环境噪声污染防治设施必须经原审批环境影响报告书的环境保护行政主管部门验收，达不到国家规定要求的，该建设项目不得投入生产或者使用。

5）县级以上人民政府环境保护行政主管部门和其他环境噪声污染防治工作的监督管理部门、机构，有权依据各自的职责对管辖范围内排放环境噪声的单位进行现场检查。被检查的单位必须如实反映情况，并提供必要的资料。检查人员进行现场检查，应当出示证件。

（二）建筑施工噪声污染防治

建筑施工噪声是指在建筑施工过程中产生的干扰周围生活环境的声音。《噪声污染防治法》第四章第二十七条至三十条对防治建筑施工噪声污染做出规定：

1）在城市市区范围内向周围生活环境排放建筑施工噪声的，应当符合国家规定的建筑施工场界环境噪声排放标准。

2）在城市市区范围内，建筑施工过程中使用机械设备，可能产生环境噪声污染的，施工单位必须在工程开工15日以前向工程所在地县级以上地方人民政府环境保护行政主管部门申报该工程的项目名称、施工场所和期限、可能产生的环境噪声值以及所采取的环境噪声污染防治措施的情况。

3）在城市市区噪声敏感建筑物集中区域内，禁止夜间进行产生环境噪声污染的建筑施工作业，但抢修、抢险作业和因生产工艺上要求或者特殊需要必须连续作业的除外。

因特殊需要必须连续作业的，必须有县级以上人民政府或者其有关主管部门的证明，夜间施工作业，必须公告附近居民。

四、《中华人民共和国水污染防治法》

1996年5月15日八届十九次全国人大常委会对1984年5月11公布的《中华人民共和国水污染防治法》（以下简称《水污染防治法》）做了修改，修改后的《水污染防治法》共七章六十二条。与工程建设相关内容概述如下：

（一）水污染防治的监督管理

《水污染防治法》第三章中对水污染防治的监督管理作出规定：

1）防治水污染应当按流域或者按区域进行统一规划。国家确定的重要江河流域水污染防治规划，由国务院环境保护部门会同计划主管部门、水利管理部门等有关部门和有关省、自治区、直辖市人民政府编制，报国务院批准。

经批准的水污染防治规划是防治水污染的基本依据，规划的修订须经原批准机关的批准。

县级以上人民政府，应根据依法批准的江河流域水污染防治规划，组织制定本行政区域的国民经济和社会发展中长期和年度计划。

2）国务院有关部门和地方各级人民政府应当合理规划工业布局，对造成水污染的企业进行整顿和技术改造，采取综合防治措施，提高水的重复利用工作率，合理利用资源，减少废水和污染物排放量。

3）新建、扩建、改建直接或者间接向水体排放污染物的建设项目和其他水上设施，必须遵守国家有关建设项目环境保护管理的规定。

建设项目的环境影响报告书，必须对建设项目可能产生的水污染和对生态环境的确影响做出评价，规定防治的措施，按照规定的程序报经有关部门审查批准。在运河、渠道、水库等水利工程内设置排污口，应当经过有关水利工程管理部门同意。

建设项目中防治水污染的设施，必须与主体工程同时设计，同时施工，同时投产使用。防治水污染的设施必须经过环境保护部门检验，达不到规定要求的，该建设项目不准投入生产或者使用。

环境影响报告书中，应当有该建设项目所在地单位和居民的意见。

4）城市污水应当进行集中处理与重复利用。国务院有关部门和各地方人民政府必须把保护城市水源和防治城市水污染纳入城市建设规划，建设和完善城市排水管网，有计划地建设城市污染水集中处理设施，加强城市水环境的综合整治。污水集中处理设施实行有偿服务，收取污水处理费，交污水处理费的不再缴纳排污费。

5）省级以上人民政府可依法规定生活饮用水源保护区，保护区可分一级保护区和其他等级保护区。禁止向一级保护区水体排入污水。禁止在一级保护区内从事旅游、游泳和可能污染水源的活动。禁止在一级保护区内新建、扩建与供水设施和与保护水源无关的建设项目。在一级保护区已设置的排污口，由当地政府限期拆除或限期治理。

6）国家禁止新建无水污染防治措施的小型化学制纸浆、印染、染料、制革、电镀、炼油、农药以及其他严重污染水环境的企业。

（二）防止地表水污染

《水污染防治法》第四章第二十七条至四十条对防止地表水污染做出规定：

1）在生活饮用水源地、风景名胜区水体、重要渔业水体和其他有特殊经济文化价值的水体的保护区内，不得新建排污口。在保护区附近新建排污口，必须保证保护区水体不受污染。

2）禁止在水体清洗装储过油类或者有毒污染物的车辆和容器。

3）禁止将含有汞、镉、砷、铬、铅、氰化物、黄磷等可溶性剧毒废渣向水体排放、倾倒或者直接埋入地下。存放可溶性剧毒废渣的场所，必须采取防水、防渗漏、防流失的措施。

4）禁止向水体排放，倾倒工业废渣，城市垃圾和其他废弃物。

5）禁止在江河、湖泊、运河、渠道、水库最高水位线以下滩地和岸坡堆放，存储固体废物和其他污染物。

6）禁止向水体排放、倾倒放射性固体废物或含有高、中放射性物质的废水，排放低放射性废水必须达标。

（三）防止地下水污染

《水污染防治法》第五章第四十一条至四十五条对防止地下水污染作出规定：

1）禁止企业事业单位利用渗井、渗坑、裂隙和溶洞排放、倾倒含有毒污染物的废水、含病原体的污水和其他废弃物。

2）在无良好隔渗地层，禁止企业事业单位使用无防止渗漏措施的沟渠、坑塘等输送或者存储含有毒污染物的废水、含病原体的污水和其他废弃物。

3）兴建地下工程设施或者地下勘探、采矿等活动，应当采取保护性措施，防止地下水污染。

4）人工回灌补给地下水，不得恶化地下水质。

五、《中华人民共和国放射性污染防治法》

《中华人民共和国放射性污染环境防治法》（以下简称《放射性污染环境防治法》）于2003年6月28日经全国人大十届三次常委会通过，自2003年10月1日起施行，共八章六十三条。

该法对放射性污染防治的监督管理、核设施的放射性污染防治、核技术利用的放射性污染防治、伴生放射性矿产资源的开发利用、放射性废物的管理等内容作出详细规定。其中与工程建设相关的内容包括：

第十六条规定：放射性物质和射线装置应当设置明显的放射性标识和中文警示说明。生产、销售、使用、储存、处置放射性物质和射线装置的场所，以及运输放射性物质和含放射源的射线装置的工具，应当设置明显的放射性标志。例如，在钢结构工程施工安装中采用γ射线探伤检验施工质量时，就应当遵守本条规定。

第十七条规定：含有放射性物质的产品，应当符合国家放射性污染防治标准。不符合国家放射性污染防治标准的，不得出厂和销售。使用伴生放射性矿渣和含有天然放射性物质的石材做建筑和装修材料，应当符合国家建筑材料放射性核素控制标准。

第三节　建设项目环境保护的其他法规制度

一、建设项目环境影响评价制度

环境影响评价是指对规划和建设项目实施后可能造成的环境影响进行分析、预测和评估，提出预防或者减轻不良环境影响的对策和措施，进行跟踪监测的方法与制度。《建设项目环境保护管理条例》以及2002年12月28日全国人大常委员会发布的《环境影响评价法》，以法律的形式确立了规划和建设项目的环境影响评价制度。

（一）建设项目的环境影响评价实行分类管理

建设单位应当按照下列规定组织编制环境影响报告书、环境影响报告表或者填报环境影响登记表（以下统称环境影响评价文件）：

1）可能造成重大环境影响的，应当编制环境影响报告书，对产生的环境影响进行全面评价。

2）可能造成轻度环境影响的，应当编制环境影响报告表，对产生的环境影响进行分析或者专项评价。

3）对环境影响很小、不需要进行环境影响评价的，应当填报环境影响登记表。

（二）建设项目环境影响评价机构

接受委托为建设项目环境影响评价提供技术服务的机构，应当经国务院环境保护行政主管部门考核审查合格后，颁发资质证书，按照资质证书规定的等级和评价范围，从事环境影响评价服务，并对评价结论负责。为建设项目环境影响评价提供技术服务的机构的资质条件和管理办法，由国务院环境保护行政主管部门制定。

国务院环境保护行政主管部门对已取得资质证书的为建设项目环境影响评价提供技术服务的机构名单，应当予以公布。

为建设项目环境影响评价提供技术服务的机构，不得与负责审批建设项目环境影响评价文件的环境保护行政主管部门或者其他有关审批部门存在任何利益关系。

环境影响评价文件中的环境影响报告书或者环境影响报告表，应当由具有相应环境影响评价资质的机构编制。任何单位和个人不得为建设单位指定对其建设项目进行环境影响评价的机构。

（三）建设项目环境影响报告书的基本内容

建设项目的环境影响报告书应当包括下列内容：

1）建设项目概况。

2）建设项目周围环境现状。

3）建设项目对环境可能造成影响的分析、预测和评估。

4）建设项目环境保护措施及其技术、经济论证。

5）建设项目对环境影响的经济损益分析。

6）对建设项目实施环境监测的建议。

7）环境影响评价的结论。

涉及水土保持的建设项目，还必须有经水行政主管部门审查同意的水土保持方案。

（四）建设项目环境影响评价文件的审批管理

为规范建设项目环境影响评价文件分级审批管理活动，提高审批效率和审批行为的科学性和民主性，保护公民、法人和其他组织的合法权益，国家有关部门制订出台一系列审批管理制度。

《建设项目环境保护管理条例》第二章“环境影响评价”第十条至第十二条、2003年1月1日起实施的《建设项目环境影响评价文件分级审批规定》（含附表一、二）分别对中央与地方的审批权限、分级审批办法、审批流程等内容作出了规定：

建设项目的环境影响评价文件，由建设单位按照国务院的规定报有审批权的环境保护行政主管部门审批。建设项目有行业主管部门的，其环境影响报告书或者环境影响报告表应当经行业主管部门预审后，报有审批权的环境保护行政主管部门审批。其中，国家环保局负责以下建设项目环境影响报告书（表）的审批：

1）跨越省、自治区、直辖市界区的建设项目。

2）特殊性质的建设项目（如核设施、绝密工程等）。

3）特大型的建设项目（报国务院审批），即总投资限额 2 亿元以上，由国家发改委（原国家计委，下同）批准，或计划任务书由国家发改委报国务院批准的建设项目。

4）由省级环境保护部门提交上报，对环境问题有争议的建设项目。

审批部门应当自收到环境影响报告书之日起 60 日内，收到环境影响报告表之日起 30 日内，收到环境影响登记表之日起 15 日内，分别做出审批决定并书面通知建设单位。

建设项目的环境影响评价文件经批准后，建设项目的性质、规模、地点、采用的生产工艺或者防治污染、防止生态破坏的措施发生重大变动的，建设单位应当重新报批建设项目的环境影响评价文件。

建设项目的环境影响评价文件自批准之日起超过 5 年，方决定该项目开工建设的，其环境影响评价文件应当报原审批部门重新审核。原审批部门应当自收到建设项目环境影响评价文件之日起 10 日内，将审核意见书面通知建设单位。

建设项目的环境影响评价文件未经法律规定的审批部门审查或者审查后未予批准的，该项目审批部门不得批准其建设，建设单位不得开工建设。

2006 年 1 月 1 日起施行的《环境保护总局建设项目环境影响评价文件审批程序规定》，针对由国家环保总局负责审批的环境影响评价文件的审批程序指出"按照国家规定实行审批制的建设项目，建设单位应当在报送可行性研究报告前报批环境影响评价文件。按照国家规定实行核准制的建设项目，建设单位应当在提交项目申请报告前报批环境影响评价文件。按照国家规定实行备案制的建设项目，建设单位应当在办理备案手续后和开工前报批环境影响评价文件……"。另外，对文件的申请与受理、审查、批准、期限等也作出明确规定。

（五）建设项目环境影响的后评价和跟踪管理

在项目建设、运行过程中产生不符合经审批的环境影响评价文件的情形的，建设单位应当组织环境影响的后评价，采取改进措施，并报原环境影响评价文件审批部门和建设项目审批部门备案。原环境影响评价文件审批部门也可以责成建设单位进行环境影响的后评价，采取改进措施。

环境保护行政主管部门应当对建设项目投入生产或者使用后所产生的环境影响进行跟踪检查，对造成严重环境污染或者生态破坏的，应当查清原因、查明责

任。对属于为建设项目环境影响评价提供技术服务的机构编制不实的环境影响评价文件的，或者属于审批部门工作人员失职、渎职，对依法不应批准的建设项目环境影响评价文件予以批准的，依法追究其法律责任。

二、"三同时"制度

"三同时"制度是指建设项目建设过程中，建设单位应当同时实施环境影响报告书、环境影响报告表以及环境影响评价文件审批部门审批意见中提出的环境保护对策措施，需要配套建设的环境保护设施，必须与主体工程同时设计、同时施工、同时投产使用。《建设项目环境保护管理条例》对"三同时"制度具体规定：

1）建设项目的初步设计，应当按照环境保护设计规范的要求，编制环境保护篇章，并依据经批准的建设项目环境影响报告书或者环境影响报告表，在环境保护篇章中落实防治环境污染和生态破坏的措施以及环境保护设施投资概算。

2）建设项目的主体工程完工后，需要进行试生产的，其配套建设的环境保护设施必须与主体工程同时投入试运行。

3）建设项目试生产期间，建设单位应当对环境保护设施运行情况和建设项目对环境的影响进行监测。

4）建设项目竣工后，建设单位应当向审批该建设项目环境影响报告书、环境影响报告表或者环境影响登记表的环境保护行政主管部门，申请该建设项目需要配套建设的环境保护设施竣工验收。

5）环境保护设施竣工验收应当与主体工程竣工验收同时进行。需要进行试生产的建设项目，建设单位应当自建设项目投入试生产之日起 3 个月内，向审批该建设项目环境影响报告书、环境影响报告表或者环境影响登记表的环境保护行政主管部门，申请该建设项目需要配套建设的环境保护设施竣工验收。

6）分期建设、分期投入生产或者使用的建设项目，其相应的环境保护设施应当分期验收。

7）环境保护行政主管部门应当自收到环境保护设施竣工验收申请之日起 30 日内，完成验收。

8）建设项目需要配套建设的环境保护设施经验收合格，该建设项目方可正式投入生产或者使用。

三、建设项目环境保护管理程序

根据我国 1990 年 6 月国家环境保护局颁布的《建设项目环境保护管理程序》规定，在中华人民共和国领域内的工业、能源、交通、机场、水利、农业、林业、商业、卫生、文教、科研、旅游、市政等对环境有影响的一切建设项目

（即：基本建设项目、技术改造项目和区域开发建设项目，包括中外合资、中外合作、外商独资建设项目），在项目建议书至建设竣工投产过程中，建设单位及有关部门必须依各自职责按以下程序开展环境保护工作，办理审批手续。

（一）项目建议书阶段或预可行性研究阶段的环境管理

1）建设单位结合选址，对建设项目建成投产后可能造成的环境影响，进行简要说明（或环境影响初步分析）。

2）环保部门参加场（厂）址现场踏勘。

3）省级环境保护部门签署意见，纳入项目建议书作为立项依据。

（二）可行性研究（设计任务书）阶段的环境管理

1）国家环保局及行业主管部门根据国家发改委（原国家计委）及有关部门立项批复，督促建设单位执行环境影响报告书（表）审查制度。

2）建设单位征求国家环保局意见，确定作报告书或报告表。委托持甲级评价证书的单位，编制环境影响报告表或评价大纲（环评实施方案）。

3）建设单位向国家环保局申报环境影响评价大纲（环评实施方案），抄送行业主管部门，同时附立项文件及环评经费概算，国家环保局根据情况确定审查方式（组织专家评审会，专家现场考察及征求有关部门意见），提出审查意见。

4）根据国家环保局对“大纲”审查的意见和要求（主要包括评价范围、选用的标准、确定的保护目标、环境要素的取舍和评价经费等）及确定的大纲内容，评价单位与建设单位签订合同，开展评价工作，编制环境影响报告书。

5）建设项目如有重大变动，建设单位及评价单位应及时向环保部门报告。

6）建设单位将编制完成的“报告书（表）”，按审批权限上报主管部门的环保机构，抄报国家环保局和项目所在地省、市环保部门。

7）主管部门组织报告书（表）预审，将预审意见和修改确定的两套环评报告书报国家环保局审批。省级环保部门应同时向国家环保局报送审查意见，国家环保局在接到预审意见之日起，两个月内批复或签署意见。

8）国家环保局可委托省级环保部门审查“大纲”或审批“报告书”。国家环保局参加对环境有重大影响的项目可行性研究报告评估。

（三）设计阶段的环境管理

一般建设项目按两个阶段进行设计，即初步设计阶段和施工图设计阶段。对于技术上复杂而又缺乏设计经验的项目，经行业主管部门确定，可以增加技术设计阶段。为解决总体开发方案和建设部署等重大问题，可包括总体规划设计或总体设计。

1. 初步设计阶段的环境管理

1）建设项目初步设计必须按照（87）国环字第002号文《建设项目环境保护设计规定》编制环境保护篇章，具体落实环境影响报告书（表）及其审批意见

所确定的各项环境保护措施和投资概算。

2）建设单位在设计会审前向政府环保部门报送设计文件。

3）特大型（重点）建设项目按审查权限由国家环保局或由国家环保局委托省级政府环保部门参加设计审查，一般建设项目由省级政府环保部门参加设计审查。必要时环保部门可单独审查环保篇章。

2. 施工图设计阶段的环境管理

1）根据初步设计审查的审批意见，建设单位会同设计单位，在施工图中落实有关环保工程的设计及其环保投资。

2）环保部门组织监督检查。

3）建设单位报批开工报告。批准后，建设项目列入年度计划，其中应包括相应环保投资。

（四）施工阶段的环境管理

1）建设单位会同施工单位做好环保工程设施的施工建设、资金使用情况等资料、文件的整理建档工作备查，以季报的形式将环保工程进度情况上报政府环保部门。

2）环保部门检查环保报批手续是否完备，环保工程是否纳入施工计划及建设进度和资金落实情况，提出意见。

3）建设单位与施工单位负责落实环保部门对施工阶段的环保要求以及施工过程中的环保措施，主要是保护施工现场周围的环境，防止对自然环境造成不应有的破坏，防止和减轻粉尘、噪声、震动等对周围生活居住区的污染和危害。建设项目竣工后，施工单位应当修整和恢复在建设过程中受到破坏的环境。

（五）试生产和竣工验收阶段的环境管理

1）建设单位向主管部门和政府环保部门提交试运转申请报告。

2）经批准后，环保工程与主体工程同时投入试运行。做好试运转记录，并应由当地环保监测机构进行监测。

3）建设单位向行业主管部门和政府环保部门提交环保工程预验收申请报告，附试运转监测报告。

4）省级政府环保部门组织环保工程的预验收。

5）建设单位根据环保部门在预验收中提出的要求，认真组织实施，预验收合格后，方可进行正式竣工验收。

6）特大型（重点）建设项目国家环保局参加或委托省级政府环保部门参加正式竣工验收并办理建设项目环保工程验收合格证。

四、建设项目竣工环境保护验收管理办法

为了进一步保证“三同时”制度得以落实，2001 年 12 月 11 日，国家环境

保护总局第12次局务会议通过了《建设项目竣工环境保护验收管理办法》，自2002年2月1日起施行。

建设项目竣工环境保护验收是指建设项目竣工后，环境保护行政主管部门根据建设项目竣工环境保护验收管理办法规定，依据环境保护验收监测或调查结果，并通过现场检查等手段，考核该建设项目是否达到环境保护要求的活动。

（一）建设项目竣工环境保护验收范围

1）与建设项目有关的各项环境保护设施，包括为防治污染和保护环境所建成或配备的工程、设备、装置和监测手段，各项生态保护设施。

2）环境影响报告书（表）或者环境影响登记表和有关项目设计文件规定应采取的其他各项环境保护措施。

根据国家建设项目环境保护分类管理的规定，对建设项目竣工环境保护验收实施分类管理。国务院环境保护行政主管部门负责制定建设项目竣工环境保护验收管理规范，指导并监督地方人民政府环境保护行政主管部门的建设项目竣工环境保护验收工作，并负责对其审批的环境影响报告书（表）或者环境影响登记表的建设项目竣工环境保护验收工作。

县级以上地方人民政府环境保护行政主管部门按照环境影响报告书（表）或环境影响登记表的审批权限负责建设项目竣工环境保护验收。

环境保护行政主管部门应自接到试生产申请之日起30日内，组织或委托下一级环境保护行政主管部门对申请试生产的建设项目环境保护设施及其他环境保护措施的落实情况进行现场检查，并作出审查决定。

（二）建设项目竣工环境保护验收应具备条件

1）建设前期环境保护审查、审批手续完备，技术资料与环境保护档案资料齐全。

2）环境保护设施及其他措施等已接批准的环境影响报告书（表）或者环境影响登记表和设计文件的要求建成或者落实，环境保护设施经负荷试车检测合格，其防治污染能力适应主体工程的需要。

3）环境保护设施安装质量符合国家和有关部门颁发的专业工程验收规范、规程和检验评定标准。

4）具备环境保护设施正常运转的条件包括：经培训合格的操作人员、健全的岗位操作规程及相应的规章制度，原料、动力供应落实，符合交付使用的其他要求。

5）污染物排放符合环境影响报告书（表）或者环境影响登记表和设计文件中提出的标准及核定的污染物排放总量控制指标的要求。

6）各项生态保护措施按环境影响报告书（表）规定的要求落实，建设项目建设过程中受到破坏并可恢复的环境已按规定采取了恢复措施。

7）环境监测项目、点位、机构设置及人员配备，符合环境影响报告书（表）和有关规定的要求。

8）环境影响报告书（表）提出需对环境保护敏感点进行环境影响验证，对清洁生产进行指标考核，对施工期环境保护措施落实情况进行工程环境监理的，已按规定要求完成。

9）环境影响报告书（表）要求建设单位采取措施削减其他设施污染物排放，或要求建设项目所在地地方政府或者有关部门采取“区域削减”措施满足污染物排放总量控制要求的，其相应措施得到落实。

对符合上述规定的验收条件的建设项目，环境保护行政主管部门批准建设项目竣工环境保护验收申请报告、建设项目竣工环境保护验收申请表或建设项目竣工环境保护验收登记卡。国家对建设项目竣工环境保护验收实行公告制度，环境保护行政主管部门应当定期向社会公告建设项目竣工环境保护验收结果。

（三）建设项目竣工环境保护验收组织机构

环境保护行政主管部门在进行建设项目竣工环境保护验收时，应组织建设项目所在地的环境保护行政主管部门和行业主管部门等成立验收组（或验收委员会）。

验收组（或验收委员会）应对建设项目的环境保护设施及其他环境保护措施进行现场检查和审议，提出验收意见。

建设项目的建设单位、设计单位、施工单位、环境影响报告书（表）编制单位、环境保护验收监测（调查）报告（表）的编制单位应当参与验收。

（四）建设项目竣工环境保护验收应提交资料

建设单位申请建设项目竣工环境保护验收，应当向有审批权的环境保护行政主管部门提交以下验收材料：

1）对编制环境影响报告书的建设项目，为建设项目竣工环境保护验收申请报告，并附环境保护验收监测报告或调查报告。

2）对编制环境影响报告表的建设项目，为建设项目竣工环境保护验收申请表，并附环境保护验收监测表或调查表。

3）对填报环境影响登记表的建设项目，为建设项目竣工环境保护验收登记卡。

环境保护验收监测报告（表），由建设单位委托经环境保护行政主管部门批准有相应资质的环境监测站或环境放射性监测站编制。

环境保护验收调查报告（表），由建设单位委托经环境保护行政主管部门批准有相应资质的环境监测站或环境放射性监测站，或者具有相应资质的环境影响评价单位编制。承担该建设项目环境影响评价工作的单位不得同时承担该建设项目环境保护验收调查报告（表）的编制工作。

承担环境保护验收监测或者验收调查工作的单位，对验收监测或验收调查结论负责。

（五）违反验收管理办法的处罚规定

1）对违反规定，试生产建设项目配套建设的环境保护设施未与主体工程同时投入试运行的，由有审批权的环境保护行政主管部门依照《建设项目环境保护管理条例》的规定，责令限期改正。逾期不改正的，责令停止试生产，可以处5万元以下罚款。

2）对违反规定，建设项目投入试生产超过3个月，建设单位未申请建设项目竣工环境保护验收或者延期验收的，由有审批权的环境保护行政主管部门依照《建设项目环境保护管理条例》的规定责令限期办理环境保护验收手续。逾期未办理的，责令停止试生产，可以处5万元以下罚款。

3）对违反规定，建设项目需要配套建设的环境保护设施未建成，未经建设项目竣工环境保护验收或者验收不合格，主体工程正式投入生产或者使用的，由有审批权的环境保护行政主管部门依照《建设项目环境保护管理条例》的规定责令停止生产或者使用，可以处10万元以下的罚款。

4）从事建设项目竣工环境保护验收监测或验收调查工作的单位，在验收监测或验收调查工作中弄虚作假的，按照国务院环境保护行政主管部门的有关规定给予处罚。

5）环境保护行政主管部门的工作人员在建设项目竣工环境保护验收工作中徇私舞弊、滥用职权、玩忽职守，构成犯罪的，依法追究刑事责任。尚不构成犯罪的，依法给予行政处分。

五、建设项目环境保护管理条例（修订草案）

为了防止建设项目产生新的污染、破坏生态环境，我国于1998年11月29日颁布实施了《建设项目环境保护管理条例》（以下简称《条例》）。自《条例》发布以来，我国建设项目环境保护管理工作逐步规范化，推进了产业合理布局和企业的优化选址，促进企业技术进步和清洁生产，对经济、社会、环境协调发展发挥了重要作用。

随着投资体制改革的变化，投资主体出现多元化，资金来源多渠道和投资方式多样化，使建设项目审批体制发生了重大变化，造成有些建设项目的环境影响评价文件不知报送哪一级环保部门审批。

公路、铁路、水利水电等大中型基础设施建设项目，由于投资大、施工周期长，设计和施工阶段环境保护措施不落实，施工期间发生的生态破坏和环境污染问题难以弥补，但工程主体却无法停下来，形成环境管理被动的局面。

另外，有些环保部门违反建设项目环境影响评价和“三同时”制度的规定，

造成一些违法、违规、违纪审批项目和监督管理不到位等问题。

鉴于上述考虑，2003 年 8 月国家环保总局与国务院法制办组织启动了《条例》修订工作，由环保总局负责《条例》修订的起草，以修订案的形式修订《条例》。截至目前，已完成了修订草案征求意见稿工作。原《条例》共五章三十四条，修订草案（征求意见稿）共五章四十四条，其中新增十条、修改十六条，突出以下几个方面：

（一）强化生态保护要求

改革开放以来，国家采取了一系列保护和改善生态环境的重大举措，加大了生态环境建设力度，使我国一些地区生态不断恶化的状况得到了有效改善。但是，全国生态环境状况仍面临严峻形势，一些地区生态环境恶化的趋势还没有得到有效遏制，生态环境破坏的范围还在扩大，程度在加剧，危害在加重。造成生态环境恶化的重要原因是一些地区和建设单位的环境保护意识不强，重开发、轻保护，重建设、轻维护，对资源采取掠夺式、粗放型开发利用方式，超过了生态环境承载能力。因此，本次修订进一步突出和强化了生态保护的有关要求（第三条、十九条等，略）。

（二）强化环境影响评价的前置审批

投资主体的多元化以及项目审批管理的变化，使得很多非国家投资的项目不再遵循传统的审批模式，许多建设单位未依法向环保部门办理环境影响评价审批，即直接向工商部门申请办理企业登记注册、办理征地手续或者申请建设用地规划许可证等，致使许多新建项目，特别是中小型建设项目以及建设在城市人口集中地区的饮食、娱乐以及其他产生油烟、污水、噪声等污染严重的企业，虽未经环保准入，仍能投入生产或经营，并造成严重环境污染，成为影响城乡居民生活环境质量的一个突出问题。因此，如果环保部门和工商、土地和城市规划等行政管理部门相互配合，并将有污染的建设项目环境影响审批作为办理企业登记和注册、征地手续、建设用地规划许可证等行政许可的前置审批事项，可从源头有效防止新污染源的产生。因此草案增加了有关规定（第十一条、第三十七条）。

第十一条规定，建设项目环境影响报告书、环境影响报告表或者环境影响登记表经依法批准后，项目审批部门方可批准该项目建设，土地行政管理部门方可办理征地审批手续，地质矿产主管部门方可颁发采矿许可证，城市规划行政主管部门方可核发建设用地规划许可证。

对环境可能造成重大影响或者产生恶臭、异味、油烟、噪声等直接影响公众生活环境的建设项目，需要办理企业注册登记或营业执照的，其环境影响报告书、环境影响报告表经依法批准后，工商行政管理部门方可核准登记、发给营业执照。具体建设项目目录由国务院环境保护行政主管部门会同工商行政管理部门制定发布。

第三十七条规定，建设项目应当进行环境影响评价而未评价，或者环境影响评价文件未经依法批准，项目审批部门批准该项目建设的，工商行政管理部门核准登记、发给营业执照的，土地行政管理部门办理征地审批手续的，地质矿产主管部门颁发采矿许可证的，或者城市规划行政部门核发建设用地规划许可证的，对直接负责的主管人员和其他直接责任人员，由上级机关或者监察机关依法给与行政处分。构成犯罪的，依法追究刑事责任。

（三）完善环境影响评价文件分级审批体制

分级审批制度在原《条例》第十一条已有原则规定，该制度基本实行的是“按投资额度”分级和“同级审批”原则，但建设项目的环境影响程度并不一定与“投资”成正比，“同级审批”存在种种不配套审批现象。因此，需要对分级审批制度进行修订，建立综合考虑环境影响、项目立项和投资规模等分级审批的机制，进一步明确各级环境保护部门的审批权和管理权。由于这项工作比较复杂，草案提出两个修改方案（第十二条，略），主要修改原则是建立科学的分级审批制度，以有利于提高环境影响评价的有效性和促进建设项目环境保护的科学管理。

（四）加强施工期环境管理

很多案例表明，一些建设项目在施工期由于不重视环境保护工作，造成污染事故和生态破坏，但原条例对施工期的环境保护工作没有作出规定。为弥补这一缺陷，草案第十九条对建设单位在施工期的环境保护责任作出规定，并对施工周期长、生态环境影响大的建设项目规定了进行工程环境监理制度（第十九条）。

第十九条规定，建设单位应按经批准的建设项目环境影响报告书或者环境影响报告表以及环境保护行政主管部门审批意见要求，在建设项目施工期间落实防治环境污染和生态破坏的对策措施。

在施工周期长、生态环境影响大的水利、水电、交通、铁道、矿业等建设项目的施工期间，建设单位要委托有资质的单位对防治环境污染和生态破坏的对策措施落实情况进行工程环境监理。

（五）实行环评专业技术人员资格管理

《条例》以及《环境影响评价法》中规定了环境影响评价机构的资质管理，但没有建立起机构与个人之间的综合管理机制。实践证明，这不利于提高整个行业的整体水平，而且也极有可能出现一些有资质无人员的“皮包公司”扰乱环评市场。我国加入世贸组织后，咨询市场逐步开放，势必吸引咨询公司参与国内环评市场的竞争。因此，必须适当调整原有侧重单位资质管理的模式，建立起以个人资格为基础的市场准入制度和责任追究制度，以规范环境影响评价市场秩序。因此，草案拟对《条例》第十三条进行修正，增加有关环境影响评价人员资格审查制度等相关条款（第十四条、三十六条，略）。

(六) 强化公众参与和社会监督

建立环境保护公众参与机制并将其法制化是我国环境保护工作的一项重要任务，随着环境管理工作的进一步深入，公众环境意识进一步提高，环境管理需要公众参与的呼声日益增高。原《条例》第十五条对建设项目的公众参与作出了原则规定，草案在此基础上依据《环评法》对该条款进行修订（第十六条），并增加了竣工环境保护验收实行公示制度的规定（第二十七条）。

第十六条规定，除国家规定需要保密的情形外，对环境可能造成重大影响、应当编制环境影响报告书的建设项目，建设单位应当在报批建设项目环境影响报告书前，举行论证会、听证会，或者采取其他形式，征求有关单位、专家和公众的意见。对产生恶臭、异味、油烟、噪声等直接影响公众生活环境的建设项目，建设单位编制环境影响报告书、环境影响报告表或者环境影响登记表，应征求建设项目所在地有关单位和居民的意见。

建设单位报批的环境影响报告书、环境影响报告表或者环境影响登记表应当附具对所征求意见采纳或者不采纳的说明。环境保护行政主管部门在审批对环境可能造成重大影响的建设项目环境影响报告书前，可以举行听证会或者采取其他形式，听取有关单位、专家和公众的意见。

第二十七条规定，对环境可能造成重大影响的，或者产生恶臭、异味、油烟、噪声等直接影响公众生活环境的建设项目，有审批权的环境保护行政主管部门在进行环境保护验收时实行公示制度，听取有关单位、专家和公众意见，接受社会监督。

(七) 加大处罚力度和责任追究

修订稿在三方面加大了处罚力度，一是补充增加了未经环评即投产以及施工期、试生产期违法行为的处罚等规定（第三十条、第三十一条、第三十二条，略），二是增加了对违法行为负有直接责任人员的处罚条款（第二十九条、第三十条、第三十五条、第三十八条、第三十九条，略），三是加大了处罚力度，根据不同违法情节，将罚款额度最高限额 10 万元增加到 100 万元（第二十八条至第三十五条，略）。

除上述介绍的环保法规外，与工程建设相关的环保法规还有《建设项目环境保护设计规定》、《建设项目环境影响评价资质管理办法》（2005 年）、《交通建设项目环境保护管理办法》等部门规章、地方性法规，以及环境保护与管理的系列标准，限于篇幅，在此不作介绍。随着环境保护事业的发展和环境法制工作的加强，我国环境保护法规的内容将不断充实和完善。

思　考　题

1. 环境保护法律体系是如何构成的？
2. 《环境保护法》的主要内容是什么？
3. 环境影响评价制度包括哪几方面的内容？
4. 简述“三同时”制度。

14

第十四章 案例分析

案例一

上诉人（原审被告）：四川省某县某建筑工程公司（以下简称建筑公司）。

被上诉人（原审原告）：四川省某县某镇砖厂（以下简称砖厂）。

被上诉人（原审被告）：四川省某县某建筑工程队（以下简称建筑队）。

（一）基本案情

1989年建筑队与某县邮电局联系承建邮电楼工程，但该队是四级建筑队，因而不具备承建该工程的资格。1989年12月23日建筑公司同邮电局签订了承建该邮电楼工程合同，合同约定“不得转让搞第二次承包”，签约后建筑公司在该县建设银行开设了账户收拨管理承包费用。1990年1月15日、22日，建筑公司同建筑队签订了《建筑安装工程联营协议书》（以下简称《联营协议书》）和《邮电楼工程联营施工实施细则》（以下简称《实施细则》），其中规定：“由建筑公司对邮电楼工程总承包，将该工程交给建筑队全面组织实施”；“建筑公司与建设单位进行有关事项的洽谈，对建设单位办理工程款的拨收手续，并按工程进度和建筑队购买材料情况分拨给建筑队”；“建筑队负责材料的采购、提运、保管使用”等职责。该工程动工后，建筑公司向建设单位出具了“委托杨某为我公司派驻邮电楼工程工地负责人”的委托书。杨某在组织施工期间，于1990年1月4日建筑队派在该工地的管理人员雷某代表工地同原告签订了机砖的购销合同，并加盖建筑队的公章。原告砖厂从1990年3月起，先后供给工地机砖222500块，计22200元，被告尚欠原告18924.50元。邮电楼工程完工交付使用后，所欠货款仍未付，原告多次找杨某付款，杨以应找建筑公司给付或者待邮电楼工程承包合同纠纷解决后再付，原告未找建筑公司给付。1993年3月原告起诉建筑公司。一审法院审理中追加建筑队为被告参加诉讼。

原告砖厂认为：邮电楼工程承包合同是建筑公司与某县邮电局签订的，建筑队队长只是工地负责人，建筑队不是该工程承包方。原告请求依法判决由建筑公司承担所欠货款及逾期利息，并承担原告追收款的差旅费损失300元和本案诉讼费用。

被告建筑公司辩称：邮电楼工程虽是我公司与某县邮电局签订的承建合同，实际是我公司与建筑队协作型联营修建，根据双方所签订的《联营协议书》和《实施细则》规定，由建筑队对该工程具体实施。因此，本案是建筑队与原告产生购销关系所形成的债务纠纷。从购销关系形成至今原告都在找建筑队，现在原告起诉我公司承担该债务是完全没有道理的，此债务应由建筑队承担。

被告建筑队辩称：所欠原告货款18924.50元属实。邮电楼工程是建筑公司承包修建，经费也是建筑公司管理，我队是建筑公司委托的工地负责人和施工单位，是帮建筑公司履行承包合同。所购材料已全部用于该工程，我队向建筑公司上交了管理费，《联营协议书》和《施工细则》是我队同建筑公司的问题，与原告无关，本案债务应由建筑公司承担。

（二）案件审理

一审人民法院基于上述事实认为：原告供给邮电楼工程工地的机砖是承包方建筑公司委派的工地负责人建筑队联系购买，且已用于该工地，所欠货款属实，故原告要求建筑公司承担给付的主张合法，予以支持；由于原告对该欠款未及时找建筑公司清结，所以要求建筑公司承担逾期付款利息的主张不予支持；建筑公司是邮电楼工程的承包修建方，同建筑队所签订的《联营协议书》和《实施细则》是承包方的内部民事行为，是建筑公司为履行承包合同采取的方法，建筑队是建筑公司为履行承包合同所委托的实施者，不是建筑公司承包权利义务的转移或免除。因此，《联营协议书》和《实施细则》对外不产生法律效力，建筑公司提出不是本案的被告和不承担给付责任的主张不符合法律规定，不予支持。建筑队是购买原告货物的行为人，负有实际责任，且是受建筑公司委托承建工程的实施者，因此所提出不承担责任的主张不符合实际，不予支持。

根据《中华人民共和国民法通则》第八十四条第二款、第一百零六条第一款、第六十三条第一款、第六十五条第三款之规定，某县人民法院于1993年5月7日作出判决：

（1）由建筑公司承担给付所欠原告的砖款18924.50元，建筑队承担连带责任。

（2）案件受理费750元，其他诉讼费300元，由建筑公司承担，建筑队承担连带责任。

一审判决后，被告建筑公司不服，以该公司“不是本案责任人”为由，向四川省某地区中级人民法院提出上诉。

上诉人诉称：一审判决认定的事实不清，责任不明，是非不分，适用法律针

对对象错误，导致错判，请求撤销原判。理由是：我公司是在建筑队负责经济为主、我公司负责技术为主，各自独立经营、各自承担债务前提下，针对邮电楼工程与建筑队签订的《联营协议书》和《实施细则》。施工期间，我公司已按约定如数将工程款拨给了建筑队，并未出具过委托书委托建筑队购机砖，且工程竣工后杨某已与某县邮电局结算，建筑队已取得工程价款，双方联营已结束。与原告签订机砖购销合同是建筑队的行为，理应由建筑队承担民事责任，与我公司无关。

被上诉人建筑队辩称：建筑队是工地负责人，没有享受承包人的权利，不该承担连带责任，应由上诉人清偿债务。

被上诉人砖厂未作答辩。

二审法院认为，原审人民法院对本案事实的认定和债务人主体的确认错误，应予改判。其理由是：建筑队与建筑公司均是独立的企业法人，所签联营协议后协作型联营，应各负其民事行为责任。本案系购销关系，它与建筑公司的工程建设承包合同是两个不同的法律关系；购买机砖的行为是建筑队所为，因机砖购销合同是砖厂与建筑队签订，合同上的购方虽标明“邮电工地”，但加盖的印章则是建筑队的公章和法定代表人杨某的私章，而“工地”应是标的物送达地，不能作为诉讼主体，更不能作为债务主体；同时建筑队已支付了部分货款，所欠货款该队出具了欠据；卷内出现的委托书是在诉讼中由杨某从邮电局复制而来，该委托书只适用于建筑公司、邮电局和杨某之间因邮电楼工程所产生的民事行为，对砖厂不发生法律效力。砖厂在与建筑队签订机砖购销时未见有建筑公司给建筑队的购砖委托书，杨某也未以建筑公司授权人名义签订合同。故本案的债务主体应是建筑队，纠纷的责任应由建筑队负责，所欠机砖款应由建筑队偿付，与建筑公司无关。

二审法院根据上述事实和理由，依照《中华人民共和国民事诉讼法》第一百五十三条第三项的规定判决如下：

(1) 撤销某县人民法院（1993）某法经初字第 09 号民事判决。

(2) 由建筑队给付砖厂所欠砖款 18924.50 元，此款应在接到本判决书次日起 30 日内交付。逾期不付，从逾期支付之日起计算利息，并增加 20%罚息予以偿付。

(3) 一审和二审诉讼费各 1050 元，由建筑队负担。

(三) 案例评析

本案的实质在于确认购方主体，以确定债务承担人。由于在签订和履行购销机砖合同期间，建筑队与建筑公司签有承建邮电楼工程（使用机砖工程）联营协议书，杨某既是建筑队法定代表人又是建筑公司委托上述工程工地的负责人，致使普通购砖合同中购方主体复杂化。本案判决认为购砖合同属于购销合同，与建筑工程承包合同是两个法律关系，对于购销合同建筑队应当独立承担法律责任。

对于建筑工程的承包合同，如果建设单位某县邮电局与建筑队有纠纷，由于建筑队不具有合同主体资格（因其不具有相应的资质等级），因此不能独立承担责

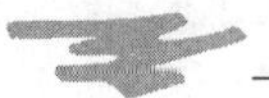

任，这时某县邮电局应当起诉建筑公司。

必须指出的是，《建筑法》第二十六条第二款规定，禁止建筑施工企业以任何形式允许其他单位或者个人使用本企业的资质证书、营业执照，以本企业的名义承揽工程。本案中建筑公司与某建筑工程队签订所谓《联营协议书》和《实施细则》，允许某建筑工程队以其名义承揽工程的行为，违反法律禁止性规定，应当依法承担如下法律责任：

(1)《建筑法》第六十六条规定："建筑施工企业转让、出借资质证书或者以其他方式允许他人以本企业的名义承揽工程的，责令改正，没收违法所得，并处罚款，可以责令停业整顿，降低资质等级；情节严重的，吊销资质证书。对因该项承揽工程不符合规定的质量标准造成的损失，建筑施工企业与使用本企业名义的单位或者个人承担连带赔偿责任。"

(2)《建设工程质量管理条例》第六十二条规定："违反本条例规定，勘察、设计、施工、工程监理单位允许其他单位或者个人以本单位名义承揽工程的，责令改正，没收违法所得，对勘察、设计单位和工程监理单位处合同约定的勘察费、设计费和监理酬金1倍以上2倍以下的罚款；对施工单位处工程合同价款2%以上4%以下的罚款；可以责令停业整顿，降低资质等级；情节严重的，吊销资质证书。"

案例二

原告：某房地产开发有限公司（以下简称甲方）

被告：某建筑集团第六分公司（以下简称乙方）

（一）基本案情

1998年4月，甲方与自称是某建筑集团第六分公司的乙方签订《建设工程施工合同》，约定：经甲方同意，技措费及赶工费用按实际发生进入结算价款。1999年1月双方又签订《终止协议》，该协议约定："技措费及赶工费另行协商，如不能达成协议，此纠纷交由某仲裁委员会仲裁。"2001年5月，乙方根据《终止协议》中的仲裁条款就技措费、赶工费问题向协议约定的仲裁委员会申请仲裁。甲方则在仲裁庭首次开庭前向法院申请确认该仲裁条款无效。甲方认为：乙方在签订《建设工程施工合同》及《终止协议》时并未依法注册成立，因此根本不具有签订仲裁条款的主体资格。乙方辩称：1999年9月某建筑集团申请成立了第六分公司；而且早在1994年，某建筑集团就为乙方出具了授权其在该地区承揽工程的委托书，因此上述《建设工程施工合同》及《终止协议》有效，仲裁条款当然有效。

（二）案件审理

法院认为，仲裁条款应由具有民事行为能力的民事主体签订。乙方与甲方签订仲裁条款时，尚未取得工商管理部门的工商登记，无缔约的民事行为能力，故法

院裁定乙方与甲方签订的仲裁条款应属无效。

(三) 案例评析

本案的争议焦点为，未依法注册登记的公司分支机构签订的仲裁条款是否产生法律效力。根据《仲裁法》第十七条的规定，无民事行为能力人或限制民事行为能力人订立的仲裁协议无效。在本案中，被告在签订《建设工程施工合同》及《终止协议》时尚未依法注册登记。根据《公司登记管理条例》第四十条的规定："公司设立分公司的，应当向分公司所在地的市、县公司登记机关申请登记；核准登记的，发给营业执照。"因此，依法办理工商登记是公司分支机构取得民事主体资格的必要条件；未注册登记的公司分支机构，不具有合法的民事主体资格，即不具有民事权利能力及民事行为能力，其签订的仲裁条款当属无效。

此外，尽管某建筑集团曾为乙方出具授权委托书，但由于当时被告并未注册登记，不具有民事主体资格，因此这种代理行为不具有法律效力。

案例练习

原告：某建筑公司

被告：某房地产公司

基本案情

1997年原告与被告签订建筑安装工程施工合同，约定由原告承包被告某项目一期和二期工程。一期工程如期于1998年9月竣工并交付使用，工程质量经建筑工程质量监督站评定为优良等级，后又经省建设厅评定为省优良样板工程。而此项工程，被告欠工程尾款75万元。二期工程由原告施工，工程进度按合同约定进行，至收尾阶段，被告欠工程尾款560万元。另按合同约定，被告还应支付两项工程逾期付款违约金46万元，逾期付款利息100万元。被告拖欠巨额工程款，原告为维护企业的合法权益，在多次与被告交涉未果的情况下，于1999年诉至人民法院。

问题思考

你认为这个案件应如何审理？它违反了哪些法律、法规？请对案例进行评析。

案例三

(一) 基本案情

1995年4月22日，某水泥厂与某建设公司订立《建设工程施工合同》及《合同总纲》，双方约定：由某建设公司承建某水泥厂第一条生产线主厂房及烧成车间等配套工程的土建项目。开工日期为1995年5月15日。建筑材料由某水泥厂提供，某建设公司垫资150万元人民币，在合同订立15日内汇入某水泥厂账户。某建设公司付给某水泥厂10万元保证金，进场后再付10万元押图费，待施工图归还某水泥厂后再予退还等。

合同订立后，某建设公司于同年5月前后付给某水泥厂103万元，某水泥厂退还13万元，实际占用90万元。其中，10万元为押图费，80万元为垫资款，比双方约定的垫资款少付70万元。同年5月某建设公司进场施工。从5月24日至10月26日，某建设公司向某水泥厂借款173539.05元。后因某建设公司未按约支付全部垫资款及工程质量存在问题，双方产生纠纷；某建设公司于同年7月停止施工。已完成的工程为：窑头基础混凝土、烟囱、窑尾、增温塔。

某水泥厂于同年11月向人民法院起诉。一审法院在审理中委托省建设工程质量安全监督总站对已建工程进行鉴定。结论为：窑头基础混凝土和烟囱不合格应于拆除。另查明，已建工程总造价为2759391.30元。窑头基础混凝土造价84022.92元，烟囱造价20667.36元，两项工程拆除费用为52779.51元；某水泥厂投入工程建设的钢筋、水泥等建筑材料折合人民币70738.96元；合格工程定额利润为5404.95元；砂石由某建设公司提供。还查明：某水泥厂在与某建设公司订立合同及进行工程施工时，尚未取得建设用地规划许可证和建设工程规划许可证。

（二）案件审理

一审法院审理认为，某水泥厂与某建设公司1995年4月22日签订《施工合同》及《合同总纲》时，建设工程的初步设计与概算未得到批准，某水泥厂也未到建设行政主管部门办理报建手续，故不具备1983年国务院发布的《建筑安装工程承包合同条例》第五条第一款，1994年建设部《工程建设项目报建管理办法》，1991年国家工商总局、建设部发布的《建筑市场管理规定》第八条、第十二条第一款规定的发包条件。此外，订立该合同时，某水泥厂未进行招投标，违反了某省人大常委会1995年1月25日施行的《某省建设工程招投标管理条例》第二条第一款的规定，故合同无效。同时，该工程开工之前，某水泥厂未取得规划管理部门颁发的《建设工程规划许可证》；未得到建设行政部门发给的施工许可证，违反了《中华人民共和国规划法》第三十二条、1992年建设部《建筑工程施工现场管理规定》第五条第二款的规定，故开工亦不合法。因此，某水泥厂与某建设公司应互相返还对方财产，并按过错承担因合同无效而造成的损失。导致本案合同无效的主要过错是某水泥厂不具备发包条件而发包，某建设公司未审查发包方的条件而与之签约，也有一定的过错。因合同无效造成的损失，某水泥厂与某建设公司按7∶3的比例分担。因此，某水泥厂应返还某建设公司的所有款项1030000元，扣除某建设公司借支、退还、差款等费用共173499.86元，某水泥厂应返还某建设公司856500.44元。某水泥厂占用某建设公司856500.44元的同期同类贷款利息，应视为合同无效造成的损失，某水泥厂与某建设公司分别承担70%和30%。施工现场上尚未使用的钢材、水泥、砖应返还某水泥厂。未使用的砂、石归某建设公司所有。鉴于窑头基础混凝土和整个烟囱不合格应予拆除，某水泥厂应付给某建设公司

工程款 168732.39 元；拆除窑头基础混凝土及烟囱的费用 52779.51 元以及该两项工程中某水泥厂投入的水泥、钢材、砖的损失 45405.95 元，应由某建设公司承担。一审法院据此判决：

（1）某水泥厂与某建设公司于 1995 年 4 月 22 日订立的《施工合同》和《合同总纲》无效。

（2）某水泥厂应返还某建设公司垫资等款项 856500.44 元，支付某建设公司工程款 168732.39 元。窑头基础混凝土和烟囱由某水泥厂组织拆除，拆除费用 52779.51 元和某水泥厂的材料损失费用 45405.95 元由某建设公司向某水泥厂支付。上述费用相抵，则某水泥厂应在本判决生效后 20 日内向某建设公司支付 927047.37 元。

（3）某水泥厂占用某建设公司 856500.44 元资金的同期同类贷款利息从 1995 年 5 月 9 日开始计算，某水泥厂应将其中的 70％付给某建设公司，限于本判决生效后 20 日内付清。

（4）施工现场上未使用的水泥、钢材、砖返还归某水泥厂所有，砂石返还归某建设公司所有。

（5）驳回某水泥厂的其他请求。

案件受理费 23010 元；诉讼保全费 1060 元，鉴定费 9000 元，共计 33070 元，由某建设公司负担 9921 元，某水泥厂负担 23149 元。

某水泥厂不服一审判决，上诉称：双方签订的合同有效；原审判决将已返还给某建设公司的 13 万元重复认定，并且对建材计算调差费不当；在判决中未责令某建设公司返还施工图亦属不当，请求予以改判纠正。

某建设公司答辩承认已收到某水泥厂退还的 13 万元，原审判决确属重复认定，应予纠正。请求维持原审判决的其余部分。

二审法院经审理认为：某水泥厂在与某建设公司订立《建设工程施工合同》及《合同总纲》时，尚未取得建设用地规划许可证和建设工程规划许可证，并且违反有关规定，在合同中设立垫资施工的条款，因此上述合同应属无效。原判认定事实和适用法律基本正确。但将某水泥厂已返还给某建设公司 13 万元重复认定，且来判决某建设公司返还施工图以及计算未实际发生的建材调差费等，均属不当，应予纠正。上诉人的部分上诉请求有理，最高法院予以支持，判决如下：

（1）维持原审判决的第 1、4、5 项。

（2）撤销原审判决第 2、3 项。

（3）某水泥厂退还某建设公司垫资款 626460.95 元人民币并承担该款自 1995 年 5 月 9 日至本判决生效之日止的中国人民银行同期同类贷款利息的 70％。

（4）某水泥厂支付某建设公司工程款 275939.30 元人民币，扣除不合格工程造价 104690.28 元、材料款 70738.96 元、定额利润 5405.72 元、拆除费 52779.51 元，实际应支付 42324.83 元人民币。

(5) 某建设公司返还某水泥厂施工图（以收据为准）后；某水泥厂返还某建设公司押图费 100000 元人民币。

上述第 3、4、5 项判决，限于本判决生效之日起 15 日内履行完毕。二审案件受理费 23010 元人民币由某水泥厂、某建设公司各负担一半。

(三) 案例评析

《建筑法》正式确立了建筑工程施工许可制度。《建筑法》第七条规定："建筑工程开工前，建设单位应当按照国家有关规定向工程所在地县级以上人民政府建设行政主管部门申请领取施工许可证；但是，国务院建设行政主管部门确定的限额以下的小型工程除外。按照国务院规定的权限和程序批准开工报告的建筑工程，不再领取施工许可证。"因此，依法领取施工许可证是工程建设项目必须遵守的强制性规定，也是工程建设行为合法的必要条件。如果违反了这一法律强制性规定，施工合同将是无效的。此外，根据《建筑法》第八条的规定，取得施工许可证的前提是取得土地使用证、规划许可证。因此，工程建设项目施工必须"三证"齐全，即必须同时具备土地使用证、规划许可证、施工许可证。

本案发生在《建筑法》实施前，但由于发包人某水泥厂没有依法取得建设用地规划许可证和建设工程规划许可证，属于违法建设，其签订的工程施工合同应属无效合同。同时，尽管法律规定领取施工许可证是建设单位的责任，但施工单位不经审查而签订合同，也要承担一定的过错责任。

案例练习

被告：某建筑公司

原告：某房地产公司

基本案情

2002 年原告与被告签订建筑安装工程施工合同，约定由原告承包被告某项目一期和二期工程。一期工程如期于 2003 年 9 月竣工并交付使用。工程质量经建筑工程质量监督站评定为优良等级，后又经省建设厅评定为省优良样板工程。二期工程由原告施工，并于 2003 年 10 月开工，工程进度按合同约定进行，由于某房地产公司急待入住，在没有经过正式验收的情况下，于 2004 年 10 月就提前使用了二期工程。在使用了 8 个月之后，二期工程内承重墙体裂缝较多，屋面漏水严重。

原告为维护企业的合法权益，在多次与被告交涉要求被告处理工程质量问题，被告申称上述工程质量问题是由于原告提前使用造成的，因而不予处理。由于问题没有得到解决，原告于 2005 年 10 月将被告诉至人民法院。

问题思考

你认为这个案件应如何审理？它违反了哪些法律、法规？请对案例进行评析。

案例四

原告：霍某

被告：天津市某区规划土地管理办公室

第三人：陈某

(一) 基本案情

2008 年 1 月 9 日，天津市某区规划土地管理办公室应陈某的申请，根据《中华人民共和国城乡规划法》第四十条的规定，发给陈某建设工程规划许可证，同意其将坐落在天津市某区某胡同 3 号宅内的私有房屋拆除原东房 5 间改建为北房 3 间，并在东间南墙向南对接 1 间。霍某得知陈某取得许可证后，认为该许可证实施侵犯了自己的合法权益，向天津市某区人民法院提起行政诉讼，请求撤销被告发给陈某的建设工程规划许可证。

原告诉称：我与陈某及胡某 3 户同住一院落，陈某的北房 5 间、东房 4 间，连接其东房南山墙有 1 间共用过道房。我的 2 间北房位于陈某的北房以南，东房以西，坐落在院落中央。现陈某经天津市某区规划土地管理办公室批准，拆除旧东房及过道房，转向改建北房两间，并将其北房东间南墙向南接通 1 间，形成三角状，向南接连的 1 间占用了该院的共用过道房，将通道挤移至南邻房有墙处。陈某将房改建后超出了其合法的土地使用范围并影响原告正常出入，请求撤销天津市某区规划土地管理办公室颁发给陈某的建设工程规划许可证。

被告辩称：①发给第三人陈某建设工程规划许可证，有陈某的申请，有修建房屋位置地形地貌示意图及陈某与相邻人霍某签订的调整该房屋坐落方向的协议书，陈某的申请符合法律规定；②陈某按许可证内容调整房屋后，虽将过道房占用，但已留出约 3m 的通道，不影响其他人通行；③陈某拆除房屋建筑面积为 69.69m^2，改建后的建筑面积为 58.64m^2，未超出原建筑面积，建房调整坐落朝向也在第三人申请前由原告霍某认可。该房调整也不影响该地区总体规划。

据此认为，发给第三人陈某建设工程规划许可证事实清楚，证据充分，适用法律正确，程序合法。请求法院判决予以维持。

(二) 案件审理

法院经审理查明：第三人陈某共有房产 11 间，坐落在天津市某区某胡同 3 号，其中北房 5 间，西房 1 间，东房 5 间。原告霍某所有北房 3 间坐落在陈某北房以南，霍某北房右墙距陈某北房前墙 6.73m，距陈某西房南墙 0.8m，霍某北房东山墙距陈某东房前墙为 4.20m，陈某东房北端山墙距其北房前墙 2.75m，南端山墙距前邻右墙 0.43m，该东房南端的次间为过道房，东房后墙与北房东山墙在两条直线上。霍、陈、胡 3 家房屋构成一个院落，经过道房出入通行。该院中土地使用面积除霍某及胡某所占建筑范围外，其余均由陈某使用。2008年1月5日，陈某与霍某达成协议：将东房5间拆除，改建北房与霍某北房东墙山并山起建，同月陈某向被告申请许可证，内容为：将东房全部拆除，改建北房3间，并在该北房东端的1间南墙向南对接1间，陈某改建后的北房与霍某同排，对接1间占用了原过道房，新通道南移，宽度约3m。上述事实有如下证据为证：

（1）第三人陈某的房产所有证。

（2）第三人陈某的国有土地使用证。

（3）第三人陈某与原告霍某的协议书。

（4）第三人陈某的私房建设申请表，修建房屋位置地形地貌示意图。

（5）被告所核发的建设工程规划许可证。

（6）现场勘验笔录。

法院认为，根据《中华人民共和国城乡规划法》第四十条规定："在城市、镇规划区内进行建筑物、构筑物、道路、管线和其他工程建设的，建设单位或者个人应当向城市、县人民政府城乡规划主管部门或者省、自治区、直辖市人民政府确定的镇人民政府申请办理建设工程规划许可证。"被告在核发建设工程规划许可证之前，审核了第三人陈某的房产所有证和国有土地使用证以及陈某与霍某的协议，审查了陈某的申请表和修建房屋位置和地形地段示意图。被告以上审核审查程序并无遗漏，第三人陈某改建房屋后所使用的土地未超出陈某已经取得使用权的土地范围。改建后房屋虽将原有的过道房占用，但已留出供通行宽约3m的通道，比原有通道畅通，为相邻人通行提供了较以前更为优越的便利。而且改建住房对原告霍某的房屋不会造成损害，雨水排泄仍按原自然流向不变，也不影响原告住房的通风和采光。因此，被告依据《中华人民共和国城乡规划法》第四十条的规定颁发给第三人陈某建设工程规划许可证，事实清楚，证据充分，程序合法，适用法律正确。在诉讼期间，原告霍某以起诉前不知道建设工程规划许可证内容，也不知道第三人陈某改建后不影响相邻人利益为由，向法院提出申请撤回起诉。

根据《中华人民共和国行政诉讼法》第五十一条规定，作出如下裁定：准予原告霍某撤回起诉。本案诉讼受理费70元，减半收取，由原告霍某负担。

（三）案例评析

本案是建设方申请规划许可证过程中，相关人对规划许可提出异议的一种情况。《行政诉讼法》第二条规定："公民、法人或者其他组织认为行政机关和行政机关工作人员的具体行政行为侵犯其合法权益，有权依照本法向人民法院提起诉讼。"这一条规定表明，在具体行政行为是否侵犯原告的合法权益问题上，行政诉讼法确立的是主观标准，即只要自己认为侵犯了自己的合法权益就可以提起诉讼。

本案是原告与规划行政部门的诉讼，但其诉讼结果直接关系到建设方能否取得规划许可证，进而能否取得施工许可证，与建设方有直接关系。本案启示我们，建设方在决定进行工程建设的时候，应当确保自己的建设行为没有侵犯他人的合法权益。关于这方面的法律规定，除《民法通则》有关相邻权的规定外，《建筑法》第五条第一款还规定："从事建筑活动应当遵守法律、法规，不得损害社会公共利益和他人的合法权益。"

案例五

原告：王某

被告：连云港市规划管理局（下称规划局）

（一）基本案情

2008 年 1 月，王某前邻韩某在未经市政规划部门批准的情况下采取分层施工的方法，沿王家两层小楼前 20m 处建房，损害了王家的采光、通风权益。为此，王某曾多次要求连云港市规划管理局依法处理。韩某在原建筑基础上加盖二层时，王某出面阻止并砸坏了一根新建水泥柱，2008 年 1 月，韩某诉至法院要求王某恢复水泥柱原状并赔偿损失。受诉法院经审理判令王某赔偿人民币 16.24 元，并驳回了韩某恢复原状的诉讼请求。同年 2 月，王某再次前往连云港市规划局连云区规划管理办公室，反映韩某非法加盖二层楼房问题并要求处理。规划局于同年 2 月 6 日作出并向韩某送达了《关于韩某违法建筑的处罚决定》，要求韩某拆除第二层，但未向原告王某送达。韩某收到该处罚决定后未自动履行，规划局也因未在法定期限 3 个月内申请人民法院强制执行，而使该行政决定对韩某违法建筑的处罚落空。

原告王某于 2008 年 5 月 9 日以规划局不履行规划管理职责为由向连云港市连云区人民法院提起行政诉讼，请求人民法院判决被告连云港市规划局履行法定职责，作出具体行政行为，对韩某违法建筑予以拆除，以保护原告的合法权利。被告辩称：原告曾来规划局反映前邻韩某非法加盖二层楼问题，但被告已经于 2008 年 2 月 6 日下发了 2008（144）号《关于韩某违法建筑的处罚决定》，并于同日将该决定送达韩某。后原告没有主动查问，被告认为韩家已经自动履行处罚决定，两家矛盾已经解决。2008 年 5 月 11 日，被告接到原告的起诉状后，申请法院强制执行 2008（144）号文，但法院以超出申请执行的期限为由而不予强制执行。

（二）案件审理

连云港市连云区人民法院经审理认为，被告规划局系地方人民政府城市规划行政主管部门，主管本行政区域内的城市规划管理工作，对本行政区域内的建筑

行为依法负有管理职责。本案原告认为其前邻韩某未经批准擅自建筑楼房而严重影响其采光、通风的合法权益，请求被告依法处理是正确的，被告对原告的请求不仅应当作出明确的答复和处理，而且在违章建筑责任人不自觉履行处罚决定的情况下亦应依职权在法定期限内申请人民法院强制执行，以确保原告的合法权益不受侵害。依照《中华人民共和国城乡规划法》第四十条、第六十四条及《中华人民共和国行政诉讼法》第二条、第十一条第一款第五项之规定，连云区人民法院于2008年5月18日作出判决：责成被告连云港市规划局在本判决生效后30日内对原告王某的请求作出具体行政行为。

一审判决送达后，本案原、被告在法定期限内均未提起上诉。

（三）案例评析

本案中，连云港市规划管理部门虽然对韩某违法建筑的行为作出行政处罚决定并责令其拆除违法加盖的二楼，但规划部门既未认真督促韩某自觉履行，亦未在规定期限内申请人民法院强制执行，从而实际上使该处罚决定归于无效。《中华人民共和国城乡规划法》第六十八条规定，“城乡规划主管部门作出责令停止建设或者限期拆除的决定后，当事人不停止建设或者逾期不拆除的，建设工程所在地县级以上地方人民政府可以责成有关部门采取查封施工现场、强制拆除等措施”。据此，对韩某违法建筑的行为作出具体行政行为以及依法申请人民法院强制执行均系规划管理部门的法定职责。《行政诉讼法》第五十四条规定被告不履行或者拖延履行法定职责的，人民法院应判决其在一定期限内履行。本案中，连云区人民法院责成被告连云港市规划局，在本判决生效后30日内对原告王某的请求作出具体行政行为的判决是正确的。

案例六

上诉人（原审原告）：刘某等48人（均为上海市永嘉路580弄居民）

被上诉人（原审被告）：上海市城市规划管理局

第三人：上海京剧院

（一）基本案情

2008年1月8日，上海市规划局向京剧院核发了沪规建基（2008）15号建设工程（地下建筑部分）规划许可证，许可京剧院在上海市东平路9号建造艺术家公寓的地下部分。规划许可证载明：经审核，规划许可下列建筑工程（地下建筑部分），特发此通知。建设单位：京剧院；建设地址：某区东平路9号；建设工程项目：艺术家公寓；建筑物名称：艺术家公寓；桩基结构：灌注桩，规格：ϕ600mm，根数：179；地下室结构：剪力墙，深度3.9m，面积966m^2。同年3月28日，刘某等48位居民具状诉至法院，以永嘉新村属上海市近代优秀建筑，

市规划局批准京剧院在该建设控制地带建造高层住宅，违反《上海市城市规划条例》的有关规定。且该建筑物现已建至地面以上，严重影响居民的生活环境等为由，请求撤销该许可。

（二）案件审理

原审法院认为，市规划局根据京剧院所持上海市文化局及有关部门的批准文件，依据《中华人民共和国城乡规划法》第四十条，《上海市城市规划条例》第六条、第五十四条，《上海市城市规划管理技术规定》第六十一条之规定，向京剧院核发的沪规建基（2008）15号建设工程规划许可证合法。刘某等要求撤销该许可证的理由，均指艺术家公寓的地上建筑部分，故对其起诉请求，不予支持。遂于2008年4月28日根据《中华人民共和国行政诉讼法》第五十四条第一款之规定，作出判决：维持市规划局2008年1月8日核发给京剧院沪规建基（2008）15号建设工程（地下建筑部分）规划许可证的具体行政行为。案件受理费人民币100元，由刘某等48人负担。判决后，刘某等不服，上诉于上海市第一中级人民法院。

刘某等上诉称，他们现居住的永嘉新村是经市政府批准的上海市近代保护建筑之一，被上诉人市规划局批准京剧院在该保护地带内建造15层的高层建筑，违反了《上海市城市规划条例》第三十六条，《上海市优秀近代建筑保护管理办法》第十六条的规定。上海市文化局批准京剧院建造的是综合楼，而许可证则是建造艺术家公寓，故被上诉人市规划局审核有误。艺术家公寓是完整的建筑物，且现已建造了10层，原审法院对许可证予以片面理解，认为居民的起诉理由均指艺术家公寓地上建筑不当。被上诉人市规划局批准京剧院建造艺术家公寓违反法定程序。原审判决错误，请求撤销原判及被上诉人市规划局所核发的许可证。被上诉人市规划局辩称，许可证是指许可京剧院建造艺术家公寓的地下部分，地上部分建筑的许可证尚未核发，故许可证未侵犯居民的合法权益。第三人京剧院同意原审判决。

二审法院认为，被上诉人市规划局许可建设艺术家公寓地下建筑部分工程。上诉人刘某等居住的房屋与该地下建筑部分相邻，但上诉人所诉影响永嘉新村近代保护建筑居住环境等起诉理由与该地下建筑部分的许可证之间尚不存在实际的法律上的利害关系，且该许可建设地下建筑部分工程并非最终建设许可行为。上诉人的起诉不符合行政诉讼法规定的起诉条件。原审法院判决应属违反法定程序。至于艺术家公寓实际已进行了地面以上的建设一节，尚不属本案诉讼请求撤销沪规建基（2008）15号许可证的审理范围。上诉人的上诉请求，本院不予支持。据此，根据最高人民法院《贯彻执行〈中华人民共和国行政诉讼法〉若干问题的意见（试行）》第一百一十四条“人民法院审理行政案件，除依照行政诉讼法规定外，对本规定没有规定的，可以参照民事诉讼法的有关规定”以及最高人民法院《关于适用〈中华人民共和国民事诉讼法〉若干问题的意见》第一百八十六条“人民法院依照第二审程序审理的案件，认为依法不应由人民法院受理的，可以由第二审人民法院直接裁定撤销原判，驳回起诉”的规定，依法裁定如下：撤销上海市某区人民法院（2008）某行初字第 12 号行政判决，即维持被告上海市城市规划管理局 2008 年 1 月 8 日核发给第三人上海京剧院沪规建基（2008）15 号建设工程（地下建筑部分）规划许可证的具体行政行为；驳回刘某等 48 人的起诉。

（三）案例评析

根据《中华人民共和国城乡规划法》第四十条规定，在城市、镇规划区内进行建筑物、构筑物、道路、管线和其他工程建设的，建设单位或者个人应当向城市、县人民政府城乡规划主管部门或者省、自治区、直辖市人民政府确定的镇人民政府申请办理建设工程规划许可证。本案中，上海市京剧院未经取得规划许可证（地上建筑部分）建设艺术家公寓地上部分的行为，违反了《中华人民共和国城乡规划法》第四十条的规定，城市规划管理局应当依法对其进行处罚。

本案原告刘某等 48 人起诉被驳回的原因在于其诉讼请求不符合法律规定。根据《城乡规划法》第六十四条的规定，对违法建筑物进行查处是城市规划行政主管部门的法定职责。本案原告应当先请求被告城市规划管理局依法履行其查处违法建筑的法定职责，然后根据以下情况提出不同的诉讼请求：

（1）如果被告拒绝履行或者拖延履行的，原告可以以被告不作为向人民法院提起行政诉讼，人民法院依法应当受理。如果人民法院认定被告确实不履行或者拖延履行法定职责的，应当判决其在一定期限内履行法定职责。

（2）如果原告不服被告因此而作出的具体行政行为，原告可以以该具体行政行为侵犯其合法权益为由向人民法院起诉，人民法院依法也应当受理。

案例七

（一）基本案情

张某等 163 人原系东山村东新村民组村民。1982～1988 年，市委组织部、市体委、省公安厅、市中级人民法院、市交通局汽车运输七场、省消防总队等八个单位与东山村东新村民组、东山村村民委员会、乡政府签订征地合同，被征土地 54.67 亩。征地单位依据征地合同的约定，共支付乡政府征地补偿费、安置补助费人民币 1626466 元，乡政府累计拨付东山村村民委员会 885185 元。该村委会得此款后向被征土地村民发放安置补助费 699738 元。后村民委员会修建水果批发市场又占用东山村东新村民组部分土地，支付该村村民土地补偿费人民币 1000000 元，村民先后共得款 799738 元，此后，该村村民对乡政府及村民委员

会发放的征地补偿费、安置补助费数额产生异议，认为其应得的征地补偿费、安置补助费被乡政府和村委会截留，未用于兴办公益事业和解决农民就业，侵犯了该村村民的合法利益。为此，张某等163人在向有关部门反映无结果的情况下，于1997年4月7日向省高级人民法院提起诉讼，请求判令乡政府及村民委员会返还被侵占的安置补助费。

（二）案件审理

省高级人民法院经审理认为：当事人诉讼的安置补助费涉及的土地，尚未核发所有权证书。村民为土地承包合同的承包人，但未发放承包书，土地的所有权仍为农民集体所有，被征地产生的安置补助费权利享受人亦应属于农民集体组织。张某等163人并非被征土地权利享受人，其个人无权代表农民集体组织主张权利，不享有法律规定的原告主体资格地位，据此裁定：驳回张某等163人的起诉。案件受理费50元，由张某等163人负担。

张某等163人不服一审法院裁定，向最高人民法院提起上诉称：其163人系被征土地产生的土地补偿费及安置补助费的权利人，一审法院裁定认定该笔安置补助费的所有权属于农民集体组织所有，其个人无权代表农民集体组织主张该项权利，不具备原告主体资格，认定事实及适用法律错误，请求二审法院撤销一审法院裁定，由人民法院受理并作出实体判决。乡政府及村民委员会答辩认为，一审法院裁定认定事实清楚，适用法律正确，应当予以维持。

最高人民法院经审理认为：国家建设征用土地上的附着物和青苗补偿费应当支付给个人，征地补偿费、安置补助费属于农民集体所有。本案乡政府、村民委员会对征地补偿费及安置补助费的安排和使用属于行使行政管理权的行为。张某等163人与乡政府、村民委员会管理使用因征地产生的征地补偿费及安置补助费引起的争议，不属于平等主体之间的民事纠纷，不应当由人民法院作为民事案件受理。张某等163人以其具备本案原告诉讼主体资格，人民法院应当受理为由，请求判令乡政府及村民委员会返还被侵占的安置补助费，理由不充分，最高人民法院不予支持。一审法院裁定认定事实清楚，适用法律正确，应予维持。依照《中华人民共和国民事诉讼法》第一百五十四条、第一百五十八条之规定，裁定如下：驳回上诉，维持原裁定。

（三）案例评析

《土地管理法实施条例》第二十六条规定："土地补偿费归农村集体经济组织所有；地上附着物及青苗补偿费归地上附着物及青苗的所有者所有。征用土地的安置补助费必须专款专用，不得挪做他用。需要安置的人员由农村集体经济组织安置的，安置补助费支付给农村集体经济组织。由农村集体经济组织管理和使用；由其他单位安置的，安置补助费支付给安置单位；不需要统一安置的，安置补助费发放给安置人员个人或者征得被安置人员同意后用于支付被安置人员的保险费用。市、县和乡（镇）人民政府应当加强对安置补助费使用情况的监督。”由此可见，国家征地所产生的土地补偿费、安置补助费属于农民集体经济组织所有。被征土地所产生的附着物和青苗补助费，属于附着物及青苗的所有者所有。1994 年 12 月 30 日～1995 年 1 月 16 日，最高人民法院曾就征地补偿费、安置补助费的权属如何认定，批复江西省高级人民法院，进一步明确：征地补偿费、安置补助费，属于农民集体组织所有，由该组织管理、经营，用于发展生产，安排就业，不得分给个人，挪做他用或平调。本案原东新村民组建制被撤销，仍保留村民委员会机构，安置补助费应归该农民集体经济组织所有。因此，一审法院裁定张某等 163 人非被征土地产生的安置补助费的权利人，适用法律正确。本法第四十九条赋予了农村集体经济组织对安置补偿费安排、使用、管理的权利，同时农村集体经济组织如何安排、使用、管理该笔费用，本法亦作了相应的规定，这就是：农村集体经济组织应当就征地补偿费、安置补助费的收支状况向集体经济组织的成员公布，接受监督，禁止侵占、挪用。本案乡政府、村民委员会未就征地单位支付的 1626466 元征地补偿费、安置补助费的收支状况向东新村民组的村民公布，其行为违反上述法律规定。张某等 163 人与乡政府、村民委员会管理、使用因征地产生的征地补偿费及安置补助费引起的争议，不属于平等主体之间的民事纠纷，不应当由人民法院作为民事案件受理。一审法院以张某等 163 人不具备本案原告诉讼主体资格为由，裁定驳回其起诉，认定事实清楚，适用法律正确。

案例八

（一）基本案情

某市第二中学位于市中心商业繁华地段。1999 年 3 月，该校未经土地管理部门批准，拆掉临街的一栋简易食堂，利用原食堂的地基，修建了一栋占地 400m^2 的两层楼商业铺面，全部用于出租经商，所获收益全部用于教师福利。

1999 年 5 月，市土地管理部门发现这一情况后，立即立案查处。经查，市第二中学拆旧房建新房只经市建委同意，未向土地管理部门办理划拨土地使用用途变更手续，商业铺面修好后用于出租，也未将出租商业铺面的租金中所含的土地收益上交给国家。为此，市土地管理局决定依照《城市国有土地使用权出让转让暂行条例》第四十六条的规定没收市第二中学的非法所得并处以罚款。但因没有收集到证据，没有下达行政处罚决定书。

不料，在搜集证据时遇到了阻碍。校方拒绝向市土地管理局提供房屋出租合同，又对承租方施压，不准他们向土地管理局提供证据，市土地管理局不能依法取得市第二中学违法出租土地的非法所得的准确数额，罚款金额计算不出。依据《行政处罚法》的规定，不能对市第二中学下达行政处罚决定书，因为一旦下达

行政处罚书，对方向法院提起行政诉讼，市土地管理局因行政处罚所依据的证据不充分，可能会败诉。因此市土地管理局依法请市房地产价格评估，每平方米的月租金为55元。据此，市土地管理局对市第二中学下达了行政处罚决定书：①责令市第二中学补办划拨土地使用权出租审批、登记手续；②没收违法所得4万元，并处罚款2万。

市第二中学收到行政处罚书后，拒不执行，也没有依法向人民法院提起诉讼，市土地管理局依法申请人民法院强制执行。

（二）案件评析

本案中，某市第二中学拆食堂，盖商业铺面，实际上构成了两种不同的违法行为，即非法改变土地用处和违法出租划拨土地使用权。《土地管理法》第五十六条规定："建设单位使用国有土地的，应当按照土地使用权出让等有偿使用合同的约定或者土地使用权划拨批准文件的规定使用土地；确需改变该幅土地建设用途的，应当经有关人民政府土地行政主管部门同意，报原批准用地的人民政府批准。其中，在城市规划区内改变土地用途的，在报批前，应当先经有关城市规划行政主管部门同意。"本案中，市第二中学未经批准，拆食堂盖商业铺面，擅自改变土地用途，是非法占有国有划拨土地的行为。市土地管理局应依据《土地管理法》第七十六条的规定对市第二中学非法占用国有土地的行为给予处罚。但是，实际上市土地管理局未对市第二中学非法占用土地的行为作出处理，这是市土地管理局行政执法的疏漏和错误，应依法更正。

划拨土地使用权的转让、出租和抵押须经市、县人民政府土地管理部门批准同意，补交土地出让金或上缴出租土地的土地收益，并提交相关的证明文件，如土地使用权证书、房地产所有权证书、出让、出租、抵押合同，向土地管理部门办理土地使用权出让、出租、抵押登记手续。土地使用权出让、出租、抵押，当事人不办理登记手续的，其行为无效，不受法律保护。土地管理部门将依法没收违法出让、出租、抵押划拨土地使用权的出让人、出租人、抵押人的非法所得，并根据情节处以罚款。

本案中，市第二中学非法占用划拨土地修建商业铺面并用于出租，其出租行为未经市人民政府批准，未补交土地出让金，也没有办理划拨土地出租登记手续，属违法出租划拨土地使用权的行为，情节严重，市土地管理局对他的处罚是正确的。

案例九

原告：甲电信公司

第一被告：丙建筑设计院

第二被告：乙建筑承包公司

（一）基本案情

甲电信公司因建办公楼与乙建筑承包公司签订了工程总承包合同。其后，经甲同意，乙分别与丙建筑设计院和丁建筑工程公司签订了工程勘察设计合同和工程施工合同。勘察设计合同约定由丙对甲的办公楼及其附属工程提供设计服务，并按勘察设计合同的约定交付有关的设计文件和资料。施工合同约定由丁根据丙提供的设计图进行施工，工程竣工时依据国家有关验收规定及设计图进行质量验收。合同签订后，丙按时将设计文件和有关资料交付给丁，丁依据设计图进行施工。工程竣工后，甲会同有关质量监督部门对工程进行验收，发现工程存在严重质量问题，是由于设计不符合规范所致。原来丙未对现场进行仔细勘察即自行进行设计导致设计不合理，给甲带来了重大损失。丙以与甲没有合同关系为由拒绝承担责任，乙又以自己不是设计人为由推卸责任，甲遂以丙为被告向法院起诉。法院受理后，追加乙为共同被告，判决乙与丙对工程建设质量问题承担连带责任。

（二）案例评析

本案中，甲是发包人，乙是总承包人，丙和丁是分包人。《建筑法》第二十九条规定："建筑工程总承包单位可以将承包工程中的部分工程发包给具有相应资质条件的分包单位；但是，除总承包合同中约定的分包外，必须经建设单位认可。施工总承包的，建筑工程主体结构的施工必须由总承包单位自行完成。建筑工程总承包单位按照总承包合同的约定对建设单位负责；分包单位按照分包合同的约定对总承包单位负责。总承包单位和分包单位就分包工程对建设单位承担连带责任。禁止总承包单位将工程分包给不具备相应资质条件的单位。禁止分包单位将其承包的工程再分包。"

对工程质量问题，乙作为总承包人应承担责任，而丙和丁也应该依法分别向发包人甲承担责任。总承包人以不是自己勘察设计和建筑安装的理由企图不对发包人承担责任，以及分包人以与发包人没有合同关系为由不向发包人承担责任，都是没有法律依据的。所以本案判决乙和丙共同承担连带责任是正确的。

本案必须说明的是，《建筑法》第二十八条规定："禁止承包单位将其承包的全部建筑工程转包给他人，禁止承包单位将其承包的全部建筑工程肢解以后以分包的名义分别转包给他人。"本案中乙作为总承包人不自行施工，而将工程全部转包他人，虽经发包人同意，但违反法律禁止性规定，其与丙和丁所签订的两个分包合同均是无效合同。建设行政主管部门应依照《建筑法》和《建设工程质量管理条例》的有关规定，对其进行行政处罚。

案例十

原告：北京市某物资公司

被告：王某

（一）基本案情

1995年10月17日，王某与北京市某物资公司签订了拆迁安置居民回迁购房合同书，根据此合同，王某原租住公房属于拆迁范围，王某属于拆迁安置对象，某物资公司对广外南街回迁楼建设完毕以后，安置王某广外南街小区53号楼601号3居室楼房1套。合同签订后，1998年10月，某物资公司如约将回迁楼建设完毕并交付使用。王某在没有办理回迁入住手续的情况下，私自进入广外南街小区53号楼601号房，在向某物资公司的房屋物业公司缴纳了装修押金1000元后，于1999年3月对该房进行了装修。装修过程中，雇用没有装修资质的装修人员对房屋内部结构进行拆改，将多处钢筋混凝土结构承重墙砸毁，并将结构柱主钢筋大量截断。其间，某物资公司曾多次向王某发出停工通知，并委托宣武区房屋安全鉴定站对此房屋进行了鉴定，结论为：房屋墙体被拆改、移位，已对房屋承重结构造成破坏，应恢复原状。王某对此均未理睬。1999年4月，某物资公司向某区人民法院提起诉讼，要求王某立即搬出强占的房屋，停止毁坏住宅楼主体结构的行为，排除妨碍，消除危险，承担对所破坏房屋由专业施工单位进行修复的费用47439.04元、鉴定费240元以及加固设计费10000元。

（二）案件审理

一审法院经审理认为，根据建设部《建筑装饰装修管理规定》，凡涉及拆改主体结构和明显加大荷载的，房屋所有人、使用人必须向房屋所在地的房地产行政主管部门提出申请，并由房屋安全鉴定单位对装饰装修方案的使用进行审定。经批准后向建设行政主管部门办理报建手续，领取施工许可证。原有房屋装饰装修需要拆改结构的，装饰装修设计必须保证房屋的整体性、抗震性和结构安全性，并由有资质的装饰装修单位进行施工。北京市《关于加强对城镇居民住宅装饰装修改造管理的通知》规定，凡居民对住宅进行装饰、装修的，不得破坏建筑物结构，不得私自拆改各种住宅配套设施。本案中王某在没有办理房屋入住手续的情况下，私自进入房屋，并违反上述规定，未经有关部门批准，在装修过程中对房屋的主体结构及其他设施进行拆改，经某物资公司多次制止后仍不停止，给整幢房屋造成严重安全隐患（诉讼过程中，中国建筑科学研究院工程抗震研究所作出了广外南街小区53号楼加固报告，并提供了加固方案及加固工程造价计算书），应承担民事责任。关于加固费用，中国建筑科学研究院工程抗震研究所是建筑业的权威机关，出具的加固报告及费用具有权威性，对所需33746元的加固费用本院予以确认；对于恢复费用，由于被告对原告提供的预算费用表示异议，且该费用未经有关部门审核，因此，恢复原状的费用以恢复后实际支出费用为准，故判决如下：

（1）自本判决生效后3日内，被告王某将本区广外南街小区53号楼601号

住房腾空，交原告某物资公司。

（2）自本判决生效后 3 日内，被告王某给付原告某物资公司对本区广外南街小区 53 号楼 601 号住房的鉴定费 240 元、加固设计费 10000 元、加固费 33746 元，并由原告某物资公司负责加固施工。

（3）自加固工程完成后 30 日内，由被告王某负责对拆改的本区广外南街小区 53 号楼 601 号住房门厅隔断墙恢复原状。

（三）案例评析

本案发生在《建筑法》和《建设工程质量管理条例》颁布实施之前。审理法院参照部门规章《建筑装饰装修管理规定》（建设部令第 46 号）对其进行了判决。

《建筑法》第四十九条规定："涉及建筑主体和承重结构变动的装修工程，建设单位应当在施工前委托原设计单位或者具有相应资质条件的设计单位提出设计方案；没有设计方案的，不得施工。"

《建筑法》第七十条规定："违反本法规定，涉及建筑主体或者承重结构变动的装修工程擅自施工的，责令改正，处以罚款；造成损失的，承担赔偿责任；构成犯罪的，依法追究刑事责任。"

《建设工程质量管理条例》第十五条规定："涉及建筑主体和承重结构变动的装修工程，建设单位应当在施工前委托原设计单位或者具有相应资质等级的设计单位提出设计方案；没有设计方案的，不得施工。房屋建筑使用者在装修过程中，不得擅自变动房屋建筑主体和承重结构。"

《建设工程质量管理条例》第六十九条规定："违反本条例规定，涉及建筑主体或者承重结构变动的装修工程，没有设计方案擅自施工的，责令改正，处 50 万元以上 100 万元以下的罚款；房屋建筑使用者在装修过程中擅自变动房屋建筑主体和承重结构的，责令改正，处 5 万元以上 10 万元以下的罚款。有前款所列行为，造成损失的，依法承担赔偿责任。"

根据上述法律规定，在房屋建筑装饰装修过程中，不论是建设单位还是房屋建筑使用者都必须严格遵守法律强制性规定。本案中，王某作为房屋建筑使用人，擅自变动建筑主体和承重结构，是严重的违法行为，不仅要依法承担赔偿责任，还应当受到建设行政管理部门的行政处罚。

案例十一

（一）基本案情

1988 年 12 月，某国防厂因迁厂留有闲置房 251 间，某县造纸厂了解情况后，经其业务上级同意，双方达成一项《有偿房地产协议书》（简称协议）1989 年 1 月该县公证处公证生效。协议商定：某国防厂将其闲置的 251 间房地产转让

给造纸厂，房地产四界明确，并附有房地产平面图，造纸厂付给某国防厂房地产价款18万元。协议生效后，造纸厂于1989年6月底付清了房地产价款，并于1989年7月10日起对该房地产行使了管理。1990年1月，该县土地局以土发(90) 84号文件对上列双方转让地产做出行政处理决定：①宣布“协议”无效；②没收某国防厂非法转让土地价款；③收回“协议”中四界之内土地使用权；④251间房屋所有权归该县人民政府。某国防厂和造纸厂不服决定，向该县人民法院起诉，因案情重大，政策性强，县人民法院报请地区中级人民法院审理。

(二) 案件审理

地区中级人民法院审理认为企业有权在法律授权的范围内处分其闲置多余的固定资产，遂作出判决：撤消该县土地局土发（90）84号文件处理决定。案件管理费980元由该县土地局承担。该县土地局不服该判决，以程序违法，事实不清和运用法律不当向某省高级人民法院提起上诉，请求撤销原判决。

省高级人民法院依法组成合议庭进行了审理，作出了终审判决：①撤销丰南地区中级人民法院原审判决；②某国防厂与造纸厂转让土地协议无效；某国防厂收取造纸厂房地产转让款18万元，应予退回；③协议中的国有土地交由该县人民政府土地管理部门统一管理。县人民政府土地管理部门负责由新的用地单位给予某国防厂在该土地上的房屋以合理的补偿；④分别对某国防厂和造纸厂罚款人民币3500元，诉讼费也由它们各分担一半。

(三) 案例简析

省高级人民法院的二审判决是非常正确的，因为：买卖、租赁土地是严重的违反宪法的行为。《中华人民共和国宪法》规定：“任何组织或者个人不得侵占、买卖出租或者以其他形式非法转让土地。”《中华人民共和国土地管理法》第二条第三款也作了类似的规定，第六条规定一切土地归国家所有，明确了土地的国有性质。第四十七条还规定：“买卖或者以其他形式非法转让土地的，没收非法所得，限期或者没收在买卖或者以非法转让的土地上新建的建筑物和其他设施，并可以对当事人处以罚款；对主管人员由其所在单位或者上级机关给予行政处分。”这是执法机关在处理这类案件时的法律依据。

本案中某国防厂转让的土地，所有权属于国家，某国防厂只有使用权，无权转让，造纸厂需要使用国有土地，应当依照法律程序申请取得。某国防厂与造纸厂通过有偿转让房屋自行转让国有土地使用权，违反《土地管理法》和《城市房地产管理法》的有关规定。对于这种违法行为，丰南县人民政府土地管理部门依法进行管理和处罚，是正确的，法院理应支持。而原审人民法院认定地产属于企业固定资产，可以自行转让。缺乏依据，应当予以撤消。同时，对违法双方给予必要的处罚，承担一定的法律责任，也是正确的。

案例练习

基本案情

1994年10月，某外国一家跨国公司来华投资，在某市兴办了一家外商独资企业。1995年1月，在某市一次国有土地使用权拍卖出让会上，获取某市一地块的土地使用权。随后进行房地产开发。于1996年3月在该地块上建起商住楼一座，共八层。其中，最底一层承租给某一国有商场，二～五层卖给七家公司商住，六～八层留做自用。后以此自用的三层作抵押向某银行贷款。但因逾期不能偿还贷款本息，某银行申请人民法院变卖该三层房地产，后该三层由另外四家公司购买。

问题思考

该外商独资企业自获该地块使用权，至商住楼六～八层变卖，按照房地产法的有关规定，应办理哪些房地产权属登记手续？

案例十二

上诉人（原审被告）：深圳市中电照明有限公司（以下简称中电公司）

被上诉人（原审原告）：汕头市达诚建筑总公司深圳分公司（以下简称达诚公司）

（一）基本案情

2000年7月4日，被告中电公司向深圳市建设局申请对中电照明研发中心工程进行对外招标，7月11日获得批准。8月11日，原告达诚公司向被告支付了保证金人民币100万元，并于8月18日向深圳市建设工程交易服务中心呈送《中电照明研发中心标书》。8月29日，中电公司在深圳市建设工程交易服务中心第四会议室召开中照研发中心开标会。会上由深圳市建设工程造价管理站（以下简称造价站）公开宣读中照研发中心的标底为人民币19010550.12元，然后公开了6个投标单位的投标价，其中原告的投标价为人民币17004308.68元。9月20日，被告向造价站发函，以造价站的标底与其送审的预算数额有出入为由，要求标底按隐框玻璃幕墙进行调整并重新定标。造价站回函称，被告送交的资料没有任何说明铝合金固定窗修改为隐框玻璃幕墙的资料，同意仅就该工程量清单中第143项（铝合金固定窗）用同一工程量按隐框玻璃幕墙单价计算调整。9月30日，被告以修改后的标底召开定标会，重新确定投标价为人民币1991.7393万元，并宣布深圳市第三某建筑工程总公司（以下简称三建）得分最高为中标单位。

原告则以其已中标但被告拒发中标通知书为由诉至深圳市福田区人民法院，请求判令被告违约并双倍返还保证金人民币200万元。

（二）案件审理

一审福田区人民法院经审理后认为，造价站于2000年8月29日公开的标底是根据被告提供的《工程实物工程量表》、《招标书》、《答疑会书面答复书》核算出来的，按被告《招标书》承诺的评审方法，原告的投标书经公开后达到被告公开承诺中标要求，原告应是中照研发中心的公开招标的中标单位。被告拒绝向原告发出中标通知书和签订施工合同属于违约，应承担违约责任。被告在公开标底前没有书面形式向造价站和投标单位说明其《工程实物量表》第143项由铝合金窗改为玻璃幕墙，被告须承担对其在标底公开后对工程量改动的责任。因此，对于被告辩称其与原告无任何关系，以及在造价站公开标底后认为标底有误差为由进行修改标底是合法有效正常的，应驳回原告的诉讼请求的理由，本院不予采纳。依照《中华人民共和国招标投标法》第五条，《深圳经济特区建设工程施工招标投标条例》第十八条第二款、第三十条，《深圳经济特区建设工程施工招标投标条例实施细则》第二十三条之规定，判决如下：被告应在本判决发生法律效力之日起10日内双倍返还原告保证金人民币100万元。逾期则应当加倍支付迟延履行期间的债务利息。案件受理费人民币20010元由被告负担。

上诉人深圳市中电照明有限公司不服一审判决，上诉至深圳市中级人民法院。诉称：原审认定事实错误，适用法律、法规不当。

本案经二审深圳市中级人民法院主持原、被告进行调解，双方在自愿、平等的基础上进行协商，达成了如下调解协议：被告补偿原告人民币30万元了结本案纠纷，在本案招投标过程中产生的其他纠纷双方不再追究。上述款项被告于本调解书送达之日起10日内支付给原告。一、二审案件受理费双方各自负担。

（三）案例评析

本案是深圳市首例招投标争议案，因而备受传媒和社会各界的广泛关注。尽管该案经过二审法院的努力，在分清是非责任的基础上以调解方式解决。但是，该案所涉及的法律问题仍然值得探讨和研究。

1. 被告在开标后中修改招标文件是无效的

《中华人民共和国招标投标法》第二十三条规定："招标人对已发出的招标文件进行必要澄清或者修改的，应当在招标文件要求提交投标文件截止时间至少15日前，以书面形式通知所有招标文件接收人。该澄清或者修改的内容为招标文件的组成部分。"本条规定招标文件进行修改或者澄清的法定程序。这是法律强制性规定，没有遵守此规定的，其修改及其澄清是无效的。

本案中，《招标书》注明"外墙装饰：玻璃墙和灰色涂料。门窗：铝合金和高级柚木门。工程清单第189项为玻璃幕墙制作安装，第143项为铝合金固定窗。"因此，从被告提交的答疑会书面答复"第5项外墙按隐框幕墙制作安装"，根本不能让人理解为修改招标中的门窗、铝合金和高级柚木门及工程实物量清单

第143项铝合金固定窗。而原告对此并无过错。因此，被告在公布标底之后，又以标底错误为由中止招投标程序，并修改招标文件和标底，显然是不符合法律强制性规定的，应承担一定的法律责任。

2. 被告应承担缔约过失责任

招投标是以订立合同为目的的民事活动。招标人发出的招标公告或投标邀请书、投标人提交的投标文件、招标人向中标的投标人发出的中标通知书，按其法律性质分别属于《合同法》中的要约邀请、要约和承诺。但建设工程合同又是一种要式合同，其成立的标志是签订书面合同。在合同成立之前，招标人未履行向投标人发出中标通知的法定义务，致使合同不能成立，应承担缔约过失责任，而非违约责任。故一审法院认定招标人违约并承担违约责任值得商榷。

3. 投标保证金不应与定金等同

本案中，原告在招投标过程中交给被告100万元的保证金。原《深圳经济特区建设工程招标投标条例》第十八条第二款规定："定标后，中标人拒绝签订工程承包合同的，应向中标人双倍返还保证金。"（2002年修订后的《条例》保留了类似条款）一审法院据此判决被告双倍返还保证金。但从二审法院调解的结果来看，事实上推翻了一审的判决，并没有把投标保证金按"双倍返还"的定金罚则处理。

关于投标保证金的性质，《最高人民法院关于适用〈担保法〉若干问题的司法解释》第一百一十八条明确规定："当事人交付留置金、担保金、保证金、订约金押金或者订金等，没有约定定金性质的，当事人主张定金权利的，人民法院不予支持。"因此，如未约定为定金性质（双倍返还），投标保证金是不应适用定金罚则的。建设部第89号令《房屋建筑和市政基础设施施工招标投标管理办法》在第四十七条第三款则规定："招标人无正当理由不与中标人签订合同，给中标人造成损失的，招标人应当给予赔偿。"这种赔偿应是一种缔约过失责任，以实际损失为限。而2003年3月8日七部委联合发布的《工程建设项目施工招标投标办法》也没有明确规定"双倍返还"。

笔者强烈建议，这种地方性法规与部门规章、最高法院司法解释之间的矛盾，有关机构应当依据《立法法》的有关规定及早解决，否则极易引起法律适用上的争议。

案例十三

（一）基本案情

中山医大三院医技大楼设计建筑面积为19945m²，预计造价7400万元，其中土建工程造价约为3402万元，配套设备暂定造价为3998万元。2001年初，该工程项目进入广东省建设工程交易中心以总承包方式向社会公开招标。

经常以“广州辉宇房地产有限公司总经理”身份对外交往的包工头郑某得知该项目的情况后，即分别到广东省和广州市4家建筑公司活动，要求挂靠这4家公司参与投标。这4家公司在未对郑某的广州辉宇房地产有限公司的资质和业绩进行审查的情况下，就同意其挂靠，并分别商定了“合作”条件：①投标保证金由郑支付；②广州市原告代郑编制标书，由郑支付“劳务费”，其余3家公司的经济标书由郑编制；③项目中标后全部或部分工程由郑组织施工，挂靠单位收取占工程造价3%～5%的管理费。上述4家公司违法出让资质证明，为郑搞串标活动提供了条件。2001年1月郑某给4家公司各汇去30万元投标保证金，并支付给广州市原告1.5万元编制标书的“劳务费”。

为揽到该项目，郑某还不择手段地拉拢广东省交易中心评标处副处长张某、办公室副主任陈某。郑以咨询业务为名，经常请张、陈吃喝玩乐，并送给张某港币5万元、人民币1000元，以及人参、茶叶、香烟等物品；送给陈某港币3万元和洋酒等物品。张、陈两人积极为郑提供“咨询”服务，不惜泄露招投标中有关保密事项，甚至带郑到审核标底现场向有关人员打探标底，后因现场监督严格而未得逞。

2001年1月23日下午开始评标。评委会置该项目招标文件规定于不顾，把原安排23日下午评技术标、23日上午评经济标两段评标内容集中在一个下午进行，致使评标委员会没有足够时间对标书进行认真细致地评审，一些标书明显存在违反招标文件规定的错误未能发现。同时，评标委员在评审中还把标底价50%以上的配套设备暂定价3998万元剔除，使造价总体下浮变为部分下浮，影响了评标结果的合理性。23日19:20左右，评标结束，中标单位为深圳市总公司。

由于郑某挂靠的4家公司均未能中标，他便鼓动这4家公司向有关部门投诉，设法改变评标结果。因不断发生投诉，有关单位未发出中标通知书。

（二）案件处理

广东省纪委、省监察厅、省建设厅组成联合调查组，对广东省建设工程交易中心个别工作人员在中山医科大学附属第三医院医技大楼工程招投标中的违纪违法问题展开调查。现已查实该工程项目在招投标中存在包工头串标、建筑施工单位出让资质证照、评标委员会不依法评标、省交易中心个别工作人员收受包工头钱物等违纪违法问题。经省建设厅、省监察厅研究决定，取消该项目招投标结果，依法重新组织招投标。目前，涉嫌违纪违法的交易中心工作人员张某、陈某已被停职，立案审查，其非法收受的钱物已被依法收缴。省纪委、省监察厅将依照有关法规和党纪政纪的涉案单位和人员进行严肃处理。这是广东省建立有形建筑市场以来查处的首宗建设工程交易中心工作人员违纪违法案件。

（三）案例评析

中山医大三院医技大楼工程招投标中的违纪违法问题，是一宗包工头串通有关单位内部人员干扰和破坏建筑市场秩序的典型案件。本案中的有关当事人违反了多项法律强制性规定，依法应当受到惩处。但本案的行政处理结果值得斟酌。

1.《招标投标法》规定了六种“中标无效”的法定情形。在本案中，从招标人和招标代理机构的行为看，并无导致中标无效的法定事由。而从投标人郑某的行为看，虽然实施了串标和骗标的行为，但由于中标人并不是郑某，所以也不符合中标无效的法定情形。因此，尽管本案中存在着一系列的违法违纪行为，但并不必然导致中标无效，行政监督部门作出的处理决定是不符合法律规定的。

2. 工程建设项目的招标投标活动，是建设工程合同订立的过程，在法律性质上属于民事行为。作为整个招投标活动的组成部分，中标自然也属于民事行为的一种，应当受到民法的调整。《民法通则》根据法律效力不同，把民事行为分为民事法律行为（合法有效的民事行为）、无效的民事行为以及可撤销、可变更的民事行为。而判定民事行为是否有效，只能由法院或仲裁机构做出，除此以外的任何机构（主要指行政管理部门）均无权确认民事行为的法律效力。《招标投标法》规定的六种中标无效情形，属于无效的民事行为，只能由人民法院依法确认无效；也就是说，人民法院是确认“中标无效”的唯一权力主体。如果赋予行政监督部门宣布“中标无效”的权力，就从根本上犯了行政法律规范与民事法律规范相竞合的错误，这在法理上是讲不通的。

案例十四

原告：××建筑集团第三公司

被告：××房地产开发有限公司

（一）基本案情

1999 年 9 月被告就某住宅项目进行邀请招标，原告与其他三家建筑公司共同参加了投标。结果由原告中标。1999 年 10 月 14 日，被告就该项工程向原告发出中标通知书。该通知书载明：工程建筑面积 82174m^2，中标造价人民币 8000 万元，要求 10 月 25 日签订工程承包合同，10 月 28 日开工。

中标通知书发出后，原告按被告的要求提出，为抓紧工期，应该先做好施工准备，后签工程合同。原告同意了这个意见。随后，原告进场，平整了施工场地，将打桩桩架运入现场，并配合被告在 10 月 28 日打了两根桩，完成了项目的开工仪式。但是，工程开工后，还没有等到正式签订承包合同，双方就因为对合同内容的意见不一而发生了争议。2000 年 3 月 1 日，被告函告原告：“将另行落实施工队伍。”

双方协商不成，原告只得诉至法院。在法庭上，原告指出，被告既已发出中标通知书，就表明招投标过程中的要约已经承诺，按招投标文件和《施工合同示范文本》的有关规定，签订工程承包合同是被告的法定义务。因此，原告要求被

告继续履行合同。但被告辩称：虽然已发了中标通知书，但这个文件并无合同效力，且双方的合同尚未签订，因此双方还不存在合同上的权利义务关系，被告有权另行确定合同相对人。

（二）案件审理

法院在审理后认为，按照我国《招标投标法》第四十五条规定："中标人确定后，招标人应当向中标人发出中标通知书，并同时将中标结果通知所有未中标的投标人。中标通知书对招标人和中标人具有法律效力。中标通知书发出后，招标人改变中标结果的，或者中标人放弃中标项目的，应当依法承担法律责任。"第四十六条规定："招标人和中标人应当自中标通知书发出之日起 30 日内，按照招标文件和中标人的投标文件订立书面合同。招标人和中标人不得再行订立背离合同实质性内容的其他协议。"很显然，被告的观点和行为是不符和法律规定的，因此法院依据上述规定认定了被告违约，并判决由被告补偿原告经济损失 158 万元。

（三）案例评析

招标人发出中标通知书的行为，属于《合同法》规定的承诺。这时，双方虽然尚未签订书面合同，但是中标通知书已经对当事人具有法律约束力。任何一方拒绝签订合同，违反了诚实信用原则，应当承担缔约过失责任，而不是违约责任。这种缔约责任的赔偿方式，应当依据 2001 年 6 月 1 日建设部令第 89 号发布的《房屋建筑与市政基础设施施工招标投标管理办法》第四十七条规定，即"中标人不与招标人订立合同的，投标保证金不予退还并取消其中标资格，给招标人造成的损失超过投标保证金数额的，应当对超过部分予以赔偿；没有提交投标保证金的，应当对招标人的损失承担赔偿责任。招标人无正当理由不与中标人签订合同，给中标人造成损失的，招标人应当给予赔偿。"

案例十五

（一）基本案情

江苏省无锡市太湖娱乐城工程地处无锡闹市区，主体地上 22 层，地下 3 层，建筑面积 47800m^2，该工程建设单位为无锡太湖娱乐城总公司，工程监理单位为无锡同济建筑工程监理公司。该工程建筑结构、水电暖通设计由无锡市建筑设计研究院承担，建筑结构土建施工由无锡市第二建筑工程公司承建，基坑围扩结构的设计和施工单位为南京勘察工程公司，工程桩基施工也同时由南京勘察工程公司承建。该工程自 1995 年 2 月开始由南京勘察工程公司进场开始围护及桩基施工，于 1995 年 9 月开始从东向西进行挖土、内支撑安装及桩间压密注浆施工，于 1996 年 4 月 13 日基本完成深基坑围护支护工程项目，1996 年 4 月 13 日至 4 月 20 日，继续以人工挖除基坑西南角剩余土方约 2000m^3，同年 4 月 20 日下午 5

时左右，基坑西南剩余土方基本挖清后，不满10小时，即于当夜4月21日凌晨2时25分左右，基坑西南角发生倒塌。

（二）案件审理

无锡市太湖娱乐城工程的基坑围护结构系由南京勘察工程公司一体负责设计和施工，该公司一并对施工防护、基坑安全以及施工场地周围建筑物、地下管线的保护负责作出了合同成果。在该基坑维护支护结构的设计和施工实践中，南京勘察工程公司应认真掌握该基坑围护支护的技术条件，对可能发生的各种情况进行强度和变形计算分析，且须加强管理。但在基坑围护支扩结构的设计和施工中，该公司仅进行单一情况的强度计算，特别是对该基坑西边线的大转折凸角结点受力复杂部位考虑疏漏，未进行受力分析和变形计算，形成薄弱突破点，留下严重隐患。在施工中发现有关情况又未采取有效措施，致使该处钢围檩凸角结点连接焊缝强度严重不足，在土的被动压力减小后而首先破坏失效，引起基坑西南角维护支撑系统失去平衡稳定，而发生该基坑局部坍塌。作为该基坑围护支护结构设计和施工的一体承建的南京勘察工程公司是该基坑部分坍塌事故的主要责任单位，该单位的工程项目设计负责人和工程项目施工现场负责人应为主要责任人。该工程深基坑西南角部位于1996年4月21日坍塌前一段时间，已明显出现周边邻近道路沉降和裂缝的非正常迹象，且不断有所发展，甚至临近4月21日该基坑部分坍塌前更曾明显发生险情迹象，但均未受到现场有关方面的应有重视，而心存侥幸，未采取妥善预防措施，因此，无锡太湖娱乐城总公司作为建设单位，疏忽严格管理，应部分承担组织管理责任。

（1）南京勘察工程公司为该事故的主要责任单位，承担赔偿事故经济损失的80％。在事故处理、经济损失赔偿实现前，吊销该单位进入无锡市“进市施工许可证”。在调查中发现有转包现象，由建设行政主管部门另行处理。该单位的事故责任人，由有关部门按规定进行处理。

（2）太湖娱乐城总公司应部分承担组织管理的责任，承担事故经济损失的20％。

（3）对周围建筑物的维修加固费用，考虑到基坑坍塌事故发生前已有一定影响，故可作为工程预算按实际发生数进入工程总造价中处理。

（4）土方总包单位苏州地质工程勘察院以及分包单位锡山市市政运输公司在基坑土方工程施工中也有缺陷，给予通报批评。

（5）无锡同济建筑工程监理公司监理不力，给予行政批评，并督促其加强管理。

（三）案例评析

《建筑法》第三十七条规定：“建筑工程设计应当符合按照国家规定制定的建筑安全规程和技术规范，保证工程的安全性能。”《建设工程质量管理条例》第

十九条第一款规定："勘察、设计单位必须按照工程建设强制性标准进行勘察、设计，并对其勘察及设计的质量负责。"

本案中，南京勘察工程公司仅进行单一情况的强度计算，造成重大质量隐患，实际上是违反工程建设强制性标准的行为，依法应当承担法律责任。

案例十六

（一）江苏省泰兴市鼓楼北路1号商住楼

该工程建筑面积5461m^2，六层砖混结构，一层为商业用房，二至六层为住宅。由泰兴市城镇建设开发总公司开发建设，丹徒县建筑设计研究院勘察队进行岩土程勘察，泰兴市建筑设计院设计，泰兴市新市建筑安装工程有限公司施工，泰兴市工程建设监理有限公司监理。在检查中专家发现，在这项工程中勘察地质结构的方法、判定建筑物场地类别的方法都是错误的。其一层结构设计方案不合理，抗震构造柱有漏设，构造柱箍筋相当一部分弯钩不符合规范要求（135°），砌筑砂浆饱满度不够。必须对结构方案、抗震构造、受力计算进行全面审核后，提出相应的处理方案，消除结构隐患。

（二）湖北武汉佳园19号楼

该工程为七层砖混结构。由武汉房地产开发集团股份有限公司开发建设，湖北省地质勘察基础工程公司勘察，武汉华太建筑设计工程有限公司设计，福建惠安建筑工程发展公司武汉分公司施工。该工程勘察报告无钻孔柱状图，违反《岩土工程勘察规范》的规定。勘察报告中夯扩桩参数违反《建筑桩基技术规范》的规定。施工中混凝土的养护、内外墙留槎处理、砌体洞口的处理、三层柱C-4轴强度、部分砌体拉结筋等多方面违反工程建设标准强制性条文。

（三）浙江省杭州市拱西小区浙麻小学

该工程建筑面积7162m^2，五层框架结构。由拱宸桥旧城改造国道指挥部建设，煤炭工业部杭州建筑设计研究院设计，浙江省化工地质勘察院勘察，杭州明康建设监理有限公司监理，杭州广天建筑安装有限公司施工。该工程桩基持力层是第5层黏土夹粉质黏土，层面起伏较大，勘察单位没有按规范要求加密勘探孔；第2层土11个土样大部分为粉质黏土，仅1个土样为黏质粉土，勘察报告却竟将该层确定为黏质粉土，严重违反了《岩土工程勘察规范》的规定。施工质量问题也很严重，混凝土柱多处烂根，部分混凝土柱钢筋表面锈蚀严重；个别混凝土梁移位3cm，使上部墙体部分悬空。经混凝土回弹仪测试，二层框架混凝土强度只达到原设计强度等级C25的71.2%和84.8%。抽测二层楼面板，设计板厚110mm，实测两点板厚分别为104mm、100mm，违反了《混凝土结构工程施工质量验收规范》（GB 50204—2002），完全是粗制滥造。

（四）湖南省岳阳市华泰小区 2 号住宅楼

该工程建筑面积 3484m²，六层砖混结构。由岳阳纸业集团华泰木材公司建设，湖南水文地质基础工程勘察院勘察，岳阳造纸厂造纸设计研究所设计，岳阳工程公司施工。经查，勘察单位对场地类别判定依据不足；对第 2 层土的认识、评价不合理，导致结论错误。检查中还发现，预应力多孔楼板存在大量蜂窝、多处露筋严重。还发现设计单位无房屋设计资质，属无证设计。

（五）山东省章丘市阜村煤矿机关 18 号宿舍

该工程建筑面积 5680m²，六层砖混结构。由淄博矿务局建设，章丘建筑设计院设计，章丘明水二建施工，章丘市监理公司监理。该工程设计前未做场地勘察，利用距拟建建筑物分别为 40m 和 50m 的两份勘察报告提供的地基承载力进行设计。

（六）甘肃省兰州市解放门立交桥

该工程造价 7940 万元，结构类型为单跨 20m 混凝土桥。由兰州市城建投资公司建设，兰州市城市建设设计院勘察设计，兰州沿河工程监理有限公司监理，兰州市市政工程总公司施工。检查中发现，该工程初勘报告提示可能存在地质断裂带，需要进行详勘，但建设单位未委托有关勘察单位进行详细勘察，设计单位仅依据初勘报告进行结构设计，违反了《建设工程质量管理条例》的规定。

（七）新疆克拉玛依家佳乐超市

该工程建筑面积 19645m²，为框架结构。由克拉玛依市供销社建设，新疆时代石油工程有限公司勘察，克拉玛依市建筑规划设计院设计，克拉玛依市监理公司监理，克拉玛依市三联工程建设有限责任公司施工。该工程二层一框架柱主筋严重偏位，且竖向 500mm 长度内无箍筋（设计箍筋间距为 200mm）；底层框架柱设计强度为 C30，现场回弹强度普遍偏低；一层柱（400m×400m）根部（300mm 处）预留 110mm×110mm 方洞，没有结构设计确认；该工程有局部地下独立工程，设计单位未进行抗浮计算。

（八）河南省郑州市西三环郑上路立交桥

该工程长 43.7km，另有 5 座桥，工程总造价 14 亿元。由郑州市环城路工程指挥项目部建设，铁道部隧道工程局勘测设计院勘察设计，郑州新开源工程监理咨询公司监理，河南第五建筑工程公司施工。该工程勘察钻孔孔数、孔深都达不到规范要求，未采用现场静载荷载试验确定单桩承载力，违反《建筑桩基技术规范》，33m 后张法 T 形梁端部锚头下端碎裂，违反《市政桥梁工程质量检验评定标准》。

案例十七

原告：广元市某村 12 户居民

被告：广元市某饲料厂

（一）基本案情

四川省广元市某村12户居民因不堪忍受住宅附近的市中区某饲料厂散发的臭味，联名将该厂告上法庭，要求停止损害，并经济赔偿。而某饲料厂却辩称，该厂系合法经营，噪声和烟色均未超标且臭味很淡，不足以损害周围邻居的健康，周围邻居也没有因臭味问题生病住院或花去医疗费用，因此不存在实际损失，不应进行赔偿，要求驳回原告的诉讼请求。

（二）案件审理

广元市市中区人民法院审理后认为，广元市市中区某饲料厂虽经有关部门批准登记成立，但其经营活动应当在尊重社会公德、不损害社会公共利益的前提下合法进行。该厂在生产过程中排放的噪声、烟花、异味，经广元市市中区城环国土局认定已严重影响当地居民的正常生活而限期整改治理。依据《中华人民共和国环境保护法》的有关规定，县级以上人民政府环境保护行政主管部门，对本辖区的环境保护工作，实行统一监督管理，故法院对其整改通知予以采纳，其整改内容充分说明饲料厂排放的污染已经对当地居民造成了损害。居民在一个充满喧嚣、恶臭的环境中生活，无疑会造成他们生活和身心的痛苦，从一定意义上讲，广元市市中区某饲料厂的经济效益正是建立在当地居民的这种痛苦之上，而法律有责任给当地居民一个安居乐业的清新环境。根据《民法通则》第一百二十四条："违反国家保护环境防止污染的规定，污染环境造成他人损害的，应当依法承担民事责任。"《环境保护法》第四十一条："造成环境污染危害的，有责任排除危害，并对直接受到损害的单位或者个人赔偿损失。赔偿责任和赔偿金额的纠纷，可以根据当事人的请求，由环境保护行政主管部门或者其他依照法律规定行使环境监理管理权的部门处理，当事人对处理决定不服的，可以向人民法院起诉。当事人也可以直接向人民法院起诉。"的规定，法院支持、保护12名原告人的诉讼请求，对被告的辩解理由不予采纳，判令被告广元市市中区某饲料厂停止生产，并赔偿梁兴猛等12名原告损失共计12000元。

（三）案例评析

企业的生产经营活动应当在尊重社会公德、不损害社会公共利益的前提下合法进行。本案中，被告某饲料厂在生产过程中排放的噪声、烟花、异味，已严重影响当地居民的正常生活，构成侵权。人民法院根据《民法通则》及《环境保护法》的有关规定判令被告停止生产、赔偿损失是正确的。

参考文献

［1］ 朱宏亮，孟宪海，王珩，张伟．各国（地区）的建设法规及建设管理体制［M］．北京：中国水利水电出版社，2005.

［2］ 中国房地产估价师与房地产经纪人学会．房地产基本制度与政策［M］．北京：中国建筑工业出版社，2005.

［3］ 中国房地产估价师与房地产经纪人学会．房地产开发经营与管理［M］．北京：中国建筑工业出版社，2005.

［4］ 李加林，周心怡．物业管理实务［M］．北京：中国建筑工业出版社，2006.

［5］ 全国一级建造师执业资格考试用书编写委员会．建设工程法规及相关知识［M］．北京：中国建筑工业出版社，2006.

［6］ 宋宗宇．建设工程法规［M］．重庆：重庆大学出版社，2006.

［7］ 徐占发．建设法规与案例分析［M］．北京：机械工业出版社，2007.

［8］ 建设部建筑管理司．建筑企业资质管理文件汇编［M］．北京：中国建筑工业出版社，2001.

［9］ 朱宏亮．建设法规［M］．2 版．武汉：武汉理工大学出版社，2003.

［10］ 建设部．建设法规教程［M］．北京：中国建筑工业出版社，2002.

［11］ 何佰洲．工程建设法规与案例［M］．2 版．北京：中国建筑工业出版社，2004.

［12］ 刘文锋．建设法规概论［M］．北京：高等教育出版社，2004.

［13］ 何佰洲．工程合同法律制度［M］．北京：中国建筑工业出版社，2003.